U0919786

高等职业院校汽车类规划教材
编审委员会

普通高等学校“十二五”省级规划教材
高等职业院校汽车类规划教材

汽车市场营销理论与实务

QICHE SHICHANG YINGXIAO LILUN YU SHIWU

主　　编　杜淑琳　王云霞
副 主 编　段　伟　郭淑娟　宋声开
编写人员（以姓氏笔画为序）
王云霞　叶　坦　江　伟
孙　波　杜淑琳　汪玉龙
宋声开　周　颖　段　伟
郭淑娟　斯　炎　董子彧
魏震林

中国科学技术大学出版社

内 容 简 介

本书全面介绍了汽车市场营销的相关知识，内容包括：汽车市场营销概述、汽车市场营销环境分析、汽车消费者购买行为分析、汽车市场选择、汽车营销战略、汽车营销策略、顾问式汽车销售实务、汽车销售人员管理、汽车客户关系管理、汽车电子商务与网络营销、二手车贸易等。本书在编写过程中，强调知识的系统性、形式的新颖性和内容的适用性，凸显了汽车行业营销思维路径和从业人员职业能力的培养方法。

本书适合作为高校汽车类专业学生教材，也可作为相关从业人员的参考书。

图书在版编目(CIP)数据

汽车市场营销理论与实务/杜淑琳，王云霞主编．—合肥：中国科学技术大学出版社，2013.8(2015.1重印)

ISBN 978-7-312-03255-4

Ⅰ．汽…　Ⅱ．①杜…②王…　Ⅲ．汽车—市场营销学　Ⅳ．F766

中国版本图书馆CIP数据数字(2013)第162961号

出版　中国科学技术大学出版社
安徽省合肥市金寨路96号，230026
http://press.ustc.edu.cn

印刷　合肥现代印务有限公司

发行　中国科学技术大学出版社

经销　全国新华书店

开本　787mm×1092mm　1/16

印张　24.25

字数　620千

版次　2013年8月第1版

印次　2015年1月第2次印刷

定价　45.00元

序

安徽省示范性高等职业院校合作委员会(Cooperative Commission of Vocational Colleges Under Model Construction in Anhui Province),简称“A联盟”,由安徽省教育厅牵头组建,以国家示范、省示范高等职业院校为主体,坚持“交流、合作、开放、引领”的理念,连接政府、学校与社会,以实现优势互补、互惠互利、资源共享,构建安徽省示范院校交流与合作的平台,引领和深化安徽省高等职业教育的改革与发展。

“A联盟”汽车类专业建设协作组(皖高示范合[2012]5号)是安徽省示范性高职院校合作委员会中的一个专业指导组,在“A联盟”指导下负责安徽省高职汽车类专业教学的研究和指导。组长由安徽职业技术学院姚道如教授担任,副组长分别由安徽水利水电职业技术学院余承辉教授、芜湖职业技术学院安宗权副教授、六安职业技术学院何其宝副教授担任,秘书长由安徽汽车职业技术学院宋晓敏主任担任。

关于汽车专业和课程建设,“A联盟”多次召开会议讨论,并根据《高等职业学校专业教学标准(试行)》制定了汽车类专业课程体系,成立了教材编审委员会,编写系列教材。此套教材具有下列特色:

1. 此套教材为安徽省示范性高等职业院校合作委员会规划教材

教材的研究、开发、推广及应用是以“A联盟”为平台的,主编和参编人员均为“A联盟”一线骨干教师。

2. 以标准为准绳

教材以教育部职业教育与成人教育司最新发布的《高等职业学校专业教学标准(试行)》为准绳,以汽车行业标准为依据,并结合安徽省实际情况展开编写。

3. 体现校企合作

参与教材编写的企业人员为奇瑞汽车股份有限公司、江淮汽车股份有限公司及安徽汽车贸易公司等企业的技术骨干。

4. 紧跟产业升级

将新工艺、新结构、新技术、新管理等引入教材,贴近汽车企业生产、工艺、维修、销售等实际情况。

5. 编写理念新,具有“教、学、做”的可操作性

教材根据相应课程特点,采用适合的编写模式编写:专业及核心课程采用项目或任务驱动等模式编写,而公共基础课程采用章节形式编写。在编写过程中充分考虑实际

教学中"教、学、做"的可操作性。

6. 体现中高职衔接

教材内容选取、专业能力培养、方法能力培养、社会能力培养以及评价标准体现中高职衔接的发展方向。

该套教材的出版将服务于高职院校汽车类专业教育教学改革,促进汽车类专业高端技能人才的培养。

安徽省示范性高等职业院校合作委员会汽车专业协作组

2013 年 6 月 11 日

前　言

本教材是安徽省示范性高等职业院校合作委员会(简称"A联盟")汽车类专业课程改革成果之一。

汽车市场营销是汽车类相关专业的专业课程。根据A联盟汽车类专业组课程改革会议精神,经过多次召开课程及教学改革会议讨论,结合汽车营销课程实际教学经验,并分析了目前该课程所使用的部分教材的情况,从而制定出《汽车市场营销理论与实务》的编写提纲、编写思路、编写特色与编写原则。

本教材的突出特色是:

1. 坚持"理论够用为度,知识注重运用"的原则

本教材强调知识运用,降低知识的理论深度,加强实践技能的训练。教材营销理论与销售实务比为1∶1,第一章至第六章为汽车营销理论,根据市场营销思维路径展开设置,目的是让学生掌握汽车营销基本概念、基本理论,并培养其基本营销思维。第七章至第十一章为汽车销售实务部分,介绍顾问式汽车销售流程、二手车销售及销售服务、客户关系管理、销售人员素质礼仪等。

2. 强调知识点的高度概括性

尽可能减少对理论内容的直接描述,大量采用一目了然的图表显示,更直观、更简明扼要地概括每一个知识点,有助于学生的理解。为活跃版面,降低理解难度,对于重要的知识点、难点问题配以图片,将深奥的概念、理论通俗化。

3. 体现高职教育特色

理实一体化和"教、学、做"一体化是高职教育特色,强调实习实训教学,因此教材每一章都安排了"技能实训"教学环节。每个技能实训都明确了"实训内容""实训目的""实训步骤""实训考核",方便教师实训教学的开展。

4. 适应经管类课程教学方法的需要

适合经管类课程的教学方法有案例教学、情景模拟、角色扮演、故事教学、课堂小实训、课堂研究等。本教材通过"导入案例""阅读案例""案例分析""小案例""情景模拟""技能实训"等,灵活地采用了多种教学方法,有利于学生理论联系实际,学以致用,符合高职应用型人才培养的要求。

5. 充满趣味性和可读性

"经典名言""开篇案例""即问即答""小案例""小思考"让学生轻松学习,提高教材的

可读性，增强学生的学习兴趣。

6. 帮助学生轻松掌握知识要点

每章章前有“学习目标”（知识掌握和能力目标）和“关键词”，章后有“本章小结”和“知识巩固”，有助于学生掌握每章知识要点，便于学生课后复习和对知识的消化。

7. 紧随汽车产业实际

本教材紧随世界一流汽车产业的运营模式，反映汽车行业的营销思维路径，凸显汽车企业的具体营销策略和未来发展态势。如教材中大量引用经典汽车案例、最新的汽车营销案例、汽车电子商务案例以及汽车网络营销案例等。

8. 突出创新精神

教材中很多内容为编者原创。如第七章“顾问式汽车销售实务”中的许多图片是编者到汽车4S店现场拍摄的照片。

本教材共11章，编写组由高职院校市场营销专业和汽车相关专业的一线老师和汽车企业营销专家组成，他们有着丰富的教学经验和实际工作经验。具体分工为：安徽职业技术学院孙波编写第一章；安徽工贸职业技术学院周颖编写第二章；安徽三联学院江伟编写第四章和附录；万博科技职业学院郭淑娟编写第六章；安徽机电职业技术学院王云霞编写第五章和第九章；安徽水利水电职业技术学院段伟编写第十章和第十一章；安徽职业技术学院杜淑琳编写第三章和第八章；第七章由安徽合肥江淮亚夏汽车4S店经理宋声开先生和安徽职业技术学院杜淑琳共同完成。安徽职业技术学院董子彧负责全书插图的绘制和整理，香港城市大学在读研究生魏震林为本教材收集了大量案例资料，安徽工业经济职业技术学院斯炎和淮北职业技术学院叶坦参与了本教材的大纲拟定和审稿工作，安徽合肥江淮亚夏汽车4S店经理宋声开先生和芜湖安奇汽车销售服务有限公司经理汪玉龙先生为本教材提供了许多鲜活的汽车营销实例及其他素材。本教材由杜淑琳和王云霞担任主编，拟定编写大纲并统稿。在此，对以上编写人员表示衷心感谢。

同时，要特别感谢安徽合肥江淮亚夏汽车4S店，教材中许多原创图片的拍摄现场均为亚夏汽车4S店，参与拍摄的人员为亚夏汽车销售顾问夏玉小姐和汪凯先生。还要感谢安徽纳祺商贸有限公司总经理黄奕先生和安徽经济管理学院朱华锋教授，他们分别从企业家和营销专家的角度为本教材的编写提供了许多宝贵意见。另外对安徽职业技术学院张婉、杨梦婷、余笑、陈建峰、许涵、齐方圆等学生所给予的帮助表示感谢。

在本书的撰写过程中，参阅了大量国内外研究成果、有关论著及众多网络资料，在此对这些素未谋面的专家、学者表示崇高的敬意。

由于编者水平有限，编写时间仓促，疏漏之处在所难免，恳请专家、同行和读者指正，不吝赐教。

编　者

目 录

第一章　汽车市场营销概述

经典名言

营销并不是以精明的方式兜售自己的产品或服务，而是一门真正创造顾客价值的艺术。

——现代营销学之父　菲利普·科特勒

未来并非遥远，它已经来临。然而，它的命运在不同的公司、行业和国家却大相径庭。

——菲利普·科特勒

市场营销是如此基本，以至不能把它看作是一项单独的功能。……从它的最终结果来看，也就是从顾客的观点来看，市场营销是整个企业活动。企业的成功并不是取决于生产，而是取决于顾客。

——现代管理学之父　彼得·德鲁克

学习目标

知识掌握：

1. 掌握市场与汽车市场的概念；
2. 理解市场营销与汽车市场营销的概念；
3. 掌握市场营销要素和市场营销组合；
4. 理解市场营销观念的几个演变阶段；
5. 了解市场营销理论的起源与发展；
6. 理解市场营销管理活动过程；
7. 了解我国汽车产业和汽车市场的特点与发展趋势；
8. 了解我国汽车营销的现状与发展。

能力目标：

通过本章学习，重点培养学生树立现代营销意识，同时能够学会运用市场营销基本理论分析我国汽车产业的实际营销问题。

关键词

市场营销(Marketing)

汽车市场(Automobile Market)

汽车市场营销(Automobile Marketing)

开篇案例　　福特“T型车”

福特汽车公司创办于1903年，第一批福特汽车因实用、优质和价格合理，一开始生意就非常兴隆。1906年福特面向富有阶层推出豪华汽车，结果老百姓都买不起，福特汽车的销售量直线下降。1907年福特总结了过去的经验教训，及时调整了经营指导思想和经营战略，实行“薄利多销”，于是生意又魔术般地回升。当时，全国经济衰退已露头角，许多企业纷纷倒闭，唯独福特汽车公司生意兴隆，盈利125万美元。到1908年年初，福特按照当时普通消费者(尤其是农场主)的需要，作出了明智的战略性决策，从此致力于生产规格统一、品种单一、价格低廉、大众需要而且买得起的“T型车”，并且在实行产品标准化的基础上组织大规模生产。此后十余年，由于福特汽车适销对路，销售量迅速增加，产品供不应求，福特在商业上获得了巨大成功，产销量最高一年达100万辆。到1925年10月30日，福特汽车公司一天就能造出9109辆“T型车”，平均每十秒生产一辆。在20世纪20年代前期的几年中，福特汽车公司的纯收入竟高达5亿美元，成为当时世界上最大的汽车公司。

到20世纪20年代中期，随着美国经济的增长和人们收入、生活水平的提高，形势又发生了变化，公路四通八达，路面大大改善，马车时代坎坷、泥泞的路面已经消失，消费者也开始追求时髦。简陋而千篇一律的“T型车”虽价廉，但已不能招揽顾客，因此福特“T型车”销量开始下降。面对现实，福特仍自以为是，一意孤行，坚持其以生产为中心的观念，置顾客需要的变化于不顾，诚如他自己所宣称：“不管顾客喜欢什么颜色的汽车，我只生产黑色的。”1922年，他在公司推销员全国年会上听到关于“T型车”需要作根本改进的呼吁后，静坐了两个小时，然后说：“先生们，根据我看，福特车的唯一缺点是我们生产得还不够快。”

就在福特固守他那种陈旧观念和廉价战略的时候，通用汽车公司(GM)却时时刻刻注视着市场的动向，并发现了良机，及时地作出了适当的战略性决策：适应市场需要，坚持不断创新，增加一些新的颜色和式样的汽车上市。于是通用的“雪佛兰”车开始排挤“T型车”。1926年“T型车”销量陡降。到1927年5月，福特不得不停止生产“T型车”，改产“A型车”。这次改产，福特公司不仅耗资1亿美元，而且这期间通用汽车公司乘虚而入，占领了福特车市场的大量份额，致使福特汽车公司的生意陷入低谷。后来，福特汽车公司虽力挽狂澜，走出了困境，但福特汽车公司却从此失去了车坛霸主地位，让通用汽车公司占据了车坛首席宝座。

(资料来源：张彤.汽车市场营销[M].北京：化学工业出版社，2010.)

案例思考：

1. 福特生产“T型车”属于哪种市场营销观念？
2. 福特“T型车”成败的主要原因是什么？
3. 根据案例说说什么是市场？什么是市场营销？

第一节 认识市场营销

“市场营销”这个词，是近十年来使用频率最高的词之一。什么是市场营销？为理解市场营销的概念，我们先来了解几个与营销相关的核心概念：市场、需求、价值和交换。

一、营销的核心概念

1. 市场

市场有多层含义：一般消费者理解的市场，是指买卖双方发生交易行为的地点或场所，如具体的商店、商场，城市、农村，国内市场、国际市场等；经济学家眼中的市场泛指商品交换关系的总和，如买方市场、卖方市场；而在市场营销者的思维中，市场并不是消费者眼中的空间场所，也不是经济学家脑海中的抽象的交换关系的总和，而是指各种不同的顾客群体，简单地说，市场就是顾客。深入扩展分析，顾客包括现实的顾客和潜在的顾客，所以

市场＝现实顾客＋潜在顾客

从市场营销理论分析，一个有现实需求的有效市场包含三个要素：有某种需要的人、满足这种需要的购买力和购买欲望。用公式来表示就是：

市场＝人口＋购买力＋购买欲望

人口是构成市场的基本因素。人是构成市场的主体，人多不一定市场大，但没有人绝对不能形成市场。一个国家或地区的人口数量和结构决定着市场的规模大小和结构状况。

购买力是指人们支付货币购买商品或服务的能力。购买力的高低由购买者收入高低决定。一般来说，人们收入高，购买力高，市场就大；反之，市场就小。

购买欲望是指顾客购买商品或服务的动机和愿望。人只有对某种产品有购买欲望，才有可能购买，它是把潜在购买愿望变成现实购买行为的重要条件。

市场的这三个要素相互制约，缺一不可，只有三者结合起来才能构成现实的有效市场，才能决定市场的规模和容量。如果三个要素中缺少任一个，比如有人口、有购买力，但没有购买欲望；或者有人口、有购买欲望，而没有购买力，都形成不了现实的有效市场，只能成为潜在市场。所以，市场是上述三个要素的统一。

市场的三个要素不是一成不变的。现在没有购买力不代表未来没有购买力，今天顾客没有购买欲望也不能说明明天他还没有购买欲望。对于市场营销者来说，应该用发展的眼光看待市场三要素，没有购买欲望应该创造购买欲望，顾客没有购买能力应该采用灵活的支付方式（如银行按揭、信贷等）解决这个问题。

你知道市场的分类吗？

市场的分类如表1.1所示。

表1.1 市场的分类

按照交换的地理区域分类	地区：国际市场——西欧、北美、中东、东南亚…… 国内市场——东北、华北、华东、华南、西北…… 城乡：城市市场、农村市场
按照交换内容分类	产品服务市场——产品市场（快速消费品市场、耐用品市场）、服务市场（娱乐服务市场、餐饮服务市场等） 生产要素市场——资金市场、劳动力市场、商业地产市场、技术市场、信息市场、产权市场等
按照购买者分类	消费者市场、生产者市场、中间商市场、政府市场和非营利组织市场
按照构成要素分类	现实市场、潜在市场和未来市场
按照交割方式分类	现货市场、期货市场

小思考 营销学中的市场与我们日常生活中提到的市场是一个概念吗？

小案例 太平洋岛卖鞋的故事

两家制鞋厂想把自己的鞋子卖给太平洋上一个小岛的土著居民。

甲厂销售人员去后感到很失望，给老板发了一份电报："此岛无人穿鞋，此地没有市场。"

乙厂销售人员去后很高兴，也给老板发一份电报："此小岛无一人穿鞋，市场很大，亟待开发。"并要求继续留在岛上做进一步考察。

两周以后，他汇报说："这里的居民不穿鞋。他们的脚有许多伤病，可以从穿鞋中得到益处。由于他们的脚普遍较宽，我们必须重新设计我们的鞋。我们还要教给他们穿鞋的方法并告诉他们穿鞋的好处。"

于是，乙厂打开了这个市场，销售了很多产品。

（资料来源：杜淑琳. 市场营销模块化教程[M]. 合肥：中国科学技术大学出版社，2010.）

问题 什么是市场？评价甲、乙两厂销售人员的结论。

2. 需求

需求是指人们对某个产品有购买欲望且有支付能力的需要。人的欲望无穷尽，但是资源却是有限的。因此，人们想用有限的购买力选择那些价值和满意程度最大的产品。当有购买力作后盾时，欲望就变成了需求。

需求是顾客购买产品的前提。人们不是因为产品好而购买，也不是因为价格低去购买，而是因为有需求才会购买。

杰出的企业都不遗余力地去了解顾客的需求。例如,沃尔玛连锁店的行政主管们每周要花两天时间混入顾客中去光顾商店。在迪斯尼世界乐园,每一位经理在任职期间,至少要有一次花上一天时间穿上米奇或其他角色的化装服在乐园里巡视,而且每年均要花一周的时间到服务的最前线去收门票、卖爆米花或者操作玩具等。

任何一个企业,无论它的实力有多强大,都不可能满足所有人的需求,也不可能满足人的所有需求,它只能满足部分人的部分需求。因为人的需求纷繁复杂,不同人的需求错综复杂,而企业的资源总是有限的。比如通用汽车公司满足人们出行方面的需求,迪斯尼公司满足人们游乐方面的需求,中国移动公司满足人们通信方面的需求。

即问即答　你知道马斯洛需求层次理论吗?

美国心理学家马斯洛提出了著名的“需求层次理论”。他将人们复杂多样的需求分成五个层次,即生理的需求、安全的需求、归属与爱的需求、尊重的需求和自我实现的需求。如图1.1所示。生理的需求和安全的需求为低层次的需求,而归属与爱的需求、尊重的需求和自我实现的需求为高层次的需求。

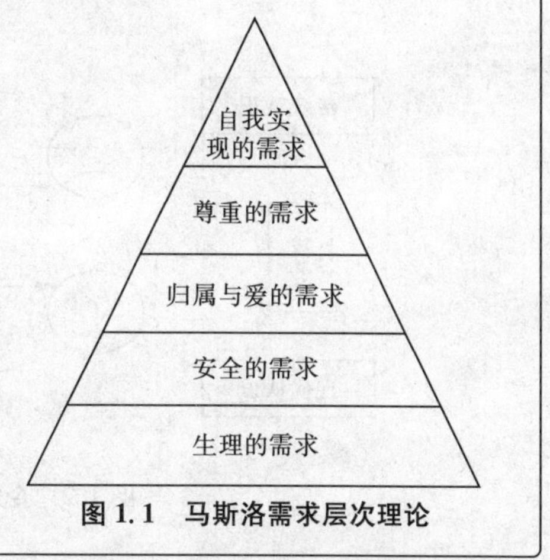

图1.1　马斯洛需求层次理论

小思考　如何理解“企业只能满足部分人的部分需求”?

3. 价值

市场营销的本质是发现、创造、传播和实现价值。营销者要取得经济效益,必须与客户进行公平合理的“价值交换”,这是市场营销本质的核心,包含企业为客户提供的价值和客户为企业提供的价值。这部分内容将在第九章“客户关系管理”中重点讲解。

要想与客户实现互利互惠的价值交换(实现价值),企业首先必须发现客户需求(发现价值),生产制造出能够满足客户需求的产品(创造价值),还要告诉客户这个产品能为客户带来的好处和利益(传播价值)。发现价值即通过市场调查与预测、市场环境分析准确把握客户需求,创造价值是企业具体生产产品、保证产品质量的过程,传播价值是企业通过广告、公关等方式进行产品宣传的过程,最后实现价值即客户实现购买的过程。

价值营销理论告诉我们:企业一切营销活动应该围绕“价值”而展开。离开价值,营销就变成了所谓的“技巧营销”“忽悠营销”“能力营销”或“面子营销”等。

小思考　如何理解价值营销理论?

4. 交换

交换是指通过提供某种东西作为回报,从别人那里取得所需物品的行为。当人们决定通过交换来满足其需要和欲望时,就产生了市场营销。企业的一切市场营销活动都是为了实现交换。因此,交换是市场营销理论的核心。

交换的产生必须具备五个条件:有两方或两方以上的买卖者;每一方都有被对方认为有价值的东西;每一方都能沟通信息和传送货物;每一方都能自由接受或拒绝对方的产品;每一方都觉得与对方交易是值得的。具备了上述条件,才有可能发生交换。但交换能否真正发生,则取决于交换之后能否使各方得到最大的利益,同时企业与客户必须是自由进行价值交换的。

在传统认识中,交换是企业为客户提供产品或服务,客户为企业支付货款。随着营销理论的发展,我们发现,客户为企业提供的不仅仅是货款,还包含客户为企业转介绍客户等,统称为"顾客回报",当然企业为顾客提供的也不仅仅是产品或服务,而是"创造满意"。如图1.2所示。

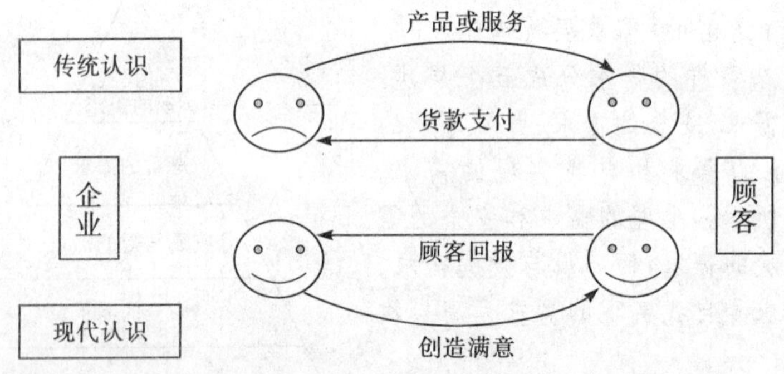

图1.2 企业与顾客的交换

二、市场营销

(一) 市场营销的概念

市场营销一词来源于英文"Marketing"。关于市场营销,营销学家和营销组织对其下过多种定义。

美国市场营销学会(AMA)1960年的定义是:"市场营销是引导货物和劳务从生产者流转到消费者或用户所进行的一切企业活动。"这一定义突出了销售在生产经营中的地位,缩小了市场营销的范围。如图1.3所示。

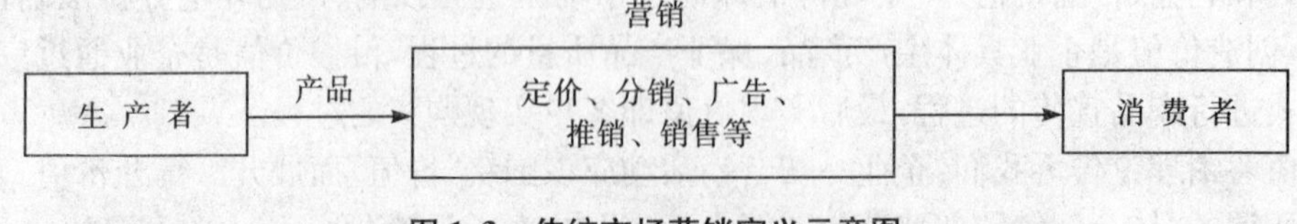

图1.3 传统市场营销定义示意图

1985年,美国市场营销学会又提出了一个新的定义:"市场营销是指通过对货物、劳务和计谋的构想、定价、分销、促销等方面的计划和实施,实现个人和组织的预期目标的交换过程。"这一定义较全面地表述了市场营销的含义。

世界著名市场营销专家菲利普·科特勒(Philip Kotler)关于市场营销的定义是:"市场

营销是个人或群体通过创造产品和价值，并同他人进行交换，以获得所需所欲之物的一种社会及管理过程。”

综上所述，现代市场营销可理解为：

(1) 市场营销的核心是价值交换；

(2) 市场营销以顾客的需求为中心；

(3) 市场营销受微观和宏观环境的影响；

(4) 市场营销的主体既包括营利性企业，也包含非营利性组织和个人；

(5) 市场营销的对象不仅是市场需要的产品和劳务，而且包括思想、观念及人物事件的营销；

(6) 市场营销是一个系统的动态的管理活动过程。

在理解市场营销概念时，有过许多误解，最常见的是把“市场营销”与“推销”混为一谈。尽管营销经常被描述为“推销产品的艺术”，但它们有着本质的区别，见表 1.2。

表 1.2 市场营销与推销的区别

市场营销	推 销
全方位、全过程的系统管理过程	营销的一个环节
以满足顾客需求为中心	以现有产品为中心
出发点是市场需求	出发点是企业产品
采用整体营销手段	主要采用人员推销和广告
通过满足顾客需求获取利润	通过增加销量获取利润

小思考 彼得·德鲁克指出：“市场营销的目的在于使推销成为多余。”你如何理解这句话？

(二) 市场营销策略组合

市场营销策略组合是企业为了进入和占领某个市场，更好地满足顾客需要，实现企业经营目标，对自己可控制的各种营销因素优化组合、协调使用，以取得最佳经济效益和社会效益。

美国市场营销学家麦卡锡教授把市场营销的可控制因素归为四大类：产品(Product)、价格(Price)、分销(Place)和促销(Promotion)。由于这四个词的英文都以 P 打头，故简称 4P。市场营销策略组合是将 4P 进行最佳组合，简称 4P's 组合。

产品、价格、分销和促销四个营销要素中，每个要素还包含若干特定的子因素：

(1) 产品。包括产品的效用、质量、外观、式样、品牌、包装、规格、服务、保证等。

(2) 价格。包括基本价格、折扣、付款方式、信贷条件等。

(3) 分销。包括区域分布、中间商选择、营业场所、网点设置、运输、储存、配送等。

(4) 促销。包括广告、人员推销、营业推广、公共关系等。

即问即答

你知道什么是大市场营销吗?

20世纪70年代末80年代初,企业经营环境急剧变化,企业竞争开始跨越国界,波及全球,许多国家和地区政府干预加强,贸易保护主义抬头,市场上有形和无形的壁垒越来越多。在此形势下,著名营销学家菲利普·科特勒于1982年提出了大市场营销的概念。

菲利普·科特勒认为,企业不应只单纯地顺从和适应环境,也要利用自己的力量去影响环境。因此,营销组合的"4P's"应加上两个"P",即在"产品""价格""分销""促销"的基础上加上"权力"(Power)和"公共关系"(Public Relations),成为"6P's"。

所谓的权力,是指企业为了进入特定市场,必须找到有权打开市场之门的人,这些人可能是具有影响力的企业高级管理人员,立法部门、政府部门的官员等。营销人员要有高超的游说本领和谈判技巧,以便能使这些关键人物采取积极合作的态度,达到预期的目的。

所谓的公共关系是指企业借助有效的公共关系活动,可以逐渐在公众中树立起良好的企业形象和产品形象,以此打开市场。

这就是说,要运用政治力量和公共关系的各种手段,打破国际或国内市场上的贸易壁垒,为企业的市场营销开辟道路。

(三) 市场营销理论的形成与发展

1. 形成阶段(1900~1920年)

19世纪末到20世纪初,欧美等主要资本主义国家相继完成工业革命,欧美许多大型工业企业推行了美国工程师泰勒的"科学管理"制度;一些企业生产的增长速度超过了需求的增长速度,市场竞争出现;广告、商标与包装等现代市场营销手段兴起。为了解决产品的销售问题,一些经济学家和企业开始研究销售的技巧与方法。1905年,美国宾夕法尼亚大学开设了名为"产品的市场营销"的课程,1912年第一本以分销和产品广告为主要内容的《市场营销》教科书在美国哈佛大学问世,至此,市场营销从经济学中分离出来,成为一门独立的学科。

2. 应用阶段(1921~1945年)

这一时期,第一次世界性资本主义经济危机出现,生产严重过剩,产品销售困难,进入供过于求的买方市场。这时,企业界广泛关注的问题是产品的销售问题,即如何把产品销售出去。1942年,克拉克提出"销售是创造需求"。尽管人们对"销售"的理解见仁见智,但可以看出市场营销学从课堂走向了社会实践,并逐步形成体系。

3. "革命"阶段(1946~1980年)

这是市场营销理论发展的关键阶段,标志着从传统的市场营销学到现代市场营销学的转变。20世纪50年代,美国市场学家史密斯提出了"市场细分"概念,麦卡锡提出了4P's营销策略;70年代,艾·里斯和杰·特劳特提出了"定位"概念,菲利普·科特勒出版《市场营销原理》。这时,传统的市场营销理论演变为现代市场营销学,"以需求为中心"成为市场营销的核心理念。

4. 充实与发展阶段(1981年至今)

在此期间,市场营销领域又出现了大量丰富的新概念,使得市场营销这门学科出现变形和分化的趋势，其应用范围也在不断扩展。关于市场营销、网络市场营销、政治市场营销、市场营销决策支持系统、市场营销专家系统等新的理论与实践问题，开始引起学术界和企业界的关注。进入21世纪，互联网的发展与应用使网络营销得到迅猛发展。

你知道市场营销理论在中国的传播与发展吗？

1. 引进阶段(1978～1985年)

1978～1985年是市场营销学引进中国并初步传播的时期。其间，北京、上海和广州等地的学者率先从国外引进市场营销学，并为这一学科的宣传、研究、应用和人才培养作出了大量贡献。通过论著、教材的翻译、评论和介绍，到国外访问、考察和学习，邀请境外专家学者来华讲学等方式，系统引进了当代市场营销理论和方法。高等院校相继开设了市场营销课程，组织编写了第一批市场营销教材。

2. 应用阶段(1986～1992年)

1986～1992年是市场营销在中国进一步传播与应用的时期。为适应国内深化改革、经济快速成长和市场竞争加剧的环境，企业界市场营销管理意识开始形成。市场营销的运用热潮从外贸企业、商业企业、乡镇企业逐步扩展到国有工业企业，从消费品市场扩展到工业品市场，能源、材料、交通、通信企业也开始接受市场营销概念。市场营销热点开始从沿海向内地推进，全社会对市场营销管理人才出现了旺盛的需求。

到1988年，国内各大学已普遍开设了市场营销课程，专业教师超过4000人。不少学校增设了市场营销专业，有50多家大学招收了市场营销方向的研究生。1992年前后，部分高校开始培养市场营销方向的博士生。与此同时，国内学者出版了市场营销教材、专著300多种，发行销售超过1千万册。1991年3月，中国市场学会在北京成立。该学会成员包括高等院校、科研机构的学者，国家经济管理部门的官员和企业经理人员。

3. 拓展阶段(1993年至今)

1992年以后，是市场营销研究结合中国实际的提高与创新时期。邓小平南巡讲话，奠定了社会主义市场经济体制的改革基调。几年时间，改革全方位展开，经济结构迅速变化，外资企业大量进入，买方市场特征逐渐明显，中国市场竞争进一步加剧。在这种形势下，强化营销和营销创新成为企业的重要课题。为此中国营销学术界一方面加强了国际沟通，举办了一系列市场营销国际学术会议；另一方面，开展了以中国企业实现“两个转变”(从计划经济向市场经济转变，从粗放经营向集约化经营转变)为主题的营销创新研究，以及“跨世纪的中国市场营销”“新世纪中国营销创新”等专题营销学术研究。在这一阶段，出现了一批颇有价值的研究成果。

三、市场营销观念

市场营销观念(Marketing Concept)，是指企业在开展市场营销活动过程中，对待和处理企业、顾客和社会三者利益方面所持有的经营态度、指导思想和行为准则。观念决定行为，有什么样的营销观念就有什么样的营销行为。市场营销观念的正确与否直接关系到企业的兴衰成败，它是在市场营销实践的基础上产生的，并随着社会经济的发展和市场形势的变化而发展变化。概括地说，市场营销观念大体上经历了生产观念、产品观念、推销观念、市场营销观念和社会营销观念五个阶段。

1. 生产观念

生产观念是指导销售者行为的最古老的观念之一，即企业的一切经营活动以生产为中心，“以产定销”，消费者喜欢那些随处可以买到的价格低廉的产品。这种观念产生于 20 世纪 20 年代前，资本主义经济虽然有了很大的发展，但产品仍处于供不应求的状况，只要有产品，并且价格合理，不愁找不到销路。因此，企业的主要精力都放在增加产量上。企业此时的营销观念是以生产为中心，致力于提高生产效率，扩大生产，降低成本，生产出让消费者买得到和买得起的产品，以低廉的价格来提高产品的市场占有率。

生产观念的着眼点是一切从生产出发，不研究顾客的需求，不研究产品的销售促进，“生产什么就卖什么”。这种观念适用的条件是：市场处在卖方市场条件下，产品供不应求。第二次世界大战后的日本及 20 世纪 80 年代以前的中国，由于物资非常短缺，企业也曾在一段时期内以生产观念作为其营销的指导思想。

小案例 “我只生产黑色的”

在 20 世纪初，美国汽车大王老福特也在考虑如何提高生产效率，但一直没有良方。有一天，他受邀去参观一家屠宰场，发现这里的生产方式有点与众不同——每个工人在固定的地方做一件事，而不像他的工厂里工人要跑来跑去地干不同的活。这样的好处是工人的劳动熟练程度高，进而带来劳动效率的提高。老福特受到启发，把它用到自己的生产中，这其实就是今天流水线的雏形。经过改造后，福特公司当时生产的 T 型车的产量和质量得到极大提高，成本降低，常常一下生产线就被顾客抢走了，市场供不应求。所以当时老福特说：“不管顾客喜欢什么颜色的汽车，我只生产黑色的。”

问题 为什么老福特先生当时敢自豪地说这句名言？

2. 产品观念

产品观念也是一种较早的企业经营观念。产品观念片面强调产品本身，而忽视市场需求，认为只要产品质量好，功能全，具有特色，消费者就会购买。企业的一切经营活动是集中力量提高产品的质量，认为“只要产品好，不怕卖不掉”。但具体表现仍是企业“生产什么就卖什么”，产品观念只是生产观念的一种表现形式。相对于生产观念只讲产品数量、不讲产品质量而言，产品观念体现了在“卖方市场”状态中企业经营思想的一大进步。

产品观念容易使营销者患上“营销近视症”，因为它忽视了消费者的需求变化。

小思考 “酒香不怕巷子深”、“皇帝女儿不愁嫁”等体现了一种什么营销思想?

3. 推销观念

20世纪30年代以来，由于科学技术的发展和劳动生产率的提高，产品的产量迅速增加，质量不断进步，产品的供求状况开始发生变化，即由卖方市场向买方市场过渡。尤其是在资本主义经济危机期间，大量产品积压，销售困难，竞争加剧。因而迫使企业转变管理思想，他们认为，要想在竞争中取胜，就必须卖掉自己生产的每一个产品；要想卖掉自己的产品，就必须引起消费者的购买兴趣和欲望；要想引起这种兴趣和欲望，仅靠产品的物美价廉是不够的，还必须重视和加强产品的推销工作。

推销观念表现为“我们生产什么，就推销什么”。这与生产观念相比是一大进步，但还没有脱离“以生产为中心”的范畴。它只是着眼于现有产品的推销，只顾千方百计地把产品推销出去，至于销出后顾客是否满意，以及如何满足顾客需要，达到顾客完全满意的程度，则没有给予足够的重视。因此，在商品经济进一步高度发展、产品更加丰富的条件下，它就不能适应了。推销观念在现代市场经济条件下被大量用于推销那些非渴求产品或过剩产品，如保险业、房地产业等。

4. 市场营销观念

市场营销观念是商品经济发展史上一种全新的企业经营理念，产生于20世纪50年代中期。这种观念认为，实现企业目标，获取最大利润的关键，是以市场需求为中心，组织企业营销活动，有效地满足消费者的需求和欲望，并以此为导向，制造产品，采用整体营销手段，满足消费者需要，实现企业的长远利益。这种观念以满足顾客需求为出发点，把企业的生产看作一个不断满足顾客需要的过程。在这种指导思想的影响下，诸如“顾客是上帝”“顾客永远是对的”等口号成为许多企业的经营哲学。市场营销观念的出现，使企业的经营观念发生了根本性的变化，是营销观念上的一次质的飞跃。

小案例 **本田雅阁进入美国市场**

日本本田汽车公司要在美国推出雅阁新车，在设计新车前，他们派出工程技术人员专程到洛杉矶地区考察高速公路的情况，实地丈量路长、路宽，采集高速公路的柏油，拍摄进出口道路的设计。回到日本后，他们专门修了一条长14.48千米的高速公路，就连路标和告示牌都与美国公路上的一模一样。本田公司的雅阁汽车一到美国就备受欢迎，被称为是全世界都能接受的好车。

问题 结合本案例，如何理解“顾客是上帝”这句话?

5. 社会营销观念

社会营销观念是对市场营销观念的修改和补充。它产生于20世纪70年代西方资本主义国家出现能源短缺、通货膨胀、失业增加、环境污染严重、消费者保护运动盛行的新形势下。在这种背景下，人们对市场营销观念提出了怀疑和指责，因为这种观念只考虑企业和消费者的利益，而忽视了社会的利益。如冰箱满足了人们储存食物的需要，但氟利昂却破坏了臭氧层。

社会营销观念要求企业在确定营销目标时，不仅要满足消费者的需求和企业自身利益，还要考虑社会整体的长远利益，要做到三方利益的平衡与协调。这一观念认为企业在向社会索取的同时还要承担社会责任，为社会作贡献，如图 1.4 所示。

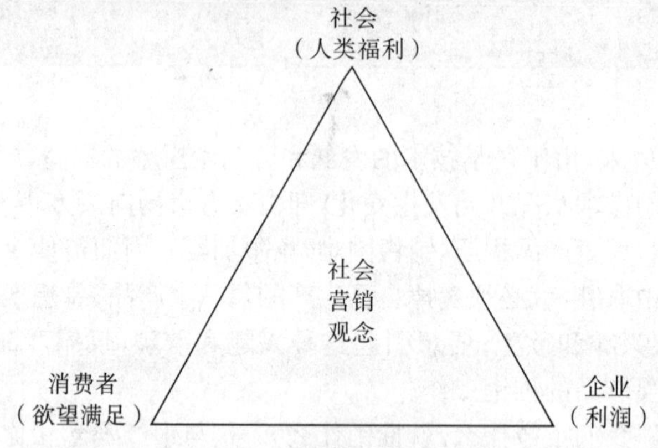

图 1.4　社会营销观念的基本考虑

纵观上述五种营销观念，可将它们分为传统营销观念和现代营销观念两大类，如图 1.5 所示。

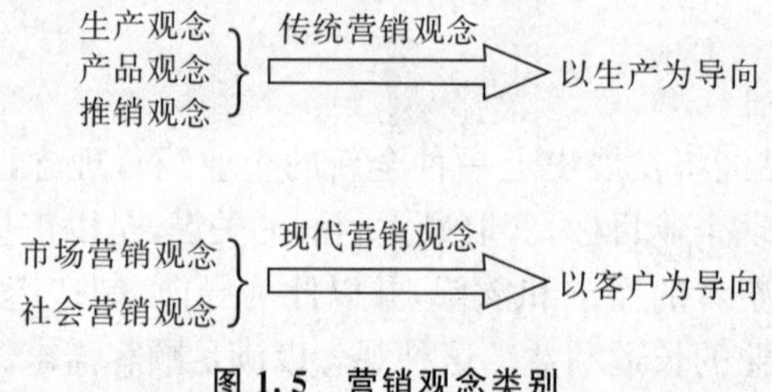

图 1.5　营销观念类别

传统市场营销观念和现代市场营销观念在营销出发点、营销目标、市场特征、观念导向、营销策略上都有所不同，五种观念的对比见表 1.3。

表 1.3　五种营销观念的对比

营销观念	营销出发点	营销目标	市场特征	观念导向	营销策略
生产观念	生产	通过大批量生产获利	供不应求卖方市场	生产导向	增加产量降低成本
产品观念	产品	通过改善产品提高质量获利	供不应求卖方市场	生产导向	改进产品提高质量
推销观念	销售	通过大量推销获利	买方市场	生产导向	降低成本多种推销
市场营销观念	顾客需求	通过满足顾客需求获利	买方市场竞争激烈	市场导向	发现满足顾客需求
社会营销观念	顾客需求社会利益	通过满足顾客需求长期获利	买方市场竞争激烈	市场导向	兼顾企业、顾客、社会利益

第二节　理解汽车市场营销

一、汽车市场

（一）汽车市场的概念

随着世界汽车工业的不断发展壮大，汽车工业已经成为国民经济新的增长点和支柱产业，具有极其显著的社会经济价值。汽车市场应运而生，并发展为一个具有特殊研究价值的概念。

“市场”是一个广泛的概念，而汽车市场则是将市场这一概念的具体化。它将原有市场概念中的商品局限于汽车及其相关的商品，起点是汽车产品的生产者，终点是汽车产品的消费者，即最终用户。汽车市场是指汽车产品现实的和潜在的购买者的需求总和。

（二）汽车市场的分类

1. 根据汽车产品大类划分

根据汽车产品大类进行划分，汽车市场分为乘用车市场和商用车市场。

乘用车是在设计和技术特性上主要用于载运乘客及其随身行李或临时物品的汽车，包括驾驶员座位在内最多不超过9个座位，它也可以牵引一辆挂车。乘用车又分为基本乘用车（轿车）、越野乘用车（轻型越野车）、专用乘用车（邮政车、警用车等）及其他乘用车。

商用车指的是除乘用车以外，主要用于运载人员、货物及牵引挂车的汽车。商用车又分为客车和货车两大类。

乘用车市场与商用车市场交易差别很大，本书汽车市场营销主要指的是乘用车营销理论与销售实务。

2. 根据汽车用户划分

根据汽车用户进行划分，汽车市场分为汽车消费者市场和汽车组织市场。

汽车消费者市场主要是指以消费为目的购买汽车的个人或家庭。

汽车组织市场指为从事社会生产或建设等业务活动而购买汽车的工商企业，或为履行职责而购买汽车产品的政府部门和非营利性组织。

汽车消费者市场与汽车组织市场特点在第三章重点讲解。本书的汽车销售实务以消费者市场为研究重点。

3. 根据汽车产品的完整性划分

根据汽车产品的完整性进行分类，汽车市场分为汽车整车市场和汽车零部件市场。

汽车零部件是指组成交通运输工具汽车的各个部分的基本单元，也叫汽车配件，简称汽配。汽车配件市场是汽车配件交易的总和，由汽车配件生产企业、配件消费者和配件中间商组成的一个有机整体。按需求不同，汽车配件市场分为主车配套市场和社会维修配件市场。主车配套市场是由整车厂家向其配套的配件企业采购汽车配件而构成的产业市场。社会维修配件市场是由社会车辆在使用过程中因维修而产生的对汽车配件的需要所构成的市场。

汽车配件市场对应有汽车配件营销,与整车汽车营销相比,有其特殊性。本教材介绍的是整车市场和整车营销,对汽车配件营销未作讲解。

即问即答 你知道什么是 MPV、SUV、RV、PICK-UP 吗?

1. MPV

其全称是 Multi-Purpose Vehicle,即"多用途汽车"。它集轿车、旅行车和厢式货车的功能于一身,车内每个座椅都可调整,并有多种组合的方式。由于 MPV 的座椅都可调整,使车辆既可载人又可载货,适用范围广。近年来,MPV 趋向于小型化,并出现了所谓的 S-MPV,S 是小(Small)的意思。S-MPV 车长一般在 4.2～4.3 米,车身紧凑,一般为 5～7 座。

2. SUV

其全称是 Sport Utility Vehicle,即"运动型多用途汽车"。现在主要是指那些设计前卫、造型新颖的四轮驱动越野车。SUV 一般前悬架是轿车型的独立悬架,后悬架是非独立悬架,离地间隙较大,在一定程度上既有轿车的舒适性又有越野车的越野性能。近年来,SUV 又分化出一类适合城市使用的新车型——CUV,它更加强调乘坐的舒适性,如北京现代途胜、奇瑞瑞虎等。

3. RV

其全称是 Recreative Vehicle,即"休闲车",是一种适用于娱乐、休闲、旅行的汽车,首先提出 RV 汽车概念的国家是日本。RV 的覆盖范围比较广泛,没有严格的范畴。从广义上讲,除了轿车和跑车外的轻型乘用车,都可归属于 RV。MPV 及 SUV 也同属 RV。

4. PICK-UP

即皮卡,又名轿卡。顾名思义,轿卡亦轿亦卡,是一种采用轿车车头和驾驶室,同时带有敞开式货车车厢的车型。其特点是既有轿车般的舒适性,又不失动力强劲,而且比轿车的载货和适应不良路面的能力强。最常见的皮卡车型是双排座皮卡,这种车型目前保有量最大,也是人们在市场上见得最多的皮卡。

4. 根据汽车的使用燃料划分

根据汽车的使用燃料进行划分,汽车市场分为汽油车市场、柴油车市场、其他燃料或动力车市场。

目前市场中最多的汽车是汽油车和柴油车。为响应能源环保等国家号召,现在出现了纯电动汽车、混合动力汽车等,这类汽车市场有较大的发展空间,汽车厂商应予以重视。

5. 根据汽车的登记程序划分

根据汽车的登记程序进行划分,汽车市场分为新车市场和二手车市场。

新车指未上牌照的汽车。我们讲汽车市场通常指的是新车市场。

二手车泛指已在公安局车管所部门上完牌照后的机动车。一般来说,二手车市场是机动车商品二次流动的场所，也叫二手车交易市场。从某种角度讲，二手车市场是指购买二手车的顾客的总和。目前，二手车市场有着广阔的发展潜力和发展前景。本教材最后一章将简单介绍“二手车贸易”。

二、汽车市场营销

（一）汽车市场营销的概念

汽车市场营销是指汽车企业为了更好地满足市场需求，为实现企业经营目标，通过计划、组织、指挥与控制等管理职能而进行的一系列活动，即在汽车商品从生产领域到消费领域的转移过程中采用的经营战略、策略和服务。汽车市场营销有两个基本任务：一是通过市场调研分析，寻找消费者的现实需求和潜在需求；二是设计、生产出满足消费者需求的产品，并以适当的价格，通过适当的渠道销售给消费者。

（二）汽车市场营销的职能

汽车市场营销作为汽车企业的一项经营管理活动，有如下四项基本职能：

1. 发现和了解消费者的需求

现代市场营销观念强调以顾客需求为中心，企业只有通过不断满足顾客的需求，才能实现企业的最终目标。因此，汽车市场营销的首要任务是发现和了解消费者的需求。企业可以通过市场调研、售后服务、分销和促销等手段及时发现和了解消费者的需求，以便开发出适当的产品，满足消费者的需求。

2. 制定正确的营销战略

企业营销战略正确与否决定了企业的成败。企业通过市场营销活动，分析市场营销外部环境，了解消费者需求，研究消费者的现状和发展趋势，结合自身的资源条件，指导企业在规划正确的发展方向、确立目标市场、开发产品、开拓市场等方面作出科学有效的决策。

3. 稳定和开拓市场

企业通过对消费者现实需求和潜在需求的调查、了解与分析等市场营销活动，充分把握和捕捉市场机会，积极开发新产品，建立更有效的分销渠道，采用更多的促销形式，稳定老市场，开拓新市场。

4. 满足消费者的需求

满足消费者的需求是企业市场营销的出发点和中心，也是市场营销的基本功能。企业通过市场营销活动，了解消费者的需求，开发出令消费者满意的产品，在适当的时间和地点，以适当的形式提供给消费者，以良好的销售服务和售后服务让消费者满意。

（三）汽车市场营销管理过程

汽车市场营销的中心任务是使企业的各项经营活动以满足消费者需求为导向，并在此前提下实现企业自身的经济效益。汽车市场营销管理过程是指汽车企业通过市场营销管理系统发现、分析、选择和利用市场营销机会，以实现汽车企业任务和预期目标的过程。它包括分析市场机会、确定营销战略、选择目标市场、制定营销策略和管理营销活动等几个主要阶段，如图 1.6 所示。

小案例　　通用汽车"输"在哪里?

近日,来自美国的一则消息颇为引人注目:曾经拥有美国汽车市场近一半份额的汽车制造帝国——通用汽车的债券评级日前被贬为垃圾级。2004 年,这个世界上最大的汽车制造商之一,竟出现了 8900 万美元的巨额亏损,其市场份额也跌至 25.6%。

与其相对应的是,丰田汽车的制造商却因为市场订单太多而显得有些忙不过来了。

为什么会有如此大的反差呢?排除市场需求变动、历史包袱沉重等影响因素,业内人士认为,导致通用汽车现状的一个重要原因就是,通用汽车将自己的未来"押宝"在能源消耗大的运动型多功能车等车型上。而从汽车市场的发展趋势来看,未来的市场将一定会是低油耗、低排放车的天下。事实上,丰田之所以如此受追捧,主要还是得益于其率先研发的低油耗汽车。

一念之差却导致了两者截然不同的命运。在巴西,即便是在经济最发达的圣保罗,马路上行驶的汽车大多为派力奥、POLO 等低油耗经济型汽车。巴西人之所以这样做,得益于他们自小养成的根深蒂固的环保节能意识。在他们眼里,那些能耗低、污染小的经济型汽车才是真正的好车,这也验证了上述观点:通用汽车之所以陷入困境,绝非偶然。如美国一位资深研究专家所言:"节能环保本身就具有很大的想象力,但它们更具有强大的竞争力。"

(资料来源:赵学峰.汽车市场营销实务[M].北京:机械工业出版社,2012.)

问题　通用汽车"输"在哪里?客户的需求发生了什么变化?

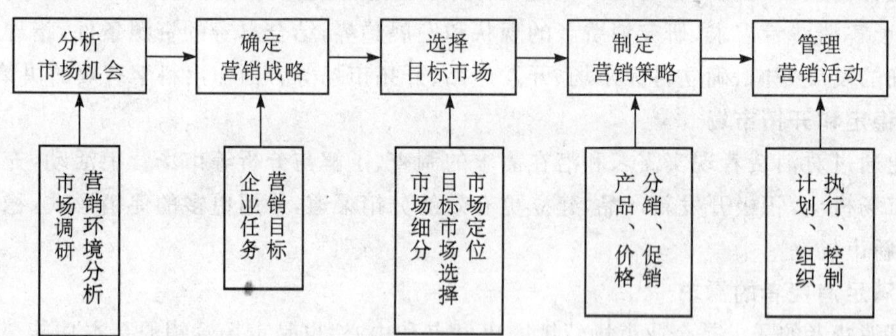

图 1.6　汽车市场营销管理过程

1. 分析市场机会

分析市场机会即寻找适宜的市场机会,解决"为何做"的问题。汽车企业营销管理者通过市场调研和对汽车外部环境的分析,研究汽车市场的变化趋势,预测营销未来发展动向,把握汽车市场机会。

2. 确定营销战略

营销战略是实现企业战略的重要保证。营销战略解决的是"做什么"的问题,即企业的任务和营销目标。

3. 选择目标市场

选择目标市场解决的是"为谁做"的问题。选择目标市场前提是进行市场细分,目标市场选择后还要进行市场定位。

4. 制定营销策略

制定营销策略即制定具体的产品策略、价格策略、分销策略和促销策略。它是解决"如何做"的问题。

5. 管理营销活动

管理营销活动是指汽车企业在制定了具体的营销策略以后,对市场营销进行计划、组织、执行和控制。

以上内容将在以后的章节中详细探讨。

(四) 汽车市场营销的创新模式

1. 汽车服务营销

在汽车消费者越来越成熟、越来越理性、对汽车产品的期望值越来越高的今天,"卖车就是卖服务"已经成为汽车企业的座右铭。汽车服务营销是指在汽车营销过程中,始终向客户提供服务活动和行为。服务营销的策略包括全方位服务、全程式服务、个性化服务、多样化服务等。

> 小案例　　一汽轿车的"管家式服务"
>
> 管家式服务就是将用户在用车过程中现实的和潜在的需要都变成常规服务项目。服务内容涵盖与车辆有关的一切活动,使用户从买车、用车到养车都能享受到全方位的服务。用户只管放心用车,其余一切,如维修、保养、保险等都由一汽服务站来做。这样,用户是"主人",服务站是"管家"。
>
> 问题　试用服务营销理念分析"管家式服务"的营销模式。

2. 汽车品牌营销

美国著名广告学家莱瑞·莱特认为:"未来的市场营销是品牌的战争——品牌争长论短的竞争。无论是工业界还是商业界,都将认识到只有品牌才是企业最珍贵的资产。因为,拥有市场比拥有工厂更为重要,而拥有市场的唯一途径就是首先拥有具有市场优势的品牌。"由此可见,品牌营销是汽车获得竞争优势的重要途径。

3. 汽车网络营销

在互联网用户不断增长、网络行为越来越丰富的背景下,汽车企业必须找寻与互联网平台的对接方式,汽车网络营销便成为汽车营销的发展趋势。

4. 汽车绿色营销

在汽车给人们带来快捷、便利、高品质生活的同时,也给人们生存的环境带来了极大的污染。汽车排放的废气严重影响人们的身体健康,环境污染已经成为严重的社会问题。汽车"零污染"的倡议受到了广泛的认同,汽车企业纷纷研制"绿色汽车"。

5. 汽车文化营销

我国的汽车市场从供不应求到各汽车厂家大打价格战、促销战,汽车营销逐渐从低层次向较高层次演进,将营销和文化相结合,实施文化营销,是我国汽车营销的发展趋势之一。

综观国内汽车市场,文化营销逐渐成为企业重要的营销手段。无论是别克君威的"动静结合"、赛欧与羽泉的结合、东风雪铁龙的"龙行天下"、奇瑞 QQ 的时尚文化,还是"福田汽车助力中国航天事业",越来越多的汽车企业正在通过文化营销的方式进行品牌传播,树立产品的美誉度,对消费者进行文化影响,最终实现销售。

6. 汽车体验营销

近年来,随着汽车市场竞争的日趋激烈,汽车体验营销开始崭露头角,从汽车 4S 店的试驾,到汽车企业举办的汽车试驾活动,都可谓是汽车体验营销。它既可以让汽车增值,又可以提升汽车销售量,因此体验营销是汽车营销的利器,将扮演越来越重要的角色。

第三节　了解我国汽车市场营销

一、我国汽车工业的现状与发展

(一) 我国汽车工业的发展历程

1. 创建阶段(1949～1965 年)

1953 年 7 月,第一汽车制造厂开始在长春市兴建。该厂仅用 3 年时间建成,并于 1956 年 7 月 15 日建厂 3 周年之际,12 辆解放牌 4T 中型货车下线,结束了中国不能生产汽车的历史。同年 10 月,开始大批量生产载重为 4T 的解放 CA10 系列货车。1958 年第一汽车制造厂又试制出我国第一辆东风牌 CA71 轿车,1958 年 7 月该厂自行设计并制造的红旗 CA72 高级轿车下线,中国从此拥有了自己的高级轿车。

在一汽逐步扩大生产的同时,我国各地一批汽车修配企业相继改建成汽车制造厂,逐渐在南京、上海、北京、济南建成 4 个新的汽车生产企业和一批汽车零部件生产点。

据统计:1950～1965 年间,我国汽车工业投入资金 9.44 亿元,大体形成了 10 个基本车型,年产 6 万辆的生产能力。虽然汽车品种和数量在当时有了较大发展,但是,由于技术和条件的限制,质量经受不住考验,不少汽车制造企业被迫停产,从而使我国第一次大办汽车企业的热潮告一段落。

2. 成长阶段(1966～1980 年)

随着社会经济的发展,一汽的批量生产和其他一些汽车厂的相继投产仍无法满足国民经济发展和国防建设对汽车品种和数量的需求。1968 年在湖北十堰市开始动工兴建我国规模最大的第二汽车制造厂,随后又建成了生产重型汽车的四川汽车制造厂和陕西汽车制造厂。这三个汽车基地以中、重型载货汽车和越野汽车为发展重点,同时适当发展矿用自卸车。它们的建成,标志着我国已具备了独立开发载货汽车产品及主要依靠自己力量设计和装备大中型载货汽车厂的能力,并带动了一大批地方汽车企业的发展,形成了我国第二次大办汽车企业的热潮。

据统计:1966～1980 年间,我国汽车工业总投资 51 亿元,15 年中产量由 1965 年的 5.6 万辆增加到 1980 年的 22.2 万辆,产值由 20.1 亿元增加到 88.4 亿元。1980 年全国汽车保有量169万辆,其中载货汽车148万辆,基本形成了我国汽车工业体系。

3. 全面发展阶段(1981年至今)

改革开放以后,随着国民经济的快速发展,汽车客、货运输快速增长,汽车在经济和社会发展中的战略作用崭露头角,汽车工业也步入全面发展阶段。

据统计:1992年汽车产量首次突破100万辆;2012年,我国汽车市场保持平稳增长态势,全年累计产销超过1900万辆,再次刷新全球历史纪录,连续四年蝉联世界第一。据中国汽车工业协会统计:我国2012年累计生产汽车1927.18万辆,同比增长4.6%;销售汽车1930.64万辆,同比增长4.3%。产销同比增长率较2011年分别提高了3.8和1.8个百分点。其中,乘用车产销1552.37万辆和1549.52万辆,同比分别增长7.2%和7.1%;商用车产销374.81万辆和381.12万辆,同比分别下降4.7%和5.5%。我国汽车产量已连续三年超过1800万辆,我国汽车工业已进入总量较高的平稳发展阶段。

(二) 我国汽车工业的现状与发展

目前,中国汽车工业已经成为全球化汽车工业重要的组成部分,基本形成了跨国汽车公司"6+3"和国内汽车企业"3+6"的格局。跨国汽车公司在中国的布局已经基本形成,中国已经成为汽车巨头全球竞争重要的一环。20年的合资和国产化培育了中国的零部件配套体系、装备制造业以及管理、技术和人才。

据国际汽车制造商协会(OICA)统计,2002年我国汽车产量为325万辆,世界排名第五位。2003年汽车产量超过400万辆,成为仅次于美国、日本和德国的世界第四大汽车生产国。我国汽车年产销达到100万辆历时近40年,从100万辆增至200万辆历时8年,从200万辆增至300万辆仅用了2年,而突破400万辆只用了1年时间。这表明我国汽车工业正处于超高速增长阶段,增速之快为世界各国汽车工业发展过程之罕见。

中国汽车工业加速国际化进程主要表现在跨国公司加大对中国的投资力度,全方位介入中国市场。改革开放以来,几乎所有的汽车跨国公司都已经进入中国。目前,跨国公司通过合资合作方式占据了90%的中国轿车市场。

中国汽车工业快速发展的同时,一些问题也很快显露出来,主要有:

(1) 汽车业热度过高,供给有投资泡沫。目前,全国有27个省市开始开发及生产汽车,有21个省市生产轿车,共有2443个汽车企业,其中整车厂115个,改装厂551个、摩托车厂154个、发动机制造厂56个、汽车摩托车配件厂1567个,同时还有相关配套行业企业168个。2012年中国乘用车整体产能已达2306万辆,中国乘用车企业总体产能利用率为66.39%,低于业界对产能过剩定义的最低门槛——产能利用率70%。全国整车生产能力大大超过市场需求。

(2) 开发能力弱,引进模仿多,自主知识产权少,对外资的依赖性强,国内轿车以国外品牌居多。从技术上讲,中国汽车业实质上是汽车强国和世界汽车巨头的组装车间,汽车市场由跨国巨头主导和操控。

(3) 汽车行业散、产业链短、规模小、成本高。国内许多汽车合资公司需要的特殊钢材和零部件仍然需要大量进口,同时生产规模小,目前中国生产一辆汽车成本比工业化国家高出18%左右。

(4) 汽车消费使环境面临大的挑战。大中城市交通堵塞、停车泊位严重短缺、高油价及汽车金融服务的滞后等将严重影响消费需求,制约汽车产业的发展。

即问即答 你知道世界汽车工业的现状与发展趋势吗?

(1) 总量过剩,产量集中度高。目前全球汽车产能已达7000万辆,与市场需求相比产能过剩25%左右。20世纪90年代以来,全球汽车工业加快产业结构调整步伐,形成了"6+3"的格局(通用、福特、戴姆勒-克莱斯勒、丰田、大众、雷诺-日产6大汽车集团以及宝马、标致-雪铁龙、本田3家公司),这9家跨国公司的汽车产量达全球汽车总产量的95%。

(2) 汽车销售市场中心东移,发达国家汽车工业向新兴市场产业转移。目前,西欧、北美和日本等发达国家的汽车市场已趋于饱和,中国、印度、俄罗斯及东南亚等国家正成为世界汽车厂商争夺的主要市场。

(3) 零部件采购国际化、系统化、模块化,产品向多样化、个性化发展。主机厂实行最佳化跨国采购,零部件也随生产点转移,实行就地生产,系统化、模块化供货。产品生命周期缩短,产品换型、改型加快,不断推出多功能车、休闲车以及运动型多用途车。

二、我国汽车市场的现状与发展

(一) 我国汽车市场的基本特点

1. 中国汽车市场受宏观因素影响较大

具体表现在两个方面:一是汽车市场受宏观经济波动影响,二是汽车市场需求受国家政策环境影响。前些年部分地区对小排量汽车限制出行道路、限制出行时间,严重影响了小排量汽车市场,在国际油价一再飙升的情况下,中国小排量汽车的销量不升反降。2006年以后,北京、上海、广州等地先后取消了"限小"禁令,从2008年9月1日起国家调整汽车消费税政策,排量在1.0 L以下(含1.0 L)的乘用车,消费税税率由3%下调到1%;2009年1月,国务院宣布自2009年起1.6 L及以下排量的乘用车征收的车辆购置税率由10%降至5%。这一系列政策的颁布极大地刺激了市场,仅2009年上半年1.6 L及以下排量乘用车的销售量就增长了40%;2004~2005年国家治理载货车市场的超限超载现象,调整公路收费标准,使汽车市场的产品需求结构发生了变化,重型化、多轴化、专用化趋势明显。

2. 个人购车是汽车消费结构的主体

随着中国经济的快速发展,中国消费者消费观念的转变,汽车市场消费结构已经从以公款购车为主转变为以个人购车为主,国内轿车销量中80%是私人购买的。现在,购买汽车已经成为许多中国老百姓的现实需求,汽车已经走进寻常百姓家。随着人民生活水平的提高,个人购车比例还将继续增长。中国汽车市场消费结构的重大变化将促使企业改变经营理念,进一步细分市场,把市场开拓的重点放在私人购车市场上,并促使政府有关部门调整政策,以培育汽车消费市场。

3. 中国汽车市场的包容性非常大

这种包容性是指世界上最先进的汽车产品在中国汽车市场上都可以看到,而发达国家已淘汰10年或20年的产品在中国汽车市场上仍有销路,各个企业、各个品牌的汽车都能找到立足之地,这就导致了中国汽车市场竞争格局非常残酷,一年之内上市的新产品可以达到上百种,这在世界上是罕见的。同时,中国消费者的需求十分多样化,中国很少有汽车单品销售量超过100万辆,新品汽车的寿命周期也越来越短。中国消费者在汽车的选择上还会受传统文化的影响。因此,国外的汽车品牌必须进行本土化改造,才能适应中国汽车消费市场的要求。

你知道我国汽车市场的主要类型吗?

1. 公务用车市场

公务用车主要指国家权力机关、军队、职能部门、科研单位、事业单位和各种社会团体等单位的用车。公务用车的主要功能是辅助政府机构的运行和职能部门、社会团体开展活动,因此具有非营利特征。

2. 商务用车市场

商务用车是指生产企业和经营单位为生产经营而使用的车辆。商务用车市场是规模最大的用车市场,所涉及的领域非常广泛,既有工业、农业、建筑业等生产部门,也有贸易、金融、保险等经营服务单位。

3. 经营用车市场

一般来说,经营用车是指以汽车为资本,直接通过汽车运营盈利和发展的用车,它体现了社会化服务和盈利创收的双重功效。经营用车主要有城镇交通中的公共汽车、出租汽车,城镇间、乡村间的公路客货运输用车以及与旅游设施配套、为旅游者提供服务的旅游用车等。

4. 私人用车市场

从世界范围来看,分布最为广泛、需求最为强劲的就是私人用车市场,它占据了每年世界汽车销量的绝大部分。所谓私人用车,是指为满足个人(或家庭)各种需求的各类汽车。目前,中国的私人用车大体包括纯私人生活用车、兼有经营与私人生活用车双重用途的车辆和以生产与经营为主的私人用车。从规模上来看,纯私人生活用车的数量近几年来增长非常快,主要集中在大中城市和一些富裕程度达到相当水平的农村。虽然目前燃油价格不断上调,但中国的私人用车市场仍将随着国家相关利好政策的出台和实施而高速发展,尤其是纯私人生活用车。截至 2008 年年底,全国民用汽车保有量达到 6467 万辆(包括三轮汽车和低速货车),其中私人汽车保有量为 4173 万辆,占民用汽车保有量的 64.53%;民用轿车保有量为 2438 万辆,其中私人轿车为 1947 万辆,占民用轿车保有量的 79.86%。

(二) 我国汽车市场现状与发展

我国的汽车产业,是在一穷二白的基础上成长起来的。从解放初引进苏联技术到改革开放后引进欧美生产线,从 20 世纪 80 年代初大量依赖进口到 90 年代末国产车成为市场主流,前后经历了 50 多年的时间。自 2002 年之后,中国汽车行业开始进入爆发式增长阶段,特别是随着私人消费的兴起,轿车需求量开始迅速攀升,成为推动中国汽车发展的一股重要力量。与此同时,中国在全球汽车产业中的地位也逐渐上升。我国汽车市场呈现出以下现状与发展趋势:

1. 产销量高速增长

自 2006 年以来,由日本汽车工业保持的世界第一的位置,在 2009 年被中国取代。在国家扩内需、调结构、促转变等一系列政策措施的积极作用下,近年来我国汽车工业保持平稳较快发展。汽车产销快速增长,自主品牌市场份额提升,汽车出口逐步恢复,大企业集团产销规模整体提升，市场需求结构进一步优化，汽车工业产业结构调整加快。全年汽车产销量月月超过 120 万辆，平均每月产销突破 150 万辆，全年汽车销售超过 1850 万辆，再次刷新全球历史纪录。

2. 产业集中度提高

2011 年，我国汽车市场实现了平稳增长，节能与新能源汽车积极推进，产业集中度进一步提高，出口高速增长，汽车产业结构进一步优化。我国基本形成“3＋6”的格局，即一汽、东风、上海 3 大国有汽车集团和广州本田、重庆长安、安徽奇瑞、沈阳华晨、南京菲亚特、浙江吉利等 6 个独立骨干轿车企业。

3. 民营汽车企业发展强劲

2000～2003 年，民营资本加快进入汽车领域，吉利、比亚迪等纷纷进军汽车领域，发展态势强劲。

中国汽车产业作为世界汽车产业重要的组成部分，未来十年是中国汽车产业的黄金期，汽车产业已经完成了从小到大的过程，正在逐步实现由弱到强的巨大跨越，全球汽车工业将向中国和一些新兴经济体进一步转移，这对中国汽车工业来说，仍是非常难得的历史机遇。目前，中国汽车市场不仅发展快，而且汽车消费需求变化也快，这对于中国汽车产业来说，将迎来下一个黄金十年，自主品牌将完成从“中国制造”到“中国创造”的发展过程。预计到 2020 年，中国汽车市场的销量有望占据全球汽车总销量的一半以上，将是美国市场销量的两倍左右。中国汽车市场前景非常广阔。

小思考 搜集资料，说说我国汽车市场的现状与发展趋势。

三、我国汽车市场营销的现状与发展

（一）我国汽车市场营销的发展阶段

1994 年以前，我国的汽车市场营销只是简单地卖车，汽车市场营销体系是建立在卖方市场基础上的。随着改革开放的不断深入，社会主义市场经济体制的日渐完善，从 1994 年开始，汽车市场从原有的卖方市场变成了买方市场，为企业创造了一个公平竞争的营销环境，使企业成为市场主体，并享有作为相对独立的商品生产者和经营者应有的各种权利。原来那种供不应求的时代一去不复返，只管收费不管服务和用户利益、只要车卖出去就完事的时代也已经一去不复返。

伴随着汽车的生产制造，必然产生汽车工业的营销体系。我国汽车工业营销体系的发展大致经历了三个阶段。

1. 计划分配阶段(1978 年以前)

1978 年以前是第一个阶段——计划分配阶段。这一阶段处于计划经济体制下，主要特点是汽车卖到最终用户手中后销售工作即告结束，根本没有其他的销售服务。这一阶段的营销体系为：汽车由专门成立的国营汽车销售公司负责销售，以批发形式为主，从主批发渠道分配到下面各地区级省市公司，再面对各地区的用户市场，然后由各地区根据用户单位申请的控办指标申请予以具体分配、销售，最后由用户自行办理行车的一切手续。它的缺点是：随着改革开放和市场经济的深入发展，供求矛盾更趋突出，渠道过长导致的价格扭曲、政府职能形式的国营主渠道管理方式以及由此带来的服务水平低下，造成了用户人、财、物的巨大浪费，也制约了我国汽车工业的良性发展。

你知道世界汽车市场的现状与发展趋势吗？

(1) 混合动力汽车的优势得到广泛承认。

(2) 行业外资金流入汽车业。

(3) 裁员风暴席卷全球。通用公司和福特公司 2006 年年底开展了一场裁员大赛：通用公司宣布在 2008 年前关闭 12 家工厂，裁员 3 万人；福特公司透露消息，可能在未来 5 年内关闭 10 家工厂，裁员 3 万人；形势相对较好的戴姆勒-克莱斯勒公司，也要在 2006 年至少裁员 8500 人。

(4) 大公司流行“瘦身”。2005 年大而全的汽车公司更少见了，大公司都忙着“瘦身”，剥离非核心业务。即使有新的项目，他们也更愿意采取合作的方式，不扩大自身规模和加重负担。

(5) 小型车在全世界吃香。持续上涨的油价，让消费者购买“油耗子”的信心屡受打击。以 2005 年 9 月为例，油价在每桶 70 美元上下徘徊，美国市场的 SUV 销量同比下降了 31.7%，其中大型 SUV 的销量更下滑了48.1%。

2. 计划分配向市场经济转变阶段(1978～1994 年)

1978～1994 年是第二阶段——计划分配向市场经济转变阶段。在这一阶段，计划分配开始向市场经济过渡，计划分配逐年下降，汽车厂家开始意识到销售服务的重要性，并开始借鉴国外先进经验摸索着建立自己的营销体系。在初期，生产厂家认识到市场调控的重要性，纷纷与有多年关系的国营汽车销售公司成立合资公司，并向社会广泛地提供配件，主要车型的维修站网点逐步铺开，为今后提供更多的售后服务打下基础，但总体还是以卖方市场为主。

3. 买方市场阶段(1994 年以后)

1994 年后是第三阶段——买方市场阶段。国外厂商不断进入所带来的先进营销方式，促进了我国汽车工业营销体系的不断调整和进一步完善。自 1998 年以来，采取“四位一体”经营模式的汽车服务企业在我国越来越多，尤其是上海别克、广州本田及一汽奥迪等在短期内创造了优异的销售业绩，除车型新颖、先进外，符合国际潮流的新型营销模式和完善的营销体系也得到了用户和业内人士的普遍认可。

(二) 我国汽车市场营销的现状

面对势不可挡的经济全球化大趋势，竞争将更加激烈，我国汽车市场营销模式和营销体制都会受到巨大冲击，汽车的生产、销售、维修和服务等领域都将面临挑战。

1. 经营模式变化给汽车市场营销带来新的契机

我国目前正处于市场经济建立的过程之中，旧体制正在被打破，新体制正在逐步确立，汽车市场营销环境面临重大变化。汽车市场营销环境的变化主要来自于汽车经营模式的变化。过去，汽车经营模式是指令性计划的行政方式，经营模式按“产—供—销”、以产定销的方式运作。

加入WTO后,我国汽车市场营销模式已进一步显现出多层化特征。市场是导向,它以"无形的手"配置资源,经营企业根据市场调查,了解市场需求(品种、数量、规格),独立自主制定生产计划,增添设备,生产高质量、高水平的汽车,参与市场竞争。谁的汽车性能强、价格合适、质量可靠、售后服务好,谁就能在优胜劣汰的竞争中站稳脚跟、扩大知名度、扩大规模、不断盈利。经营模式的变化给汽车工业带来了新的契机,创造了一个公平竞争的营销环境,也使一些长期阻碍汽车工业健康发展的问题得到解决,给汽车工业发展带来了新的动力。

2. 产业政策变化将赋予汽车市场营销新的特色和内涵

中国的汽车工业是国民经济的支柱产业,我国汽车工业年产量已突破700万辆,这使得我国汽车工业迎来了一个发展的黄金时期。但是我国的汽车市场营销活动还缺乏成熟性,现代汽车市场营销观念还不能被始终如一地贯彻和自觉运用。

在社会主义市场经济建设中,我国不会再采用过去那种传统的汽车工业发展模式,也不会像美国那样经历上百年的残酷竞争,而会借鉴新兴工业化国家的先进经验,通过政府制定汽车产业发展政策,尽快振兴汽车工业。目前,汽车产业发展政策正在付诸实施。其中最大的变化是汽车市场将迅速地向完全的买方市场转变,这一根本转变将为汽车市场营销活动赋予新的特色和内涵。

3. 我国汽车市场营销将面临残酷的竞争和严峻的挑战

由于我国汽车工业的生产规模、成本价格、品牌效应、经济效益与美、欧、日等汽车生产大国相比差距较大。尤其是加入WTO以后,国外的汽车厂商在中国获得贸易权和分销权,"洋车"将大举进入中国市场。跨国汽车集团通过合资、合作等形式,参与我国的轿车销售服务体系,国际厂商一方面物色国内的汽车零售商,使入选者成为他们的品牌经营代理人;另一方面加强自身营销网络对中国市场的渗透力度。国际厂商的这些做法,客观上也使国内汽车企业的危机感陡增,促进汽车的销售、流通体制改革。

目前,为了提高各自的竞争力,国外一些汽车公司纷纷改组、合并,世界汽车工业进一步走向集中和垄断。国际汽车工业巨头们基于现实的困境和长远战略考虑,早已垂涎中国这个巨大的潜在市场,中国大陆被认为是世界上最大的一块"处女地",就连一些曾不愿与中国打交道的国外汽车公司也纷纷来华投资建厂或设销售维修服务网点,试图瓜分成长中的中国汽车市场。可以预见,一场没有硝烟的世界工业大战,将很快围绕争夺中国汽车市场展开。中国汽车工业将不得不在国际、国内两个汽车市场上同国外汽车厂商短兵相接,展开营销大战。

(三) 我国汽车市场营销存在的主要问题

1. 4S店遍地开花,但汽车市场营销处境尴尬,前景令人担忧

中国的汽车制造行业经过几十年的发展,相对刚刚起步的中国汽车销售公司无疑是强大的。近几年,集销售、零部件、服务、信息反馈于一体的4S汽车店在全国如雨后春笋般出现,这种销售形式对于产销量特别大的车型或品牌来说是最好的,但如果经营利润不能支撑4S店庞大的费用支出,从形式到内容就都难免落空。4S店在中国的存在已呈现出其弊端。

2. 汽车市场营销方式混乱、落后

目前,无论是汽车企业还是各级经销商,真正按照市场营销观念从事经营活动仍占少数。时下最具影响力的营销手段是“车展”和“价格战”。越来越热的车展现象并不能代表汽车市场营销的进步，相反只反映了汽车市场营销的苍白和缺失——各大汽车企业好像只能通过车展这样的方式来大摆阔气，却不问这对于销售究竟会起多大作用；而还停留在价格战阶段的汽车销售，根本算不上是真正意义上的营销。“营销上我们也没做什么，就是按照厂家的策略走，另外也搞一些促销活动”，北京一位知名汽车企业的授权经销商这样说。可见，我国的汽车市场营销方式、手段仍然停留在简单、低级的阶段。

3. 汽车经销商普遍存在着汽车市场营销信誉危机

有关部门调查显示，汽车消费投诉的大幅上升固然与百姓购车热有关，但它更反映出目前汽车消费整体环境。对汽车经销行业来说，经销商在销售中普遍缺乏行业道德操守约束，也缺乏行业自律，同样缺乏一个统一的组织来确定经销商的从业标准。因此，汽车经销这个行业看起来一片混乱。目前，国外的经销商按照严格要求在各地确立了符合高档地位的品牌身份，如在中国经销奥迪、奔驰等高品牌的外国经销商，不仅有统一的形象标志，还有统一的信息流通网络，以及统一的严格的培训体系，这些是中国一些地区的初级经销商从来没有考虑过的事情。

4. 营销队伍素质普遍不高

过去，汽车产品处于卖方市场的形势下，厂商对营销人才的要求并不高。但是随着汽车市场步入买方市场，用户的购买行为也逐渐理性，消费者的成熟，使汽车行业对营销人才的需求，由纯粹的汽车销售人员转向既懂汽车又懂营销及相关法律法规的复合型高级营销人才。同时深陷价格战的众厂商，眼看着销售本身利润的削薄，也不得不将注意力从生产领域转向营销领域。营销队伍是贯彻营销理念、提供优质服务的关键，是连接消费者与销售企业的桥梁，甚至本身就是销售企业的招牌。

（四）我国汽车市场营销发展趋势

通过对我国汽车市场营销历程及目前营销中存在问题的分析，结合我国具体国情，国内汽车市场营销有以下几个方面的发展趋势：

1. 汽车大卖场将逐渐成为继汽车专卖店销售后的重要的汽车市场营销模式

虽然国家发布的有关政策对于4S店仍然是持鼓励态度，但随着中国加入WTO，汽车产业将会逐渐放开，汽车价格也将随之下降到基本与国际市场价格持平的程度，宣告汽车暴利时代的结束。因此4S店只适合少数奢侈型的汽车品牌，对于大多数中档及经济型汽车品牌来说是得不偿失的，而汽车大卖场的销售模式是其最佳选择。

2. 汽车市场营销的品牌经营势在必行

品牌是企业可持续发展的最重要的资源之一。在中国汽车市场发育和发展的过程中，品牌的概念正在受到越来越多的关注。就一个企业而言，企业形象处于第一层次，品牌形象处于第二层次，产品形象处于第三层次。一个品牌必须存在于企业中，但是，这个品牌又可以独立于它所代表的企业之外，独立于它所依托的产品之外。企业可能被兼并、联合或重组，也可能破产倒闭，产品可能换型或更新，但品牌的价值却是永恒的，是不断增值的。同一个产品，换一块牌子就可以身价百倍，这充分说明了品牌的重要价值。“兰博基尼”跑车无论在被德国大众公司收购前还是收购后，品牌形象的核心价值并没有因为企业间的并购而发生改变。因此，开发、塑造和管理品牌，是企业形象的根本，是产品价值人格化的体现。对汽车中具有强烈个性的轿车而言，品牌意味着市场定位，意味着产品质量、性能、技术、装备和服务等的价值，它最终体现了企业的经营理念。因此，品牌是企业制胜的法宝，是消费者所追求的一种理念，是企业和消费者中间的桥梁。

3. 汽车市场营销更加注重公共关系营销

随着买方市场的到来，国内的汽车经销商逐渐意识到了危机，不断摸索新的营销途径。其中，公共关系营销在汽车市场营销中的重要作用是显而易见的，因为中国的汽车市场还处于起步阶段，绝大部分消费者对汽车的了解都来自媒体的报道，媒体的介绍和评价对消费者的购车决策起着决定性的作用。通过公关可以确立企业在社会中的正确位置，引起社会的广泛认同，将企业经营利益与社会利益兼顾，实现企业与社会利益的相互转化，最终赢得更大的企业发展空间。

4. 汽车市场营销从传统的门店销售向汽车网络经营和汽车配件网络化经营发展

在面对汽车个性化消费需求不断增长的今天，个性化、小批量式的生产正在成为现实。厂家必须和用户进行交互式的信息沟通，而这种个性化需求信息交互的实现只有网络可以实现；并且汽车市场的产品也将极大地丰富，传统的市场搜寻方法由于消耗的时间和精力过大，必将被信息的网络搜寻所取代。汽车市场上的私人消费正在逐步增加，购买方式也向多模式支付方式转变，只有网络能够为这些转变提供安全而有效的保障。所以电子商务对于汽车产业来说是不可或缺的重要手段。随着整个网络的发展，特别是用户的增加，网络已经成为重要的传播工具。

即问即答 **今后我国汽车市场营销手段有哪些？**

1. 买断式销售

买断式销售就是汽车经销商通过与厂商的谈判，交纳一笔不菲的费用，一次性买断某一批次汽车在某一区域、某一时间段的完全销售权。买断式销售模式可以使销售商自主把握销售价格，有效控制销售的节奏，同时快速积累车主资源，形成持续性发展的基础。

2. 汽车俱乐部营销

在国际汽车界，汽车整车销售利润在整个产业链利润构成中仅占20%，零部件供应占20%，而50%～60%的利润则是由服务环节产生的，包括维修、保养、检测、救援等。所以只销售单一产品所能获得的利润空间极为有限。而随着一轮接一轮的价格战，汽车销售的利润会越来越薄，汽车产业的价值链必须向售后服务市场延伸。汽车俱乐部以其能为会员提供完备的售后服务，解决汽车消费的后顾之忧而日益成为关注的焦点。

3. 网络营销

目前，中国大中城市的网民是消费能力很强的主流人群。而这些网民中，有车一族不占少数。据一项调查显示，在北京60%以上的用户买车前会上网查询有关信息；2005年，通过专业车网查询购车信息、找到经销商的潜在购车用户超过15万人，其中直接提交购车信息意向的超过3万人。利用互联网进行营销，已经是汽车市场营销的一大趋势。网络营销的手段多样、投入低，对于汽车厂商或经销商迅速打响自己品牌或进行产品销售有极大的推动作用。

4. 娱乐营销

在21世纪,商业的本质就是娱乐。当技术改变了世界的时候,而娱乐正在改变商业。娱乐化是打动人心、与消费者构建情感联系的最有效方式。在营销过程中如果能为消费者创造更轻松、愉悦、人性化、感性的氛围,则可以提高知名度,吸引更多消费者。

5. 新农村战略

建设社会主义新农村是我国政府将长期进行的一项方针政策。随着国家新农村战略的深入开展,农村经济将会逐步提高,城乡差距将会不断缩小,农民的购买力也将不断提高。一些中低价位的车型容易受到农村客户的青睐,汽车企业也可以在农村拓展市场空间,获得较高的知名度及利润。

本章小结

基本概念	市场　需求　价值　交换　市场营销　汽车市场　汽车市场营销
基本内容	1. 市场包含三要素,即人口、购买力和购买欲望,市场=人口+购买力+购买欲望;汽车市场是指汽车产品现实的和潜在的购买者的需求总和。 2. 需求是指人们有能力并愿意购买某种产品的欲望。价值营销理论说明营销的本质是发现、创造、传播和实现价值,其核心是与顾客进行价值交换。 3. 市场营销是指通过对货物、劳务和计谋的构想、定价、分销、促销等方面的计划和实施,实现个人和组织的预期目标的交换过程;汽车市场营销是指汽车企业为了更好地满足市场需求,为实现企业经营目标,通过计划、组织、指挥与控制等管理职能而进行的一系列活动。 4. 市场营销策略组合(4P's)是:产品策略、价格策略、分销策略、促销策略。 5. 市场营销观念是指企业在开展市场营销活动过程中,对待和处理企业、顾客和社会三者利益方面所持有的经营态度、指导思想和行为准则。市场营销观念经历了几个阶段:生产观念、产品观念、推销观念、市场营销观念和社会营销观念。 6. 汽车市场营销管理活动过程包括分析市场机会、确定营销战略、选择目标市场、制定营销策略和管理营销活动等几个主要阶段。 7. 我国汽车市场特点是:中国汽车市场受宏观因素影响较大,个人购车是汽车消费结构的主体,中国汽车市场的包容性非常大。 8. 我国汽车市场营销现状是:经营模式变化给汽车市场营销带来新的契机,产业政策变化将赋予汽车市场营销新的特色和内涵,我国汽车市场营销将面临残酷的竞争和严峻的挑战。

知识巩固

（一）选择题

1. 市场的构成要素是（　　）。
   A 需要、需求和欲望　　B 人口、购买力和购买欲望
   C 需要、动机和欲望　　D 人口、需求和动机
2. 现代市场营销观念的最大特点是企业以（　　）为中心。
   A 生产　　B 销售　　C 顾客　　D 服务
3. 市场营销的核心是（　　）。
   A 交换　　B 分配　　C 生产　　D 促销
4. 市场营销的本质是（　　）。
   A 价值　　B 价格　　C 利润　　D 成本
5. “以质取胜”反映的是（　　）市场营销观念。
   A 生产观念　　B 产品观念　　C 推销观念　　D 市场营销观念
6. 美国福特汽车公司创始人亨利·福特曾说过：“不管顾客喜欢什么颜色的汽车，我只生产黑色的。”这反映了（　　）。
   A 生产观念　　B 产品观念　　C 推销观念　　D 市场营销观念
7. 最容易导致企业出现“市场营销近视”的营销观念是（　　）。
   A 生产观念　　B 产品观念　　C 推销观念　　D 市场营销观念
8. 市场营销与销售具有本质的区别，表现在（　　）。
   A 市场营销是企业系统管理过程，而销售仅是营销过程中的一个环节
   B 市场营销是以满足顾客需求为中心，而销售是以出售现有产品为中心
   C 市场营销的出发点是市场需求，而销售的出发点是企业产品
   D 市场营销采用的是整体营销手段，而销售主要采用人员推销、广告手段
   E 市场营销是通过满足客户需求来获取利润，而销售是通过增加销量来获取利润
9. 按照市场营销专家菲利普·科特勒的定义，现代市场营销可理解为（　　）。
   A 营销的核心是交换
   B 营销以顾客的需求为中心
   C 市场营销受微观和宏观环境的影响
   D 市场营销的主体既包括营利性企业，也包含非营利性组织和个人
   E 市场营销是一个系统的动态的管理活动过程
10. 大市场营销由4P增加到6P，新增的2个P指（　　）。
    A 权力　　B 产品　　C 价格　　D 公共关系　　E 促销

（二）判断题

1. 社会营销观念指的是企业在满足消费者需求和企业利益的同时，还需要考虑社会的利益。（　　）

2. 汽车营销即汽车推销。(　　)

3. “酒香不怕巷子深”反映的是生产观念。(　　)

4. 把产品销售出去以后,市场营销工作就结束了。(　　)

5. “合肥的小汽车市场日渐红火”,这句话里的市场是指小汽车交换的场所。(　　)

(三) 简答题

1. 如何理解市场营销概念?

2. 我国汽车市场具有哪些特点?你认为它的发展趋势是什么?

3. 汽车营销理念的演变过程包括哪些阶段?它们各有什么特点?

案例分析

别克——比顾客更关心顾客

别克虽然是美国通用的五大轿车品牌之一,在国际市场上有着一定的影响力,但在通用来到中国之前,中国的消费者并不了解别克,所以上海通用还担负着在最短时间内迅速提升别克品牌形象的重要任务。

可能你还记得,几年前,赛欧让顾客苦等新产品下线的情景;那时候,每个新产品露面时,都有十分明确的市场定位;顾客不仅看到别克专卖店统一的标志,也感受到别克的热情服务。在营销策略方面,别克非常重视最基本的服务营销和提升自身品牌知名度的创新营销:别克是中国第一家实行品牌专卖的公司;第一家建立客户关系营销网络的公司;第一家用因特网和客户交流,在网上卖车的公司。

1. 以客户为中心的理念

上海通用非常注重经销商在销售上是否与上海通用一样具有市场的理念——以客户为中心的理念。上海通用 90 多家经销商,几乎都是三位一体的,其网络分布和数量是和市场需求的容量相适应的,也是在科学地估计合作伙伴投资回报的基础上来确定的。这些,都使经销商得以全面贯彻“以客户为中心”的理念。

2. 以 CRM 引领市场营销管理

上海通用强调建立与客户之间的长久对话,即通常所谓的 CRM(客户关系管理)系统,这是国内汽车企业中第一个管理系统。与众不同的是,通用不但最早建立 CRM,而且最早建立比较规范的客户支持中心,在整个汽车行业中是第一个用因特网和客户交流的企业。CRM 的建立,是上海通用在激烈的市场竞争中的感悟。由于上海通用基本是按订单生产,因此物料计划、生产计划、销售订单都是畅通的。开始时由于客户订单经常改变,如座椅真皮的颜色由黑色改成米黄色,导致经销商总是每种颜色都准备一些,但经过一段时间之后,发现米黄色供不应求,出现缺货,而黑色无人问津,不仅造成库存积压,还耽误了生产。因此,进一步的信息化势在必行。上海通用按照美国通用公司全球战略的部署以及中国的具体情况,选用了 Siebel 的 CRM 系统,并请在实施 CRM 方面非常有经验的 IBM 公司提出解决方案并负责项目的整体实施。2001 年,美国最具权威性的独立调查机构针对中国市场上绝大部分进口和国产的轿车所做的调查中,上海通用的销售满意度名列第二位,售后满意度居第一位。

3. 以客户满意为宗旨

2002 年上海通用还启动了中国汽车的第一个售后品牌——别克关怀(Buick Care)。上海通用启动的这个服务品牌不仅有规范的标志系统,还有完善的服务理念——以"比你更关心你"为核心,强调售后服务的主动性,要求售后服务人员比车主更关心他的车,主动担当车主的义务汽车保养顾问,并重视车主在体验整个服务过程中的心理感受。品牌化的过程,使售后服务更专业化,并将原先阶段性、季节性的服务活动标准化。"别克关怀"的推出,突破了售后服务在形象上从属于销售的现状,更将汽车售后服务从传统的被动式维修服务带进主动关怀的新时代,同时加强了别克品牌的市场竞争力。

为将全新的售后服务理念落到实处,并让每位车主都体验到"别克关怀",上海通用汽车推出六项标准化"关心服务",包括:主动提醒问候服务,主动关心;一对一顾问式服务,贴身关心;快速保养通道服务,效率关心;配件价格、工时透明管理,诚信关心;专业技术维修认证服务,专业关心;两年或四万千米质量担保,品质关心。

客户就是市场,企业需要以先进的市场营销哲学观念统领市场营销活动,同时对市场进行有效的管理,给客户创造更多的让渡价值,实现客户满意才是企业持久经营之道。

(资料来源:赵学峰.汽车市场营销实务[M].北京:机械工业出版社,2012.)

问题:

1. 什么是现代市场营销?别克在哪些方面体现了现代营销思想?
2. 什么是客户让渡价值?别克是如何提高顾客的让渡价值的?
3. "比你更关心你",你从中有何启发?

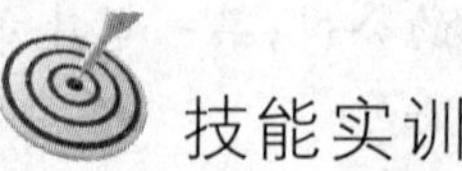

认识汽车市场和汽车市场营销

[实训内容]

选择某一品牌汽车,分析其市场特征及市场营销策略。

[实训目的]

1. 掌握汽车市场的概念;
2. 理解汽车市场营销概念;
3. 培养收集资料的能力;
4. 锻炼灵活运用知识的能力;
5. 培养团队合作精神。

[实训步骤]

1. 对教学班级进行分组:6 人一组,男女生均衡分配,50 人的标准班分成 8 组;
2. 每个组选择某一品牌汽车作为实训主题;
3. 各小组收集该品牌汽车相关资料;

4. 各小组以 Word 文档形式完成调研报告;

5. 各小组成员共同制作 PPT;

6. 课堂交流:每个小组用 PPT 作 8 分钟汇报,教师用 2 分钟点评并评分。

[实训考核](百分制)

1. 各小组组织、分配、管理等环节安排(10 分);

2. 各小组团队合作精神(10 分);

3. 各小组实训项目完成质量(30 分);

4. PPT 制作效果,课堂汇报表现(如礼仪、语言表达、创造性等)(40 分);

5. 回答同学提问的应变能力(10 分)。

第二章　汽车市场营销环境分析

经典名言

人们常常说商机无限，但是很多人却缺乏那双发现商机的眼睛，尤其是在整个经济环境处于衰退的时期。

——Tenet Healthcare CEO　杰弗里·巴巴克

今天，你必须比处在同一水平者跑得更快。成功的公司对他们的业务采用从外向内的观念。

——现代营销学之父　菲利普·科特勒

知彼知己，胜乃不殆；知天知地，胜乃可全。

——《孙子·地形篇》

学习目标

知识掌握：

1. 掌握汽车市场营销环境的概念；
2. 理解研究汽车市场营销环境的意义；
3. 掌握宏观环境因素对汽车营销的影响；
4. 掌握微观环境因素对汽车营销的影响；
5. 了解市场营销环境分析方法。

能力目标：

通过本章学习，能够准确分析某汽车企业的宏观环境和微观环境，试用SWOT分析方法确定它目前所处的状态，并提出经营战略的建议。

关键词

市场营销环境(Marketing Environment)
宏观环境(Macro Environment)
微观环境(Micro Environment)

开篇案例　　　　　　**美日汽车贸易纠纷**

1995年5月16日，美国政府单方面宣布，根据美国1974年的《综合贸易与竞争法》第301节、304节(即单边报复制度的"301条款")，将对来自日本的豪华轿车征收100%的关税。美国称，1993年7月日本曾同意谈判解决汽车市场的问题，但实际上一直拒绝与美国谈判，美国并不谋求固定的市场份额，而是要日本面向全世界的汽车商开放市场，它不想迫使日本企业购买外国汽车部件，而是要日本的汽车市场在透明度和真正竞争的状态下运转。据统计，日本汽车在美国市场占有25%的份额，而美国汽车在日本市场只有1.5%的份额，在汽车零部件贸易上，美国对世界其他国家有51亿美元的顺差，而对日本却有128亿美元的逆差。

日本政府于1995年5月22日向WTO提出磋商请求，日本政府指出，美国政府的决定已经给日本造成了以下影响：1.08亿美元的货物停止装运或改运至其他国家，减少了933万美元的生产计划。

日本认为美国的决定违反了GAATGT第1条、第2条和第23条。美国宣布的税率大大高于美国关税减让表承诺的汽车的2.5%的约束关税率。日本指出，它的汽车市场是开放的，1995年前4个月，其汽车进口量比1994年同期增加了42%，美国汽车的问题是其制造商没有制造出符合日本汽车市场需求的车辆。

双方经过两轮谈判，于1995年6月28日达成协议，1995年7月19日通知WTO，双方协议的基本内容如下：美国取消对日本汽车征税的决定，日本政府采取措施保证日本商人能自由销售外国汽车，鼓励外国汽车制造商在日本谋求市场份额；采取措施扩大日本汽车制造商购买外国汽车部件的机会；在维持机动车辆安全和环境保护的标准的同时，放松管制以改善外国汽车部件在日本汽车售后市场的准入；对上述措施实施情况的评价应根据客观的标准，该标准不是给未来的贸易规定具体的数字，而是衡量过去进展的标准。两国将每年就此举行磋商。

(资料来源：陈聪.汽车市场营销学[M].北京：电子工业出版社，2009.)

案例思考：

1. "301条款"对日本汽车产业造成了什么影响?
2. "301条款"为什么对日本汽车产业造成如此大的影响?
3. 结合案例说说汽车产业发展除了与企业的经营管理有关外，还与什么因素有关?

第一节　汽车市场营销环境概述

一、汽车市场营销环境的概念

企业营销活动要受到周围环境的影响，其营销活动就是一种不断适应环境并对环境变化作出反应的动态过程。市场营销环境是指影响企业生存与发展的不可控制的外部因素和力量的总和。汽车市场营销环境是指影响汽车企业生存与发展的所有外部因素的总和。

市场营销环境包括微观环境和宏观环境。微观环境指与企业紧密相连，直接影响企业营销活动的各种不可控制的参与者，也称直接营销环境，包括企业本身、市场营销渠道企业

(包括供应商和中间商等)、顾客、竞争者以及社会公众。宏观环境是指间接影响企业营销活动的不可控制的较大社会力量,主要是人口、自然、经济、科学技术、政治法律及社会文化等因素。宏观环境一般以微观环境为媒介去影响和制约企业的营销活动,在特定场合,也可直接影响企业的营销活动。市场营销环境如图 2.1 所示。

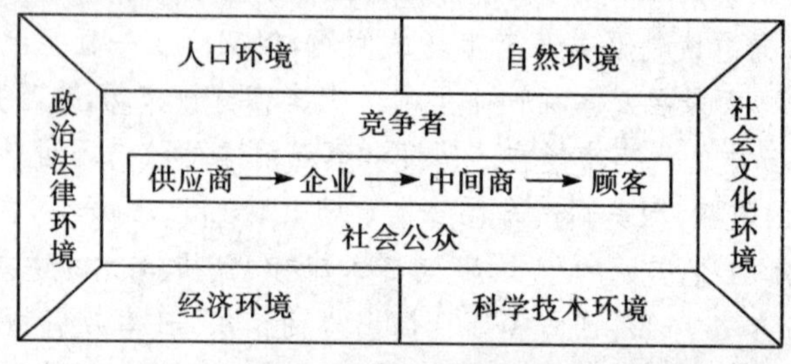

图 2.1　市场营销环境

营销环境按其对企业营销活动的影响,又分为机会环境和威胁环境(简称机会和威胁)。机会是有利于企业生存与发展的环境,而威胁是不利于企业生存与发展的环境。不断变化的市场营销环境,既给企业的市场营销提供机会,也可能带来威胁;同一营销环境,对某些企业是机会,对另一些企业则可能是威胁。

二、研究汽车市场营销环境的目的

营销环境具有不可控制性、动态变化性和复杂多样性等特点,企业营销的任务是及时了解把握营销环境的变化趋势,"趋利避害"地开展营销活动,并主动适应营销环境的变化,提高应变的能力,使企业更好地生存与发展。具体如下:

(1) 通过对营销环境的分析研究,及时把握汽车市场营销环境变化的趋势;

(2) 努力运用企业可以控制的营销手段,及时调整市场营销策略,以适应外部环境因素的变化,提高市场应变能力;

(3) 从市场环境的变化中,挖掘新的市场机会,捕捉市场机遇,把握市场时机;

(4) 及时发现环境给企业带来的威胁,采取积极措施,避免或减轻威胁给企业造成的损失。

第二节　汽车营销宏观环境

宏观营销环境主要包括六大环境,如图 2.2 所示。

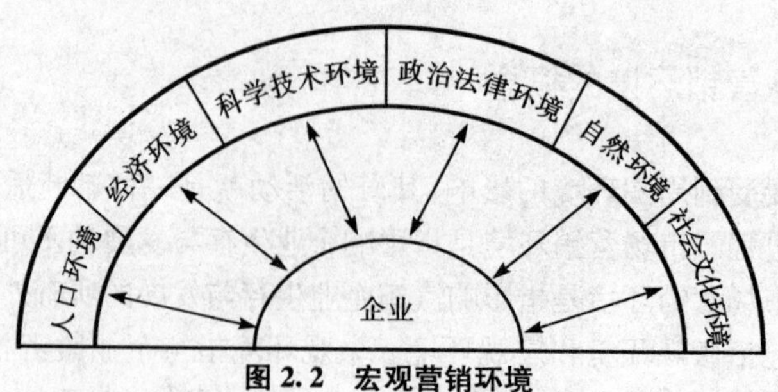

图 2.2　宏观营销环境

一、人口环境

人口环境是一切社会活动的基础和出发点，是影响企业市场营销的基本宏观因素。人口是构成市场的第一位因素，是企业营销活动的直接和最终对象。市场是由有购买欲望同时又有支付能力的人构成的，人口的多少直接影响市场的潜在容量。人口环境包括人口数量、人口质量、人口结构、人口分布等因素的现状及其变化趋势。

1. 人口总量与自然增长状况

在收入不变的情况下，人口越多，则对汽车的需求量也就越大；反之，需求量也就越小。随着科技进步、生产力发展和生活条件的改善，世界各国人口的平均寿命大为延长，死亡率大幅度降低，尽管出生率有所下降，但总人口仍呈现增长态势，这为汽车营销提供了新的潜在市场。

2. 人口结构

婚姻状况与家庭的数量、规模在很大程度上影响着以家庭为消费单位的汽车需求。随着经济的发展，人口平均受教育程度提高，独生子女增多，使家庭结构日趋小型化，子女一般不和父母一起生活和居住，一般开车往返于自己与父母的住所之间，可以说汽车是相互之间联系的工具。

成年男性的经济比较独立，工作流动性增强，工作和生活的节奏加快，使得一个人更富有个性和独立性，对能够彰显车主个性的车辆的需求有所增加。随着职业女性的增加，女性经济地位的提高及其自主、自立意识的增强，已经有越来越多的女性成为现实的或潜在的汽车消费者，女性已经成为汽车消费市场中一支举足轻重的力量。

人口平均寿命延长，老年人的人口比例增加，社会出现老龄化现象，对方便老年人驾驶的车辆的需求会有所增加，汽车厂商必须生产出符合老年消费者需求的汽车，占领老年人市场，这在人口老龄化的社会里是非常重要的。

> **小思考** 说说人口老龄化对汽车产业的影响。查阅相关资料，目前有哪些汽车公司开始关注老年汽车市场？

3. 人口分布

人口分布的动态变化对汽车企业的营销活动也产生了一定的影响。目前，我国人口的地域分布出现城市化、郊区化趋势。城市化是工业化和现代化的必然趋势。随着社会经济的发展，农村剩余人口大量向城市转移，城市人口数量的增加直接导致城市规模不断扩大，许多从前人口较少的郊区，也逐渐发展成繁华的居住区。人们居住在这些远郊地区，却要到原来的市区上班，这无形中就增加了人们对汽车的需要。

另外由于市区人口拥挤，空气污染和噪声污染严重，市区人口不断向郊区流动，目前形成了在市区上班、在郊区居住的格局。第二次世界大战后，发达国家的城市人口大量流向郊区，近年来，我国也明显呈现这种趋势。以上变化，无疑都将增加汽车的消费需求，给汽车产业的发展创造了市场机会。

汽车营销人员在研究人口环境时，还应区别人口环境对国际、国内两个汽车市场的不同影响。如对西方发达国家而言，由于汽车尤其是轿车已经作为耐用消费品广泛地进入家庭，人口因素就是营销者必须充分重视的环境因素。而对国内汽车市场，由于汽车正处于私人消费的普及时期，人口因素正在成为越来越重要的环境力量。在这个时期，营销者应着重研究高收入阶层的人口数量、职业特点、地理分布等因素的现状及其发展变化，加强对我国人口具体特点的研究，以抓住不断增加的营销机会。

你知道我国人口环境特点吗？

(1) 人口众多；
(2) 出生率大幅度下降；
(3) 人口流动性增强；
(4) 人口趋于老龄化；
(5) 大城市出现非家庭住户；
(6) 家庭规模趋于小型化。

二、经济环境

汽车企业经营活动的好坏归根到底取决于社会和国家的整体经济状况。在国家经济状况良好的情况下，大多数汽车企业的经营也较好；在国家经济条件较差的情况下，多数汽车企业的经营也差，有的汽车企业还将亏损，甚至是破产、倒闭。

经济环境指那些能够影响消费者购买力和消费方式的因素。人的需求只有在具备经济能力时才是现实的市场需求。在人口因素既定的情况下，市场需求规模与社会购买力水平成正比关系。所以，企业必须密切注意其经济环境的动向，尤其要着重分析影响社会购买力及其支出结构变化的各种因素。

1. 消费者收入水平

消费者的收入决定了消费者的购买能力。消费者收入水平的高低制约了消费者支出的多少和如何支出，从而影响了市场规模的大小和市场的需求状况。通常用以下指标说明消费者的收入，如表 2.1 所示：

表 2.1 研究消费者收入的指标

国民生产总值——GDP	一个国家全年生产的货物和服务的总价值，它是衡量一个国家经济实力和购买力的重要指标
人均国民收入——GNP	按人口平均的国民收入占有量，它是衡量一个国家的经济实力和人民富裕程度的一个重要指标
个人总收入	个人从各种来源所得到的所有收入，反映购买力水平的高低
个人可支配收入	个人总收入扣除缴纳的所有税收后的余额，它是消费支出的最重要的决定性因素，常用来衡量一个国家生活水平的变化情况
个人可任意支配收入	个人可支配收入减去生活必须开支后剩下来的个人收入，这是影响消费需求变化最活跃的因素，是购买汽车的重要因素

2. 消费者支出模式

消费者支出模式指消费者各种消费支出的比例关系，也就是常说的消费结构。社会经济的发展、产业结构的转变和收入水平的变化等因素直接影响社会消费支出模式，而消费者个人收入则是单个消费者或家庭消费结构的决定性因素。西方经济学常用恩格尔系数来反映这种变化。

恩格尔系数是衡量一个国家、一个地区、一个城市和一个家庭的生活水平高低的标准。恩格尔系数越小表明生活越富裕，越大则表明生活水平越低。企业通过恩格尔系数可以了解市场的消费水平和变化趋势。

即问即答

什么是恩格尔系数？

德国统计学家恩斯特·恩格尔(Ernst Engel)在1853年到1880年间对比利时不同收入水平的家庭进行调查，于1895年提出了著名的恩格尔定律。目前，该定律已成为分析消费者结构的重要工具。该定律指出：随着家庭收入增加，用于购买食品的支出占家庭收入的比重就会下降，用于住房和家庭日常开支的费用比例保持不变，而用于服装、娱乐、保健和教育等其他方面及储蓄的支出比重会上升。反映这一定律的系数被称作恩格尔系数。

其公式表示为：恩格尔系数=(食品支出/家庭总收入)×100%

联合国粮农组织提出的标准：恩格尔系数在0.59以上为贫困，0.50～0.59为温饱，0.40～0.50为小康，0.30～0.40为富裕，低于0.30为最富裕。

3. 储蓄与信贷

储蓄量的大小受很多因素影响，其中收入水平的高低是首要因素。只有当收入超过一定的支出水平时，消费者才有能力进行储蓄。近年来，我国居民的储蓄倾向仍然十分强烈，企业如能调动消费者的潜在需求，就可开发新的目标市场。

信贷是消费者预先支出未来的收入提前消费。消费者信贷可以直接创造新的购买力。目前，我国消费者信贷有所发展，主要表现在分期付款、信用卡消费和其他周转限额贷款等。

经济发展分为哪些阶段？

根据发展经济学家沃特·罗斯托(Walt W. Rostow)的观点，将世界各国的经济发展归纳为六个阶段：

(1) 传统经济社会；

(2) 起飞准备阶段；

(3) 经济起飞阶段；

(4) 迈向经济成熟阶段；

(5) 高度消费阶段；

(6) 追求生活质量阶段。

凡属前三个阶段的国家称为发展中国家，而处于后三个阶段的国家则称为发达国家。我国现处于经济起飞阶段。

三、科学技术环境

科学技术是“创造性的毁灭力量”，是最强大的社会生产力和最活跃的营销因素。作为汽车营销环境的一部分，科学技术环境直接影响汽车企业的生产和经营。从汽车营销的角度来看，科学技术环境的影响表现在以下几个方面：

（1）科学技术的应用，使得汽车产品生命周期缩短，更新换代速度越来越快。

（2）科学技术水平的整体进步有利于汽车厂商赢得更多的营销机会。掌握和应用了先进科学成果的汽车厂商，必然会在产品成本、产品质量、产品性能等方面赢得竞争优势，从而掌握汽车营销的主动权。

（3）科技进步促进了汽车营销手段的现代化，提高了营销效率。如现代设计技术、测试技术等加快了汽车新产品开发的步伐；现代通信技术、办公自动化技术等提高了市场营销工作效率和效果；市场营销信息系统、环境监测系统等的应用，提高了汽车企业把握市场变化的能力。

（4）科学技术改变了人们的生活方式、消费模式、消费结构与消费习惯，影响了汽车市场的供求关系。

世界汽车技术竞争的历史显示：20 世纪 60 年代以前是汽车制造竞争阶段，在这个阶段，企业以提高效率和降低成本为目的；70 年代是汽车性能竞争阶段，以降低汽车震动、减小噪声和提高汽车使用寿命为目的；80 年代是汽车造型竞争阶段，以虚拟成型技术、柔性生产技术为特征；90 年代以后，汽车技术的竞争进入到了汽车仿真设计竞争阶段，以汽车车型的快速更新作为占领市场的重要手段。

小案例 **模糊技术在汽车产业中的应用**

1987 年，日本熊本大学的山川烈教授运用模糊技术控制计算机，使一根小棒直立不动，标志着模糊技术已进入实际应用阶段。模糊技术颇受各国汽车公司重视，并由此掀起了一股模糊技术用于汽车的热潮。

在汽车的反锁制动系统、发动机控制、变速控制、有源车身弹性缓冲系统及巡航控制系统中运用模糊技术效果显著，也是当前竞争的焦点。

在发动机和车速控制方面，日本三菱公司 1991 年研制的模糊跟踪系统不但能检测前转向轮的转角和车速，以求得汽车的转弯速度，还可以将司机所要求的功率与实际进行比较。一旦司机要求的功率过大，跟踪系统就会自动降低发动机的功率输出，以保证汽车转弯时不会发生偏行现象。

在巡航控制和制动系统方面，德国的巴伐利亚汽车公司的 BMWJ 系列轿车使用了模糊技术控制的超声停车器。在换挡倒车时，这个系统自动启动，当车后障碍物与汽车距离过近时，它便发出警告。

（资料来源：戚叔林. 汽车市场营销[M]. 北京：机械工业出版社，2010.）

问题 说说科学技术对营销的影响。查阅资料，谈一谈影响汽车革命的重大技术还有哪些？

四、政治法律环境

政治与法律是影响企业营销的重要的宏观环境因素。政治因素像一只无形之手，调节着企业营销活动的方向，法律则为企业规定了商贸活动行为准则。

1. 政治环境

国家的汽车政策主要包括汽车产业政策、汽车企业政策、汽车产品政策和汽车消费政策四个方面。

一般来说，国家的汽车产业政策可分为促进产业发展的政策和抑制产业发展的政策。我国的汽车产业政策带有从计划经济到市场经济的显著特点。在加入 WTO 以后，国家对汽车的产业政策、税收政策和进出口管理政策进行了重大调整。到 2006 年，我国汽车整车的进口关税降至 25%，汽车零部件的平均进口关税降至 10%，取消了汽车进口配额。

目前，税费政策仍然是我国轿车市场进一步扩展的制约因素。我国针对汽车产品征收且对用户负担较大的税费项目有特别消费税。该税种是在对货物普遍征收增值税的基础上，选择少数消费品再征收的一项消费税，目的在于调节产品结构，引导消费方向。

小案例　　日本汽车在中国遭遇“蔬菜门”事件

2001 年，正直中国汽车产业发展的萌芽阶段，市场中没有几种可以选择的汽车。中国对于外国进口汽车的限制非常严格，报纸上有这样的消息：“从当月起，即将实施进口汽车 100%关税制度。”

这是一则简短的消息，但是，它的出现却不是偶然的事。原来，日本对于中国的蔬菜进口实行严格的关税控制，导致中国很多菜农受到了很大的经济损失。这是一次蔬菜和汽车的较量。从经济上看是简单的经济事件，其实是不折不扣的政治关系事件。毫无疑问，日本汽车厂经受不了这样的打击，日本政府很快降低了蔬菜的进口关税。

问题　说说政治对营销的影响。

2. 法律环境

法律环境包括中央政府和地方政府颁布的政府令、暂行条例、管理办法及实施意见等。各种行政法规，包括鼓励性政策和限制性政策，经济性政策和非经济性政策，还包括产品的技术法规、技术标准及商业惯例等。如我国从 1980 年开始实施全国性的“汽车使用年限、汽车报废制度”。1985 年，我国政府正式出台“汽车报废标准”。

法律法规是企业营销活动的准则。法律对于企业有双重作用，既保护企业权益又制约企业行为。企业从事市场营销活动，既要有良好的职业道德，又要有强烈的法制意识。汽车企业的经营活动应符合法律法规的规定，并注意把握其倾向性、稳定性和连续性。

小案例　　厦门金龙豪华客车

厦门金龙联合客车公司是我国知名的客车企业。当时，市场上没有高档次的豪华后置发动机客车，都是用普通底盘改造、舒适性差、没有空调的普通客车。厦门金龙经过市场分析认为高速公路的发展一定需要高档次客车，于是开始研发生产。但是，生产出来后销量很不好，第一年没有卖出几辆。究其原因，是该车价格高，而国家给运输部门定的票价是根据普通客车定的，车主当然不购买。

金龙没有想到会是这样的结果，不过，他们相信这种豪华客车一定有很大的市场空间。

很快，交通部颁布条例，将豪华客车按照车辆配置等硬性条件进行分类，分为高一级、高二级和高三级，上高速公路的客车必须是高一级以上。

该条例颁布后，国家当时能生产豪华客车的只有厦门金龙一家，于是金龙客车供不应求。仅仅几年时间，该厂就壮大起来，现在已成为制造豪华客车较大的厂家之一。

问题　列举相关法律法规，说说它对汽车产业的影响。

我国政治法律环境有什么特点？

(1) 政府仍在较大程度上干预企业的经营活动；

(2) 与企业营销活动有关的法律、法令和条例不断出台；

(3) 群众利益团体的力量有所加强；

(4) 营销伦理和社会责任开始被重视。

五、自然环境

自然环境是指影响社会生产的自然因素，是企业开展营销活动的场所和物质基础，主要包括资源环境、土地环境、地理环境、生态环境和能源环境等因素。营销活动受自然环境影响和制约的同时，也对自然环境产生一定的影响。

1. 资源环境

汽车的大量生产和使用，需要消耗大量的自然资源，如钢铁、有色金属、橡胶、石化、木材、水资源等。汽车工业越发达，汽车普及程度越高，汽车生产消耗的自然资源也就越多。因为自然资源是不可再生的资源，所以，自然资源将对汽车厂商构成一个长期的营销约束条件。

为了减少资源约束对汽车营销的不利影响，汽车企业应依靠科技力量，努力减少资源消耗，提高原材料综合利用率，积极发展新型材料和代用材料。第二次世界大战以后，汽车生产大量采用轻质材料和新型材料，每辆汽车消耗的钢材平均减少10%以上，自重减轻达40%，为节约钢铁资源作出了巨大贡献。

2. 土地环境

土地资源是否丰富，直接关系到道路交通条件和城市交通条件的好坏，如公路、城市道路、停车场、加油站、维修站的建设，都需要占用必要的土地资源，因此土地是汽车产业发展非常重要的环境条件。

小案例 **我国公路建设**

长期以来，我国公路建设与国外先进水平相比，存在着公路数量少、密度低、等级低、汽车通过能力差、各种车辆混流等状况，公路建设滞后于汽车工业发展。

近年来，我国公路建设的步伐加快，预计到2020年，我国高速公路将建成总规模为8.5万千米的“7918”国家高速路网。届时，加上地方高速公路，我国高速公路总里程将达到12万千米。四通八达的高等级公路网将改变人们的出行方式，有力地促进了汽车市场的发展。

由于我国城市的布局刚性较大，城市布局形态一经形成，改造和调整的困难很大，我国城市道路交通的发展面临着较大的土地调整压力，因而城市道路交通条件对汽车营销的约束作用，相对公路来说更为明显一些。随着我国城市道路交通软、硬件条件的改善，城市道路交通对我国汽车营销的约束作用将得到一定的缓解。

问题 说说土地资源是如何影响汽车产业发展的？

3. 地理环境

自然地理对道路交通条件具有决定性影响，从而对汽车产品的性能有着不同的要求。因此汽车厂商应对不同的地区推出性能不同的汽车产品。

地理环境还常常决定着一个地区的自然气候条件，包括温度、湿度、降雨、降雪、降雾、风沙等情况以及这些因素的季节性变化。自然气候对汽车的冷却、润滑、启动、充气效率、功率的发挥、制动性能以及机件的正常工作和使用寿命等，均会产生直接的影响。同时，对驾驶员的工作条件也会有实质性的影响。因而，汽车厂商在市场营销的过程中，应向目标市场推出适合当地气候特点的汽车产品，并做好相应的技术服务。

4. 生态环境

随着人类社会物质文明的发展，生态环境遭到严重破坏，个别地方甚至受到毁灭性破坏。传统石油燃料的大量使用，会明显增加空气污染，对人类的生存环境造成很大的压力，这成为传统汽车的诟病。

为了应对日趋恶化的生态环境，汽车生产大国的政府以及汽车厂商，纷纷投入巨资，加强对汽车节能减排技术的研究，积极开发新型动力和新能源汽车。现在采用的汽车电子燃油喷射系统、废气再循环、三元催化净化器等降低排放污染的技术，就是汽车工业为适应环境保护的产物。未来的汽车将采用更多的新材料和新技术，并且将大大减少对环境造成的污染。

5. 能源环境

目前汽车产品广泛利用的能源是石油、石油液化气、天然气等，部分特定场合下还包括电能、氢能、生物能等。

从营销的角度来看，能源的形式、能源供给是否充足及能源供给的结构比例，直接影响到用户对汽车产品品种的选购，甚至是否实施购买行动。传统石油虽然增加了环境污染，但仍然是目前理想的汽车燃料，因此石油资源成为国家能源安全的重要因素。另外，为了减少传统石油对环境的污染，提高能源的战略安全和综合利用，各国政府及其汽车厂商均投入巨资开发汽车节能技术、寻找替代能源和发展新能源汽车,以应对能源危机。

小思考 根据我国自然环境的特点,你认为我国汽车企业所面临的市场机会有哪些?

六、社会文化环境

社会文化是指在一种社会形态下已经形成的价值观念、宗教信仰、伦理道德、审美观念以及风俗习惯等。社会文化强烈影响着消费者的购买行为,使生活在同一社会文化范围内的各成员的购买行为具有习惯性和相对稳定性。目前,各种文化具有融合的倾向,同时各种亚文化日益受到尊重。企业的市场营销人员应分析、研究和了解社会文化环境,以针对不同的文化环境制定不同的营销策略。

1. 价值观念

价值观念是指人们对社会生活中各种事物的态度和看法。消费者由于价值观念相差甚大,对商品的需求和购买行为亦不相同。美国人喜欢提前消费,不崇尚储蓄,通行分期付款,偏爱产品的新颖性和时尚性。中国人喜欢存钱,留有余地,消费观念偏于传统,偏爱商品耐久实用,但现在也出现了大量新潮青、中年消费者,他们崇尚个性,形成了新消费风尚。

2. 风俗习惯

不同文化环境中的人们,自然环境和生活方式迥异,形成人们的行为和思维习惯的不成文规范,主要是在饮食、服饰、居住、婚丧、信仰等方面形成了独特的心理特征。

企业应充分了解目标市场上消费者的禁忌、习俗。例如,美国通用公司曾生产以NOVA命名的汽车,含义为“神枪手”,但在拉丁美洲的语言里其意是“跑不动”,所以该车型无法在拉美地区打开销路。

小案例 **“桑塔纳”与“富康”**

在西方发达国家,作为代步工具的汽车被称为“乘用车”,作为运载工具的汽车被称为“商用车”。但是,在中国人眼里,作为代步工具的东西就是“汽车”。显然,轿车是由轿子派生而来的,是与身份和权势密切相关的。这种文化传统根深蒂固,强烈地影响了桑塔纳和富康两种轿车的命运。

桑塔纳有“轿”,威风凛凛,尽管在国际市场上已经淡出,却在中国轿车市场独领风骚;富康车是两厢车,无“尾”,小巧玲珑,尽管在国际市场上领先一步,却在中国轿车市场上知音难觅。究其原因,是因为我国的消费者认为两厢车“不气派”,生意人认为他“有头无尾”(不吉利),结婚者认为它“断后”(断香火)。只是后来添了尾巴,而且将“东风”改为“神龙”,将“富康”改为“神龙-富康”或“神龙-富康 988”,既得天助,又送吉祥,才渐渐受到国人的青睐。

问题 说说中国文化的特点。

3. 审美观念

审美观念是指人们对商品的好与坏、美与丑、喜欢与嫌恶的不同评价。不同国家、地区、民族、宗教、阶层、年龄的个人,常常具有不同的审美标准。而人们的审美观念也会随着时尚变化而变化。对于企业而言,生产大批量的雷同产品不能满足不同市场需求,必须根据不同社会文化背景下的消费者审美观念及其趋势来开发产品,制定市场营销策略。

小案例　　**"丰田"的广告事件**

2003 年 12 月,《汽车之友》第 12 期,丰田霸道汽车广告:一辆霸道汽车停在两只石狮子之前,一只石狮子抬起右爪做敬礼状,另一只石狮子向下俯首,背景为高楼大厦,配图广告语为"霸道,你不得不尊敬"。事情发生后,被网友群起而攻之。《汽车之友》杂志社随后道歉,丰田汽车也通过官方渠道对中国市场消费者进行了道歉。

问题　为什么丰田汽车公司要向中国消费者道歉?

第三节　汽车营销微观环境

市场营销微观环境是指与企业紧密相连,直接影响其营销能力的各种参与者,包括汽车企业本身、供应商、营销中介、顾客、竞争者和公众,如图 2.3 所示。

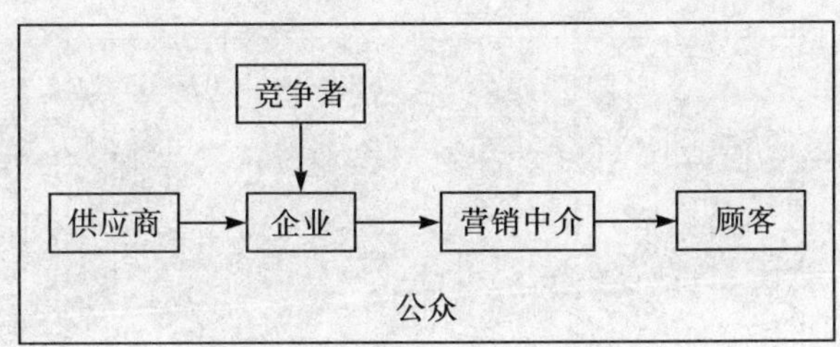

图 2.3　微观营销环境

一、汽车企业

企业是组织生产和经营的经济单位,是一个复杂的整体,包含各职能部门,如高层管理、营销部、财务部、技术开发部、采购部、生产部等,各部门相互联系。因此,营销部在制定和实施营销计划时,必须获得企业高层管理层的批准和支持,并考虑到与公司其他部门的协调合作。

企业文化同样对企业营销产生重要影响。企业文化的核心是确立共同的价值观念,企业在满足员工物质需求的同时,优秀的企业文化给员工带来满足感、成就感和荣誉感,使员工的精神需求得到满足,从而产生激励作用。今天,企业文化是企业生存与发展的资本。

企业的经营理念对企业的经营同样至关重要。汽车营销理念的发展经历了生产观念、产品观念、推销观念、市场营销观念和社会营销观念几个阶段。

小思考 目前我国汽车市场处在什么营销理念阶段？为什么？

二、供应商

供应商是向汽车企业提供生产经营所需资源的企业或个人，包括提供原材料、零部件、设备、能源、劳务及其他用品等。供应商对企业营销业务有实质性的影响，其所供应的原材料数量和质量将直接影响产品的数量和质量，所提供的资源价格会直接影响产品成本、价格和利润。供应商对企业的营销活动影响主要表现在三个方面：

(1) 供应的可靠性，即资源供应的可靠程度，它直接影响汽车企业的交货期；

(2) 资源供应的价格及其变动趋势，这将影响汽车企业的生产成本；

(3) 供应资源的质量水平，这将直接影响汽车企业制造的产品质量。

对汽车企业而言，零部件(配套协作件)供应商尤为重要。据统计，现在汽车厂自己生产的比重只占整车价值的25%，其余全部是购买的零部件。选择供应商的基本原则是，一个零部件至少要有两家以上的供应商，一则可以保持他们的竞争地位，二是当一方发生不可预测的事件时，不影响生产。切忌避免过度依赖一家。现代企业管理非常强调供应链管理，汽车生产企业应认真规划自己的供应链体系，将供应商视为战略伙伴，按“双赢”的原则实现共同发展。

小案例 “罗佩茨的重要性比我高”

据资料介绍，1992年通用汽车公司只有德国子公司欧宝公司盈利。该公司盈利的原因在于其供应部最高经理罗佩茨先生出色的采购才能，使得欧宝公司从价格低廉的配套零部件中受益。

大众汽车公司为摆脱不景气局面，不惜重金，于1993年将罗佩茨“挖走”，任命其担任供应董事，希望借此扭转大众公司的亏损状况。就连大众公司董事长也说：“就大众公司而言，罗佩茨的重要性比我高。”

问题 大众董事长为什么说“罗佩茨的重要性比我高”？

三、营销中介

营销中介是协助企业市场营销的组织与个人，包括中间商、实体分配公司、营销服务机构及金融机构等。

(1) 中间商。中间商是联系生产者和消费者的桥梁，他们直接和消费者打交道，协助生产商寻找顾客并进行交易。汽车中间商包括经销商、批发商等。选择中间商不是一件简单的事，需要一套完整的评估指标，具体将在第六章“汽车市场营销策略”中讲解。

(2) 实体分配公司。主要指协助企业储存并把货物运送至目的地的仓储、运输公司。

(3) 营销服务机构。协助企业开拓市场与销售推广的各种服务公司。如广告公司、调研公司、策划公司等。

（4）金融机构。协助企业融资或分担货物购销储运风险的机构，如银行、信贷公司、保险公司等。

四、顾客

顾客就是企业的目标市场，是企业服务的对象，也是营销活动的出发点和归宿。企业的一切营销活动都应以顾客的需求为中心。因此，顾客是企业最重要的环境因素。一般将顾客（市场）分为国际市场、生产者市场、中间商市场、政府采购市场和消费者市场五大类，如图 2.4 所示。这方面内容具体将在第三章“汽车消费者购买行为分析”中讲解。

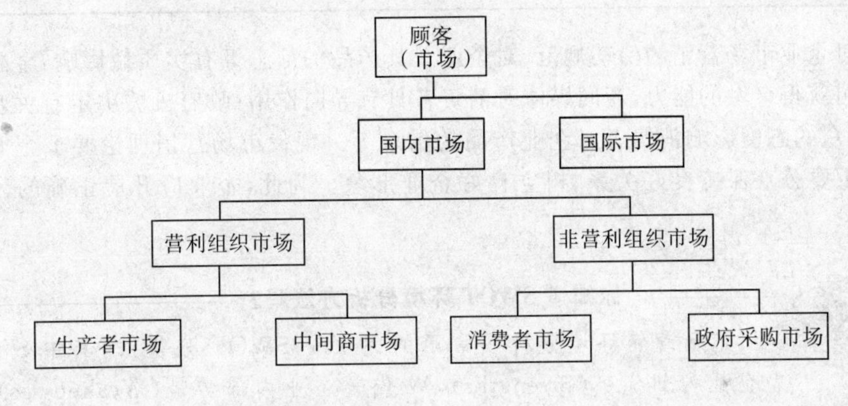

图 2.4　市场分类

五、竞争者

企业不能独占市场，都会面对形形色色的竞争对手。企业要成功，必须在满足消费者需要和欲望方面比竞争对手做得更好。企业的营销系统总是被一群竞争者包围和影响着，必须识别和战胜竞争对手，才能在顾客心目中强有力地确定其所提供产品的地位，以获取战略优势。竞争者分析将在第五章“汽车竞争战略”重点讲解。

六、公众

公众是对一个组织完成其目标的能力有着实际或潜在兴趣和影响的群体。每个企业的周围都有七类公众：政府公众、媒介公众、金融公众、社团公众、地方公众、一般公众和企业内部公众，如表 2.2 所示。

表 2.2 七种公众类型

政府公众	负责管理企业业务经营活动的有关政府机构
媒体公众	主要是报纸、杂志、广播电台、电视台等大众传媒机构
金融公众	影响企业融资能力的金融机构,如银行、投资证券公司、保险公司等
社团公众	各种消费者保护组织、环境保护组织、少数民族组织等
地方公众	企业附近的居民群众
一般公众	除上述以外的社会公众
企业内部公众	包括股东、董事、经理、员工等

公众对企业市场营销的活动规范、对企业及其产品的信念等有实质性影响:金融机构影响一个公司获得金融的能力,新闻媒体对消费者具有导向作用;政府机关决定有关政策的动态,一般公众的态度影响消费者对企业产品的信念等。现代市场营销理论要求企业采取有效措施与重要公众保持良好关系、树立良好企业形象。为此,企业应开展正确的公共关系活动。

即问即答 **你知道SWOT环境分析方法吗?**

市场营销环境分析最常用的方法是SWOT分析法,其中S代表企业内部优势(Strengths),W代表企业内部劣势(Weaknesses),O代表企业外部机会(Opportunities),T代表企业面临的外部威胁(Threats)。

企业决策原则是:发挥优势,抓住机会,克服劣势,规避威胁。利用SWOT分析法,能全面分析企业状况,有效制定营销策略。SWOT分析法首先找出企业内部优势和劣势,再将外部机会和威胁列举出来。

SWOT矩阵能帮助企业识别和制定四种战略:SO战略(优势—机会战略)、WO战略(劣势—机会战略)、ST战略(优势—威胁战略)和WT战略(劣势—威胁战略)。

(1) SO战略是指运用企业内部优势来利用外部机会。

(2) WO战略在于利用外部机会来改善内部劣势。

(3) ST战略是指运用企业优势来规避或减少外部威胁的冲击。

(4) WT战略是一种防御性战略,用来规避外部威胁和内部劣势给企业带来的不利影响。

本章小结

基本概念	市场营销环境　宏观环境　微观环境　机会环境　威胁环境
基本内容	1. 汽车市场营销环境是指影响汽车企业生存与发展的所有外部因素的总和,包括宏观环境和微观环境。营销环境是企业不可控制的外部因素,企业营销的任务是及时了解把握营销环境的变化趋势,趋利避害地开展营销活动,并主动适应营销环境的变化。 2. 汽车营销宏观环境是指间接影响企业生存与发展的因素,包括人口环境、经济环境、政治法律环境、科学技术环境、自然环境和社会文化环境等六大方面。 3. 汽车营销微观环境是直接影响企业经营活动的因素,包括汽车企业本身、供应商、营销中介、顾客、竞争者和公众。 4. 市场营销环境分析最常用的方法是SWOT分析法,其中S代表企业内部优势,W代表企业内部劣势,O代表企业外部机会,T代表企业面临的外部威胁。

知识巩固

(一) 选择题

1. 老年汽车市场的繁荣,是(　　)的变化给企业带来的机会。
A 人口环境　　B 经济环境
C 文化环境　　D 科学技术环境

2. 消费者支出模式主要受(　　)的影响。
A 消费者收入　　B 消费者文化素养
C 消费者家庭生命周期　　D 消费者的宗教信仰

3. 向企业供应原材料、部件、能源、劳动力等资源的企业和组织称为(　　)。
A 代理商　　B 辅助商　　C 零售商　　D 供应商

4. "家庭收入越低,人们用于饮食的支出在家庭收入中的比重越大;反之,随着家庭收入增大,人们用于饮食支出的比重降低……"这是德国统计学家(　　)的研究发现。
A 科特勒　　B 麦卡锡　　C 恩格尔　　D 鲍敦

5. 下列不属于企业微观环境的是(　　)。
A 供应商　　B 金融机构　　C 国家政策　　D 公众

6. 汽车营销宏观环境包括(　　)。
A 竞争环境　　B 社会文化环境

C 政治法律环境　　D 经济环境
E 科学技术环境

7. 直接影响企业营销活动的微观环境因素包括(　　)。
A 公众　　B 竞争对手　　C 顾客　　D 科学技术
E 宗教信仰

8. SWOT 分析法中的 S、W、O、T 分别是指(　　)。
A 优势　　B 劣势　　C 机会　　D 威胁　　E 顾客

(二) 判断题

1. 环境是可控的,但又是不可控的,主要看企业如何把握。(　　)
2. 营销部门在制定和实施营销规划时,不必考虑其他部门的意见。(　　)
3. 新技术的出现给企业带来机会而没有威胁。(　　)
4. 企业要想成功,关键是要适应不断变化的市场营销环境。(　　)
5. 面对市场威胁企业只有转移才能发展。(　　)

(三) 简答题

1. 简述宏观营销环境包括的主要因素有哪些?联系实际分析其对汽车产业的影响。
2. 简述微观营销环境对汽车企业营销活动的影响。
3. 我国汽车营销环境有什么特点?

案例分析

日本丰田汽车公司应对环境变化的办法

1970 年,美国发布了限制汽车排放废气的“马斯基法”。而丰田早在 1964 年就把省油和净化技术列为自己的技术发展战略,并一直进行相应的技术研究。为了研制废气再循环装置和催化剂转换器,丰田在当时的 7 年间投入了 10000 亿日元的资金和 1 万人的力量,仅废气处理系统就开发出丰田催化方式、丰田稀薄燃烧方式、丰田触媒方式三种,并很快在“追击者”高级轿车上安装了这些装置,从而在这一技术领域把美国人远远甩在了后边。同时,丰田还与其他日本汽车厂家一起开发了节约燃料 25%～30%的省油车,之后又开发出了防止事故发生和发生事故后保证驾驶人员安全的装置。这些对受石油危机冲击后渴望开上既经济又安全的轿车的美国人来说,无异于久旱逢甘霖。5 年间,在其他厂家的汽车销售直线下滑的情况下,丰田在美国的销售却增加了 2 倍。

一位美国汽车行业人士事后对丰田的做法和当时美国汽车公司的反应,发表了这样的看法:

“在 1973 年阿以战争和接着出现的石油危机之后,对一些问题的回答是非常清楚的。整个世界陷于一片混乱之中,对这种局势我们必须立刻作出反应。小型的、节油的、前轮驱动的汽车是今后的趋势。”

“作出这样的推测不必是什么天才,只需要看看对底特律来说最可怕的 1974 年的销售数字就行了。通用汽车公司的汽车销售总数较上年下降了150万辆，福特公司的销售量也减少了50万辆。小型车大多来自日本，而且销路极好。”

“在美国要提高生产小型车的效率是很费钱的事情。但是，有些时候，你除了做出巨大投资之外，没有任何其他的选择。通用汽车公司耗资数十亿美元来生产小型汽车。克莱斯勒公司也对节油型汽车投入了一大笔钱。但是，对亨利(福特的董事长)来说，生产小型汽车是没有出路的。他最喜欢用的说法是‘微型汽车，低微利润’。”

“你又能靠小型汽车赚钱，这毕竟是对的——至少在美国是这样。这一点，一天天变得更正确。这意味着我们也应该制造小型汽车，即使不出现第二次石油短缺，我们也必须使我们的经销商保持心情舒畅。如果我们不向他们提供消费者需要的小型车，这些经销商便会与我们分手，另谋出路，甚至去为本田或丰田公司工作。”

“严酷的现实是，我们必须照顾购买力较低的那部分市场。如果再加上爆发石油危机的因素，这种论点就更是正确无疑了。我们不提供小型节油的汽车，就像开一家鞋店而告诉顾客：对不起，我们只经营9号以上的鞋。”

“制造小型汽车已成为亨利不愿意谈及的事。但是我们坚持我们必须搞一种小型的、前轮驱动的汽车——至少在欧洲搞一种小型汽车的确很有意义。”

“于是派遣我们的高级产品设计师到大西洋彼岸去工作，很快就装配出了一辆崭新的假日型汽车。它是一种前轮驱动和配有横置发动机的型号很小的汽车，简直妙不可言，也很受市场欢迎。”

(资料来源：赵学峰. 汽车市场营销实务[M]. 北京：机械工业出版社，2012.)

问题：

1. 日本丰田公司为什么花了7年时间和大量人力、财力来研究省油催化技术？
2. 阿以战争和石油危机使美国汽车市场环境发生了什么变化？
3. 说说中国汽车市场的机会与威胁，汽车企业如何应对目前中国汽车市场环境？

技能实训

安徽省汽车市场宏观环境调查分析

[实训内容]

1. 安徽人口环境因素对安徽汽车产业的影响；
2. 安徽经济环境因素对安徽汽车产业的影响；
3. 安徽政治法律因素对安徽汽车产业的影响；
4. 安徽自然环境因素对安徽汽车产业的影响；
5. 安徽社会文化因素对安徽汽车产业的影响；
6. 安徽科学技术因素对安徽汽车产业的影响。

[实训目的]

1. 培养学生分析汽车市场宏观环境因素对汽车营销活动影响的能力；
2. 培养学生搜集资料的能力；

3. 培养学生团队合作精神；
4. 培养学生灵活运用计算机知识的能力。

[实训步骤]

1. 对教学班级进行分组。6人一组，男女生均衡分配，50人的标准班分成8组；
2. 每个组从5个具体实训项目中选择一个实训主题；
3. 各小组认真搜集相关资料；
4. 分析机会环境和威胁环境，用SWOT分析方法分析；
5. 将调研结果以Word文档形式形成书面报告；
6. 各小组将研究结果以PPT的方式呈现，小组成员共同制作PPT；
7. 课堂交流。每个小组用PPT作8分钟汇报，教师用2分钟点评并评分。

[实训考核](百分制)

1. 各小组组织、分配、管理等环节(10分)；
2. 各小组团队合作精神(10分)；
3. 各小组实训项目完成质量(40分)；
4. PPT制作效果，课堂汇报表现(如礼仪、语言表达、创造性等)(40分)。

第三章　汽车消费者购买行为分析

经典名言

公司的成功不取决于生产，而取决于客户。

——现代管理学之父　彼得·德鲁克

杰出的公司都知道：要想成功，必须为他们的顾客创造价值。如果他们为顾客创造了价值，才会从顾客那里获得长期的顾客忠诚和利润回报。

——现代营销学之父　菲利普·科特勒

不论你销售的是什么产品，最有效的办法是让客户相信——你喜欢他、关心他。

——世界上最伟大的销售员、汽车销售大师　乔·吉拉德

学习目标

知识掌握：

1. 理解汽车消费者购买行为类型及购买模式；
2. 掌握汽车消费者购买决策内容及过程；
3. 掌握私人汽车消费者购买特点及购买动机；
4. 了解影响私人汽车购买行为的主要因素；
5. 掌握组织汽车用户的购买决策过程；
6. 了解影响组织汽车用户购买的主要因素。

能力目标：

通过本章学习，能够熟练鉴别客户购买类型，迅速掌握客户心理，灵活运用营销策略，指导私人汽车消费者或组织汽车用户的购买行为顺利进行。

关键词

购买行为(Purchasing Behavior)

购买决策(Purchasing Decisions)

开篇案例 **乔·吉拉德的故事**

有一天,一位中年妇女从对面的福特汽车销售商行走进了乔·吉拉德的汽车展销大厅。

她说自己很想买一辆白色的福特车,就像她表姐开的那辆,但是福特车行的经销商让她过一个小时之后再去,所以先到这儿来瞧一瞧。

"夫人,欢迎您来看我的车。"乔·吉拉德微笑着说。

妇女兴奋地告诉他:"今天是我55岁的生日,想买一辆白色的福特车送给自己作为生日的礼物。"

"夫人,祝您生日快乐!"乔·吉拉德热情地祝贺道。随后,他轻声地向身边的助手交代了几句。

乔·吉拉德领着夫人从一辆辆新车面前慢慢走过,边看边介绍。在来到一辆雪佛兰车前时,他说:"夫人,您对白色情有独钟,瞧这辆双门式轿车,也是白色的。"

就在这时,助手走了进来,把一束玫瑰花交给了乔·吉拉德。他把这束漂亮的花送给了这位夫人,再次对她的生日表示祝贺。

那位夫人感动得热泪盈眶,非常激动地说:"先生,太感谢您了,已经很久没有人给我送过礼物了。刚才那位福特车的推销商看到我开着一辆旧车,一定以为我买不起新车,所以在我提出要看一看车时,他就推辞说需要出去收一笔钱,我只好上您这儿来等他。现在想一想,也不一定非要买福特车不可。"

后来,这位妇女在乔·吉拉德那儿买了一辆白色的雪佛兰轿车。

(资料来源:王毅毅.像乔吉拉德一样卖汽车[M].北京:人民邮电出版社,2010)

案例思考:

1. 请问这位妇女属于什么购买类型的客户?
2. 影响这位妇女购买汽车的主要因素有哪些?
3. 根据案例,说说女性消费者购买汽车的行为特征。

第一节 汽车消费者购买行为

消费者是所有企业的衣食父母,是企业的上帝,汽车产业也是如此。因为消费者才是市场的构成者、利润的缔造者和产品的评判者。营销者必须洞悉消费者的心理,了解消费者的行为,掌握消费的一般规律。

说说汽车的消费特点

(1) 汽车既是一种生产资料,又是一种消费资料;

(2) 汽车本身价格高;

(3) 汽车的价值随着其使用的行驶里程的增加而逐渐降低;

(4) 汽车的各种相关费用较高;

(5) 汽车的使用消耗费用较高。

一、汽车消费者购买行为类型

购买行为是指消费者为了满足某种需求，在购买动机的驱使下选择、获取、使用、评价和处置某种商品或服务的活动过程。汽车消费者购买行为是指消费者在汽车型号、品牌、配置、价格、服务等诸方面进行选择、评估、购买的过程。汽车消费者由于收入、地位、个性、知识层面及所处环境的不同而存在不同的购买心理，表现出不同的购买行为。

（一）按客户对购买目标的确定程度分

根据客户购买目标的明确程度，分为全明确型、半明确型和不明确型三种购买行为类型，如表 3.1 所示。

表 3.1 购买行为类型及营销对策

购买类型	客户需求	要求或标准	营销重点
全明确型	有	有或清晰	满足客户要求，促成交易；若不符合，则试图改变其购买标准
半明确型	有	无或模糊	充当"顾问"角色，为客户建立清晰的购买标准
不明确型	无或潜在需求	无	创造需求；或变潜在需求为现实需求，变微弱需求为强烈需求

1. 全明确型

此类购买行为是指客户在购买汽车前已有明确的购买目标，对汽车品牌、型号、规格、款式、颜色、配置及价格幅度等都有明确的要求。走进汽车展厅的全明确型客户，目标明确，他们会主动向汽车营销人员提出需购汽车的型号及对汽车的各种要求，一旦遇到符合其要求的汽车会毫不迟疑地购买。组织汽车用户和汽车专业知识丰富的个人用户可能属于此购买行为类型。

2. 半明确型

此类购买行为是指客户在购买汽车前已有大致的购买目标，但具体要求还不甚明确。即已决定购买汽车，但具体购买什么型号、品牌、款式、规格、颜色、价格的汽车还不甚明晰，需要比较、权衡、商量才能确定。持这种购买行为的客户走进汽车展厅，不能说出具体所需汽车的各项要求，他们一般向汽车营销人员提一些具体的问题，并认真听取营销人员的介绍和说明。大多数私人汽车消费者，由于汽车方面专业知识欠缺，属于半明确型。

3. 不明确型

此类购买行为是指客户在购买汽车前没有明确的购买目标，可买可不买，或只有购买汽车的想法没有明确购买需求。他们走进销售展厅主要是参观，一般是漫无目的地观看，或随便了解一些汽车信息。随着汽车家庭化普及，这类客户也越来越多。

针对以上三种类型的客户，营销人员应采取不同的营销对策，做到有的放矢。首先通过观察他们的言谈举止大概判断属于哪一类型，然后根据不同购买类型采取合适的营销策略。对于全明确型客户，重点是通过提问和倾听了解其具体要求，然后推荐符合其要求的汽车；

如果没有完全符合客户要求的汽车，则要试图改变客户的心理要求。对于半明确型客户，营销人员要充当客户的知心朋友、顾问，从专业角度为客户建立清晰的标准，帮助客户选购汽车。对于不明确型客户，最重要的是创造其需求，或通过现场促销将其潜在需求变为现实需求，将其微弱需求变为强烈需求。

小思考 假如你是一位汽车4S店的销售顾问，面对一位刚大学毕业的、20岁的小伙子，你该怎么做？

（二）按客户购买行为的态度倾向分

态度是心理学范畴概念，即个体对一定客体所产生的相对稳定的心理反应倾向。态度指导着人的行为。按客户购买汽车的态度倾向将购买行为分为以下几种类型：

1. 习惯型

这类汽车消费者可能有过使用某种品牌汽车的经验，形成了固定的品牌偏好，使其养成了某种习惯的购买行为。他们在购买汽车时，习惯按照自己的想法进行购买，较少受广告宣传和现场销售人员的影响，也不到处寻找、搜集有关汽车产品的信息，而是按习惯重复购买同一品牌汽车。

对于习惯型购买行为的主要营销策略是：一是利用汽车的价格与营销手段吸引消费用户，二是开展大量重复性广告加深用户对品牌的印象，三是增加汽车消费用户的购买介入程度。

2. 理智型

这类消费者善于观察、分析和比较，他们思维冷静、购买理智、目标明确。在购买前，他们进行了广泛的信息搜集与比较，充分了解和学习汽车的相关知识，并通过网络、媒体、熟人或者销售人员等多种渠道对不同品牌的汽车及品种进行充分地调查和评估。在实际购买时，他们表现得理智和谨慎，不容易受到销售人员和商家广告的影响；在挑选产品的时候仔细认真，经常对比多个品牌和经销商，非常有耐心。

对于这类消费者，汽车企业营销人员应制定相关的营销策略，帮助消费者了解更多的有关汽车方面的知识和信息，借助各种渠道宣传其产品，采取多种营销手段使用户简化购买过程。

3. 感情型

这类消费者感情丰富，想象力也比较丰富，容易兴奋。持有这类购买态度的汽车消费者的情感体验较为深刻，购买时容易受感情的支配，容易受促销宣传和情感的诱导，对适合的车型、色彩及品牌都极为敏感，他们多以汽车是否符合个人的情感需要作为购买决策标准。

小思考 为什么奇瑞QQ、甲壳虫等汽车深受女性消费者喜爱？

4. 冲动型

这类汽车用户对外界的刺激很敏感，心理反应活跃。在购买时，他们一般不会进行具体的比较，依靠直觉诱发出购买行为。年轻、时尚而且资金实力较强的客户容易表现出这种购买态度，他们在购买时常常受到各种汽车广告、媒体推荐、推销员介绍、朋友的影响。

对于这类购买行为，汽车企业应提供完善的售后服务，并通过各种途径经常向用户提供有利于企业和产品的信息，使用户相信自己的购买行为是正确的。

5. 经济型

这类消费者对汽车的价格非常敏感，具有这类购买态度的个人，往往以汽车价格作为决定购买决策的首要标准。

以价格高低评价商品的消费者一般表现出两种不同的类型：一种是选高价行为，消费者往往认为价格高的商品质量高，价格越高越积极购买，比如高档、豪华轿车的购买者多持这种购买态度。另一种是选低价行为，即消费者更注重选择价格低廉的汽车，以经济、节约成本为主要出发点。这类消费者的购买力较低，对购买行为约束较大。目前市场上多数工薪阶层的汽车用户以及二手车的消费者主要持这种购买态度。

（三）按客户在购买现场的情绪反应分

不同气质类型的客户在购买现场表现出来的情绪反应也不同，如表 3.2 所示。

表 3.2　气质类型与购买行为的对应关系

灵活性	平衡性	气质类型	购买类型
灵活	不平衡（兴奋）	胆汁质/兴奋型	激动型
灵活	平衡	多血质/活泼型	健谈型
不灵活	平衡	黏液质/安静型	沉着型
不灵活	不平衡（抑制）	抑郁质/抑制型	反感型

1. 激动型

或叫傲慢型，有的人由于具有强烈的兴奋情绪和较弱的抑制力，因而情绪易于激动，在言谈举止和表情神态上有急躁的表现。此类客户选购汽车时在言语表达上显得傲气十足，甚至用命令的口气提出要求，对汽车质量和服务要求极高，稍有不合意就会发生争吵。

2. 健谈型

或叫活泼型，有些人由于神经反应过程平静而灵活性高，能很快地适应环境，但情感易变，兴趣广泛。持这类购买行为的客户在购买汽车时，能很快地与销售人员接近，愿意交换对汽车的意见，并富有幽默感，爱开玩笑。

3. 沉着型

这种购买行为是指客户神经反应过程平静而灵活性低，反应缓慢而沉着，因此环境变化刺激对他们影响不大。有这种购买行为的客户在购买活动中往往沉默寡言，情感不外露，举动不明显，购买态度不明朗，不愿谈与汽车无关的话题，也不爱听幽默或玩笑式的语言。

4. 反感型

此类客户在个性心理特征上具有高度的情绪易感性，对于外界环境的细小变化有所警觉，显得性情怪僻，多愁善感；在购买过程中，往往不能忍受别人的多嘴多舌，对汽车销售人员的介绍异常警觉，抱有不信任的态度，甚至露出讥讽性的神态。

即问即答 **说说四种典型气质类型的特点**

胆汁质/兴奋型：直率热情、思维灵活、精力旺盛、外向，但急躁、易冲动、自控力差——“夏”。

多血质/活泼型：热情开朗、活泼好动、机智灵敏、兴趣广泛，但善变、不稳定——“春”。

黏液质/安静型：沉稳、寡言、认真、谨慎、自控力强，但固执、呆板——“秋”。

抑郁质/抑制型：拘谨、内向、观察力强、防御性强。但多疑、敏感——“冬。”

（四）按客户的购买动机分

购买动机是直接驱使消费者实行某项购买活动的内在推动力，有什么样的购买动机就有什么样的购买行为。

1. 求实型

这种购买类型的客户追求汽车使用价值、内在质量和效用，注重实用，对汽车造型、外观、品牌、服务等不过分要求。一般以上班人群及中年人群居多。面对这类客户，营销人员应强调汽车的性价比，着重介绍汽车的性能，如介绍发动机、底盘等基本构件。

2. 求廉型

这种购买类型的客户重视汽车的价格，追求价格低廉的汽车，对旧车型、二手车和参加促销活动的汽车感兴趣，汽车质量、品牌、服务、配置等不是购买的重要参考指标。面对这类客户，营销人员应首推价格低廉的汽车或正在做促销活动的汽车，重点强调汽车的价格。

3. 求新型

这种购买类型的客户追求汽车造型新颖和别致，对刚上市的新款汽车情有独钟，不太在乎价格与性能。年轻人持这种购买动机的居多。

4. 求名型

这种购买类型的客户追求汽车的档次，注重品牌和产地，其他关注较少。有一定经济收入和社会地位的人持这种购买动机的较多，他们认为汽车不仅是代步的工具，更是一种身份、地位和财富的象征。

5. 求同型

这种购买类型的客户对汽车本身不太关注，更在乎相关群体的汽车档次或类型，如朋友、生意伙伴、同事、同学等。别人买什么，他就买什么，追求大众化。

小思考 上海大众桑塔纳系列轿车性价比较高，是许多购车人群的首选，按购买动机分他们属于什么类型购买行为？

二、汽车消费者购买行为模式

消费者因自身条件和环境因素不同，具体表现出来的购买行为可以说是“百人百样”，但其中又有许多共性的元素。人的外在行为是基于内在心理活动而发生的，必须从心理学角度研究消费者的购买行为，以揭示其共性和规律。

（一）“S-O-R”模式

“S-O-R”模式也叫“刺激-反应”模式，又叫“黑箱理论”，如图 3.1 所示。

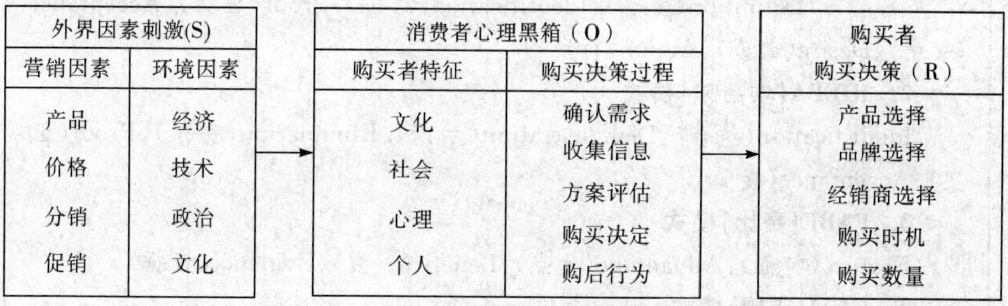

外界因素刺激(S)		→	消费者心理黑箱（O）		→	购买者购买决策（R）
营销因素	环境因素		购买者特征	购买决策过程		
产品	经济		文化	确认需求		产品选择
价格	技术		社会	收集信息		品牌选择
分销	政治		心理	方案评估		经销商选择
促销	文化		个人	购买决定		购买时机
				购后行为		购买数量

图 3.1　消费者“黑箱理论”

从图 3.1 可见，消费者的购买行为源自于其内在心理活动（消费者内在心理活动由于看不见故称“黑箱”），而心理活动变化又因为外在的一系列刺激。“S-O-R”模式为营销人员促成消费者购买行为建立了基本的思维路径，即消费者的购买行为是在外界因素刺激下，经消费者一系列心理活动而产生的。产品、价格、分销和促销等营销刺激是企业可以控制的刺激因素，经济、技术、政治、文化等环境刺激为企业不可控的刺激因素。消费者的“黑箱”包括消费者的购买决策过程，这个过程因人而异，营销人员看不见摸不着。消费者的购买行为为一系列可以看到的购买反应，即对汽车产品、品牌、经销商、时间、方式等的选择。

小案例　　**雪佛兰新年“雪拼季”**

雪佛兰 2013 新年购车“雪拼季”全面启动，每一片“雪花”可获得 1000 元购车优惠！即将送出 100000 片雪花，累计 1 亿元！集齐 6 款雪花更有雪佛兰 CAMARO 大黄蜂等你赢。用雪花拼出你的有车生活！

问题　以上活动属于什么刺激手段？

（二）AIDA 模式

AIDA 模式又叫“埃达模式”，由世界著名的推销专家海因兹·姆·戈德曼提出，是西方推销学的经典模式之一。它从消费者心理活动的角度研究消费者购买商品的过程。埃达模式具体内容是：引起注意（Attention）、诱发兴趣（Interest）、刺激购买欲望（Desire）和促成购买行动（Action）。

AIDA 模式是对一般推销过程的总结，也是对消费者购买行为规律的揭示。消费者购买从注意开始，进而对商品产生兴趣，在强烈购买欲望的基础上，采取购买的行动。

小思考　汽车 4S 店如何吸引客户的注意？

即问即答 说说还有哪些销售模式？

1. DIPADA(迪伯达)模式

Definition(发现)、Identification(结合)、Proof(证实)、Acceptance(接受)、Desire(欲望)、Action(行动)。

2. IDEPA(埃德帕)模式

Identification(结合)、Demonstration(示范)、Elimination(淘汰)、Proof(证实)、Acceptance(接受)。

3. FABE(费比)模式

Feature(特征)、Advantage(优点)、Benefit(利益)、Evidence(证据)。

4. GEM(吉姆)模式

相信产品(Good)、相信公司(Establishment)、相信自己(Man)。

三、汽车消费者购买决策过程

(一) 购买决策内容(5W1H)

消费者购买决策内容就是通常所说的"5W1H"——Who,What,Why,Where,When和How。即谁去购买,购买什么,为什么购买,在哪里购买,什么时候购买以及怎么购买。

1. Who——谁去购买

从营销学角度来看,Who不仅是产品的购买者或使用者,还包括那些对购买决策有影响的人。汽车作为高端消费品,购买过程复杂,参与购买的人也很多,包括购买的发起者、影响者、决策者、购买者和使用者,如表3.3所示。

表3.3 消费者在购买汽车时的角色

角色	描述
发起者	首先提出购买汽车的人
影响者	对最终购买汽车有直接或者间接影响的人
决策者	对整个或者部分汽车购买决策有最后决定权的人
购买者	实际执行购买的人
使用者	实际驾驶汽车的人

2. What——购买什么

购买什么是购买决策的核心问题。消费者购买什么汽车,是指购买什么品牌、型号、款式、颜色、价格、服务、配置的车,也包括购买新车还是二手车等。企业只有明白消费者要购买什么,才会明确自己要做什么,即研发、生产、销售什么。

小案例 三菱汽车北美公司

为了针对消费者有关三菱公司的产品质量落后于其竞争对手的疑问作出回应，三菱公司开始提供一个新的“十年跑一百万英里”的车辆行程保证。这个新的担保涵盖了所有2004年以来生产的车辆，来代替原先“七年跑六十万英里”的车辆行程保证。

问题 三菱公司希望通过这种新的担保给消费者一个什么信息?

3. Why——为什么购买

为什么购买是消费者的购买目的或动机。即使同一款汽车，不同消费者的购买动机也可能不同。消费者的购买目的不会轻易流露出来，需要销售人员仔细观察，认真揣摩。

说说中国人眼中的汽车

(1) 汽车是代步工具；

(2) 汽车是上下班的工具；

(3) 汽车是生产工具；

(4) 汽车是生活的一部分；

(5) 开车旅游是一种生活方式；

(6) 改装汽车是一种爱好；

(7) 汽车是社会地位的象征；

(8) 汽车是很好的交友话题；

(9) 汽车是国家的支柱产业。

4. Where——在哪里购买

在哪里买车不仅表现为地理位置的选择，更表现为对经销商和销售模式的选择。今天汽车购买地点有汽车4S店、汽车超市、汽车工业园、二手车交易中心、拍卖会、私人会所和网络。

小案例 荣威550首创网络4S模式

2009年，荣威550首次携手新浪网推出了一种全新在线购车模式，通过这种全新的“在线即在店”的方式，消费者不仅可以更加详细地了解车型的信息，并且可以以直接提取现车的方式购买到当下货源紧张的荣威550，开创了国内人性化汽车营销的先河。统计显示，在两周的活动时间里，荣威550网上4S店每天的进店浏览人数超过五位数，总点击量更超过了200万人次。

在操作便捷、省时省力等各方面优势明显的网络购物方式，已经越来越受到人们的喜爱。“网络购车”这样一个创新的营销模式，正在汽车行业内悄然兴起。也许再过几年，你不用特地跑到4S店，只需动动鼠标，就可以买到一辆称心的车。

(资料来源：戚叔林．汽车市场营销[M]．北京：机械工业出版社，2010)

问题 你如何看待“网络购车”这种新型营销模式?

5. When——什么时候购买

购买时间的决策一般与消费者的职业和生活习惯密切相关,此外,商品的季节性和时令性密切影响着购买时间。如消费者的闲暇时间、消费者的购买力、商家的促销活动、消费者需要的迫切性等。

小思考 汽车行业一直以来都有"金九银十"说法,说说你的看法?

6. How——怎么购买

消费者在购买产品时要事先决定采用何种购买方式,是只身一人到经销店购买还是请朋友家人协助?是亲自购买还是通过招标方式?是一次性付款还是分期购买?是转账还是用银行卡支付?等等。

小思考 实地调查你所在地区的汽车4S店,在"一次性付款"和"分期付款"两者之间消费者更偏向于哪一种?说说你的看法。

"5W1H"是从消费者角度探索他们的购买心理和购买行为的过程。从企业角度来分析消费者购买行为,则是6个"O",即与购买有关的人(Occupants)、购买对象(Objects)、购买目的(Objectives)、购买时间(Occasions)、购买地点(Outlets)和购买方式(Operations)。它们之间存在一定的对应关系,如表3.4所示。

表3.4 消费者市场"5W1H"和"6O"的对应关系

消费者购买决策内容——"5W1H"	经营者的思考——"6O"
谁去购买(Who)	与购买有关的人(Occupants)
购买什么(What)	购买对象(Objects)
为什么购买(Why)	购买目的(Objectives)
什么时候购买(When)	购买时间(Occasions)
在哪里购买(Where)	购买地点(Outlets)
怎么购买(How)	购买方式(Operations)

(二) 购买决策过程

消费者购买决策的过程是消费者在购买商品时所经历的过程。一般而言,消费者购买决策过程要经历五个步骤,即确定需要、收集信息、方案评估、购买决策、购后行为,如图3.2所示。

图3.2 消费者购买决策过程

1. 确定需求

需求是消费者购买的前提,确定需求是购买决策的起点。消费者由于生理或心理的某种缺失导致的一种不平衡的心理状态叫需求，当内在需求在外界刺激作用下就有可能产生购买动机，有动机则可能产生购买行为。需求、动机和行为三者之间的关系如图 3.3 所示。

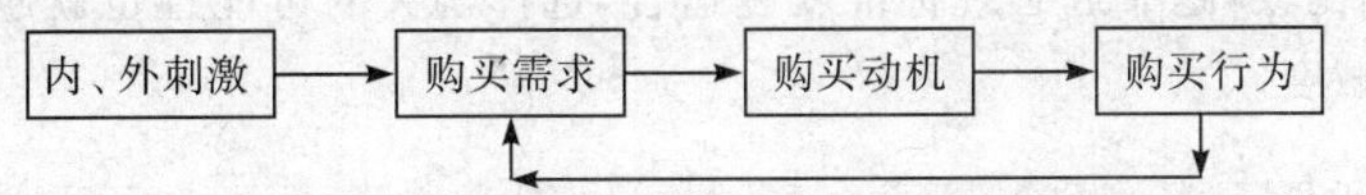

图 3.3 需求、动机、行为三者之间的关系

对于汽车购买决策过程，此阶段汽车营销的任务与策略是：

(1) 分析目标市场消费者的需求状态；

(2) 设计营销方案，如广告宣传、促销活动等，让顾客产生强烈的购买动机。

2. 收集信息

除非全明确型购买行为客户，他们对所购汽车的型号、品牌、规格、价格等信息已经十分清楚，不需要收集更多的信息。其他消费者在确定自己的需求之后，便开始广泛寻找有关汽车的相关信息，以便找到满足自己的消费需求的最佳目标对象。消费者信息来源的途径主要有以下四种，如图 3.4 所示。

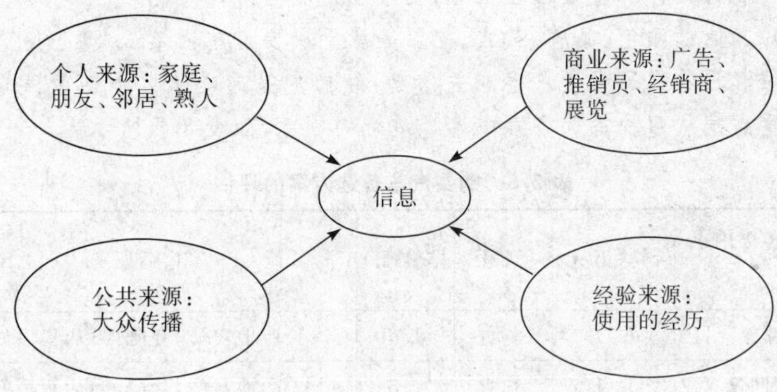

图 3.4 汽车消费者的信息来源

(1) 个人来源：从家庭成员、亲戚朋友、同学同事和邻居熟人处获得的信息。

(2) 商业来源：商业广告、营销人员、经销商、汽车展销会等提供的信息。

(3) 公共来源：新闻媒体、政府机构和其他有关大众传播的信息等。

(4) 经验来源：自己对汽车的了解、使用的经验等。

不同来源的信息对消费者的影响不同，经验来源和个人来源的信息信任度最高，其次是公共来源，最后是商业信息。一般来说，汽车消费者从商业来源获取的信息最多。因此，此阶段汽车营销人员应采取"顾问式"销售方式，以专家顾问的身份为消费者提供商业信息，增加可信度。

小思考 若你购买汽车，谁的建议将对你影响最大？
① 家人、朋友的意见；② 商业广告；③ 媒体的报道；④ 销售人员的推荐。

3. 方案评估

在经过大量的信息收集之后，消费者对方案进行分析评估，选择适合的汽车。对消费者而言，汽车没有好坏之分，只有适合与不适合之别，适合的就是好的。而适合与不适合因人而异，同样一款汽车可能适合甲，而不适合乙。判别适合与否，需要将汽车客观指标与客户心理期望标准作比较，越靠近心理标准就越适合，选择购买的可能性也就越大。没有标准的客户，很难有真诚度。

小案例 汽车评估过程

下面是一位客户选购汽车的评估过程。

客户特征：35 岁，女性，合肥某高职院校教师，个性沉稳、内敛。

购车主要目的：方便上下班，周末接送孩子上辅导班。

心理标准：

(1) 工薪阶层，价格是最重要的标准，裸车价格为 6 万元左右，所有费用控制在 8 万元以内；

(2) 考虑到女性开车操控性及应变性较差，选择自动挡的车；

(3) 考虑到油耗等使用成本，故选择小排量汽车；

(4) 考虑到开车磕磕碰碰难免，要求售后服务好；

(5) 其他如颜色、品牌、款式、配置等属于次要考虑因素。

这位客户收集了大量汽车相关信息，经初步筛选确认以下四款汽车备选。该教师重点是从四种备选方案中选择适合的一款，如表 3.5 所示。

表 3.5 购买汽车备选方案的评估

考虑因素 / 车型	价格(万元)	型号	排量(L)	售后服务
奇瑞 A3	7.78	手动	1.6	产地安徽，合肥 4S 店售后好
江淮同悦	5.68	手动	1.3	产地安徽，合肥 4S 店售后好
吉利熊猫	5.89	自动	1.3	产地浙江，合肥 4S 店售后较好
荣威 350	11.47	自动	1.5	产地上海，合肥 4S 店售后较好

结合其心理标准，经过综合考虑，对江淮同悦产生购买意图。因为奇瑞 A3 的价格超出其心理价格，1.6 L 排量偏大，手动挡，故不适合；1.5 L 排量荣威 350 非常好，但价格远超出其心理价格，故也不考虑。吉利熊猫和江淮同悦在价格、排量、型号方面都满意，但考虑到吉利熊猫汽车款式可爱、两厢，不太适合她的年龄和个性，同时考虑到江淮是合肥本土生产的汽车，在售后方面可能更便捷。

问题

1. 结合案例如何理解"方案评估"?

2. 假如你是一位汽车营销顾问，面对下面这位客户，如何为其建立评估标准。客户特征：男士、**50** 岁、身材魁梧(偏胖)、年薪 **300** 万元、私企老总。

在消费者对备选方案进行评估选择的过程中，有以下几点值得营销者注意：

(1) 如果是全明确型客户，了解其心理期望标准或具体要求；

(2) 如果是半明确型客户，掌握客户的特征，结合汽车属性为其建立评估标准；

(3) 掌握不同汽车的目标客户及卖点,成为汽车专家。

4. 购买决策

消费者在信息收集和方案评估的基础上,最终作出一个购买决策,作为方案评估阶段的结果。

消费者购买决策同购买意图并不是一回事。在一般情况下,消费者会执行购买决策并付诸购买行为。但从购买意图到决定购买之间,还要受到两个因素的影响,如图3.5所示。

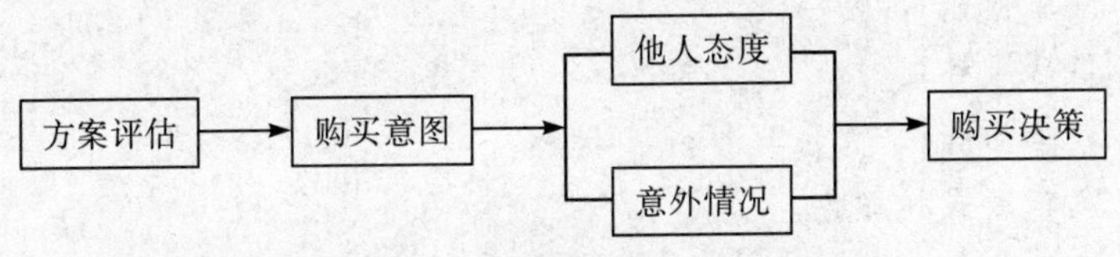

图3.5 消费者评估与决策过程

(1) 他人态度:汽车作为一个特殊的选购品,消费者购买时往往会征求他人的意见,如亲朋好友。一般而言,他人的反对态度愈强烈,或持反对态度者与购买者关系愈密切,消费者修改购买意图的可能性就愈大。

(2) 意外情况:意外情况也将影响着消费者的购买决策,诸如预期收入减少、大笔额外支出、工作受挫,或新款汽车出现、某汽车降价、某汽车商家促销等,则很可能会使消费者改变原有的购买意图。

5. 购后行为

消费者在完成购买行动之后,就进入了决策过程的购后行为过程。这一过程主要包括:

(1) 购后的评价;

(2) 购后的使用和处置。

消费者购后的评价,即满意程度。满意是一种感觉状态,其取决于消费者对汽车的期望值与汽车使用中的实际值的比较,如图3.6所示。有关客户满意度将在第九章重点介绍。

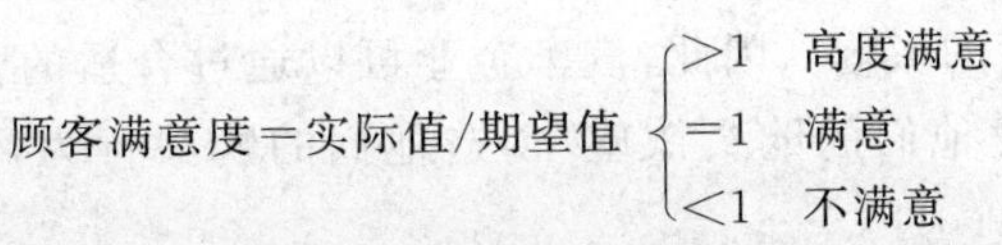

$$\text{顾客满意度}=\text{实际值}/\text{期望值}\begin{cases}>1 & \text{高度满意}\\=1 & \text{满意}\\<1 & \text{不满意}\end{cases}$$

图3.6 顾客满意度公式

在购后阶段,汽车企业营销的任务与策略是:

(1) 以恰当方式进行售后回访,与消费者建立长期、有效的沟通机制;

(2) 用科学的方法提升顾客满意度;

(3) 企业应采取有效措施减少或消除消费者的购后失调感。

第二节 私人汽车消费者购买行为分析

私人汽车消费者是指满足生活需要而购买汽车的个人和家庭。随着经济的发展和生活水平的日益提高,人们开始追求更高水平的生活。近年来,我国私人购车数量与整个购车量比较，已经超过50%，因此研究私人汽车消费者购买行为具有重要的现实意义。

私人汽车消费者购车时具体考虑哪些因素？

(1) 汽车用途；
(2) 汽车价格；
(3) 汽车油耗；
(4) 汽车性能；
(5) 售后服务；
(6) 汽车品牌；
(7) 汽车款式和颜色。

一、私人汽车消费者购买特点

1. 购买的多样性和个性化

私人汽车消费者由于在收入水平、文化观念、兴趣爱好、生活习惯、年龄、性别、职业等方面的差异，在购买特点上表现出多样性和个性化。比如一般普通的女性购买汽车的目的主要是作为代步工具，所选购的汽车多为经济型；而某些私营企业主和其他地位较高的人购买的汽车必须体现其身份和地位，所选购的车型大多为豪华型。

小思考 你知道汽车的"老三样""新三样""精三样"和"超新三样"吗？

2. 购买的非专业性

购买的非专业性也叫"可诱导性"。对于大多数私人消费者而言，他们缺少足够的汽车知识，其购买行为属于非专业性购买。他们的购买行为往往会受到周围环境、消费风尚、人际关系、广告宣传等因素的影响。因此，汽车企业可以通过合适的营销手段来引导、调节和培养消费者的需求，激发他们的购买欲望，创造他们的购买行为，从而提高企业的市场占有率。

小思考 与周围同学讨论：汽车企业可以通过哪些营销手段来刺激顾客的购买？

3. 购买的家庭性

汽车本身价格昂贵，目前中国大多数私人购买汽车像买房子一样属于家庭消费行为，我们通常把私人汽车叫"私家车"，可见一斑。私人在购买汽车过程中，往往综合考虑家庭成员的需求和意见。

4. 购买的地区性

我国地域广阔，地区经济差异大，生活方式也不同，导致人们对车的购买也呈现出不同地域特点。如华东重品牌，品牌车首选；华北重操控，德系车较受欢迎；华南重经济，日系车居多；西南重性能和安全，以越野型SUV为主。

5. 购买的发展性

从马斯洛需求层次理论可以看出，消费者的需求一般从简单到复杂、由低级向高级发展。消费者购买汽车从注重性能、注重实用，向考虑凸显身份、地位、财富和品牌、高端、安全等发展。

6. 需求价格弹性大

我国汽车市场，存在私人消费需求价格弹性大的特征。消费者对汽车价格很敏感，当某品牌汽车价格下降，就会影响竞争对手的销量，这时竞争对手为了保持市场份额也会竞相降价，因而汽车企业之间容易爆发价格大战。

即问即答 **什么是需求价格弹性？**

需求价格弹性是指商品价格变动所引起的需求量变动的比率，反映了商品需求量变动对其价格变动反应的敏感程度。用“EP”表示。公式如下：

$$EP = 需求量变动率/价格变动率$$

其中，当 $EP>1$ 时：需求富有弹性或高弹性；当 $EP=1$ 时：需求单一弹性；当 $EP<1$ 时：需求缺乏弹性或低弹性。

二、影响私人汽车购买行为的主要因素

影响私人汽车购买行为的因素主要有社会文化因素、经济因素、心理因素、个人因素和营销因素等，如图 3.7 所示。

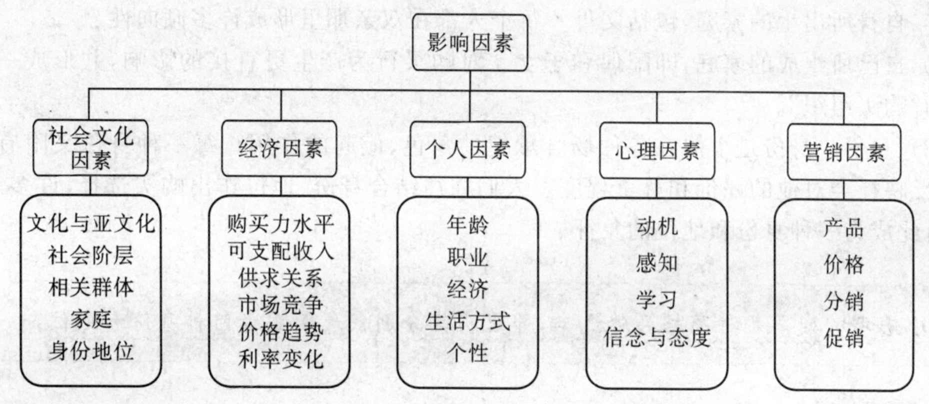

图 3.7 影响私人汽车购买行为的因素

(一) 社会文化因素

1. 文化与亚文化

(1) 文化。文化是指在一种社会形态下形成的价值观念、宗教信仰、风俗习惯、道德规范等的总和。文化因素包括：

① 价值观念：对生活中各种事物的一贯态度和普遍看法。

② 风俗习惯：在一定的社会物质生产条件下长期形成的世代相传的约束人们思想、行为的规范。不同地区人们在饮食、服饰、居住、婚丧、信仰、节日、人际交往等方面都表现出独

特的风俗习惯。

③ 审美观：指人们对事物的好坏、美丑、善恶的评价，通常受社会舆论、思想观念等影响。

(2) 亚文化。一种文化会因为各种因素影响，使价值观、风俗习惯及审美观等表现出不同的特征，形成亚文化。亚文化主要表现为：

① 民族亚文化：各个民族在宗教信仰、节日、崇尚爱好、图腾禁忌和生活习惯等方面有其独特之处，并对消费行为产生深远影响。

② 宗教亚文化：不同宗教有不同的文化倾向和戒律，影响人们认识事物的方式、对客观生活的态度、行为准则和价值观，从而影响消费行为。

③ 地理亚文化：不同的地区有不同的风俗习惯和爱好，使消费行为带有鲜明的地方色彩。

2. 相关群体

相关群体指能够直接或间接影响消费者购买行为的个人或集体。主要有三种形式：

一是主要群体，包括家庭成员、亲朋好友、同窗和同事。主要群体对消费者的购买行为发生直接和主要的影响。

二是次要群体，即消费者所参加的工会、职业协会等社会团体和业余组织。这个群体对消费者购买行为产生间接的影响。

三是期望群体。消费者虽不属于这一群体，但这一群体成员的态度、行为对消费者有着很大影响。

3. 家庭和身份、地位

(1) 家庭。家庭及其成员是影响消费行为最大的主要参考群体。每个人所经历的“家庭”，可分为：

① 自身所出生的家庭，包括父母。每个人都在双亲那里形成许多倾向性。

② 自己所组成的家庭，即配偶和子女。对购买行为产生更直接的影响，并形成一个消费者的“购买组织”。

(2) 身份。身份是个体在各种场合承担的角色、应起的作用。每一种身份又附有一种地位，反映社会对他的评价和尊重程度。人们往往结合身份、地位作出购买选择，许多产品、品牌由此成为一种身份和地位的象征。

小思考 列举几种高档品牌汽车，并说明其分别代表购买者何种身份和地位。

(二) 经济因素

影响市场购买力的经济因素包含很多，主要有社会购买力水平和消费者可支配收入两个方面。它们的高低决定了消费者的购买能力，继而影响其购买行为。

社会购买力指在一定时期内用于购买商品的货币总额，它反映该时期全社会市场容量的大小。社会购买力的大小客观上制约了人们能够消费什么、消费多少。如20世纪80年代，人们购买老三件(手表、自行车、缝纫机)，90年代开始消费新三件(彩电、冰箱、洗衣机)，而现在汽车等高档商品已进入普通百姓的消费品范畴。

消费者可支配收入是反映居民家庭全部现金收入中能用于安排家庭日常生活的那部分

收入，即家庭中得到的全部现金收入扣除个人所得税等支出后的收入。可支配收入是影响需求变化最活跃的因素，尤其是消费者可支配收入中的消费者可随意支配收入对消费者选购汽车产品会产生重大影响。

（三）个人因素

1. 年龄

不同年龄消费者的欲望、兴趣和爱好不同，审美观和价值观也不同，从而消费需求和购买行为也有区别。

2. 职业与生活方式

一个人所从事的职业在一定程度上代表着他的社会地位，并直接影响他的生活方式和消费行为。汽车企业在制定营销计划时，必须分析营销所面对的私人购买者的职业和生活方式，开发适合其特定职业需求，并满足其生活方式的汽车产品。

小案例　丰田汽车的产品策略

丰田公司在其中档产品卡罗纳的基础上，为高档市场增加了佳美牌，为低档市场增加了小明星牌，还为豪华汽车市场推出了凌志牌。

凌志的目标是吸引高层管理者，佳美的目标是吸引中层经理，卡罗纳的目标是吸引基层经理，而小明星牌的目标是手里钱不多的首次购买者。

此种战略的主要风险是有些买主认为两种型号之间（如佳美和凌志之间）差别不大，因而会选择较低档的品种。但对于丰田公司来说，顾客选择了低档品种总比转向竞争者好。

问题　丰田公司凌志、佳美、卡罗纳和小明星分别满足什么职业的消费者?

3. 个性及自我观念

个性是指一个人独特的心理特征（如气质、性格、能力、兴趣等）。消费者因为个性上的差异，使其对汽车广告的反应、对新的汽车产品的态度以及在挑选商品时的行为等方面会有所不同。自我概念是与个性相关的一种概念，是关于“我是谁”和“我是怎样的人”一类的问题。对于企业营销来说，了解私人购买者的这些个性特征，可以帮助企业确定正确的符合目标消费者个性特征的产品品牌形象。

（四）心理因素

1. 动机

购买动机是在需要的基础上引发购买行为的推动力。购买动机包括以下两种：

（1）社会因素刺激产生的动机。由社会因素引发的动机称为社会动机。比如，一批同时来到一个城市的人，大部分人都买了车，而一小部分没有买车的人就会感到没面子，就想方设法去购买，甚至要超过一般水平，否则，大家聚会或见面就会感到不太体面，在这种心理的驱使下，产生了购买动机。

（2）心理分析动机。由消费者的认识、情感和意志等心理活动引起的行为动机，称为心理动机。比如我国的消费者在选择车辆颜色时，比较钟情于银灰、黑色、白色、红色等，而不太愿意选择黄色（一般为出租车的颜色）。

2. 感知

感觉是消费者对汽车个别属性的主观反应，知觉是在感觉基础上对汽车的整体反应。感觉和知觉是消费者认识汽车的初始阶段，通常叫“感知”，它是消费者购买行为的重要基础。

小思考 请说说汽车经销店应如何提高客户的感知。

3. 信念和态度

消费者信念是指消费者持有的关于事物的属性及其利益的知识，态度则是指人们对事物的看法，它体现着一个人对某一事物的喜好与厌恶的倾向。不同消费者对同一事物可能拥有不同的信念，而这种信念又会影响消费者的态度。如名牌产品会使个人购买者争相选购，而新品牌则往往遭到消费者怀疑。一般来说，改变个人购买者的态度是较为困难的，因而汽车企业应通过广告、促销活动及诚信服务等来树立消费者对其产品和品牌的信念，给消费者留下深刻的印象。

（五）营销因素

在经典营销理论中，社会经济环境因素是存在于企业营销系统之外的不可控因素，而企业的产品、价格、分销和促销是企业营销中最基本的可控因素。

影响私人消费者购买汽车的营销因素，主要表现在两个大的方面：一是企业形象，二是企业营销策略组合的具体实施。企业形象是消费者心目中对企业的整体看法或评价，主要有企业目标、企业精神、企业文化等。营销策略组合的具体实施指产品、品牌、价格、渠道、广告、公关、促销及人员推销等组合实施，它直接关系到消费者的购买利益，对购买行为影响很大。

小案例 上汽荣威的营销是否成功？

2007年汽车界的营销事件，其中有一个焦点话题：上汽荣威(ROEWE)品牌的营销是否成功？

业内人士分成正反两方：正方认为很成功，因为在短短一年时间内，荣威的品牌知名度迅速树立起来，各种营销活动也非常有创意；反方则认为不太成功，因为荣威的销量仍然很小，厂家宣传的销量为1.5万辆，但终端的真实销量仅1万辆多一点，平均每个月不足2000辆，这能叫成功吗？

正方属于“过程论者”，反方属于“结果论者”。

从过程看，荣威的营销的确可圈可点：西方经典与中国传统相结合的品牌LOGO、大手笔的巨型广告宣传、英国贵族式的车展展台和展厅、英伦绅士生活方式的推广、全国性的驾控之旅……荣威的每一次营销活动，都会让媒体和公众眼前一亮。

但是反方的意见也值得重视，因为销量虽然不是衡量营销成败的唯一标准，至少也是最重要的标准。没有销量的营销，只能是无效的营销。

问题 你赞同哪一方观点？说说你的理由。

三、不同私人汽车消费者购买行为

（一）不同年龄段私人汽车消费者的购买行为

1. 青年消费者的购买行为(18～35岁)

(1) 追求时尚。青年消费者思维敏捷、思想活跃、勇于创新、追求新潮。这些心理特征反映在购车动机上,表现为求新求美、追求时尚、愿意接受新鲜事物。喜欢购买时尚、款式另类特别的车辆。对汽车的外形款式和颜色等要求较高。

(2) 突出个性。青年人个性张扬、崇尚自由、自我意识强,喜欢具有个性化的汽车,力图在消费中表现自我。

(3) 购买冲动。青年消费者一般反应敏捷、行动果决、较易感情冲动,容易受外界影响。

年轻人一方面崇尚时尚、个性,另一方面他们还不具备较高的社会地位和较为稳定的经济收入,因此表现的购买动机常常为:对于经济收入一般的青年人大多为求新动机和求廉动机;经济收入较好的青年人表现为求异动机和求名动机。他们一般喜欢的车型有:上海大众POLO、高尔夫、甲壳虫,奇瑞QQ,广州本田,丰田花冠,本田思域等。

小案例　　奇瑞QQ——年轻人的第一辆车

"奇瑞QQ卖疯了!"在北京亚运村汽车交易市场2003年9月8日至14日的单一品牌每周销售量排行榜上,奇瑞QQ以227辆的绝对优势荣登榜首!

奇瑞QQ的目标客户是收入并不高但有知识、有品位的年轻人,同时也兼顾有一定事业基础、心态年轻、追求时尚的中年人。一般大学毕业两三年的白领都是奇瑞QQ的潜在客户。人均月收入2000元即可轻松拥有这款轿车。

许多时尚男女都因为奇瑞QQ的靓丽、高配置和高性价比,就把这个可爱的小精灵领回家了,从此与奇瑞QQ结成了快乐的伙伴。

奇瑞公司有关负责人介绍说,为了吸引年轻人,奇瑞QQ除了轿车应有的配置以外,还装载了独有的"I-say"数码听系统,成为了"会说话的奇瑞QQ",堪称目前小型车时尚配置之最。据介绍,"I-say"数码听是奇瑞公司为用户专门开发的一款车载数码装备,集文本朗读、MP3播放、U盘存储多种时尚数码功能于一身,让奇瑞QQ与电脑和互联网紧密相连,完全迎合了离开网络就像鱼儿离开水的年轻一代的需求。

奇瑞QQ的目标客户群体对新生事物感兴趣,富于想象力、崇尚个性,思维活跃,追求时尚。虽然由于资金的原因,他们崇尚实际,对品牌的忠诚度较低,但是对汽车的性价比、外观和配置十分关注,是容易互相影响的消费群体;从整体的需求来看,他们对微型轿车的使用范围要求较多。奇瑞公司把奇瑞QQ定位于"年轻人的第一辆车",从使用性能和价格比上满足他们通过驾驶奇瑞QQ实现工作、娱乐、休闲、社交的需求。

(资料来源:杜淑琳.市场营销模块化教程[M].合肥:中国科学技术大学出版社,2010.)

问题　奇瑞QQ抓住了年轻消费群体哪些购买心理?

2. 中年消费者的购买行为(35～55 岁)

(1) 具有较强的理智性和稳定性。中年人生活阅历丰富,消费心理比较成熟,购车时注重车辆的内在质量和性能,不易受外界影响,常常在全面评价、综合分析不同汽车的优缺点后,再决定购买。

(2) 注重汽车品牌,强调汽车安全性。中年人一般有了较为稳定的收入,也有一定的社会地位。他们购买汽车往往要彰显其身份、职务、地位等。

(3) 追求实用性与舒适便捷。他们倾向于在汽车 4S 店购车,目的是能够享受优质的售后服务;同时在车型、排量、配置等方面要求较高,希望排量大、宽敞、舒适、实用。

他们喜欢的车型有丰田佳美、北京现代、别克君威、大众帕萨特、福特蒙迪欧及进口轿车等。

3. 老年消费者的购买行为(55～75 岁)

近年来我国 60 岁以上的老人购车的越来越多,我国逐渐进入老龄化社会,老年人将成为未来汽车消费的新力量。随着居民文化层次和收入的不断提高,时下的老人不再是一个暮气沉沉的群体,独自来购车或和子女一起来为自己购车的老年消费者越来越多。老年消费者的购车行为有:

(1) 注重售后服务。老年客户要求厂商能够提供完善的售后服务,买车方便,养车安心。

(2) 强调安全性和舒适度。由于老人的身体原因,购车时特别强调汽车的安全性及舒适度。一般选择排量在 1.6 L 左右的车型。安全性体现在安全气囊和 ABS 等配置上,还体现在高精度的装配质量上。

(3) 关注操控性。老年人反应比较慢,购车还会关注适合老人特点的操纵系统和驾驶坐椅。一般选择有宽大坐椅的车辆,并可以任意调节高度,操纵系统简单、易掌握,最好是自动变速的车型。

(4) 选择中高档轿车。能购车的老人一方面说明其经济条件很好,汽车是其生活的一部分;另一方面说明其心态年轻,敢于追求新鲜事物。因此他们选购汽车以中高档轿车为主。

适合老年消费者的车型有北京现代伊兰特、一汽丰田皇冠、别克凯越、一汽马自达及进口轿车等。

小案例 **“福特老人”系列轿车**

美国福特汽车公司推出的“福特老人”系列轿车,它是专门为 60 岁以上的老人设计的。该车考虑了老年人大多腿脚不便、反应迟钝的特点,不但车门较宽、门槛较低,而且特别配备了主动驾驶座,放大的仪表盘和后视镜,按钮式制动及自动锁车系统等,以适应老年人对安全性和方便性的特殊要求,深受老年人欢迎。

问题 “福特老人”系列轿车满足了老年汽车消费者什么心理特点?

(二) 不同性别消费者的购买行为

1. 男性消费者的购买行为

(1) 购车行为果决迅速,具有较强的自信心。男性比女性更加果断,一旦有购买需求,能迅速转变为购买动机,进而产生购买行为。即使在比较复杂的情况下,也能迅速作出购买决策。

(2) 购买行为理性,目的性强。男性善于控制自己的情绪,能够冷静权衡利弊,购买过程不容易受感情因素和外界刺激影响。

(3) 购买过程独立性,缺乏耐性。男性具有较强的独立性和自尊心,不喜欢受他人干涉,不太愿意听从他人的见解和意见。缺乏耐性表现在对汽车挑选不仔细,也不过多进行讨价还价,很少在不同汽车店商之间反复比较等。

(4) 注重汽车的内在品质。男性消费者更加注重汽车的品牌、质量、配置、排量、售后服务、使用效果、驾驶的乐趣等。

2. 女性消费者的购买行为

(1) 购车行为受外界影响大。女性在选购汽车时往往表现出不够自信,容易受到亲朋好友及购车氛围、汽车销售人员、广告促销等的影响,购买时表现出更多的灵活性与波动性。

(2) 带有浓厚的感情色彩。女性感情丰富细腻,富有想象力,在购车时往往表现得不够理智,喜欢凭感觉,容易感情用事。比如可能因为喜欢某款车的外形就决定购买,或因为高兴就购买等。

(3) 倾向个性化。当今女性越来越关注自己的社会形象,希望自己与众不同。在选购汽车时,希望汽车与她的气质、个性吻合,与她的职业、职务匹配,与她的家庭背景相当。汽车对于她来说,不仅是代步工具,也是提升其品味内涵的工具。

(4) 注重汽车的外观、颜色、内饰等外在特征。女性选购汽车不太注重汽车内在品质,如发动机功率、ABS系统、安全气囊等。她们很感性,对她看得见的外在东西,如汽车外部造型、颜色、内饰等很是关注。她们往往会根据汽车外在特征来决定是否购买。

小思考 说说大多数白领女性喜欢的车型。

(三) 不同收入消费者的购买行为

收入是影响消费者购买行为的一个很重要的因素。以我国为例,依照购买力可以将汽车消费者分为九个层次,其占总人口的比例及购买汽车的最主要关注点,如表3.6所示。

表3.6 汽车消费者层次一览表

典型成员	占人口比例(%)	关注点
社会名流	0.05	品牌
企业CEO	0.5	品牌、服务
民营企业主	4.45	品牌、效应、质量
专家学者	5	文化、服务
白领雇员	9.5	服务、款式
公务员	15.5	服务、价格
个体商贩	17	价格、实用性
蓝领雇员	18	价格
低收入者	30	价格

1. 较高收入人士的购买行为

他们具有相当的社会地位和背景，关心社会的尊重与自我价值实现，购车时有求异心理和炫耀心理，注重汽车的品牌。他们有的不只购买一辆车，可能同时拥有多辆不同功能的汽车。汽车更新较快，不会购买普通轿车。

2. 中等收入人士的购买行为

中等收入人士有一定的社会地位，是家用轿车的核心消费群。他们关心社会的认可和尊重，购买时主要表现为求同从众心理和求美心理，注重汽车的质量、款式、品牌效应和售后服务，价位一般在 20 万元以下。

3. 低收入人士的购买行为

低收入、只能满足温饱的人士，他们购车时首选实用性的客货两用车与低档轿车，用于出租、营运，价位一般不会超过 10 万元。这类消费者主要持求廉心理。

第三节　组织汽车用户购买行为分析

汽车的购买者不仅是广大的私人汽车消费者，也包括各类组织机构。虽然我国私人购车的比重在增加，但组织用户仍然是汽车企业的重要客户。为此，企业必须了解组织汽车用户的购买特点和购买行为。组织用户主要包括产业用户、商业用户、政府机构和非营利性组织等，如表 3.7 所示。

表 3.7　组织用户类型及购车目的

类　型	购车目的
产业用户	以盈利为目的的团体，如汽车运输公司、旅游公司、公交公司、建筑公司、个体运输户等；购车目的是为其生产服务；重型车、中型车是其主要购买目标
商业用户	商业用户即各类中间商，如经销商。它们购车的目的是转卖或再售，从而赚取差额利润。目前中国汽车的商业用户以汽车品牌 4S 店为主，具体将在第五章重点介绍
政府机构	高端汽车产品的重要购买者；购车目的除了满足日常办公用车外，更是身份、级别的象征；现阶段政府机关轿车倾向奥迪，中巴偏向丰田柯斯达
非营利性组织	如大学、医院、研究院等；购车目的主要是满足教学、研究等功能；遵循与政府机构相同的采购过程；购车排量、价格不能超过一定限度

一、组织汽车用户的购买特点

（一）产业用户的购买特点

1. 客户数量少、购买数量大

相对于个人消费者，产业用户数量要少得多，但其购买的数量大。如出租车公司可能会一次性购买很大数量的汽车。

2. 购买专业性强

产业用户大多对汽车有特殊要求，且采购过程复杂，涉及的金额更大，所以通常由专业人士负责采购，很少有冲动购买现象。因此，汽车厂商应多从产品功能、技术和服务等方面介绍本企业的优势，尽量提供详细的技术资料和特殊服务。

3. 供购双方关系密切

为了达成双赢局面，供购双方密切合作。购买者总是希望供应商按照自己的要求提供产品，而供应方则更会想方设法地接近并搞好与购买方的关系。

4. 理性购买

组织购买是在一定的计划和研究下而作出的，不像私人购买有时因一时冲动而作出购买选择。

5. 购买方式不同

根据国家相关法律法规要求，组织购买往往采取招投标的方式进行，比一般私人购买要复杂得多。

6. 租赁

租赁作为企业融资的一种方式，越来越受到企业的重视。一些组织机构会选择租赁而非采购的方式。比如某家公司短期内用车需求增大，该公司管理层会考虑向租赁公司租用几辆车，而非购买。

小思考 试与同学交流讨论：产业用户购买行为还有哪些与私人汽车消费者不同？

（二）政府机构和非营利性组织的采购特点

1. 受到公众监督

政府和非营利性组织采购决策要受到公众的评论监督，所以它们要做大量文书工作，在批量采购之前，必须填写并签署相关内容详尽的表格。

2. 采用竞价投标方式

采购通常采用供应商竞价投标方式。多数情况下它们选择报价最低者，有时也选择那些能提供优质产品或具有及时履约信誉的供应商。

3. 关注国家利益

它们往往倾向于照顾本国汽车公司或本地汽车公司，以扶持本土产业的发展。

4. 营销活动的方式受到限制

在采购政策中一般强调价格标准，产品的各项特征也被严格设定，因而市场营销活动受到限制，如广告和人员推销起不了太大作用。

说说政府购车考虑的因素有哪些?

(1) 汽车具有较高的品质和安全性;

(2) 汽车款式、颜色等要符合政府形象;

(3) 汽车企业能够提供良好的售后服务;

(4) 汽车能够满足其政府职能;

(5) 购买汽车符合政府财政预算和国家相关政策。

二、组织汽车用户的购买决策过程

(一) 组织用户购买方式

1. 公开招标选购

组织用户采购部门通过一定的传播媒体发布广告或发出信函,说明拟采购的商品、规格、数量和有关要求,邀请供应商投标。招标单位在规定的日期开标,选择报价较低且其他方面合乎要求的供应商作为中标单位。采用招标方式,组织用户处于主动地位,供应商之间会产生激烈的竞争。

汽车供应商在投标时应注意哪些问题?

(1) 自己产品的品种、规格是否符合招标单位的要求。非标准化产品的规格不统一,往往成为投标的障碍。

(2) 能否满足招标单位的特殊要求。许多政府采购组织在招标中经常提出一些特殊要求,比如提供较长时间的维修服务,承担维修费用等。

(3) 中标欲望的强弱。如果企业的市场机会很少,迫切要求赢得这笔生意,就要采取降价策略投标;如果企业还有更好的市场机会,只是来尝试一下,则可以适当提高投标价格。但无论如何,报价均要求在合理的范围内,恶意的低价竞争不一定能够中标,因为招标单位对价格一般进行过调查,有一个标底价。过分远离这个价格,招标单位就可能淘汰投标单位。

2. 议价合约选购

组织用户采购部门同时和若干汽车供应商就某一采购项目的价格和有关交易条件展开谈判,最后与符合要求的供应商签订合同,达成交易。

(二) 组织用户购买决策过程

组织汽车用户购买决策过程较私人汽车消费者复杂得多,大多数组织用户采购过程包括以下八个步骤,如图 3.8 所示。

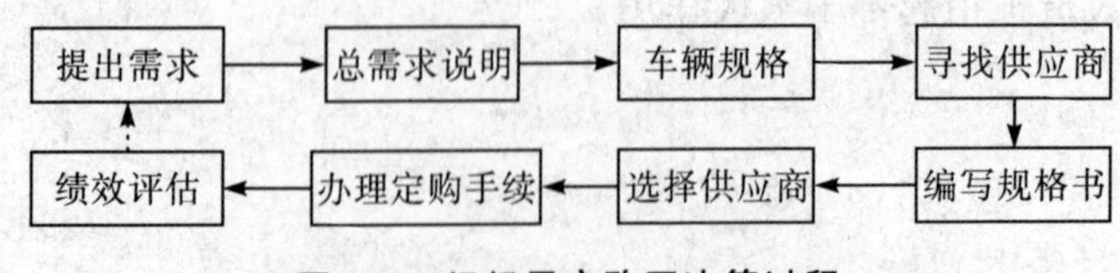

图 3.8 组织用户购买决策过程

1. 提出需求

组织用户为解决某一问题而提出的采购需求。如某出租车公司为了扩大业务,需要购进一批轿车投放市场;或企业规模扩大,员工增多,而需要增加汽车;或单位搬迁距离市区较远,为方便员工上下班,需增加大客车等。

2. 总需求说明

当新的需求提出之后,采购人员需要确定所需项目的数量和特点,并加以汇总。

3. 车辆规格

拟定所需汽车的技术指标和规格指标。例如:所需购买车辆的种类、价格范围、性能等。

4. 寻找供应商

寻找供应商就是寻找符合标准的可能供货的企业和商家。

5. 编写规格书

采购人员编写相应的规格书,以供供应商参考,供应商也可以建议书或数据表作为回复。

6. 选择供应商

对供应商的选择,购买者往往会考察供应商的各方面属性,其首选的主要条件是:交货速度、产品质量、产品价格、企业信誉、产品品种、技术能力、生产设备、维修服务、付款结算方式、财务状况、地理位置。在对上述诸因素进行全面考察和评估的基础上,选择其中最优者为合作对象。组织用户在最后确定供应商之前,往往要和供应商面谈,以争取更优惠的条件。

即问即答

广义的选择供应商过程

①分析市场竞争环境;②建立供应商选择目标;③建立供应商评价标准;④建立评价小组;⑤供应商参与;⑥评价供应商;⑦实施合作关系。

7. 办理定购手续

组织用户在确定了供应商之后,通常情况下,都要与之签订供应合同。这是因为组织用户对购买汽车产品质量规格、供应时间、供应量等都有明确的要求,加之需求量大,涉及价格高,组织用户需要用合同的形式将双方的关系确定下来,以保证企业的生产经营需要和防止对企业利益造成损害的事件发生。

8. 绩效评估

组织用户在购买汽车后,都会及时向使用者了解其对产品的评价,考查供应商的履约情况,对产品及供应商的服务水平进行评价,并根据了解和考查的结果,决定今后是否继续采购该供应商的产品。为此,供应商在产品销售出去以后,要加强追踪调查和售后服务,以赢得采购者的信任,保持长久的供求关系。

三、影响组织汽车用户购买行为的主要因素

组织汽车用户采购人员在作出购买决策时会受到一些因素的影响。一般来说,影响组织汽车用户购买的因素分为环境因素、组织因素、人际因素和个人因素,如图 3.9 所示。

1. 环境因素

影响汽车组织用户购买行为的环境因素有经济因素、政治法律因素、市场因素和技术因

素等。在影响购买行为的诸多环境因素中,经济环境是最主要的。当经济不景气或前景不佳时,组织用户就会减少采购。其次,国家出台的政策,如国家限制私人购车的政策、减排等环境保护政策及国家公务人员用车标准等,这些都将直接影响组织用户购买汽车的行为。

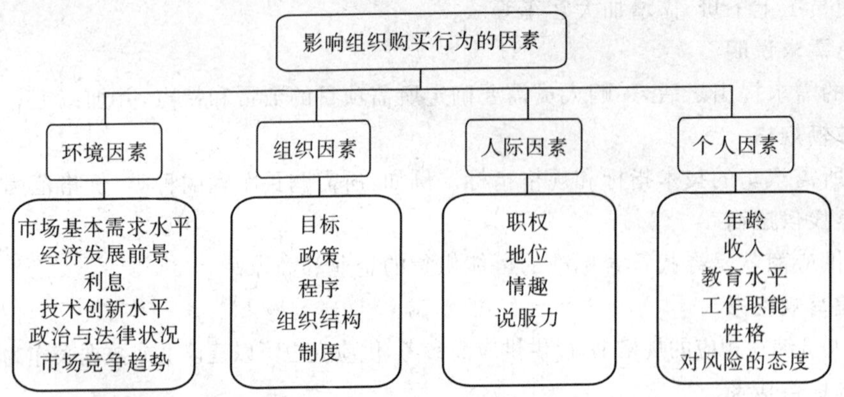

图 3.9 影响组织用户购买行为的主要因素

2. 组织因素

组织用户以其需求量大、购买行为稳定成为汽车工业企业争取的主要目标客户,特别是对于以生产重型车和小型车的企业来说,争取到组织用户,就等于企业争取到了大部分市场用户。因此,需要汽车生产企业对组织用户着重予以研究,以提高营销效果。

每个组织用户的采购部门都会有自己的目标、政策、工作程序和组织结构。汽车产业市场营销人员应了解采购部门在该企业里处于什么地位,是一般的参谋部门,还是专业职能部门;它们的购买决策权是集中决定,还是分散决定;在决定购买的过程中,哪些人参与最后的决策;等等。只有对这些问题做到心中有数,才能使自己的营销有的放矢。

3. 人际因素

人际因素是指组织用户内部各不同机构的人员之间的关系。组织用户的采购工作通常由许多人员组成,如质量管理者、采购申请者、财务主管、工程技术人员等。他们地位、权力、说服力不同,对汽车采购决定所起的作用也不同,因而在购买决定上呈现较复杂的人际关系。对于汽车营销人员而言,应当充分了解组织用户的人际关系状况,确定每个人在购买决策中扮演的角色及其影响力的大小,决策成员间相互影响的程度等,以便采取有效的营销措施,并利用这些因素促成交易。

4. 个人因素

组织用户的购买行为属于理性活动,但参加采购决策的仍然是一个个的人,这些人由于年龄、个性、受教育程度、收入、购买经验以及对风险的态度等方面的不同,表现出不同的购买特点。因此,市场营销人员应了解组织用户采购人员的个人情况,以便采取“因人而异”的营销措施。这需要营销人员从人的个性心理特征角度去分析、研究。

> **小思考** 比较私人汽车消费者与组织用户,影响他们的购买行为因素有何不同?为什么?

本章小结

<table>
<tr><td>基本概念</td><td>购买行为类型　购买行为模式　购买决策内容　购买决策过程　私人汽车消费者　组织汽车用户</td></tr>
<tr><td>基本内容</td><td>1. 汽车购买行为类型按目标明确程度分为全明确型、半明确型和不明确型三种;按态度分为习惯型、理智型、感情型、冲动型和经济型等;按客户个性分为激动型、健谈型、沉着型和反感型;按客户购买动机分为求实型、求廉型、求新型、求名型和求同型等。
2. 消费者购买模式有“S-O-R”模式和 AIDA 模式。
3. 消费者购买决策内容是“5W1H”——Who、What、Why、Where、When 和 How。
4. 消费者购买决策过程为确认需求、收集信息、方案评估、购买决策和购后行为等五个阶段。
5. 私人汽车消费者有购买的多样性和个性化、非专业性、家庭性、地区差异性、发展性和需求价格弹性大等购买特点。不同年龄、性别、社会阶层的个人汽车消费者的购买行为有一定差别。
6. 影响私人汽车消费者购买行为的主要因素有社会文化因素、经济因素、个人因素、心理因素和营销因素。
7. 汽车组织用户购买行为的特点包括购买者少、购买量大、理性购买、供需双方关系密切、需求缺乏弹性、专业采购、购买方式特别等。
8. 汽车组织用户采购活动包括八个阶段:提出需要、总需求说明、车辆规格、寻找供应商、编写规格书、选择供应商、办理定购手续、绩效评估。</td></tr>
</table>

知识巩固

(一) 选择题

1. 根据客户购买目标的明确程度,将购买行为分为(　　)类型。

A 全明确型、半明确型和不明确型

B 习惯型、理智型、情感型、冲动型和经济型

C 激动型、健谈型、沉着型和反感型

D 求实型、求廉型、求新型、求名型和求同型

2. 消费者购买模式“黑箱理论”又叫(　　)。

A S-O-R 模式　　B AIDA 模式　　C FABE 模式　　D GEM 模式

3. 中年汽车消费者最典型的购买动机为(　　)。

A 求美动机　　B 求新动机　　C 求廉动机　　D 求实动机

4. 下面属于产业用户购买特点的是(　　)。

A 专业性　　B 理性

C 购买量大　　D 购买人员多

E 供购关系密切

5. 影响私人汽车消费者购买行为的主要因素有(　　)。

A 社会文化因素　　B 个人因素

C 心理因素　　D 营销因素

E 经济因素

(二) 判断题

1. 消费者购买决策内容中的“Who”是指产品的购买者或使用者。(　　)
2. 消费者购买行为一定是在购买需求的基础上产生的。(　　)
3. 在众多信息来源中,亲朋好友提供的信息对消费者购买行为影响最大。(　　)
4. 私人汽车消费者相对组织用户购买的最大特点是购买数量大和非专业采购。(　　)
5. 汽车组织购买方式有公开招标选购和议价合约选购。(　　)

(三) 简答题

1. 消费者购买汽车包含哪几个阶段?
2. 举例说明影响私人汽车消费者购买的因素主要有哪些。
3. 汽车组织购买行为与私人消费者购买行为相比有哪些特点?

案例分析

阿雯选车的故事

阿雯是上海一家商业银行的职员,35 岁,月收入过万元。以下是她在 2004 年 4~7 月的购车决策过程。

阿雯周边的朋友与同事纷纷加入了购车者的队伍,看他们在私家车里享受如水的音乐而不必用力抗拒公车的拥挤与嘈杂,阿雯不觉开始动心。另外,她工作地点离家较远,加上交通拥挤,往返花在路上的时间要近 3 小时,她的购车动机越来越强烈。只是这时候的阿雯对车一无所知,除了坐车的体验,除了直觉上喜欢美丽的白色、流畅的车形和亮而大的车灯。

1. 初识爱车

阿雯是在领导的鼓动下上驾校学车的。在驾校学车时,未来将购什么样的车不知不觉成为几位学车者的共同话题。

“我拿到驾照,就去买一台 1.4 L 自排的 POLO。”一位 MBA 同学对大众 POLO 情有独钟。虽然不少人认为 POLO 是女性的首选车型,阿雯也蛮喜欢这款小车的外形,但她怎么也接受不了自己会同样购一款 POLO。

问问驾校的师傅吧，师傅总归是驾车方面的专家，师傅答道："宝来，是不错的车"；问周边人的用车体会，包括朋友的朋友，都反馈过来这样的信息：在差不多的价位上，开一段时间，还是德系车不错，宝来好。阿雯的领导恰恰是宝来车主，阿雯尚无体验驾驶宝来的乐趣，但后排的拥挤却已先入为主了。想到自己的先生人高马大，宝来的后座不觉成了胸口的痛。假如有别的合适的车，宝来仅作为候选吧。

不久，一位与阿雯差不多年龄的女邻居，在小区门口新开的一家海南马自达专卖店里买了一辆福美来，便自然地向阿雯做了"具体介绍"。阿雯很快去了家门口的专卖店，她被展厅里的车所吸引，销售员热情有加，特别是有这么一句话深深地打动了她："福美来各个方面都很周全，反正在这个价位里别的车有的配置福美来都会有，且只会更多。"此时的阿雯还不会在意动力、排量、油箱容量等等抽象的数据，直觉上清清爽爽的配置，加上销售人员正对阿雯心怀的介绍，令阿雯在这一刻已锁定海南马自达了。她乐颠颠地拿着一堆资料回去，福美来成了阿雯心中的首选，银色而端正的车体在阿雯的心中晃啊晃。

2. 亲密接触

阿雯回家征求先生的意见。先生说，为什么放着那么多上海大众和通用公司的品牌不买，偏偏要买"海南货"？它在上海的维修和服务网点是否完善？两个问题立刻动摇了阿雯当初的方案。

阿雯不死心，便想问问周边驾车的同事（宝来车主）对福美来的看法。"福美来还可以，但是日本车的车壳太薄"，因同事有多年的驾车经验，他的一番话对阿雯还是有说服力的。阿雯有无所适从的感觉。好在一介书生的直觉让阿雯关心起了精致的汽车杂志，随着阅读的试车报告越来越多，阿雯开始明确自己的目标了，8 万～15 万元的价位，众多品牌的车都开始进入阿雯的视野。此时的阿雯已开始对各个车的生产厂家，每个生产厂家生产哪几种品牌，同一品牌不同发动机的排量与车的配置，基本的价格都已如数家珍。上海通用的别克凯越与别克赛欧、上海大众的超越者、一汽大众的宝来、北京现代的伊兰特、广州本田的飞度 1.5、神龙汽车的爱丽舍、东风日产的尼桑阳光、海南马自达的福美来、天津丰田的威驰等，各款车携着各自的风情，在马路上或飞驰或被拥堵的时时刻刻，向阿雯亮着自己的神采，阿雯常用的文件夹开始附上了各款车的排量、最大功率、最大扭矩、极速、市场参考价等一行行数据，甚至于 4S 店的配件价格。

经过反复比较，阿雯开始锁定了……

（资料来源：赵学峰. 汽车市场营销实务[M]. 北京：机械工业出版社，2012.）

问题：

1. 结合案例说说影响私人购车的因素有哪些？
2. 结合案例分析私人消费者购车的决策过程？
3. 女性主要购车心理是什么？
4. 你认为阿雯会选择购买什么汽车？为什么？

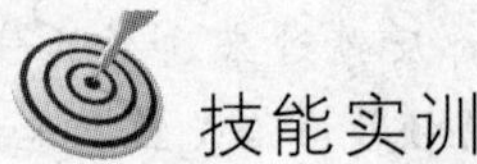

技能实训

模拟实施不同类型私人汽车消费者的购买行为

[实训内容]

按明确程度、个性、年龄、性别、收入等五种不同类型实施。

[实训目的]

1. 掌握全明确型、半明确型和不明确型消费者的购买行为;
2. 掌握不同个性消费者的购买行为;
3. 掌握不同年龄消费者的购买行为;
4. 掌握不同性别消费者的购买行为;
5. 掌握不同收入消费者购的买行为;
6. 培养团队合作精神,锻炼灵活运用知识的能力。

[实训步骤]

1. 对教学班级进行分组:6人一组,男女生均衡分配,50人的标准班分成8组;
2. 每个组任从五种分类中选择一个实训主题;
3. 各小组认真研究选项中的消费者购买汽车的心理、动机和行为;
4. 各小组将研究结果以PPT的方式呈现,小组成员共同制作PPT;
5. 课堂交流:每个小组用PPT作8分钟汇报,其他小组同学根据陈述报告提1～2个问题,小组回答问题(控制在5分钟),教师用2分钟点评。

[实训考核](百分制)

1. 各小组组织、分配、管理等环节(10分);
2. 各小组团队合作精神(10分);
3. 各小组实训项目完成质量(30分);
4. PPT制作效果,课堂汇报表现(如礼仪、语言表达、创造性等)(40分);
5. 回答同学提问,场内应变能力(10分)。

第四章　汽车市场选择

经典名言

知己知彼，百战不殆；不知彼而知己，一胜一负；不知彼，不知己，每战必殆。

——《孙子·谋攻篇》

要想战胜它，就得先了解它。

——《雨果传》

要搞明白谁是你的真正顾客。分不清目标客户，等于对牛弹琴，在错误的地方寻找正确的答案。充分地了解市场行情，调研市场动态，掌握对手信息，合理地选择市场目标才能使自己处于有利地位。

——《现代营销学》

学习目标

知识掌握：

1. 了解汽车市场调研的概念和内容；
2. 掌握汽车市场调研的程序；
3. 掌握汽车市场调研的方法；
4. 理解汽车市场细分的概念和依据；
5. 了解汽车市场细分的标准与原则；
6. 掌握汽车市场目标选择的策略；
7. 理解汽车市场定位的内涵；
8. 了解汽车市场定位的策略。

能力目标：

通过本章学习，能够科学地进行调查问卷的设计；能够熟练运用市场细分、目标市场选择和市场定位战略分析现实汽车市场的现状，并能试着提出解决方案。

关 键 词

市场调研(Market Research)

市场细分(Market Segments)

目标市场选择(Target Market)

市场定位(Market Positioning)

开篇案例　　宝马汽车的市场研究

对于中国企业来说,宝马汽车的市场研究案例极具可借鉴性。宝马汽车市场研究分为四大步骤:将市场潜力定量化、理解消费者、确定产品项目、把握市场进入时机。

1. 将市场潜力定量化

怎样界定你的产品即将进入市场的潜力和容量?中国企业对这个问题的回答往往是比较含糊的。宝马的做法是,通过对外部信息资源和内部信息资源的研究,对到2015年的汽车市场规模作出定量的预测。外部资源包括:专业研究机构、专业传媒、高校等机构发布的相关信息。内部资源包括:市场情报、销售部门的数据、市场和趋势研究、竞争者研究等。然后将内外数据进行归并和分析,作出战略性的预测。

宝马将汽车分为豪华轿车、一般轿车和轻卡。在全球范围内,预计从2002年到2008年,豪华轿车的市场将从503万辆增长到680万辆,增长35%;一般轿车的市场将从4143万辆增长到4770万辆,增长15%;轻卡市场将从827万辆增长到986万辆,增长19%。总体来说,全球汽车市场的容量将从2002年的5473万辆增长到2008年的6436万辆,增长18%。而在亚洲市场,2002年这三种汽车的市场容量将分别为32万辆、930万辆和317万辆,预计到2008年的市场容量分别增长到54万辆、1258万辆和420万量,分别增长69%、35%和32%。其总体市场容量将从1279万辆增长到1732万辆,增长35%。通过以上的分析,宝马得出了第一个重要的结论:亚洲汽车市场的增长速度将是全球市场增长速度的2倍,而其中豪华轿车的增长比例又是最高的。

接下来,宝马对日本、中国大陆、东南亚6国(印尼、马来西亚、菲律宾、新加坡、泰国、越南)三个区域汽车市场进行预测(方法同上)。最后的结论是:这三个区域从2002年到2008年的市场增长率分别为6%、66%、73%,其中豪华轿车的增长率依然是最高的,分别为32%(从19万辆到25万辆)、127%(从5.5万辆到12.5万辆)和129%(从3.5万辆到8万辆)。这样,宝马的第二个重要的市场结论可以得出:日本、中国大陆、东南亚6国这三个区域对豪华轿车的需求,是所有汽车品种中最具增长性的,日本的市场基准水平高,而中国大陆和东南亚6国的增长空间十分巨大。

2. 理解消费者

既然市场潜力巨大,而且市场容量十分明确,那么是不是可以马上进入呢?还谈不上。

宝马的第二步市场研究是理解消费者。首先,对消费者进行社会地位的分层,根据受教育程度、收入、公众认知程度来确定其社会地位的高低。其次,对消费者的价值观进行研究。传统价值观的核心要素包括:家庭、责任意识、社会层级观念、财产所有权等。现代价值观的核心要素包括:西方化的生活方式、教育、多元化等。以社会分层和价值观变化为纵横轴线,可以知道,豪华轿车的消费者都处在社会的高层,但其价值观可能传统——例如传统企业家,也可能现代——例如新兴企业家、新的职业精英、向上层攀登的年轻人。进一步的研究表明,持传统价值观和现代价值观的消费者在选择汽车时的要求也是不同的。前者更看重的是:空间宽敞、后座舒服、安全、耐久。后者更看重的是:空间宽敞、车辆设计、个性、科技。

研究到这个时候,宝马可以给自己定位,而且可以针对竞争对手进行定位了:宝马和奔驰一样,都面对处在社会高层的消费者,两者间有一定交叉,但奔驰主要面对传统企业家阶层,代表连续性和社会等级;而宝马主要面对新兴的、现代的企业家、新职业精英、向上攀登的年轻人,代表能量和活力。

3. 确定产品项目

知道了自己进入市场的潜力，理解了消费者，接下来就要确定用什么样的产品进入市场。

宝马旗下产品众多，除了通常我们知道的宝马几大系列，还有 mini 系列和劳斯莱斯。针对亚洲市场，哪些产品是高度聚焦的？哪些是一般聚焦的？哪些是低聚焦的？

结论是：宝马轿车和运动型多功能车(SUV)是高度聚焦的，mini 系列的产品是一般聚焦的，旅行车和摩托车是低聚焦的。

4. 把握市场进入时机

到此，研究似乎告一段落，但宝马依然是审慎的。宝马把进入亚洲市场的节奏分为四个阶段，首先是做独立进口商，其次是在当地建立全散件组装工厂(CKD 模式)，再次是在所在国建立国内销售公司，最后才是在当地建立完整的生产厂。在建立 CKD 工厂方面，宝马已经分别于 1976 年在印尼、1987 年在马来西亚、1989 年在泰国、1993 年在菲律宾和越南设厂。在建立国内销售公司方面，宝马于 1981 年在日本、1995 年在韩国、1998 年在泰国、2001 年在菲律宾和印尼、2003 年在马来西亚和中国(以合资方式)建立了国内销售公司。最后一步，宝马要在亚洲建立完整的生产企业。在 2003 年，宝马在中国的合资企业开始生产宝马 3 系的汽车，宝马还计划于几年内在泰国设厂。宝马选择在中国大陆设厂的原因是，和德国每千人拥有 542 辆汽车、日本每千人拥有 424 辆汽车相比，中国大陆每千人只拥有 5 辆汽车。与此相对应的是，中国消费者对于品牌有着积极的认知，宝马在中国消费者的心目中代表着豪华和活力。“豪华与动感的结合”成为宝马在中国的品牌传播口号，而小舒马赫所在的宝马威廉姆斯 F1 车队的形象正是这一品牌的最好代言者！宝马还发现，在中国，60% 的宝马汽车都是白色的。当时，根据宝马的预测，其在中国市场的销售底线在 2004 年将达到 25000 辆。

(资料来源：百度百科 http://baike.baidu.com)

案例思考：

1. 根据案例说说什么是市场研究？为什么要进行市场研究？
2. 结合案例说说宝马的市场定位，其目标顾客是谁？
3. 分析宝马选择在中国设厂的原因。

第一节　汽车市场调研

一、汽车市场调研的概念

市场调研是运用科学的方法，有目的、有计划地系统收集、整理和分析有关市场营销信息的过程。

汽车市场调研是指对汽车用户及其购买能力、购买动机、购买习惯、未来购买动向和同行业竞争情况等方面进行了解的过程。具体来说，汽车市场调研，就是以汽车消费群为特定的调研对象，发现和提出汽车企业营销方面的问题，用科学的方法、客观的态度对相关信息资料进行系统地收集、记录、整理和分析，从而掌握市场的现状及其发展趋势的一种经营活动。

汽车市场调研的主要任务是弄清楚汽车企业生存与发展的市场运行特征、规律、动向，汽车产品在市场上的产、供、销状况及其有关的影响因素和影响程度。汽车市场调研是汽车企业科学预测与决策的基础，是汽车企业营销活动的出发点，通过汽车市场调研，有利于企业科学地制定营销策略、优化营销组合和开拓新市场。

二、汽车市场调研的内容

汽车市场调研的内容取决于市场预测的目标和经营决策的需要，涉及营销活动过程的各个方面。从汽车市场调研的核心问题出发，可以把调研的主要内容概括为以下几个方面：

1. 汽车市场需求调研

汽车市场需求调研的目的在于了解消费者在一定的时间内，对某种车型的需求量、需求时间以及市场占有面的宽窄，从而决定采取何种措施进入市场，或稳固已有市场的占有率，或进一步扩大市场占有率。汽车市场需求调研是汽车市场调研的最主要内容，其核心内容是调研汽车顾客的情况，主要包括：市场容量调研、汽车市场需求影响因素调研、购车动机调研和购车行为调研等。

2. 汽车产品调研

汽车产品调研包括对汽车新产品设计、开发和试销，对现有汽车产品进行改良，对目标顾客在产品款式、性能、质量、配置等方面的偏好趋势进行调研预测。

3. 市场营销活动调研

汽车企业产品在市场上的营销状况如何，是关系到企业兴衰的大事。市场营销活动调研包括：汽车品牌车型调研、销售价格调研、营销渠道调研及促销调研等。

4. 竞争对手调研

竞争对手调研包括对某类汽车参与竞争企业的数量、规模、形象、市场占有率、经营管理水平、经营战略和竞争对策等的调研。一般来说，公司需要了解关于竞争对手的五个方面的问题：

(1) 谁是我们主要的竞争对手？

(2) 他们的主要战略目标是什么？

(3) 他们的优势是什么？

(4) 他们的劣势有哪些？

(5) 他们的反应对策是什么？

5. 汽车市场营销环境调研

汽车市场营销环境调研是对汽车市场营销的宏观和微观环境因素进行调研，以掌握环境变化对市场营销的影响，指导企业市场营销策略制定和调整。市场营销环境调研内容如表 4.1 所示。

表 4.1 汽车市场营销环境调研

营销环境调研要素	说 明
政治法律环境	对政府有关汽车方面的方针、政策和各种法令、条例等可能影响汽车营销企业的诸因素的调查,如汽车价格政策、汽车税收政策、汽车补贴政策等
经济环境	(1) 国家或城市的经济特征,包括经济发展规模、趋势、速度和效益 (2) 所在地区的经济结构、人口及其就业状况、交通条件、基础设施情况、同类行业竞争的情况 (3) 一般利率水平,获取贷款的可能性以及预期的通货膨胀 (4) 国民经济产业结构和主导产业 (5) 居民收入水平、消费结构和消费水平 (6) 与特定汽车类型相关因素的调查
科技环境	对国际国内新技术、新车型的发展速度、变化趋势、应用和推广等情况进行调查
社会文化环境	(1) 了解社会的文化、风气、时尚、习俗、宗教等 (2) 调查当地的亚文化 (3) 调查民族特点 (4) 调查风俗习惯

小案例 丰田找对手的缺点

丰田定位于美国小型车市场,但小型车市场也并非没有竞争对手,德国大众小型汽车在美国也很畅销。

丰田雇用美国的调查公司对大众汽车的用户进行了详尽的调查,充分掌握了大众汽车的长处和缺点,除了车型满足消费者需求之外,大众高效、优质的服务网打消了美国人对外国车维修困难的疑虑。但其暖气设备不好、后座间隔小、内部装饰差则是众多用户对大众的抱怨。

对手的"空子"就是自己的机会,对手的"缺点"就是自己的目标。于是,丰田吸收大众长处,克服其缺点,生产出了适合美国人需要的小型车,性能比大众高两倍,车内装饰也高出一截,连美国人个子高、手臂长需要驾驶空间大等因素都考虑进去了。

问题 日本丰田公司是如何对竞争对手进行调研的?其调研目的是什么?

三、汽车市场调研的步骤

汽车市场调研的全过程分为调研准备、调研实施和分析总结等三个阶段。其主要步骤如图 4.1 所示。

(一) 调研准备阶段

1. 确定市场调研目标

市场调研目标的确定,就是确定本次调研要解决的问题。它是调研的第一步,也是至关重要的一步。因为需要调研的问题很多,但一次调研不可能面面俱到,只能对企业经营活动的部分问题进行调研。如果调研问题不清，目标不明，调研就会“无的放矢”。

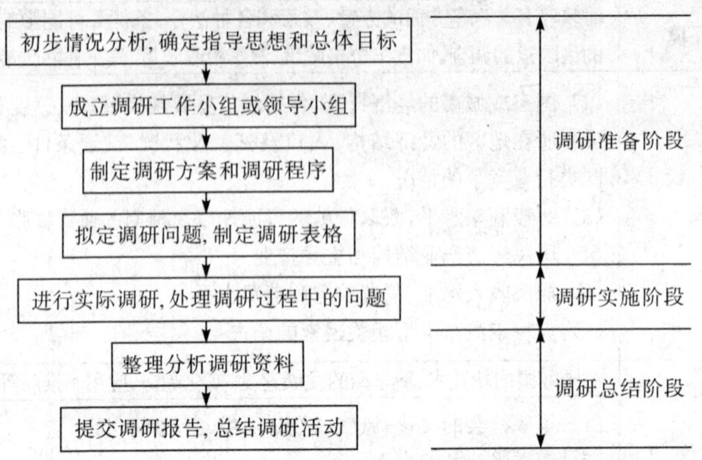

图 4.1 市场调研的步骤

2. 成立调研小组及制定调研计划

调研计划以调研计划书的方式呈现。调研计划书包括：调研主题、调研提纲、调研人员、调研对象、调研方法、调研内容、调研时间及调研经费预算等。

小案例 纯电动汽车市场调研计划书

调查项目：合肥地区纯电动汽车产品销售情况

调查对象：纯电动汽车使用者和经销商

调查方式：问卷调查、小组座谈、走访调查、二手资料等

调查人员：市场部全体员工

调查负责人：李明

调查地点和时间：安徽省合肥市区，5 月 1 日至 30 日

调查内容：

(1) 纯电动汽车用户特点；

(2) 纯电动汽车目前市场占有率；

(3) 纯电动汽车市场营销状况；

(4) 消费者对纯电动汽车的心理反应。

经费预算：

交通费 1000 元、培训费 1000 元、访谈费 1500 元、问卷调查费 1500 元、统计费 200 元，合计 5200 元。

问题 说说一份完整的调研计划书包含哪些内容。

3. 拟定调研问题和设计调研表格

调研目标是通过一个个问题展开的，表格（或问卷）是调研的形式和工具。调研问题拟定的好坏直接关系到调研目标能否实现，也反映调研小组工作水平的高低。

（二）调研的实施阶段

按照调研计划实施调研。为了确保调研工作按计划顺利进行，应事先对有关工作人员进行培训，且充分估计调研过程可能出现的问题，并要建立报告制度。调研小组负责人应对调研进展情况了如指掌，并对调研中出现的问题及时解决或采取补救措施，做好控制工作。

（三）调研总结阶段

调研总结是整个调研的最后一步，这一阶段包括整理调研资料和提交调研报告两部分。

1. 整理调研资料

整理调研资料是对调研所得信息资料的校核、分类、统计和分析。这是一项繁琐而艰巨的工作，需要调研人员具备高度的责任心和耐心。现在可以采用计算机等先进手段来辅助信息处理。

2. 提交调研报告

最终调研结果以调研报告的方式呈现。调研报告包括：调研的目标、调研的范围、调研的方法、调研的结论、建设性的意见及必要的附件等。

调研结束，调研小组应对本次调研工作进行总结，交流经验，明确哪些方面不够满意，为以后调研工作提供借鉴。

你知道一个完整的调研报告包括哪些内容吗？

1. 封面

调查项目、承办部门、负责人、日期。

2. 序言

交代调查活动的一般情况。写明调查目的、时间、地点、对象、范围、方式和结果等。

3. 正文

正文是调查报告的核心部分，一般包括三个方面的内容：

(1) 基本情况：即对调查结果的描述与解释说明，可以用文字、图表和数字加以说明。对情况的介绍要详尽而准确，为下一步作分析、下结论提供依据。

(2) 分析与结论：对上述情况、数据进行科学的分析，透过现象看本质，得出对调查对象的明确结论。

(3) 措施与建议：通过对调查资料的分析研究，对市场情况有了明晰的认识，针对市场供求矛盾和调查发现的问题，提出建议和看法，供领导决策参考。

(4) 附录

应尽可能地列入有关论证和说明正文的资料，其中包括：调查表副本、统计资料、原稿、访问者的记录和参考资料等。

四、汽车市场调研的方法

汽车市场调研的方法很多，常见的方法有间接调研法和直接调研法两大类。

（一）间接调研法

间接调研法又叫文案调研法，是指通过搜集各种历史和现实的动态统计资料（第二手资料），从中摘取与市场调查课题有关的情报，在办公室内进行统计分析的调查方法。

这种方法是通过调查人员向有关方面索取资料，或从网络中搜寻，或通过简报、摘录等方式获得。其特点是花费时间少，费用低，但难以得到第一手资料，且资料有一定的滞后性。

即问即答 你知道二手资料的主要来源吗？

（1）企业内部积累的各种资料，如业务记录、统计报表、工作总结等；

（2）国家机关公布的国民经济发展计划、统计资料、政策法规、内部文件等；

（3）各行业协会、联合会提供的资料；

（4）国内外公开出版物，如报纸、杂志、书籍及新闻报道、消息评论、调研报告等；

（5）各研究单位、学会、专业情报机构和咨询机构提供的市场情报和研究成果；

（6）企业之间交流的有关资料等。

（二）直接调研法

直接调研法又叫实地调研法，即按事先设计的调查表或问卷，对市场进行实地调查，以获取第一手资料的过程。其基本方法有：访问法、观察法和实验法。其中访问法是被广泛使用的一种调研方法。

1. 访问法

访问法是对所要调研的事项，以一定的方式向被调查者提出询问，以获取所需资料的调查方法。根据调查人员与被调查人员的接触方式不同，访问法又分为问卷调查、面谈调查、电话调查和网上调查四种方法。

（1）问卷调查法。问卷调查法是目前最常使用的、最灵活的一种调查方法。它是根据事先准备好的问卷向被调查者进行调查的一种方法。

问卷调查又分为现场问卷调查、邮寄问卷调查和留置问卷调查三种形式。邮寄问卷调查是将预先设计好的询问表格邮寄给被调研对象，请他们按表格要求填写后寄回；留置问卷调查是由调研人员将问卷交给被调研人自行填写，然后由调研人员定期收回。

调查问卷是问卷调研的重要工具，问卷的设计是问卷调查的关键，它有一定要求和基本格式。

你知道调查问卷的基本格式和设计要求吗？

1. 调查问卷的基本格式

一份正式的调查问卷一般包括以下三个组成部分。

第一部分：前言。主要说明调查的主题、调查的目的、调查的意义，以及向被调查者表示感谢。

第二部分：正文。这是调查问卷的主体部分，一般设计若干问题要求被调查者回答。

第三部分：附录。这一部分主要记录被调查者的个人信息情况。

2. 调查问卷的设计要求

在设计调查问卷时，设计者应该注意遵循以下要求：

(1) 问卷不宜过长，问题不能过多，一般控制在20分钟左右回答完毕；

(2) 要能够得到被调查者的密切合作，充分考虑被调查者的身份背景，不要提对方不感兴趣的问题；

(3) 要有利于使被调查者作出真实的选择，因此答案切忌模棱两可，使对方难以选择；

(4) 不能使用专业术语，也不能将两个问题合并为一个，以至于得不到明确的答案；

(5) 问题的排列顺序要合理，一般先提出概括性的问题，逐步启发被调查者，做到循序渐进；

(6) 应将比较难回答的问题和涉及被调查者个人隐私的问题放在最后；

(7) 提问不能有任何暗示，措词要恰当；

(8) 为了有利于数据统计和处理，调查问卷最好能直接被计算机读入，以节省时间，提高统计的准确性。

调查问卷的问题一般分为开放式问题和封闭式问题。开放式问题是回答不受限制的问题，没有固定答案。封闭式问题是被调查者只能在事先设计好的答案中选择。一份调查问卷中，封闭型问题占的比重较大，如表4.2所示。

表4.2　封闭式问题

名　称	说　明	例　子
单项选择	一个问题只能选择一项	您每月的收入是 □2000元以下　□2001～5000元　□5001元以上
多项选择	一个问题可以选择两项以上	对于汽车广告，您比较关注哪类媒体 □报纸　□网络　□电视　□广播　□户外
顺序题	对询问的问题定出先后顺序	购买汽车时您对下列因素重视程度从大到小是 □品牌　□质量　□价格　□款式　□售后服务
评判题	表明对某个问题的态度	您是否相信明星广告 □是　　□否

（2）面谈调查法。它是调查人员与被调查人员面对面地询问有关问题，从而取得第一手资料的调查方法。

这种方法具有回收率高、信息真实性强、搜集资料全面的优点，但所需费用高，调查结果易受调查人员业务水平和态度的影响。

面谈调查法按被访问对象人数多少又分为个人访问和集体座谈两种形式。对于个人访问，又按照访问的地点和形式不同，分为入户访问和拦截访问，如表4.3所示。

表4.3 入户访问和拦截访问的比较

形 式	说 明	优 点	缺 点
入户访问	调查人员到被调查者的家中或工作单位进行访问，直接与被调查者接触或是利用访问式问卷和自填式问卷进行调查的方式。它是较为常用的一种调查方法	当面即可取得意见，并观察其反应。问卷收回率较高	调查成本高，调查结果受调查员技术熟练程度影响
拦截访问	在某个场所（如商业区、商场、公园等地）拦截在场的一些人进行面访调查	好处是效率高，因为是被调查者向调查者走来，而不是调查者寻找被调查者	样本不具有代表性

（3）电话调查法。电话调查法是指使用电话进行询问的调查方法。调查员事先准备一份问卷，在电话访问过程中用铅笔随时记下答案。这种调查方法的优点是可在短时间内调查多数样本，成本甚低。缺点是不易获得对方的合作，不能询问较为复杂的内容。

（4）网上调查法。网上调查法是指在互联网上针对特定营销问题进行调查设计、收集资料和初步分析的市场调查活动。

利用互联网进行市场调查有两种方式，一是利用互联网直接进行问卷调查等方式收集第一手资料；另一种方式是利用互联网的媒体功能，从互联网收集二手资料。

这里的网上调查指的是第一种形式，其优点是组织简单，费用低廉；不受时空限制；快速传播与使用便捷的、多样化的多媒体问卷。缺点是样本缺乏代表性；安全性存在问题；因特网存在无限制样本问题，即无法限制被调查者重复填写问卷。

常见的几种访问法的比较如表4.4所示。

表 4.4 几种常见访问调查法比较

形式 项目	面谈调查	电话调查	邮寄调查	留置问卷	网上调查
调查范围	较窄	较窄	广	较广	广
调查对象	可控和选择	可控和选择	难以控制和选择	较难控制和选择	较难控制和选择
回收率	高	较低	低	较高	较低
答卷质量	高	较高	较低	较高	较低
回答速度	可快可慢	最快	慢	较慢	较快
投入人力	较多	较少	少	较少	少
平均费用	高	低	较低	一般	低
时间	长	较短	较长	较长	较长

小案例 某品牌汽车网上调查问卷

为了了解目前中国车载音响的情况,我们设计了如下问卷调查表,希望您可以根据您的实际情况回答。谢谢合作!

1. 您的年龄:

   a. 20～30 岁 b. 31～40 岁 c. 41～50 岁 d. 51～60 岁 e. 60 岁以上

2. 您的职业:

   a. 公司职员 b. 政府机关 c. 教育文化人员 d. 商业人士 e. 待业
   f. 退休 g. 其他

3. 您的月收入(元):

   a. 1000～2000 b. 2001～3000 c. 3001～4000 d. 4001～5000
   e. 5000 以上

4. 您所驾驶的车属于:

   a. 私人购车 b. 单位配车

5. 您对车载 DVD 的品质要求:

   a. 无所谓 b. 希望有,但一般就可以 c. 希望拥有高质量产品 d. 其他

6. 您会选择购买以下哪个价位的车载 DVD:

   a. 2000 元以内 b. 2001～5000 元 c. 5000 元以上

7. 您会选择购买国产 DVD 还是进口 DVD:

   a. 进口 b. 国产 c. 无所谓

8. 您认为目前中国车载 DVD 是否有发展潜力:

   a. 无 b. 有,在五年以内 c. 有,但是在五年以后

您的姓名:__________ 您的电话:__________

感谢您的配合!

(资料来源:百度百科 http://baike.baidu.com)

问题 说说网上问卷调查方法的优缺点。

2. 观察法

观察法是由调查人员到各种现场进行观察和记录的一种市场调查方法。在观察时,调查人员既可以耳闻目睹现场情况,也可以利用照相机、录音机、摄像机等设备对现场情况做间接的观察,以获取真实的信息。

观察法的主要优点是因被调查者没有意识到自己正在接受调查,一切动作均极其自然,准确性较高。其主要缺点是观察不到内在的因素,有时需要做长时间的观察方能求得结果。

3. 实验法

实验法是指先在一定的小范围内进行实验,然后再研究是否大规模推广的市场调查方法。汽车商品在改变品质、设计、价格和广告等因素时,可应用此调查法,先做一个小规模的实验性改变,以调查顾客反应。

这种调查方法的优点是使用的方法科学,具有客观性。缺点是实验的时间过长,成本较高。

小思考 比较访谈法、观察法和实验法的优缺点。

第二节 目标市场战略

现代市场营销学认为,任何企业都不可能为整个市场的所有顾客服务,而只能选择其中的一部分作为企业的目标市场开展营销活动,实施企业的目标市场战略。市场细分(Segmenting Market)、目标市场选择(Targeting Market)和市场定位(Positioning)是目标市场战略的三个基本步骤。目标市场战略又称为STP战略。

一、汽车市场细分

(一) 市场细分的概念

市场细分的概念是由美国市场学家温德尔·史密斯(Wendell R. Smith)于1956年提出的,它是企业营销思想和营销战略的重大发现,被看成是营销学的"第二次革命"。

所谓市场细分是指企业根据顾客需求的差异性,将整体市场分为两个或两个以上子市场的过程。每一个子市场叫细分市场。换言之,市场细分就是分辨具有不同特征的用户群,把他们分别归类的过程。不同的细分市场之间,需求差别比较明显,而在每一个细分市场内部,需求差别则比较细微。

市场细分的理论依据是:

(1) 消费需求存在绝对差异性。市场上顾客的个性、年龄、收入等千差万别,导致他们的消费需求、购买动机和购买行为也各不相同。正如世界上没有完全相同的两片树叶一样,市场上没有完全相同的两位顾客。可以说,正是由于这种差异性的存在,市场细分才有划分的依据。

(2) 消费需求存在相对同质性。同一地区、同一社会文化背景、同一条件下的客户具有相同的消费习惯,在一定程度上他们的消费需求相对同质。如果用户的需求没有某种共性,那么市场细分就无从做起,企业不可能将每一个用户都作为一个细分市场。正是需求存在相对的共性,市场细分才富有实际的营销意义。

小思考 如何理解市场细分的概念?市场细分是对产品进行细分还是对顾客进行细分?

(二) 市场细分的作用

企业进行市场细分和实行目标市场营销,对于改善企业经营效果具有重要的作用。

1. 有利于发现市场营销机会

运用市场细分可以发现市场上尚未得到满足的需求,并从中寻找适合本企业开发的产品,从而抓住市场机会。这种需求往往是潜在的,运用市场细分的手段和细致的市场调研,就可能发现这类需求,从而使企业抓住市场机会。

小案例 **通用汽车的成功**

20 世纪 20 年代中期,亨利·福特和他的 T 型车统治了美国汽车工业。福特成功的关键是它只生产一种车。福特认为如果一种型号的汽车能适合所有的人,那么,零部件的标准化以及批量生产将会使成本和价格降低,会使客户满意。那时的福特是对的。

随着市场的发展,美国的汽车买主开始有了不同的选择,有人想买娱乐用车,有人想买时髦车,有人希望车内有更大的空间。

通用汽车公司总裁艾尔弗雷德·斯隆发现这一问题后,招聘了一种新雇员——市场研究人员,让他们研究购买轿车的潜在客户的需求差异。虽然并不能为每个客户生产出一种特别的车,但通过对市场的研究,通用汽车公司很快设计生产出与市场细分相关联的新产品:

Chevrolet 是为那些刚刚能买得起车的人生产的;

Pontiac 是为那些收入稍高一点的客户生产的;

Oldsmobile 是为中产阶级生产的;

别克是为那些想要更好的车的人生产的;

凯迪拉克是为那些想要显示自己身份、地位的人生产的。

此后不久,通用汽车就开始比福特汽车更畅销了。市场细分作为一种重要的营销策略发挥了重要的作用。

(资料来源:牛艳莉. 汽车市场营销[M]. 成都:电子科技大学出版社,2008.)

问题 根据案例分析通用汽车为什么比福特更畅销?

2. 有效地制定最优营销策略

市场细分是目标市场选择和市场定位的前提,在细分的市场上消费需求明确而具体,企业能有效地制定相应的营销策略。另外,企业可随时从细分市场上获得反馈信息,了解市场的变化,从而不断改善营销策略,达到最优化的目标。

3. 能有效地与竞争对手相抗衡

通过市场细分,有利于发现目标消费者群的需求特性,从而使产品富有特色,甚至可以在一定的细分市场中形成垄断的优势。

4. 能有效地扩展新市场,扩大市场占有率

企业对市场的占有是逐步拓展的。通过市场细分,企业可以先选择最适合自己占领的某些子市场作为目标市场,当占领这些子市场后,再逐渐向外推进、拓展,从而扩大市场的占有率。

每一个企业的经营能力都有其优势和不足。如果有限的资源分摊在众多市场上,将会使得优势无从发挥,弱势难以弥补。企业应进行市场细分,确定自己的目标市场,这一过程正是将企业的优势和市场需求相结合的过程,有助于企业集中优势力量,开拓市场。

(三) 市场细分的标准

市场细分面临的首要问题是市场细分变量的选取。所谓市场细分变量,是指那些反映需求内在差异,同时能用作市场细分依据的可变因素。一般来说,形成市场需求差异性的因素都可以作为市场细分的依据。企业要进行有效的市场细分,必须确定适当的、科学的细分标准。汽车市场的细分标准如表 4.5 所示。

表 4.5 汽车市场细分的一般标准

细分标准	具体因素
地理变量	国界 区域 地形 气候 城乡 城市规模 人口密度 交通条件 其他
人文变量	国籍 种族 民族 宗教信仰 职业 教育 性别 年龄 收入 家庭人数 家庭生命周期 其他
心理变量	社会阶层 生活方式 个性 购买动机 消费习惯 其他
行为变量	追求利益 使用者地位 购买频率 使用频率 品牌忠诚度 渠道信赖度 对价格、广告、服务的敏感度 其他

1. 地理变量

按地理变量细分市场就是把市场划分为不同的地理区域,如国家、地区、省市,南方、北方,城市、农村等。各地区由于受自然气候、传统文化、经济发展水平等因素的影响,形成了不同的消费习惯和偏好,并有不同的需求特点。在我国进行汽车销售,运用地理变量,最常见的是根据通用的行政区域划分,将市场分为华东、华南、华中、华北、西部,或者根据经济发展水平划分为沿海地区、内陆地区、边远山区等。根据不同的地理因素,采用不同的营销方案,比如在推出家庭轿车的初级阶段,营销的重点放在华东或者沿海地区,因为这些地区经济发展迅速,人民生活水平高,受教育程度和对生活质量的要求都比较高。

(1) 地理区域。不同地区的消费者的消费习惯和购买行为,由于长期受不同自然条件和社会经济条件等的影响,往往有着较为明显的差异,如适用于环境恶劣地区的奔驰 G 级、通用大宇、北京 Jeep 等越野车在边远或是地理状况较差的地区有着广阔的市场前景。

(2) 气候。气候的差异也会引起人们需求的差异。如我国的西藏地区地处高原,一年中温差变化较大,则可能对汽车的外观颜色及车内制冷系统有着更高的要求。

(3) 人口密度。城镇、郊区及乡镇的情况是不一样的。

(4) 城镇规模。按城镇规模分为特大型城市、大城市、中型城市及小城市、县城与乡镇等。

2. 人文变量

人文变量是按年龄、性别、家庭人数、家庭生命周期、收入、职业、文化程度、宗教信仰、民族、国籍和社会阶层等人文统计变量,划分消费者群。

人文变量历来是细分市场常用的重要因素,因为消费者的欲望、需求、偏好和使用频率往往和人文变量有着直接的因果关系,而且人文变量较其他因素更容易测量。对汽车市场营销来说,收入是进行市场细分必须考虑的因素,在当今的中国市场上,对于大多数中国普通消费者来说汽车还不是必需品,除了法规、政策、公共设施的限制外,最重要的影响购买的因素仍然是经济收入。一辆汽车的性能再好、创意再新,如果消费者的收入不足以负担这种汽车的价格,那么该汽车就不可能打开该细分市场。主要人文变量如表4.6所示。

表4.6 主要人文变量

人文变量	特 点
性 别	男士喜欢动力强劲、外观豪放的车型,如奥迪A系列、沃尔沃V90豪华车等; 女士则喜欢外观柔美、典雅靓丽的车型,如保时捷轻型车、POLO两厢车等
年 龄	年轻人喜欢跑车,自然要求车外形新颖,迎合时尚,同时具有强劲的动力,如宝马车的开发及营销就始终将目光瞄准富裕阶层的中青年消费者; 中老年人则喜欢高贵典雅,能显示其身份的车型,如奔驰车的营销就将自己的产品定位于中老年富翁
家庭生活周期	无子女的两人世界在选购车时往往会将目标定位在小型轿车上; 而多子女家庭由于首先要考虑能够将全家人装下,所以会将目标定位在多用途车、面包车等类型的产品上
收 入	高收入客户喜欢大排量、高档次的进口汽车,如奥迪A8; 中收入客户一般选择国产中档汽车,如北京现代伊兰特等; 低收入人群选择实用性的客货两用车与低档轿车
职 业	如高层管理层偏向大气沉稳的轿车,如奥迪A6; 而建筑商喜欢选择强劲动力的越野型汽车,如路虎

3. 心理变量

心理因素是一个极其复杂的因素,消费者的心理需求具有多样性、时代性和动态性的特点,消费者的生活方式、社会阶层、个性和偏好都是心理变量的内容。

个性是经常被用来细分市场的变量,这个变量在汽车市场营销中的运用十分普遍。因为世界上著名的汽车品牌往往都已经被人赋予个性色彩,因此这些品牌所对应的也往往是一些相同个性的消费者。比如,奔驰象征着上流社会的成功人士,劳斯莱斯是身份显赫的贵族,福特是踏实的中产阶级白领。这种人格化的品牌差异成为社会地位、身份、财富甚至职业的象征,成为车主的第二身份特征。这种品牌的个性特征往往和创始人的性格相联系,又经过长时间的浓缩,已经成为一种约定俗成的特点,是短时间内无法改变的。

4. 行为变量

行为变量是反映消费者购买行为特点的变量。它包括购买时机、利益偏好、使用状况、使用频率、对品牌的忠实程度、对产品的态度和购买阶段等。行为变量是建立细分市场的最佳起点，通常行为变量包含七类，如表4.7所示。

表4.7 主要行为变量

行为变量	特 点
购买时机	通常春节、“五一”、国庆等节日通常是购车的高峰时间
利益偏好	购买汽车的消费者有的注重实用，有的注重安全，有的将其作为身份地位的象征。世界著名的整车生产厂家都有满足消费者不同利益偏好的产品
使用情况	分为“从未使用”“准备使用”“初次使用”“曾经使用”和“经常使用”五种类型
使用频率	分为“少量使用者”“中度使用者”和“大量使用者”三种情况
忠诚程度	分为“坚定忠诚者”“适度忠诚者”“喜新厌旧者”和“无固定偏好者”四种类型
购买阶段	分为“已经购买”“即将购买”“想要购买”“对产品感兴趣”“对产品有所了解”和“不了解”等情况
态 度	分为“热爱”“喜欢”“无所谓”“不喜欢”和“敌视”五种情况

（四） 市场细分的原则

企业为有效地细分市场，必须遵循五个基本原则。

1. 可进入性

可进入性是指企业拟作为自己目标市场的那些细分市场，企业必须有能力进入，能够为之服务，并能占有一定的份额。如果细分的结果导致企业不能在任何细分市场上有所作为，那么这样的市场细分当然也是失败的。

2. 可衡量性

可衡量性是指细分市场现有的和潜在的需求规模或购买力是可以测量的。难以度量的细分标准尽量少用或不用。

3. 可盈利性

可盈利性是指企业在细分市场上要能够获取期望的盈利。如果容量太小，销售量有限，则这个细分市场对企业就缺乏吸引力。因此，市场细分并不是越细越好，而应科学归类，保持足够容量，使企业有利可图。

4. 相对稳定性

相对稳定性是指细分市场必须具有一定的稳定性。如果企业还未实施其销售方案，目标市场就已面目全非，则这样的市场细分同样也是失败的。

5. 可区分性

企业进行市场细分应尽可能地区别于已有的或竞争对手的市场细分，突出自己的特色和个性，以便发现更多的有价值的市场机会。有效的市场细分，必须突出本企业的特色，只有这样才可能在以后的营销活动中另辟蹊径，出奇制胜。

除以上原则外，企业在细分市场时，还必须注意以下几个问题：

(1) 市场调查是市场细分的基础。在进行市场细分前，必须经过市场调查，掌握顾客需求和欲望。

(2) 市场细分标准不宜过多。顾客的需求和购买行为是由很多因素决定的,企业可运用单个标准,也可运用双指标标准、三指标标准或多指标标准,但不宜过多。选择一个为主要标准,其他为次要标准。否则无法度量,也不经济。

(3) 细分标准不能一成不变。市场是动态的,细分标准应根据市场变化而调整。

小思考 请查阅资料,说说江淮悦悦的细分市场。

二、汽车目标市场选择

(一) 目标市场选择的概念

企业在市场细分基础上,根据产品特征、自身实力及竞争状况,选择一个或几个子市场作为其特定服务的子市场的过程叫目标市场选择,我们将这些特定子市场叫做目标市场。

目标市场选择应注意以下几点:

(1) 目标市场必须有充分的现实需求量。其需求水平能符合企业销售的期望水平。

(2) 目标市场具有较大的潜在需求量。潜在需求量越大,越有利于企业持续发展。

(3) 目标市场的竞争不激烈。竞争者少,或竞争者不易进入,或本企业在该市场有绝对的竞争优势。

(4) 通过适当的分销策略,企业有能力进入。

(二) 目标市场选择策略

企业目标市场选择策略分为三大类:无差异性市场策略、差异性市场策略和集中性市场策略。它们的特点比较如表 4.8 所示。

表 4.8 三种目标市场选择策略的比较

目标市场选择策略	思 路	优 点	缺 点	适 用
无差异性	重视共性,忽略个性;供应单一的标准化产品,使用单一的营销组合策略	降低营销成本,强化品牌形象	无法满足消费者多样的需求;应变能力差;风险较大	同质、规模效益明显的产品
差异性	针对不同的细分市场,生产不同的产品,制定不同的营销策略	降低风险,满足顾客不同需求,提高竞争能力,提高市场占有率	成本高,精力易分散	实力雄厚的大企业
集中性	集中力量进入一个子市场,为该市场开发一种理想而独到的产品,实行高度专业化的生产和销售	满足特定需求,发挥企业优势,提高企业与产品的知名度,节省费用	经营风险大	资源有限的中小企业,大企业初次进入一个新市场

1. 无差异性市场策略

无差异性市场策略是指企业不进行市场细分，把整体市场作为目标市场。它强调市场需求的共性，忽视需求的差异性。企业为整个市场设计生产单一产品，实行单一市场营销方案和策略，如图 4.2 所示。如美国福特公司在早期只生产一种黑色的轿车，用一个产品和一种营销组合策略来满足所有人的需求。

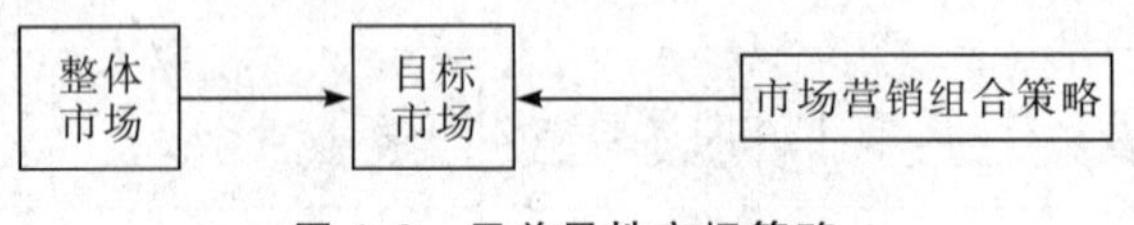

图 4.2　无差异性市场策略

2. 差异性市场策略

差异性市场策略是指企业将整体市场细分后，选择两个或两个以上甚至所有的细分市场作为目标市场。差异性市场选择策略如图 4.3 所示。企业针对不同细分市场的需求特点，分别设计生产不同的产品，采取不同的市场营销组合策略，如图 4.4 所示。

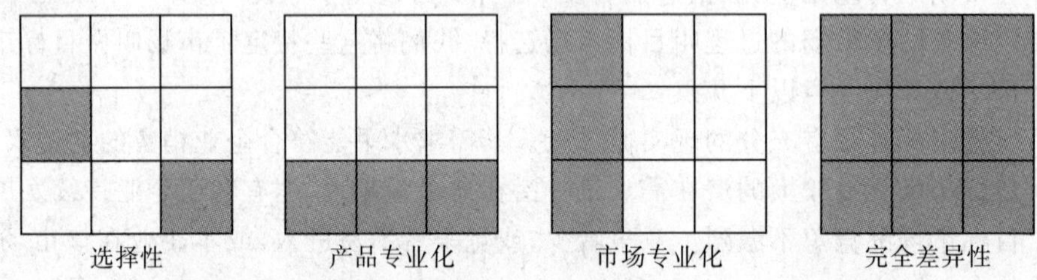

图 4.3　差异性市场选择策略(图中阴影部分为目标市场)

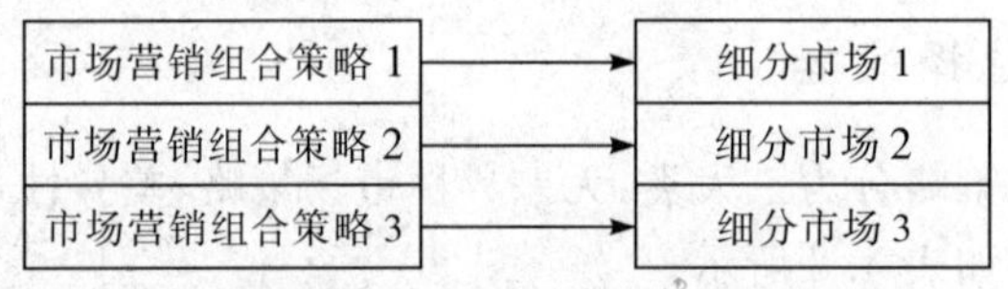

图 4.4　差异性市场策略

根据选择细分市场的不同，差异性市场策略分为以下四种类型：

(1) 选择性策略。企业结合自身情况，选择几个有利的细分市场作为目标市场。

(2) 产品专业化策略。企业为不同顾客提供某类产品的策略。

(3) 市场专业化策略。企业为同一类顾客群提供多种产品，满足这一类顾客对产品的不同需求。

(4) 完全差异性策略。企业将每一个细分市场都作为目标市场。企业生产多种产品以满足所有顾客的需求，如上海汽车集团旗下包括别克、大众、福特等众多品牌，基本覆盖了整个市场。

3. 集中性市场策略

集中性市场策略是指企业受资源等的限制，选择一个或少数几个细分市场作为目标市场，实行高度专业化的生产与销售，如图 4.5 所示。东风汽车早期只生产东风牌卡车，采取的就是集中性市场策略。

（三）影响目标市场选择的因素

企业在选择目标市场时，应着重考虑以下五大因素，如表 4.9 所示。

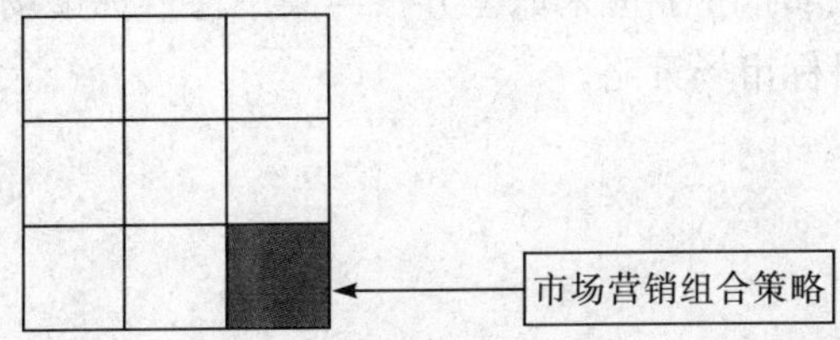

图 4.5　集中性市场策略（图中阴影部分为目标市场）

表 4.9　影响企业目标市场及营销策略选择的因素

考虑因素		目标市场策略选择
企业实力	强	完全差异性
	中	选择差异性、产品专业化、市场专业化
	弱	集中性
产品市场生命周期	投入期	无差异、集中性
	成长期	差异性
	成熟期	差异性
	衰退期	集中性
竞争情况	有	差异性、集中性
	无	无差异性
市场	同质	无差异性
	异质	差异性、集中性
产品	同质	无差异
	异质	差异性、集中性

1. 企业实力

当企业生产能力、技术能力和销售能力很强时，就可同时采用完全差异性目标市场策略。企业实力较弱时，应采取集中性目标市场策略。

2. 产品特性

对于一些类似性很强的产品以及不同工厂或地区生产的在品种、质量方面相差较小的产品，宜采用无差异性目标市场策略，而对消费者的要求差别很大的产品，宜采用差异性目标市场策略或集中性市场策略。大多数轿车都属于消费者要求差别大的产品，适合使用差异性目标市场策略。

3. 市场特性

如果不同市场消费者对同一产品的需求和偏好相近，宜采用无差异性目标市场策略。

4. 产品处于生命周期的不同阶段

通常在产品处于投入期时，可采用无差异性目标市场策略，以探测市场和潜在顾客的需求；当产品进入成熟期或衰退期时，则应采用差异性目标市场策略，以开拓新的市场，或采取集中性市场策略，以维持和延长产品生命周期。

5. 竞争情况

当整个行业竞争较激烈时，企业应采取差异性与集中性目标市场策略；若行业竞争不激烈，企业可采取无差异性目标市场策略。

三、汽车市场定位

（一）市场定位的内涵

“定位”一词是1972年由两位广告经理艾尔·里斯（Al Ries）和杰克·屈劳特（Jack Trout）提出的，他们认为：定位是以产品为出发点，如一种商品、一项服务、一家公司、一所机构，甚至是一个人……但定位的对象不是产品，而是针对目标顾客的思想。就是在目标顾客的心目中确定一个合适的位置。

市场定位就是根据竞争者现有产品在市场上所处的位置，结合企业自身的条件，塑造出本企业产品与众不同的个性形象，从而使其在目标顾客心目中占有一个独特的、有价值的位置。

市场定位的实质是要获得目标市场的竞争优势。竞争优势是一个相对概念，一般有两种基本类型：一是价格竞争优势，即成本领先，企业通过降低成本，使产品的售价更低；二是偏好竞争优势，即差异化，企业提供独特的“卖点”来满足顾客的特殊偏好。

小案例 奔驰、宝马的市场定位

奔驰和宝马——几乎全世界无人不知的汽车品牌！它们都是德国的名车，但它们却有明显的定位差别。

奔驰的定位是“尊贵、典雅、稳重”。奔驰汽车是高质量、高档次、高地位的象征。它不仅是社会名流必备的道具，也是各国国家元首的最佳选择。

宝马的定位是“新贵、年轻、活力”。它有最动感的造型、最前卫的设计，是年轻活力的代表。

“坐奔驰，开宝马”的说法，表明了奔驰的稳重和宝马的豪放。只有开宝马车，才能享受到它那痛快淋漓的神奇风采。

问题 说说你感兴趣的其他品牌汽车的市场定位。并说说为什么要进行市场定位？

（二）市场定位的步骤

企业在进行市场定位时，一方面要了解市场上竞争对手的定位情况，他们提供的产品或服务有何特点；另一方面要研究消费者对某类产品各属性的重视程度。企业在对以上两方面进行深入研究后，选定本企业产品的特色和独特形象，向目标顾客勾画出这个产品的市场定位。企业市场定位按以下步骤进行，如图 4.6 所示。

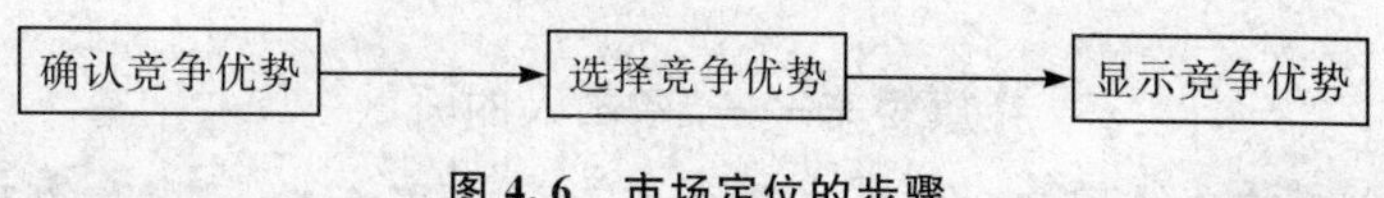

图 4.6　市场定位的步骤

1. 确认本企业潜在的竞争优势

这一阶段的中心任务是要回答三个问题：

(1) 竞争对手的产品定位如何；

(2) 目标市场足够数量的顾客欲望满足程度及还有什么需求；

(3) 企业应该做什么，能够做什么。

2. 准确选择相对竞争优势

相对竞争优势是企业能够胜过竞争者的能力。准确地选择相对竞争优势就是企业各方面实力与竞争者实力相比较的过程，即通过一系列指标进行分析与比较，选出最适合本企业的优势项目。指标体系包括：

(1) 经营管理。主要考察领导能力、决策水平、计划能力、组织能力及个人应变能力等指标。

(2) 技术开发。主要分析技术资源、技术手段、技术人员能力和资金来源是否充足等指标。

(3) 采购。主要分析采购方法、储存及运输系统、供应商合作以及采购人员能力等指标。

(4) 生产。主要分析生产能力、技术装备、生产过程控制及职工素质等指标。

(5) 市场营销。主要分析销售能力、分销网络、市场研究、服务与销售战略、广告、资金来源等是否充足以及市场营销人员的能力等指标。

(6) 财务。主要考察长期资金和短期资金的来源及资金成本、支付能力、现金流量和财务制度与人员素质等指标。

(7) 产品。主要考察可利用的特色、价值、质量、支付条件、包装、服务、市场占有率、信誉等指标。

3. 显示独特的竞争优势

主要任务是通过一定的方式，将企业独特的竞争优势准确地传播给目标受众，并在潜在顾客心目中留下深刻印象。

小思考　请搜集江淮悦悦相关资料，分析其定位过程。

(三) 市场定位的策略

针对各个企业发展状况的不同，可选择不同的地位策略。

1. 初次定位

初次定位指新企业初入市场，或企业新产品投入市场及产品进入新市场的首次定位。

2. 重新定位

如企业开始的定位不准确，或市场情况发生了变化等，企业应考虑重新定位。重新定位是以退为进的策略，目的是为了实施更有效的定位。

小案例　　红旗轿车——“中国人的骄傲”

红旗牌轿车在中国是个家喻户晓的名字。1958 年 8 月，中央为建国 10 周年庆典向一汽下达了制造国产高级轿车的任务。1959 年 10 月 1 日，10 辆崭新的红旗轿车在首都的国庆庆典上登台亮相，国内外竞相报道了中国第一车的消息。20 世纪从 60 年代开始，红旗车的各项技术日臻完善，被规定为副部长以上首长专车和外事礼宾车，坐红旗车曾与“见毛主席”“住钓鱼台”一道，被视为中国政府给予外国来访者的最高礼遇。

1981 年，一纸批文，这个生产了 23 年的“国车”停产了。“红旗”因为耗油量大、成本高、产量低而停产。红旗，中国第一车，1981 年从无限辉煌的顶峰跌落下来。

改革开放给红旗车带来了第二次生命。20 世纪 90 年代，一汽通过与国外公司合作，逐步开发了拥有全部知识产权的新型“小红旗”和豪华风格的“大红旗”等多个品种的系列产品。但此时的“红旗”已经失去了它原有的风貌，虽然车头还飘扬着那面旗帜，但感觉确是用国外车型和技术拼凑出来的杂交体。人们怀念的还是 20 世纪 80 年代之前具有中国特色并且记载着新中国历史的“大红旗”。

（资料来源：百度百科 http://baike.baidu.com）

问题　红旗轿车的初次定位和重新定位分别是什么？

3. 对峙定位

对峙定位是一种与在市场上占据支配地位的竞争对手“对着干”的定位方式，选择与竞争对手重合的市场位置，争取同样的目标顾客。如宝马与奔驰、奇瑞 QQ 和吉利熊猫等。企业必须做到知己知彼，应该了解市场上是否可容纳两个或两个以上的竞争者，自己是否拥有比竞争者更多的资源和能力，是否可以比竞争者做得更好。这种策略的优点是易于引人注目，树立形象，产生轰动效应。缺点是竞争激烈，风险大。

4. 避强定位

不直接对抗，将自己置定于某个市场“空隙”，发展目前市场上没有的特色产品，开拓新的市场领域。其优点是能够迅速在市场上站稳脚跟，并在消费者心目中尽快树立起一定形象，风险小，成功率高。缺点是企业可能放弃了最佳市场位置。

（四）市场定位的方法

1. 建立市场结构图

任何产品都有许多属性，如质量、价格、功能、速度、配置等，可选择顾客关心的属性作为坐标，建立一个市场结构图，如图 4.7 所示。

2. 在市场结构图上标明现有竞争者的位置及其市场份额的大小

如图 4.7 中的 A、B、C、D，A 代表低质低价，B 代表中质中价，C 代表高质高价，D 代表低质高价。

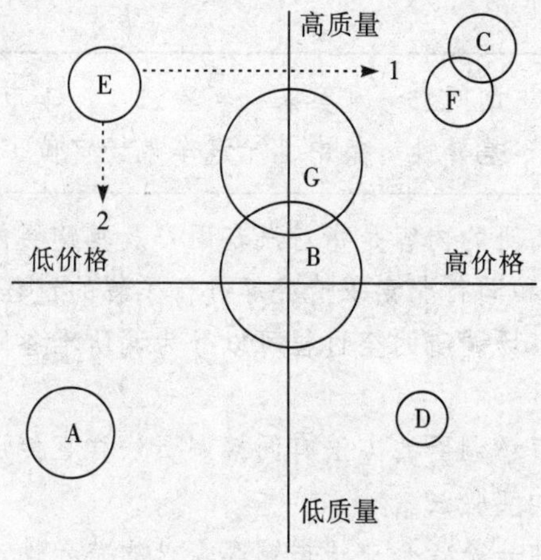

图 4.7 市场结构与市场定位示意图

3. 初步确定定位方案

试着将本企业的"小旗"插在示意图的不同位置。如图 4.7 中 E、F、G。

4. 修正定位方案

企业的定位是否准确是关系到企业成败的关键，所以在初步定位完成后，还应做一些调查和试销工作，及时找到偏差并立即纠正。

市场细分、目标市场选择和市场定位的一般程序如图 4.8 所示。在市场调查基础上，进行市场细分，然后进行目标市场选择，最后进行市场定位。

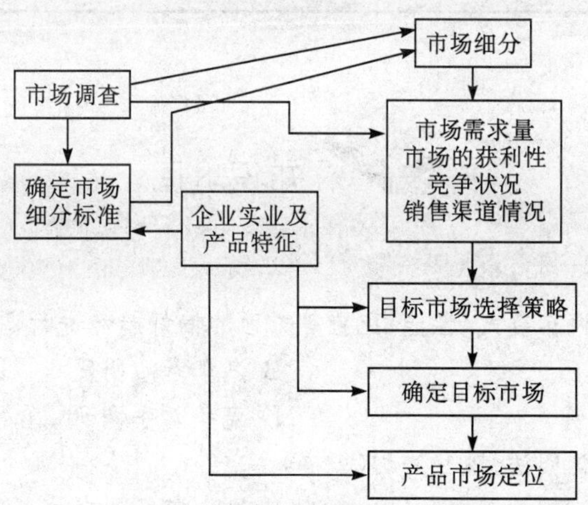

图 4.8 市场细分、目标市场选择与市场定位关系图

本章小结

基本概念	汽车市场调研　询问法　观察法　实验法　汽车市场细分　汽车目标市场选择　无差异性　差异性　集中性　汽车市场定位　汽车竞争战略
基本内容	1. 市场调研的内容是指对汽车用户及其购买能力、购买动机、购买习惯、未来购买动向和同行业竞争情况等进行了解的过程。 2. 汽车市场调研的全过程可以分为调研准备阶段、调研实施阶段和分析总结阶段。 3. 汽车市场调研的方法有间接调研法和直接调研法，直接调研法包括询问法、观察法和实验法。 4. 市场细分是指企业根据顾客需求的差异性，将整体市场分为两个或两个以上子市场的过程。 5. 汽车市场的细分标准有地理变量、人文变量、心理变量和行为变量。 6. 汽车目标市场选择策略有无差异性市场策略、差异性市场策略和集中性市场策略。 7. 选择目标市场策略时应该考虑以下几个方面：企业实力、产品特性、市场特性、产品处于生命周期的不同阶段、竞争者所采用的市场策略。 8. 市场定位就是根据竞争者现有产品在市场上所处的位置，结合企业自身的条件，塑造出本企业产品与众不同的个性形象，从而使其在目标顾客心目中占有一个独特的、有价值的位置。

知识巩固

（一）选择题

1. 对目标顾客在汽车款式、性能、配置等方面的偏好趋势进行调研，这属于（　　）

A 市场需求调研　　B 汽车产品调研

C 营销活动调研　　D 竞争对手调研

2. 直接调研法有访问法、观察法和（　　）。

A 文案调查法　　B 网上市场调查法

C 问卷调查法　　D 实验法

3. 福特公司生产规格统一的“T 型车”，其目标市场选择战略是（　　）。

A 无差异性　　B 差异性　　C 集中性　　D 一体性

4. 汽车市场细分标准有（　　）。

A 地理标准　　B 人文标准　　C 心理标准　　D 行为标准

E 科学标准

5. 市场定位的策略有(　　)。

A. 初次定位　B. 重新定位　C. 对峙定位　D. 平行定位

E. 避强定位

(二) 判断题

1. 汽车市场调查的核心问题是发现消费者需求。(　　)

2. 汽车市场细分是根据不同顾客对汽车的需求差异,将汽车产品分为若干类别的过程。(　　)

3. 无差异性目标市场选择策略是企业不考虑顾客需求的差异而进行的营销策略。(　　)

4. 市场定位的实质是获取目标市场的竞争优势。(　　)

(三) 简答题

1. 汽车市场调研概念是什么,并说说汽车市场调研的内容有哪些?

2. 什么是市场细分? 企业为什么要进行市场细分?

3. 影响目标市场选择的因素有哪些?

4. 如何理解市场定位? 联系某款汽车产品说说它的市场定位。

案例分析

奇瑞 QQ 的市场定位策略

在最成熟的微型车市场上,面对十多个品牌的激烈竞争,奇瑞 QQ 在不到半年时间内销售了 3 万辆。也正是因为奇瑞 QQ 的畅销,使得奇瑞公司位列 2003 年国内汽车销量第八名。

1. 产品定位:年轻人的第一辆车

奇瑞 QQ 的公司品牌、产品品牌和服务并不具有优势,但有着"年轻人的第一辆车"产品定位的奇瑞 QQ,是国内汽车行业中第一个以细分消费群体为明确客户定位的汽车产品。而在此之前,汽车产品基本上没有细分的客户定位,有的只是价格档次定位,比如,"经济型轿车""中级车""主打 20 万～30 万元价位的车型""豪华车"。

"年轻人的第一辆车"界定出了年轻的上班族这群人崭新的生活方式——拥有汽车、拥有一个属于自己的移动空间,享受驾驶乐趣,不只是有多年工作经历的上班族的专利,年轻的上班族同样也能进入汽车时代。而在此之前,年轻的上班族的出行方式基本上是公交或自行车,打出租车只是偶尔的事情。国内的汽车厂商一般都认为,年轻的上班族不会买车,或者说上班族需要多年积累才有实力买车,而且即使在有了一些经济实力之后,上班族在买房与买车之间一般是选择前者,而不是后者。而奇瑞 QQ 打破了传统的社会理念和消费观念,向中国数千万年轻的上班族发出了一个消费汽车的动员令。

上汽奇瑞销售公司总经理助理、营销总监刘宏伟介绍,奇瑞公司注意到,金融信贷工具在国内的广泛使用和信资市场的成熟,放大了年轻上班族的购买力,培育了他们信贷消费的全新理念，加之年轻人注重生活质量，崇尚领先的生活方式，这使得年轻人提前拥有自己的轿车成为现实可能和主观需要；而且奇瑞还认为，随着年轻人的成长，他们对社会的贡献越来越大，他们所占据的社会地位越来越重要，社会对他们的经济回报也一定会越来越大，年轻的上班族到那时还会更换更高价位的轿车。这就是奇瑞 QQ“年轻人的第一辆车”产品定位的创意初衷，也表明了奇瑞公司对汽车消费市场的深入分析和对目标消费群体的准确把握。在包括奇瑞 QQ 车主在内的广大年轻的上班族听来，“年轻人的第一辆车”更像是他们进入汽车时代的宣言。

2. 产品定价:“低价入市”策略

新车上市，主要有两种定价策略:“高开低走”和“低价入市”，奇瑞 QQ 选择了后者。奇瑞 QQ 上市之前，奇瑞公司曾经在新浪网上做了一个“网络价格竞猜”活动，在由 20 万人参加的奇瑞 QQ 新车价格竞猜调查中，大多数人都认为，这样一款设计时尚、性能不错、配置舒适的新车的价格应该在 6 万元到 9 万元之间；与消费者大众相比，更有发言权的不少业内人士也认为，该车应该在 5 万元到 8 万元之间。

然而，奇瑞公司最终宣布的价格却是 4.98 万元。

奇瑞 QQ 的“低价入市”策略看似愚钝，实则有着诸多优点:第一，在短时间内形成购车热潮，形成了新车难得的良好口碑；第二，销售规模的迅速崛起，使新车在国内微型车市场上占据了领跑者的角色；第三，新车的热销，使得汽车厂商的大规模生产成为现实，产能的充分释放又使得新车的零部件大规模采购成为可能，从而为终端产品的低价提供了成本保障和前提条件。

奇瑞 QQ“低价入市”策略等于明白地告诉消费者，奇瑞 QQ 性价比很高，尽管是热销的新车，但价格中的水分非常少，不会像其他热销新车一样趁“火”打劫。这种定价策略与奇瑞 QQ“不仅便宜，而且时尚”的产品理念是吻合的，也与奇瑞公司“造中国消费者买得起的具有世界品质的轿车”的造车理念是一脉相承的。

这种“低价入市”策略，在一定意义上也是一种“忠诚度营销”——奇瑞公司在把一颗忠诚的心交给消费者的同时，也俘获了消费者的心，一个又一个的消费者用钞票把忠诚还给了奇瑞公司，加入到了奇瑞 QQ 车主的行列中来。“成本＋8%微利＋市场因素，这就是奇瑞 QQ 的定价结构。”金弋波总经理告诉记者。

3. 营销诉求:时尚

当奇瑞 QQ 的名字在起名会上蹦出来的时候，几乎所有的人都有一种“找到了”“就是这一个”的感觉。其实，奇瑞 QQ 这个名称之所以从“嘟嘟”“咪咪”“爱 Car 爱车”等几十个候选名字中脱颖而出，就是因为它有着其他名字无可比拟的很多优势。第一，“奇瑞 QQ”这个名字是时尚的、前卫的，它最早诞生于互联网上，又有“我能找到你”“我可以联系到你”的意思；第二，这个名字与目标消费者群体的定位基本吻合，他们年轻、敏感，喜欢接受新事物，对生活乐观、自信；第三，这个名字已经有了很高的知名度，推广起来成本比较低；第四，“奇瑞 QQ”这个名字简洁，容易被人记住，更容易传播。一个设计时尚的新车，加上一个时尚的车名，消费者没有理由不把时尚这顶桂冠戴在奇瑞 QQ 头上。看见奇瑞 QQ 的人，都会被它时尚的外形所吸引:奇瑞 QQ 的整个前脸像一只可爱的卡通青蛙，两只大灯像两颗炯炯有神的大眼睛，两边保险杠上下的散热器口恰像咧开嘴大笑的嘴角——这种时尚造型在国内微型车里绝对是第一家。即使在国内的汽车家族中，将产品仿生学运用到汽车上，把一个黑、大、粗、重的汽车产品塑造成一个可爱灵动的小宠物形象，奇瑞 QQ 也绝对是领风气之先的。

奇瑞QQ上市以来，奇瑞公司举办的市场营销活动和品牌推广活动并不是太多，但都把营销诉求聚焦在"时尚"两个字上，颇有影响力。比如，在他们举办完奇瑞QQ车贴大赛之后，很多车主都舍不得把车贴撕下来，因为这些车贴是他们真心喜欢的；在2004北京春节庙会上，奇瑞QQ作为庙会奖品着实让获奖人乐开了怀；奇瑞QQ车友会的名称，不叫车友会，而叫"奇瑞QQ小学"。

当台湾意识形态广告公司将"100%时尚制品"提炼出来作为奇瑞QQ的一句话广告词推上央视时，奇瑞人才发现，他们事实上一直在做着这样一件事："为100%时尚制品"而孜孜以求。

仅仅就在几年前，微型车还是夏利、奥拓、吉利"小老三样"的天下，而在不到一年的时间里，奇瑞QQ、路宝、爱迪尔和Spark"新四小龙"就已经向"小老三样"发动了强有力的挑战。"新四小龙"中路宝的时尚形象要差一些，Spark难以大幅下降的价格削弱了自己的竞争力。爱迪尔要想夺得"国内最时尚的微型车"的市场定位也绝非易事。作为国内微型车市场的新势力——奇瑞QQ的霸主地位短期内还难以有人能撼动。

可以说，奇瑞QQ成功的价值，还在于它重新定义了国内的微型车格局和微型车趋势；今后更加流行、更加热销的微型车，一定是那些时尚、价廉的车型，而不会是那些只具有价格优势的微型车。

(资料来源：牛艳莉．汽车市场营销[M]．成都：电子科技大学出版社，2008．)

问题：

1. 奇瑞QQ的目标顾客是谁？他们有什么特点？奇瑞是如何满足他们的需求的？
2. 奇瑞QQ的市场定位是什么？说说这个定位的优点。
3. 查阅相关资料，说说奇瑞QQ的主要竞争对手有哪些，分析奇瑞QQ与它们有什么不同？

技能实训

汽车市场问卷调查

［实训内容］

1. 在校大学生关于汽车品牌的调研；
2. 在校大学生关于汽车购买行为的调研；
3. 在校大学生关于汽车营销的调研；
4. 在校大学生关于国内自主品牌汽车的调研。

［实训目的］

1. 掌握市场调研方案的设计过程；
2. 掌握调研问卷内容和结构的设计；
3. 掌握汽车市场调研报告的撰写；
4. 掌握调研市场信息资料的整理和分析；
5. 培养团队合作精神，锻炼灵活运用知识的能力。

[实训步骤]

1. 对教学班级进行分组:8～10 位学生一组,男女生均衡分配,40 人的标准班分成 4 组;

2. 每个组选择一个实训内容;

3. 各小组认真研究实训内容,设计市场调研方案;

4. 各小组按照问卷的格式、要求等设计调研问卷,问卷内容要满足市场化问卷需求;

5. 各小组在合肥市内实施问卷调研,注意样本数量、分布与代表性等;

6. 各小组分析调研结果,并撰写调研报告,注意调研报告的格式与规范要求;

7. 小组成员共同制作 PPT,将调研中重要信息和资料整理好;

8. 课堂交流:每个小组用 PPT 作 8 分钟汇报,教师用 2 分钟点评并评分。

[实训考核](百分制)

1. 各小组组织、分配、合作情况(10 分);

2. 调研方案的设计(20 分);

3. 调研问卷内容的设计(20 分);

4. 调研报告的撰写(20 分);

5. PPT 制作效果,课堂汇报表现(如礼仪、语言表达、应变能力等)(20 分);

6. 回答同学提问,场内应变能力(10 分)。

第五章 汽车营销战略

经典名言

品牌的出现是伴随消费者的不安全感而来的。

——法国品牌专家 让·诺尔·卡菲勒

品牌是一个名称、术语、标记、符号、图案，或者是这些因素的组合，用来识别产品的制造商和销售商。

——现代营销学之父 菲利普·科特勒

我们所有的工厂和设施可能明天会被全部烧光，但是你永远无法动摇公司的品牌价值，所有这些其实来源于我们品牌特有的良好信誉和公司内的集体智慧。

——可口可乐 CEO 罗伯托·郭思达

学习目标

知识掌握：

1. 了解市场营销战略与企业总体战略的关系；
2. 理解汽车市场营销战略的概念；
3. 掌握汽车市场营销战略规划过程，理解规定企业任务的重要性；
4. 掌握四类业务组合特点与战略选择；
5. 掌握三种发展战略、九种具体发展策略；
6. 掌握三种竞争战略；
7. 理解汽车品牌的概念与品牌要素；
8. 了解汽车品牌的内涵与作用；
9. 掌握汽车品牌设计战略、品牌定位战略和品牌管理战略；
10. 了解世界汽车品牌策略的新动向。

能力目标：

通过本章学习，深刻领悟汽车企业的市场营销战略，特别是汽车企业品牌战略；同时能够试着根据营销战略理论来分析中国汽车企业的战略现实问题。

关键词

汽车市场营销战略(Automobile Marketing Strategy)

竞争战略(Competitive Strategy)

品牌(Brand)

开篇案例　　奥迪品牌中国之路

1986年,奥迪公司与中国进行首次正式接触,开始在长春与中国一汽集团共同进行一项技术的可行性研究。在此后两年中,奥迪轿车的技术开发工作继续进行,并于1988年授予一汽生产许可证。当年共组装了499辆汽车。

1990年,中国一汽安装了奥迪轿车组装线,日生产能力达50辆。1993年,奥迪加入一汽大众合资企业。1995年,一汽集团开始准备生产专门为中国开发的奥迪200V6车型。

次年,奥迪200V6下线。

1996年,奥迪在北京设立了售后服务部。奥迪的技术人员常驻在一汽的一号服务站,除提供技术支持外,还对中国员工进行在职培训。同年,奥迪在北京建立了一支由汽车销售、市场开发、公关和售后服务等专业人员组成的团队,以促进奥迪在中国市场的发展。

1999年,奥迪与其合作伙伴——一汽集团共同生产的奥迪A6在长春一汽下线。奥迪A6填补了中国高档豪华轿车生产的空白。当年,奥迪在中国销售6911辆轿车。

2000年,第一个奥迪标准经销展厅在北京落成,奥迪将全球统一的、高标准的销售服务体系引进中国。当年,奥迪在中国的销量比上一年增加了约1.5倍,达17451辆。

2001年,奥迪A8正式投放中国市场,这标志着奥迪系列中的旗舰产品登陆中国。随后,新款奥迪A4和奥迪TT跑车也相继在中国投放,为中国消费者提供了更多的个性化选择。同年,奥迪引进了与世界同步的氙灯、驻车加热和电动座椅等技术装备,配备在2001年奥迪A6技术升级版上。奥迪当年在中国的年销量上升到27890辆。

2002年,奥迪将其独有的multitronic^{R}无级/手动一体式变速箱配备在奥迪A6上。随后,经过23项升级的新奥迪A6上市。这一年两次与国际同步的升级,使奥迪继续保持在中国豪华车市场上的领先地位。同年奥迪全能四驱越野车在中国上市,这辆真正意义上的公路、越野两用四驱车进一步增强了奥迪品牌的竞争优势。这一年奥迪在中国的销售达到36492辆。

2003年,奥迪A4作为全球豪华品牌B级车的顶端产品在中国投产,它的投产使奥迪扩大了在中国生产的产品线。同年7月,创立全球高档豪华轿车新标准的新奥迪A8也在中国上市。2003年10月,奥迪A6行政型和运动型轿车投放市场,再次证明了奥迪在中国的成功。2003年中国汽车市场销量总体上涨69.6%,达227万辆,而奥迪汽车的总销量则达到63531辆,上涨71.5%。

2004年4月,奥迪推出奥迪A4新车型,它除增加了更多的颜色选择外,还提供了一些个性化选装配置,包括娱乐包、运动包、冬季包、真皮包等。奥迪A4新车型成为追求高品质、个性化生活的精英人士的理想选择。同年5月,奥迪顶级旗舰产品奥迪A8L加长型6.0Quattro全时四轮驱动轿车投放中国市场。这款车是当今全球市场上技术最先进、性能最佳的顶级豪华轿车。它的推出进一步巩固了奥迪在中国高档车市场的领先地位。目前中国是世界第四大A8市场。8月,国产奥迪A62.5TDI柴油车也正式投放。在该年度中国车市整体下滑的情况下,奥迪全年销量增长0.8%,达到64018辆(其中国产奥迪A6为46177辆,国产奥迪A4为15841辆),占据了68.9%的国产高档车市场份额。

2005年4月,国产全新奥迪A6L上市。作为当时国内最豪华、最先进、国情适应性最强的高档轿车,全新奥迪A6L秉承了奥迪在全球的最高品质,其尊贵的外观设计、优异的运动特性、宽敞的内部空间和卓越的安全性能将驾乘的便捷、动感、舒适性体验提升到了同级轿车前所未有的境界。10月,全新奥迪 A4 的上市进一步加强和完善了奥迪在中国的产品系列。面对激烈的市场竞争,奥迪 2005 年在中国取得了出色的销售业绩,销量达到 58878 辆(根据 AAK 统计方式,即最终销售到用户的数字),增长 9.6%,中国成为奥迪在德国本土之外的第三大市场。

奥迪在不断向中国客户提供与全球同步的先进产品和服务的同时,积极参与一系列高规格的体育、文化活动,使中国客户更全面地体验到奥迪品牌的内涵。

2001 年 6 月,奥迪 A8 赞助了举世瞩目的世界三大男高音北京演唱会。

2002 年 4 月,奥迪为博鳌亚洲经济论坛提供奥迪 A6 作为贵宾用车。

2003 年 4 月,奥迪 A4 赞助了世纪音乐剧《猫》在上海的首演和皇马中国行。

2004 年,奥迪赞助北京国际马拉松赛、举办奥迪 Quattro 杯高尔夫锦标赛、参加 DTM 德国房车大师赛上海站表演赛、亮相极具未来元素的概念跑车 RSQ,并成为北京 2008 年奥运会正式高级用车品牌,使中国客户更全面地体验到奥迪品牌的动感精髓。

2005 年,奥迪继续引领中国高档豪华轿车,举办和参与了一系列体现奥迪尊贵、进取、动感品牌形象的活动,如成立奥迪英杰汇,分别任命余隆先生、郎朗先生、靳羽西女士为奥迪英杰汇的"文化先锋""音乐先锋"和"时尚先锋"。

2006 年,赞助时尚芭莎明星慈善夜。

2006 年,赞助中国风尚大典。

2006 年,赞助由张艺谋导演的电影《满城尽带黄金甲》。

2007 年,协助举办第四届奥运歌曲征集评选活动。

奥迪品牌所代表的独特生活方式也在一系列活动中得到诠释,如赞助上海国际时装周和广州交响乐团等。另外,奥迪不断建立新的平台,如奥迪驾控之旅、北京奥迪品味车苑和上海奥迪媒体中心等,让消费者充分体验到奥迪品牌所具有的独特魅力。

面向未来,奥迪将继续与一汽大众合作,致力于在中国的长远发展。未来投资计划包括引进更多的车型,更新生产设备,开展营销活动,不断加强全球统一销售服务网络的建设等。目前奥迪在中国市场的经销商网络已覆盖 85 个城市,拥有 131 家经销商。

(资料来源:范小青,刘斯康.汽车营销实务[M].北京:电子工业出版社,2011.)

案例思考:

1. 企业该如何创建优秀的汽车品牌?
2. 试讨论优秀汽车品牌对于汽车企业的重要性。

第一节 汽车市场营销战略

市场营销战略是企业经营战略不可分割的重要内容,是企业经营战略在市场营销中的具体体现。战略问题是企业的首要问题,先要保证"做正确的事",只有"做正确的事"解决了,"正确地做事"才有意义。

一、市场营销战略概述

（一）企业经营战略

1. 战略与企业战略

“战略”一词源于希腊语“strategos”，本意是“将军的艺术”。管理学中“战略”是指有关全局的重大决策或方案。美国哈佛大学商学院安德鲁斯教授认为：“战略是目标、意图或目的，以及达到这些目的而制定的主要方针和计划的一种模式。这种模式界定着企业正在从事的，或者应该从事的经营业务，以及界定着企业所属的或应该所属的经营类型。”

企业战略是企业面对激烈变化的环境，为求得生存和发展而进行的总体谋划。它是企业战略思想的集中体现，是企业经营范围的科学规定，是制定各种计划的基础。

企业经营战略通常分为三个层次：企业总体战略、经营单位战略和职能部门战略，如图5.1所示。

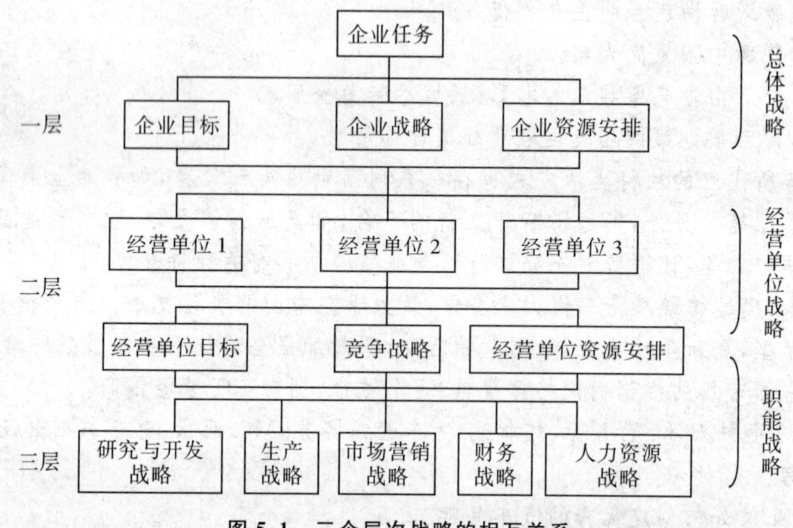

图5.1 三个层次战略的相互关系

企业总体战略是企业最高层次的战略，主要回答“企业应该在哪些领域从事经营活动的问题”，目标是协调企业各个业务单位的关系，合理配置企业资源，实现企业总体最优目标。

规模较大的企业、集团企业，大多根据经营范围和管理特征设立事业部、子公司；一般性企业也可能设立分部，这都称为独立的战略经营单位（Strategic Business Units，SBU）。所以，经营单位战略就是指各个子公司、事业部、分部的战略。

职能战略是企业各个职能部门的战略，从属于所在的经营单位的战略和整个企业的总体战略，包括：研究开发战略、生产战略、市场营销战略、财务战略、人力资源战略等。

说说企业战略的特征

(1) 全局性。企业战略规定了企业发展的总体目标,追求企业发展的总体效果。

(2) 纲领性。企业战略规定企业目标、战略发展的方向和重点。

(3) 长远性。企业战略描绘企业发展的远景,它是对企业未来较长一个时期的全盘考虑。

(4) 稳定性。企业战略目标需要企业坚韧不拔、持之以恒地去实现它。

(5) 竞争性。企业战略是置身于激烈的市场竞争中的企业行为计划,体现与来自对手等多方面的冲击、挑战和威胁、对抗的竞争特征。

小思考 战略与战术有何区别?

2. 市场营销战略与企业战略

市场营销战略是企业战略的一部分,是职能战略中的一种。市场营销战略与生产战略、财务战略、人力资源战略的关系变化如图 5.2 所示。随着市场竞争的加剧,市场营销战略在现代企业经营战略中的地位越来越突出,成为经营战略的中心环节和核心部分。在实际工作中,企业经营战略和市场营销战略是密不可分的,两者的关系如图 5.3 所示。

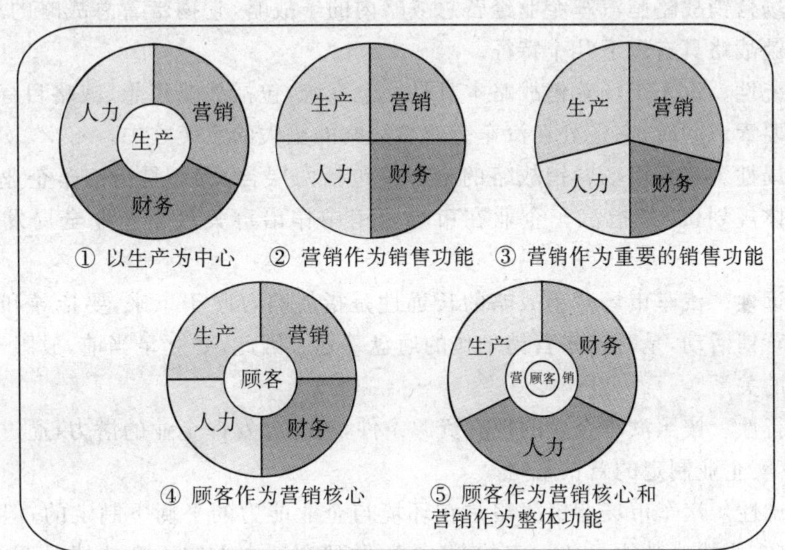

图 5.2 市场营销战略地位的变迁

(二) 汽车市场营销战略

汽车企业要在激烈的市场竞争中获得长远的发展,必须正确地预测汽车市场中长期的发展变化,制定与汽车市场走势和汽车企业能力相适应的汽车市场营销战略,并组织实施和管理控制,使规划的战略目标得以实现。

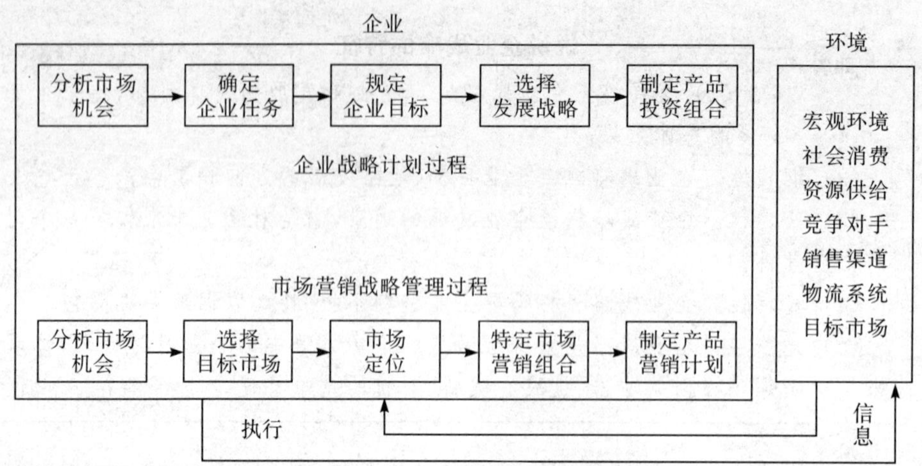

图 5.3 企业战略与市场营销战略

1. 汽车市场营销战略的概念

汽车市场营销战略是汽车企业在现代市场营销观念的指导下,为了实现企业的经营目标,对于企业未来较长时间内的市场营销策略进行总体设想和综合规划。

汽车市场营销战略是汽车企业战略的重要组成部分,是企业总体战略思想的体现,汽车市场营销战略的制定与规划受企业总体战略思想的制约与影响。

2. 汽车市场营销战略的特征

汽车市场营销战略是汽车企业经营总战略内的子战略,它携带着总战略的思想与内容。汽车市场营销战略具有以下几个特征。

(1) 系统性。汽车市场营销战略本身是一个系统,包括战略思想、战略目标、战略重点、战略措施等要素。同时,它还处在汽车企业总战略的更大的系统之中。

(2) 全局性。汽车市场营销战略的全局性包括两层含义:一是指汽车企业对市场营销策略进行整体规划,二是指汽车企业在市场营销中作出事关汽车企业全局发展的关键性策略。

(3) 长远性。汽车市场营销战略的长远性是指战略着眼于未来,要指导和影响未来较长时期内的营销活动,是对未来营销工作的通盘筹划。因此,要立足当前,放眼未来,协调好近期和长远的关系。

(4) 可行性。按照汽车企业的现有资源条件,再充分发挥企业的潜力,通过员工的共同努力,能够落实企业制定的营销策略。

(5) 可调性。汽车市场营销战略是在环境与企业能力的平衡下制定的,但外部环境在不断地变化,企业战略必须具备一定的"弹性",做到在基本方向不变的情况下,对战略局部进行修正,以在变化中求平衡。

3. 汽车市场营销战略的内容

(1) 营销战略思想。营销战略思想主要体现在企业文化的内涵,它是指导战略制定和实施的基本思想,是营销战略的灵魂,是确定营销战略的纲领。

(2) 营销战略目标。营销战略目标是指汽车企业在营销战略思想指导下,在营销战略时期内汽车企业全部市场营销活动所要达到的总体要求。营销战略目标规定着汽车企业全部市场营销活动的总任务,决定着汽车企业发展的方向。

(3) 营销战略重点。围绕营销战略目标的实现，通过对汽车企业内外部、主客观条件的分析，找出各阶段影响市场营销的重要问题，把它作为营销战略重点。

(4) 营销战略措施。营销战略措施是为了实现营销战略目标所采取的具体措施，将总体目标分解到战略的每个阶段，制定相应的战略措施，确保汽车企业战略总体目标的实现。

小案例　　奇瑞契合奥运推出新能源车

2007 年 12 月 18 日，国家发改委发布了《产业结构调整指导目录》，新能源汽车正式进入发改委的鼓励产业目录，国家将从消费环节、生产环节、税收政策、优惠政策、审批等方面给予支持。

据悉，奇瑞各项新能源技术开发正在稳步推进。2007 年第五届北京节能环保汽车展览会期间，奇瑞展出了包括 A5 灵活燃料、B14 生物柴油、A5 混合动力、B11 燃料电池等四款新能源汽车最新研发成果。在新能源研发的第一阶段，奇瑞专注研发的是混合动力汽车。据奇瑞汽车研究院人士透露，奇瑞首款混合动力车型 A5BSG(弱混合动力轿车)已经于 2007 年 6 月正式下线，并投放芜湖出租车市场，迈出了自主知识产权混合动力轿车产业化、市场化的第一步。更高级别的奇瑞 A5ISG(中度混合动力轿车)也已于 2007 年 10 月下线。

2008 年北京奥运会期间，奇瑞汽车组织了 50 辆混合动力车的“绿色车队”，服务奥运会。

问题　奇瑞推出新能源汽车体现了营销战略的什么特征?

说说汽车市场营销战略的意义

(1) 保证汽车企业正确进行长期发展决策；

(2) 有效提升汽车企业的竞争力；

(3) 适应消费结构的迅速变化；

(4) 增加企业的凝聚力。

二、汽车市场营销战略规划

市场营销战略的制定是一个连续的过程，包括一系列重大步骤，我们称之为市场营销战略规划。其主要内容包括：规定企业的任务、确定营销目标、评估业务组合和制定具体的新业务发展计划。

(一) 规定企业的任务

规定企业的任务即企业的使命，包含两个方面的内容——企业宗旨和企业观念。企业宗旨指企业类型及企业活动方向和范围；企业观念指企业经营活动的价值观、信念和行为准则。简单地说，规定企业的任务就是回答有关企业的根本性问题，如“企业是干什么的?”“企业是为谁服务的?”“企业的业务有哪些?”“给顾客带来的价值是什么?”等。

规定企业的任务主要考虑哪些因素?

(1) 企业的历史。企业任务很大程度上体现了企业发展的历史特色。

(2) 企业高层管理者的个人目标和观念。高层管理者对企业任务的制定有很大的影响。

(3) 环境的变化。企业是在环境中生存发展的,任务是否合理还取决于是否适应环境。

(4) 企业资源状态。任务是否可行,关键在于企业资源是否有能力完成这些任务。

(5) 企业的优势。好的任务应能充分发挥企业的优势。

企业任务一般以使命说明书的方式呈现,是为了让它们的经理、员工和顾客共同负有使命感。一份有效的使命说明书将向公司的每个成员明确阐明有关企业的目标、方向和机会,使命说明书引导着广大员工朝向同一组织目标进行工作。使命说明书一般为一句带有纲领性、激励性的语句,它是企业的愿景。部分世界知名企业的使命愿景如表 5.1 所示。

表 5.1 部分世界知名企业的使命愿景

公　司	使命愿景
微软公司	计算机进入家庭,放在每一张桌子上,使用微软的软件
安利直销公司	让世界上每一个人用上最优质的产品和服务,让每一位需要机会的人都有平等的创业机会
丰田汽车公司	让更多的用户体验拥有汽车的喜悦,为推动汽车社会的发展贡献力量
蒙牛乳业	让每个中国人每天喝一斤奶
麦当劳	控制全球食品服务业
迪斯尼公司	使人们过得快活,成为全球的超级娱乐公司
沃尔玛	给普通百姓提供机会,使他们能与富人一样买到同样的东西

小思考 上网搜索世界著名汽车公司的“企业使命”,并说说你的看法。

(二) 确定营销目标

企业任务确定后,要将这些任务具体化为企业的营销目标。企业目标是企业在未来一定时期内要达到的目标或标准,是一个多元化的目标体系,它包括:贡献目标、市场目标、竞争目标和利益目标等方面的内容,如表 5.2 所示。

企业目标的确定应坚持科学性与现实性相结合、总体性与层次性相适应、协调性与灵活性相统一的原则,使企业目标尽可能地与社会利益保持一致。一个企业只有制定出了明确的目标,才可使企业的各项工作在统一目标的指导下,得到协调和发展,减少内部矛盾和摩擦,避免盲目性,提高企业的整体经营效果。

表 5.2 企业的任务与目标

类别	内容	
任务 5W1H	What	干什么
	Who	为谁服务
	When	何时满足其需求
	Where	何处满足其需求
	Why	为什么这么做
	How	如何满足其需求
目标	贡献目标	提供给市场的产品数量与质量，节约资源状况，保护环境目标，利润目标
	市场目标	原有市场的渗透，新产品的开发，市场占有率的提高，销售额的增加，客户忠诚度的提高
	竞争目标	行业地位的巩固或提升
	发展目标	企业资源的扩充，生产能力的扩大，经营方向和形式的发展

（三）评估目前业务组合

波士顿咨询集团法（BCG 模型）是由美国一流管理咨询公司——波士顿咨询集团（Boston Consulting Group）首创的一种规划企业产品组合的方法。它是使用"市场增长率—相对市场占有率"矩阵，对企业各个战略业务单位加以分类和评估，如图 5.4 所示。

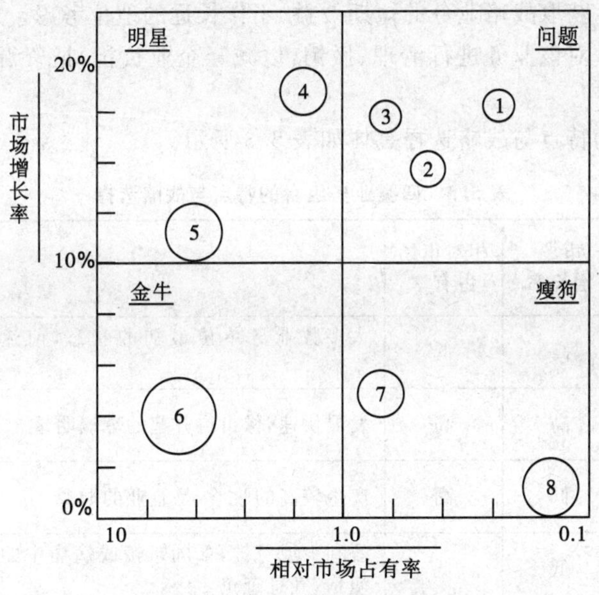

图 5.4 波士顿咨询集团法

矩阵图中的纵坐标代表市场增长率，即产品销售额的年增长速度，以 10% 为临界线分为高低两个部分；横坐标代表相对市场占有率，以 1.0 为分界线分为高低两个部分。矩阵图中的圆圈代表各个业务单位，圆圈位置表示该业务单位市场增长率和相对市场占有率的现状，圆圈的面积表示该业务单位的销售额大小。

什么是市场占有率和相对市场占有率？

市场占有率和相对市场占有率的公式如下：

$$本企业某种产品绝对市场占有率=\frac{该产品本企业销售量}{该产品市场销售总量}$$

$$本企业某种产品相对市场占有率=\frac{该产品本企业市场占有率}{\begin{array}{c}该产品市场占有份额最大者\\（或特定的竞争对手的市场占有率）\end{array}}$$

矩阵图中的四个象限分别代表问题类、明星类、金牛类和瘦狗类等四类不同的业务单位。

(1) 问题类。市场增长率高但相对市场占有率低的业务单位。大多数业务单位最初都处于这一象限，这一类业务单位需要较多的资源投入，但它们前途未卜。

(2) 明星类。问题类业务单位如果经营成功，就会成为明星类。该业务单位的市场增长率和相对市场占有率都高，因其销售增长迅速，企业必须大量投入资源以支持其快速发展。明星类业务单位是企业未来的支柱。

(3) 金牛类。市场增长率低，相对市场占有率高的业务单位。由于市场增长率降低，不再需要大量资源投入；又因为相对市场占有率高，产生较高的收益。金牛类业务是企业的财源。

(4) 瘦狗类。市场增长率和相对市场占有率都较低的业务单位。它们一般属于即将淘汰的业务单位。

在对各业务单位评估分析之后，企业应着手对投资组合进行调整，通常有四种战略可供选择：

(1) 发展战略。提高市场占有率，需要追加投资，甚至不惜放弃短期利益。

(2) 维持战略。保持某一战略业务单位的市场份额，不缩减也不扩张。

(3) 收缩战略。获取战略业务的短期效益，不作长远的地位考虑。

(4) 放弃战略。对该业务进行清理、撤销，以减轻企业负担，把资源转换到更有利的投资领域。

四类业务组合的特点与战略选择具体如表 5.3 所示。

表 5.3 四类业务组合的特点与战略选择

业务组合类型	市场增长率	相对市场占有率	特　点	战略选择
问题类(Question)	高	低	大多数业务单位最初的状态，前途未卜	发展战略、维持战略、放弃战略
明星类(Star)	高	高	发展快速，像冉冉升起的璀璨明星	发展战略
金牛类(Cash Cow)	低	高	产生较高的收益，是企业的财源	维持战略、收缩战略
瘦狗类(Dog)	低	低	盈利少或亏损，如同饥饿或病痛中的瘦狗，气息奄奄	收缩战略、放弃战略

小思考　“美国通用电器公司法”也是评估和分析业务组合的方法，请了解美国通用电器公司法。

（四）制定新业务发展计划

企业对现有业务进行评估分析以后，需要对未来发展、新增业务作出战略规划。企业发展战略主要有三大类，每一类又包含三种具体策略，如表 5.4 所示。

表 5.1　三种发展战略九种策略

发展战略 Growth Strategy	密集式 Intensive	一体化 Integrative	多角化 Diversification
具体策略	市场渗透 市场开发 产品开发	后向一体化 前向一体化 水平一体化	同心多角化 横向多角化 混合多角化

1. 密集式发展战略

当企业现有经营领域还存在发展潜力时，可采用密集式发展战略，其三种形式是市场渗透、市场开发和产品开发，如图 5.5 所示。

	老产品	新产品
老市场	市场渗透	产品开发
新市场	市场开发	多样化战略

图 5.5　密集式发展战略

（1）市场渗透（Market Penetration）。老产品—老市场。即在现有市场上扩大现有产品的销量。比如设法使现有顾客多次或大量购买本企业产品，或吸引竞争对手的顾客购买本企业的产品，还可通过加大广告、促销力度等多方面刺激需求，扩大销量。

（2）市场开发（Market Development）。老产品—新市场。即把现有产品投放到新的市场。企业可把产品从一个地区推进到其他地区、全国市场，甚至国际市场，也可以发现新的细分市场，扩大市场范围。

（3）产品开发（Product Development）。新产品—老市场。即向现有市场提供新产品或者改进产品，以满足现有顾客的潜在需求，增加销量。

小思考　发达国家已经淘汰的车型，但汽车公司却将其推入中国市场。请问这属于什么密集式发展战略？

2. 一体化发展战略

企业发展到一定程度，当企业所属的行业属于增加潜力大、具有吸引力的行业，在供产、产销方面合并后更有利益，便可考虑采用一体化发展战略，以增加新业务提高盈利能力。具体形式有三种：后向一体化、前向一体化和水平一体化，如图 5.6 所示。

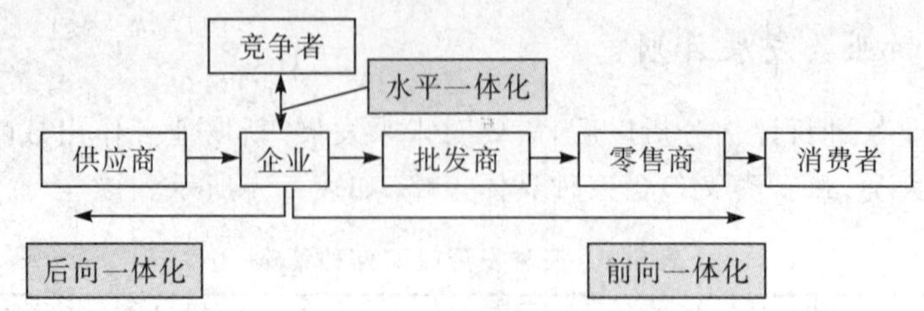

图 5.6 一体化发展战略

（1）后向一体化（Backward Integration）。企业收购、兼并原材料、零部件供应商，实现产供一体化。

（2）前向一体化（Forward Integration）。企业向前控制分销系统实现产销结合，或"上游"企业合并"下游"企业达到一体化。如汽车制造厂建立自己的4S销售店。

（3）水平一体化（Horizontal Integration）。指企业兼并或控制同行业，以扩大经营范围。

3. 多角化发展战略

多角化发展战略指企业尽量增加产品的种类和品种，跨行业生产多种多样的产品并经营多种业务，扩大企业的生产和市场范围，以保证企业在激烈的市场竞争中降低经营风险，使企业得以持续发展。多角化发展战略也有三种形式：

（1）同心多角化（Concentric Diversification）。企业利用原有技术、生产设备和营销渠道等开发新产品和新服务项目，从同一圆心向外扩大经营范围。

（2）横向多角化（Horizontal Diversification）。企业研究开发能满足现有市场顾客需要的新产品，而产品技术与原有企业产品技术没有必然的联系。

（3）复合多角化（Mixed Diversification）。又称为集团多样化，指企业开发与原有产品的技术无关、同时与原有市场毫无联系的新业务。

小案例 **安徽江淮汽车股份有限公司**

安徽江淮汽车股份有限公司（简称"江淮汽车"），是一家集商用车、乘用车及动力总成研发、制造、销售和服务于一体的综合型汽车厂商。公司前身是创建于1964年的合肥江淮汽车制造厂，1999年9月改制为股份制企业。卡车是江淮初期主打产品，有轻卡、重卡和多用途商务车。轻卡作为江淮汽车的核心业务，包括三个层次产品线，满足高中低三档消费市场需求：高端帅铃1-3，中端康铃、骏铃、威铃，低端好微、好运、大好运等。2003年江淮推出格尔发重卡，现已经历数次升级换代。

1990年，江淮进行第一次战略转型：重点发展客车专用底盘，适时发展整车。2006年是江淮的第二次战略转型：由单纯的商用车企业转向商用车和乘用车并举的综合型汽车企业。随着中国轿车市场的快速发展，江淮适时开发轿车系列。目前，江淮旗下乘用车有6款车型——江淮瑞风、江淮瑞鹰、江淮宾悦、江淮同悦、江淮和悦和江淮悦悦，全面覆盖商务车领域、越野车领域及家庭轿车领域，消费者可以自由选择自己喜欢的车型。

（资料来源：百度百科 http://baike.baidu.com）

问题 江淮汽车的两次战略转型属于什么发展战略？

上述三大类发展战略，企业一般先考虑密集式发展战略，再尝试一体化发展战略，最后选择多角化发展战略。因为后者的风险更大，所需投入更大及对企业管理能力要求更高。

第二节　汽车市场竞争战略

人们常用“没有硝烟的战争”来比喻企业的市场营销活动。在现代汽车市场中，企业不仅要充分满足顾客的需要，而且还要加强对竞争者的研究，使本企业在目标市场上处于有利位置。

一、分析企业的竞争者

对竞争者的分析可按图 5.7 所示步骤进行。

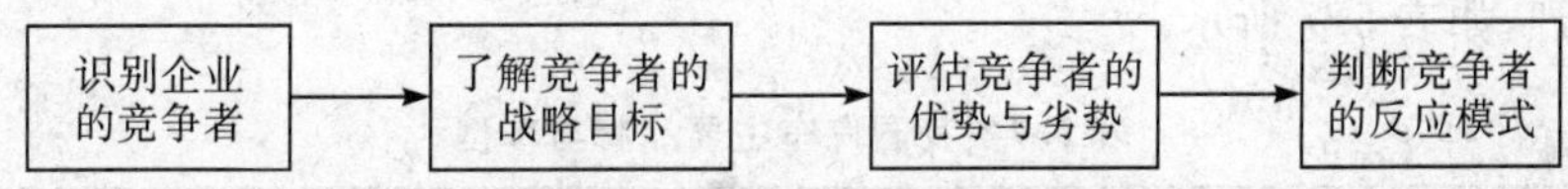

图 5.7　竞争者分析的步骤

1. 识别企业的竞争者

识别谁是企业的竞争对手看似很容易，但由于需求的复杂多样、技术的快速发展和行业结构的变化，使得企业面临复杂的竞争形势。可以从以下两个角度来寻找竞争对手：一是从行业角度，将生产同一类型，或功能相近、在使用价值上可以相互替代的同行企业作为竞争对手；二是从市场或顾客的角度看，凡是满足相同的市场需要或者服务于同一顾客群的企业，无论是否属于同一行业，都可能是企业的竞争者。对于汽车制造企业，与公共汽车、出租车、地铁等为满足顾客交通的企业互为竞争对手。

根据产品的替代程度，可将竞争者分为四种类型，如表 5.5 所示。

表 5.5　四种行业竞争类型

竞争类型	说　明
品牌竞争者	指与本企业相同价位、向同一顾客群提供类似产品的企业，品牌之间的竞争十分激烈。如大众帕萨特和丰田雅阁之间的竞争
行业竞争者	指所有生产同类产品的企业。如福特将所有其他汽车生产企业均视为自己的竞争对手
形式竞争者	将所有提供相似产品的企业都看成竞争对手。如轿车生产企业不仅将其他汽车生产商作为竞争对手，还把摩托车、自行车企业也作为竞争者
一般竞争者	把所有为争取相同顾客的支付能力而竞争的企业看成其竞争者。如一个汽车企业将房地产开发企业作为竞争者，因为争取顾客的货币支付而进行广泛的竞争

根据目标市场竞争者所处的地位差别，可将竞争者分为市场领导者、市场挑战者、市场

追随者和市场补缺者四种类型，如表 5.6 所示。

表 5.6 市场四种竞争类型

类 型	地位特点	实 例	策 略
市场领导者	行业老大；市场份额最大	通用汽车和丰田汽车等	通过扩大整个市场的需求、保持或提高其市场占有率等来保持其行业领先地位
市场挑战者	行业老二、老三	本田汽车等	向市场领导者发起攻击，以夺取更大的市场份额。进攻方式有正面进攻、侧翼进攻、包围进攻、迂回进攻和游击进攻等
市场追随者	排在行业较后		模仿跟随市场领导者。由大企业承担开发费用，减少支出；同时避免挑战可能带来的风险损失
市场补缺者	行业最后	我国专用车、特种车制造厂	在大公司不感兴趣的细分市场上取得一席之地，常常走专业化路线，如产品专业化、用户专业化、服务专业化等

我国汽车市场激烈竞争中各个大厂都有全系列产品，在 1.5 ～2.0 L 排量上产品最多，竞争也最激烈，如表 5.7 所示。

表 5.7 我国汽车主要品牌与车型

排量(L) 品牌	SUV 2.0 以上	SUV 1.5～2.0	3.0～2.0	2.0～1.5	1.5～1.0	1.0 以下
一汽大众	—	—	迈腾、速腾	宝来、捷达	—	—
上海大众	—	途锐	帕萨特	帕萨特、桑塔纳、斯柯达、POLO	POLO	—
一汽丰田	汉兰达、霸道	—	皇冠	花冠	威驰	—
广汽丰田	—	—	凯美瑞	卡罗拉	雅力士	—
上海通用	帝威、卡帕奇	卡帕奇	凯迪拉克、君威、别克、君越、景程	凯越	乐驰、乐骋、乐风	乐驰
广州本田	—	雅阁	雅阁	—	飞度	—
东风本田	—	CRV	—	思域	—	—
北京现代	圣达菲	ix35	索纳塔	伊兰特	赛拉图	—
东风日产	帕拉丁	帕拉丁	蓝鸟、天籁	轩逸、蓝鸟、阳光、骐达、颐达	骊威	—
东风标致	—	—	标致 307、凯旋	标致 206、凯旋	雪铁龙 C3	—
北京奔驰	—	—	C200	—	—	—
华晨宝马	—	—	宝马 530、320	宝马 130	—	—
上海汽车	—	—	荣威 750	荣威 550	荣威 350	—
长安福特	—	—	致胜、沃尔沃	致胜、沃尔沃、福克斯	佳年华	—
芜湖奇瑞	瑞鹰	瑞虎	东方之子	A5、旗云	A3、奇瑞 QQ	奇瑞 QQ
安徽江淮	—	瑞风 S5	宾悦	和悦	同悦	悦悦
浙江吉利	全球鹰 GXT	全球鹰 GXT	帝豪 EC8	金刚	优利欧	熊猫

2. 了解竞争者的战略目标

了解了谁是企业的竞争对手后，还需了解它们在市场上的战略目标是什么。营销目标包括利润目标、销售目标等。企业往往追求的是一组目标，各目标有轻重缓急，各时期侧重不同。

你知道竞争者的战略意图有哪些吗？

（1）成为行业的主要领导者；

（2）取代目前的主要领导者；

（3）进入市场领导者行列；

（4）进入追随者行列；

（5）维持现有市场地位；

（6）维持企业生存。

3. 评估竞争者的优势与劣势

竞争者能否有效地实施其战略目标，取决于它们的资源优势。企业可以收集竞争者过去的重要业务数据，或向中间商、顾客了解竞争者等来分析评估其优势与不足。

你知道评估竞争者的数据有哪些吗？

（1）市场占有率。衡量竞争者销售额在市场中所占的份额。

（2）心理占有率。即竞争者的知名度。

（3）情感占有率。顾客对竞争者的美誉度或偏爱度。

4. 判断竞争者的反应模式

企业的战略和行动，必将引起竞争者的某种反应。企业只有事先判断竞争者的反应，采取适当措施，方可保证自身战略目标顺利达成。

你知道竞争者常见的反应类型有哪些吗？

（1）从容型竞争者。对某些特定的攻击行为没有作出迅速反应或强烈反应。

（2）选择型竞争者。只对某些类型的攻击作出反应，而对其他类型的攻击无动于衷。

（3）凶狠型竞争者。对所有的攻击行为都作出迅速而强烈的反应。

（4）随机型竞争者。对竞争攻击的反应具有随机性，有无反应和反应强弱无法根据其以往的情况加以预测。

二、企业一般性竞争战略

企业竞争战略的核心是如何战胜竞争对手，获取稳固的竞争优势。迈克尔·波特将企业的竞争战略归纳为三种基本模式：低成本战略、差异化战略和集中战略。

1. 低成本战略

此战略的要点是企业尽可能降低生产和经营成本，通过低成本来获取行业领导地位，吸引对价格敏感的消费者。日本丰田公司采用的是低成本竞争战略，不断提高自己的市场竞争地位。

2. 差异化战略

差异化战略是指企业与竞争对手的产品有明显的差异，形成“独特性”。企业采取差异竞争战略需要具备一定的条件：

(1) 企业拥有强大的生产经营能力；

(2) 企业具有独特优势的产品加工技术；

(3) 企业对创新与创造有鉴别能力与敏感的接受能力；

(4) 企业具有很强的基础研究能力；

(5) 企业具有良好的声誉；

(6) 企业拥有产业公认的独特的资源优势或能够创造这样的优势；

(7) 企业能得到渠道成员的高度合作。

差异化战略的适用条件、具体措施和风险如表 5.8 所示。

表 5.8 差异化战略

适应条件	具体措施	风 险
用户需求多样化 企业实力强 只有极少数竞争者采取与本企业类似的差异化行动	产品质量 产品可靠性 产品安全性 产品品牌	可能丧失对企业特色不感兴趣的顾客 差异程度过高，导致价格过高 竞争对手对于顾客特别喜欢的差异的模仿

小案例　　沃尔沃——世界上最安全的汽车

众所周知，沃尔沃轿车是目前世界上最安全的汽车。安全——沃尔沃获胜的核心价值！

“对沃尔沃来说，每年都是‘安全年’”，这句话源于沃尔沃的一则广告。沃尔沃的安全历史显示：这种说法毫不夸张。自公司 1927 年成立至今，沃尔沃已推出大量具有前瞻性的安全发明。沃尔沃的安全理念始终以关注人身安全为准则。沃尔沃的创始人曾说过：“车是人造的。无论做任何事情，沃尔沃始终坚持一个基本原则：安全。现在是这样，以后还是这样，永远都将如此。”

安全车厢笼架和胶合式安全挡风玻璃都是 20 世纪 40 年代随沃尔沃 PV 444 产品推出的，它们是沃尔沃汽车首批重要的安全特色产品。在沃尔沃所有的发明中，最突出的首推 1959 年的三点式安全带，它被公认为是人类历史上，挽救了最多生命的技术发明之一。

长期形成的口碑为沃尔沃打造了“世界上最安全的轿车”的形象，不少人认为，即便未来有其他汽车的安全性能超过沃尔沃，它也难以取代沃尔沃的位置。在 Ingrid Skogsm 看来，这个“即便”是不可能存在的，因为沃尔沃把绝大多数经费都投入到了安全研究上，而其他厂家在这方面显然没有沃尔沃用心。

问题　沃尔沃轿车采用的是什么竞争战略?

3. 集中性战略

集中性战略是指主攻某个特定顾客群或某个有限的细分市场，使企业有限的资源得到充分发挥，在某一局部超过竞争对手，赢得竞争优势。

小思考 20世纪90年代，天津汽车公司将重心放在微型汽车上，生产的“夏利”汽车深受城市出租车市场的青睐。说说它采取的是什么竞争战略？

第三节 汽车品牌战略

世界上第一个汽车品牌是1886年诞生的奔驰汽车。在工业社会进程中，没有任何一个产品的品牌可以像汽车品牌这样历史悠久，如“奔驰”“宝马”“福特”“凯迪拉克”“雪佛兰”“劳斯莱斯”“宾利”“大众”“奥迪”“法拉利”等世界著名品牌，给消费者留下了美好的品牌印象。品牌是企业可持续发展的重要资源之一。在中国市场发育和发展的过程中，品牌的概念正受到越来越多的关注。

一、汽车品牌概述

（一）品牌与商标的概念

品牌就是商品的商业名称，是由企业独创的、有显著特性的特定名称。著名市场营销专家菲利普·科特勒说：“品牌是一种名称、术语、标记、符号或图案，或是它们的相互组合，用以识别某个消费者或某群消费者的产品或服务，并使之与竞争对手的产品或服务相区别。”

品牌是用名词、文字、数字、图案或这些因素组合形成的符号，它包括品牌名称和品牌标志。品牌名称是指品牌中可以用语言称呼的部分，如汽车品牌中的“奔驰”“奥迪”等。品牌标志是品牌中可以识别、认知，但不能用语言称呼的部分，包括符号、图案、独特的色彩和字体等。如“奥迪”汽车标志为四个圆环。

商标是经有关政府机关注册登记受法律保护的产品品牌。商标实行法律管理，受法律保护，享有专用权，别的企业不得伪造和冒充。而未经注册的产品品牌不是商标，不受法律保护。

品牌和商标有一定关联和区别。品牌和商标都是商品的一部分，所有的商标都是品牌，但品牌不一定是商标。它们的区别是：品牌是市场概念，而商标是法律概念。商标是企业的无形资产，无论使用与否，都有价值；而品牌则不同，不使用的品牌自然没有价值。

汽车品牌是各大汽车公司对其汽车产品设计的特殊名称和符号。按照我国《商标法》规定，必须使用注册商标，未经核准注册的，不得在市场销售。今天所有汽车的品牌也都是汽车的商标。世界知名汽车品牌名称如表5.9所示，汽车品牌标志（简称“车标”）如图5.8所示。

表 5.9 世界知名汽车品牌

汽车公司或国别	汽车品牌
美国通用	别克、凯迪拉克、雪佛兰、GMC、霍顿、悍马、欧宝、庞蒂亚克、萨博、土星和沃豪等
美国福特	沃尔沃、马自达、林肯、路虎、捷豹、水星、阿斯顿·马丁(1978～2006 年)等
美国克莱斯勒	道奇、吉普、顺风、猎兽等
德国汽车品牌	奔驰、宝马、大众、奥迪、保时捷、欧宝等
意大利汽车品牌	法拉利、菲亚特、依维柯、阿尔法罗密欧、兰旗亚、兰博基尼、布加迪、玛莎拉蒂等
英国汽车品牌	劳斯莱斯、罗孚、荣威、名爵、莲花、宾利、阿斯顿·马丁(1913～1986 年,2007 年至今)、摩根、伏克斯豪尔、MINI、陆虎、捷豹等
法国汽车品牌	雪铁龙、标致、雷诺等
瑞典汽车品牌	富豪、萨博等
日本汽车品牌	雷克萨斯、丰田、讴歌、本田、英菲尼迪、日产、三菱、马自达、斯巴鲁、五十铃、铃木、大发等
韩国汽车品牌	现代、起亚、大宇等
中国汽车品牌	红旗、奇瑞、江淮、吉利、长安、长城、东风、夏利、五菱、中华、东南、哈飞、华普等
芜湖奇瑞	奇瑞 QQ、A1、A3、A5、瑞虎、东方之子、旗云等
安徽江淮	瑞风、瑞鹰、宾悦、和悦、同悦、悦悦等

图 5.8 部分汽车车标

小思考 你知道以上车标分别代表什么汽车吗?

(二) 品牌的要素

品牌包含一个非常复杂的系统。一个品牌能表达出六层含义。

1. 属性

一个品牌首先给人带来特定的属性。例如,梅赛德斯表现高贵、优良制造、高声誉、快捷等。许多年来，梅赛德斯的广告是："其工程质量全世界其他汽车无可比拟。"这是为显示该汽车其他属性而精心设计的定位纲领。

2. 利益

消费者不是购买属性，而是购买利益，通过属性体现产品给消费者带来的特定利益。梅赛德斯-奔驰的消费利益是：由于其耐用，消费者可以使用很多年；由于高贵，消费者能"享受社会的尊重"。

3. 价值

品牌体现了制造商的某些价值感。100多年以来，劳斯莱斯公司生产的劳斯莱斯和本特利豪华轿车总共十几万辆，它不仅是一种交通工具，更是英国富豪生活方式的一种标志。

4. 文化

通过品牌反映产品的文化内涵。劳斯莱斯象征着英国贵族，梅赛德斯-奔驰则体现了德国文化。

5. 个性

品牌代表了一定的个性，每个品牌都有自己的个性。梅赛德斯-奔驰使人想起一位风度翩翩的老板。

6. 使用者

品牌还体现了购买或使用这种产品的是哪一类消费者。奔驰属于出入于上流社会的成功人士，劳斯莱斯是身份显赫的贵族，福特犹如中产阶级白领。

因而，品牌是有灵魂的，是活生生的。一个品牌必须存在于企业中，但又可以独立于它所在的企业之外。像"劳斯莱斯"无论是在被大众并购前或后，其核心价值并没有发生改变。

（三）汽车品牌的内涵与作用

1. 汽车品牌的内涵

（1）汽车品牌是汽车价值的象征。劳斯莱斯代表着高贵，奔驰是高质量的代名词，沃尔沃是安全的保证。

（2）汽车品牌是企业经营理念的象征，代表了企业品牌。如今，汽车品牌已经向企业品牌过渡。奔驰是德国奔驰公司追求质量、创新、服务的象征，丰田则代表日本丰田公司顾客第一、销售第二的经营理念。

（3）汽车品牌还是身份和地位的象征。因此，汽车生产厂已从制造汽车过渡到制造品牌、创造价值。汽车经销商也已由销售汽车向销售品牌、传递价值转变。

2. 汽车品牌的作用

（1）便于汽车消费者购买。品牌使汽车消费者易于辨认所需汽车产品与服务。

（2）便于保护汽车消费者的利益。品牌能表明汽车产品所达到的质量水平以及其他各项标准。同时，便于消费者进行汽车产品的维修及零部件的更换。

（3）有利于促进汽车产品质量的提高。汽车企业产品一旦在汽车消费者心目中树立了良好的声誉，汽车企业就会设法提高汽车产品质量，保住名牌。

（4）有利于汽车企业的产品增加市场占有率。品牌可引起汽车消费者的重复购买，并保证汽车产品不被其他同类产品所替代。优良品牌的汽车产品，易于获得较好的市场信誉。

（5）有助于广告促销活动。品牌有助于人们建立对企业的印象，企业宣传品牌远比介绍企业名称或生产技术方便。

二、汽车品牌战略

（一）汽车品牌设计战略

一个优秀的品牌有赖于品牌名称的科学命名和品牌标志的精心设计，有远见的汽车企业高层管理者都极其重视品牌的命名和设计。

1. 汽车品牌名称的命名

品牌命名是现代企业行销战略的一个重要环节。一个好的品牌名称，不是一个简单的记号，它能强化定位，参与竞争，而且还以其可能隐含的形象价值使某一品牌获得持久的市场优势。对于企业来说，名称最好能够准确地向消费者传达品牌的内涵，使品牌更加精致、有亲和力。一个好的名字应该承载一个品牌的内涵，传达品牌主张和承诺，能时时唤起人们美好的联想。

小案例 给汽车起个好名字

汽车制造厂都想为汽车起个好名字。美妙的车名能取悦消费者，为汽车打开销路。德国大众汽车公司生产的"桑塔纳"高级轿车，是取"旋风"的美誉而得名的。桑塔纳原是美国加利福尼亚一座山谷的名称，当地因生产名贵的葡萄酒而闻名于世。在该山谷中，还经常刮起一股强劲的旋风，当地人称这种旋风为"桑塔纳"。该公司决定就以"桑塔纳"为新型轿车命名，希望它能像桑塔纳旋风一样风靡全球，结果，好名字带来了好销路。

汽车的命名也有因疏忽而受到"冷遇"的，往往使其销路大减。20 世纪 60 年代中期，美国通用汽车公司向墨西哥推出新设计的汽车，名为"雪佛兰诺瓦"，结果销路极差。后经调查发现，"诺瓦"这个读音，在西班牙语中是"走不动"的意思。又如，福特公司曾有一款名为"艾特赛尔"的中型客车问世，但销路不畅，原因是车名与当地的一种伤风镇咳药（艾特赛尔）读音相似，给人一种此车有病的感觉，因此，问津者很少。

更有趣的是，美国一家救护车公司成立 30 年来，一直把"态度诚实、可靠服务"作为宗旨，并将这 4 个词的英文开头字母"AIDS"印在救护车上，生意一直很好。然而，自从艾滋病流行以来，这种车的销量一落千丈。因为印在救护车的 4 个词的英文字母恰恰与艾滋病的缩写"AIDS"非常相似，患者认为这是运送艾滋病人的车而拒绝乘坐，行人有时也嘲弄司机。这家公司最终只得更换了 30 多年的老招牌。

（资料来源：谢忠辉. 消费心理学及实务[M]. 北京：机械工业出版社，2010.）

问题 说说汽车品牌名称的重要性。

汽车品牌命名的原则包括以下几个方面。

（1）创新特别。品牌最重要的功能是区别于其他品牌，因此商品品牌名称不可以与别的品牌雷同或相似。

（2）简单记忆。从心理学角度分析，品牌名称以 2～4 个字最佳，且要简洁、顺口，不要用生僻字或多音字。常见汽车品牌名称如表 5.10 所示。

表 5.10 常见汽车品牌名称

字数	汽车品牌名称
两个字	奔驰、宝马、路虎、悍马、帝豪、林肯、奥迪、福特、现代、三菱、大众、丰田、本田、日产、奇瑞、吉利、江淮、标致、别克、红旗、东风等
三个字	保时捷、沃尔沃、法拉利、比亚迪、马自达、雪铁龙、雪佛兰、菲亚特、帕加尼、斯柯达、西亚特等
四个字	兰博基尼、凯迪拉克、劳斯莱斯、雷克萨斯、英菲尼迪、克莱斯勒等

（3）美好联想。品牌联想是决定产品能否畅销的很重要的一个环节。好的命名，要给人一种正面的联想，能让消费者迅速产生认同感。

（4）尊重习俗。对于全球一体化的汽车产品，其品牌名称应该考虑不同国家、民族的社会文化和消费习惯。

小案例 奔驰、宝马品牌名称

有人说中国人是世界上最聪明的人，很多洋品牌进入中国都被我们翻译得恰到好处就是一个有力的证明。

比如Benz汽车，一开始翻译成了"笨死"，香港又叫"平治"，直到找到"奔驰"这个贴切的译名，才开始在中国大地奔驰如飞。

BMW翻译成"宝马"堪称神来之笔，至于被叫成"别摸我"，如同把CBD解释成"中国北京大北窑"的简称（CHINA BEIJING DABEIYAO），肯定让创始人不高兴。

问题 为什么说奔驰、宝马的译名是神来之笔？

汽车品牌名称可谓五花八门，命名的方法也是多种多样，但有一个共同点，就是有利于产品在目标市场树立美好的形象。命名的方法有：

（1）以人名命名。以创始人的名字命名。如德国的戴姆勒·奔驰，美国的福特、克莱斯勒，英国的劳斯莱斯，法国的雪铁龙和日本的丰田，这些品牌都是以创始人的名字直接命名的。

（2）以地名命名。中国本土汽车许多以地名命名。如北京、江淮、中华等。

（3）以体育赛事命名。汽车总是与运动有关，许多汽车品牌以体育赛事命名，如丰田的"短跑家"等。

（4）以动植物命名。如"路虎""悍马""宝马"福特"野马""捷豹""莲花"等。

（5）以时代特征或政治色彩命名。如中国的"红旗""解放""东风"等。

（6）以社会阶层命名。如丰田"皇冠""花冠"，"尼桑"的"总统"等。

2. 汽车品牌标志设计的心理策略

标志对于品牌意义非同一般。它作为一种特定的符号，实际上已经成为品牌文化、个性、联想等的综合与浓缩。品牌标志如果能够深刻反映品牌的精神，并与消费者的心理重合，产生共鸣，则能够为品牌起到积极的推动作用。车标设计的心理策略有：

（1）简洁明了。物质丰富的社会，品牌多如牛毛，人们不会特意去记忆某一个品牌，只有那些简单的标志才留在了人们的脑海中。如奥迪、奔驰等。

(2) 设计有美感。造型要优美流畅、富有感染力,保持视觉平衡,使标志既具静态之美,又具动态之美。

(3) 准确表达品牌特征。品牌的标志,归根到底是为品牌服务的,标志要让人们感知到这个品牌是干什么的,它能带来什么利益。劳斯莱斯除了用两个 R 字母叠合成商标外,还在车头放了一个展翅欲飞的“雅丽小女神”雕像,象征“速度之神”和“狂喜之灵”。

小思考 上网搜索你熟悉的汽车车标的寓意。

(4) 字体与色彩运用讲究策略。字体要体现产品特征、要容易辨认、要体现个性。在色彩的运用上,首先要明白不同的色彩会有不同的含义,给人不同的联想,适用于不同的产品。其次,相同的颜色也会因为地区、文化、风俗习惯的差异而产生不同的联想。如宝马标志中间的蓝白相间图案,代表蓝天、白云和旋转不停的螺旋桨。

(5) 遵守法规、兼顾习俗、避免歧义。一般不得使用国徽、国旗或国际组织的徽章等作为品牌标志。由于各国价值取向、宗教信仰、传统习俗等有所不同,世界各地对文字、图形、色彩、数字的理解也有差别,因此车标的设计应尊重习俗,避免歧义。

小案例 奔驰汽车品牌标志

奔驰(Benz)是原产于德国的世界著名汽车品牌,是显示身份和地位的标志,在中国,它也是最受上层社会欢迎的汽车之一。然而,一些人却不愿选择奔驰汽车,原因是奔驰汽车那个圆形的汽车方向盘似的标志,虽然简洁明快、个性突出,但一眼看上去就像一个“囚”字,于是,奔驰汽车被一些人戏称为囚车,在选择时有所顾忌。

问题 为什么中国人选择奔驰有所顾忌?

(二) 汽车品牌定位战略

品牌定位策略是企业根据消费者对产品主要属性的不同要求,确定符合消费者需求的产品的优点和个性的一种策略。品牌定位与产品市场定位相似,主要目的是建立差异性,使本品牌有别于其他品牌。汽车产品品牌定位策略可从以下几个方面考虑:

1. 产品差别化策略

产品差别化策略是从产品质量、特色、耐用性、可靠性、维修性、风格等方面实现差别的策略。

(1) 产品性能质量。产品性能质量是指产品主要特点在运用中的水平。一般来说,产品的性能可以分为 4 种:低、中、高和超级。性能高的产品总体来说可以产生较高的利润,但是,当产品性能超过一定分界后,由于价格因素的影响,愿意购买的人会越来越少,利润反而会降低。

(2) 一致性质量。一致性质量是指产品的设计和使用与预定的标准吻合的程度。

(3) 特色。产品特色是对产品的基本功能的某些增补。例如,对于汽车来说,它的基本功能就是作为代步工具和运输工具,汽车产品的特色就是在基本功能上的增加,例如电动窗、ABS、安全气囊、空调等装置。由于汽车可以提供的差别化项目很多,因此,汽车制造商需要确定哪些特色应该标准化,哪些是可以任意选择的。如丰田的装配、本田的外形、日产的价格、三菱的发动机都是非常富有特色的。

(4) 耐用性。耐用性是衡量一个产品在自然条件下的预期操作寿命的性能。一般来说,购买者愿意为耐用性较好的产品支付更高的售价。但是,如果该产品的时尚性相当强,耐用性就可能不被重视。同样,技术更新较快的产品也不在此列。

(5) 可靠性。可靠性是指在一定时间内产品将保持正常运转的可能性。购买者愿意为产品的可靠性付出溢价。由于汽车产品属于耐用商品,因此,可靠性和耐用性一样是受到消费者重视的指标。

(6) 可维修性。可维修性是指一个产品出了故障或用坏后进行维修的难易程度。一辆由标准化零件组装起来的汽车容易调换零件,其可维修性也提高。理想的可维修性是指可以花少量的甚至不花钱或时间,自己动手修复产品。除了汽车设计水平和生产质量决定了该汽车的可维修性之外,为该汽车提供的售后服务也可看做是可维修性的衡量标准之一。如果一家汽车生产企业建立大量维修点,可以保证消费者在最短的时间和最短的距离下使汽车获得维修,同样可以认为该汽车的可维修性强。

(7) 风格。风格是产品给予顾客的视觉和感觉效果。许多汽车买主愿意出高价购买一辆汽车,就是因为被该汽车的外表所吸引。当人们提到一辆汽车时,眼前最先浮现的通常是该汽车的外观。风格比质量或性能更能给顾客留下印象。同时,风格具有难以仿效的优势。

小案例 　　　　福特“野马”跑车

为福特汽车公司带来巨大利润的野马跑车之所以受到欢迎,除了价格低廉外,其风格独特也是一个很重要的原因。野马车的设计集豪华与经济于一体,车身为白色,车轮为红色,后保险杠向上弯曲成一个活泼的尾部,就像一匹野马。在福特公司为新车问世在芝加哥所做的测试中,大部分受测试者都表示首先选择该车。

问题　为什么福特“野马”跑车深受欢迎?

2. 服务差别化战略

服务差别化战略是指向目标市场提供与竞争者不同的优质服务的战略。一般地,企业的竞争能力越强,越能体现在用户服务水平上,越容易实现市场差别化。如果企业将服务要素融入产品的支撑体系,就可以为竞争者设置“进入障碍”,通过服务差别化提高顾客总价值,从而击败竞争对手。汽车是技术密集型的产品,实行服务差别化战略是非常有效的。服务差别化主要体现在订货方便、客户培训、客户咨询、维修和其他多种服务上。

(1)订货方便。订货方便是指如何使顾客以最方便的方式向企业订货。网络的普及和电子商务的产生为顾客提供了随时随地可以订货的购物方式,这种便捷的订货方式已经开始被广泛使用。因此,为汽车销售商和生产商发展电子商务是必然的趋势。

(2)客户培训。客户培训是指对客户单位的雇员进行培训。特许经营是当今汽车销售行业中比较重要的渠道策略,大多数汽车厂商都会对它的特许经销商进行培训,以便使他们更好地经营特许店。此外,在汽车销售中,客户培训的另一种含义是教会顾客如何使用他们的新汽车,这项工作并不一定要靠销售人员进行,一本详细的使用说明书也可以起到客户培训的作用。

(3)客户咨询。客户咨询是指卖方向买方无偿或有偿地提供有关资料、信息系统和提出建议等服务。例如,某销售公司设立提醒服务:提醒消费者按时享受生产商或经销商的承诺服务,提醒消费者注意某些常规适用规范,譬如进行年检、购置保险等。

(4)维修。维修是指消费者所能获得的修理服务的水准。由于汽车是一种耐用商品,消费者购买汽车后一般总希望尽可能长时间地使用,尤其在中国。目前由于我国消费者收入因素的影响,这一点更为明显。因此,汽车消费者非常关心他们从卖方那里可以获得的修理服务的质量。维修是售后服务的一项内容,在服务营销日渐被汽车营销行业重视的今天,优秀的整车生产商都会注重维修服务的提供。

3. 人员差别化战略

人员差别化战略是指通过聘用和培训比竞争对手更优秀的人员以获取差别优势的战略。实践早已证明,市场竞争归根到底是人才的竞争,一支优秀的队伍不仅能保证产品质量,还能保证服务质量。人员的素质通常包括人员的知识和技能、礼貌、诚实、责任心、反应灵活、善于沟通等内容。

4. 形象差别化战略

形象差别化战略是指在产品的核心部分与竞争者无明显差异的情况下通过塑造不同的产品形象以获取差别的战略。

要使一个产品具有有效的形象,需要达到三点:第一,它必须传递特定的信息,这些信息包括产品的主要优点和定位;第二,必须通过一种与众不同的途径传递这种信息,从而使其与其他的竞争产品区别开来;第三,必须产生某种感染力,从而触动顾客的心。

树立一种强有力的形象需要创造力和刻苦的工作,同时也需要时间的考验。要树立形象必须利用企业可以利用的每一种传播手段,不断地重复使用。汽车是受品牌影响很大的一种商品,品牌形象本身就可以看做是一类汽车甚至是一家汽车生产厂的标志,品牌的差别是产品定位甚至是企业定位的体现。为树立汽车品牌形象,可以利用标志、文字和视听媒体、气氛及特殊事件来完成。

(三) 汽车品牌管理战略

1. 生产者品牌与销售者品牌

企业采用品牌之后,需要就是采用生产者自己的品牌,或是采用销售者的品牌,或是采用混合式品牌进行决策。

(1) 将全部产品置于生产者自己的品牌之下。采取这种策略是为了获得自立品牌所带来的利益。同时,许多销售者比较愿意经销生产者已经确立了品牌的商品。

(2) 将全部产品置于销售者品牌之下。采取此策略是因为一些大型商业企业在长期经营中形成了自己的声誉,在汽车消费者心目中产生了较好的评价,如一些小型企业,自身无力发展品牌,为便于销售,往往采用此策略,接受销售者的品牌。

(3) 销售者品牌与生产者品牌连用。有些大型商业企业,想建立自己的品牌,以便能更有效地控制价格,控制生产者。但为了获得汽车消费者的信任,维持高水平的品质,不得不使用生产者的品牌,将两种品牌连用。有的大型商店除销售本身品牌的某种产品外,也同时销售其他品牌的同类产品,使之与自己的品牌竞争。上海大众 VW 品牌就和上海汽车工业销售总公司的 SAISC 品牌连用。

2. 统一品牌与个别品牌

(1) 统一品牌。指一个企业的各种产品都以同一品牌推入市场,即家族品牌。采取这种策略不仅可以大大节约促销费用,而且可以利用统一的品牌建立广告传播体系,声势浩大地将企业精神和产品特点传播给消费者,使消费者具有强烈和深刻的印象。此外,可以借助已成功的品牌推出新产品,使产品较快地打开销路。只有在家族品牌已在市场上享有盛誉,而且各种产品有相同的质量水平时,该策略才能行之有效,否则,某一产品的问题会危及整个企业的信誉。奔驰车很少采用副品牌,对于有重大革新的汽车也只是以不同系列来区分,而上海大众至今为止推出的产品使用的都是 VW 这个品牌,而这个品牌也确实在中国市场上得到好评。

(2) 个别品牌。指一个企业的不同产品采用不同的品牌。如德国大众有 VW、奥迪、斯柯达等多个品牌的轿车。这种策略主要优点在于不致将企业声誉过于紧密地与个别产品相联系,如该产品失败,亦不致对企业整体造成不良后果。同时,个别品牌策略还便于为新产品寻求一个最好的名称,新的名称也有助于建立新的信心。

(3) 个别或统一品牌。按产品系列或产品大类划分,同一产品系列的产品采用统一品牌,不同系列的产品采用不同品牌,因为不同产品系列之间关联性较低,而同一产品系列之内的产品项目关联程度较高。对德国大众来说,VW 品牌的产品基本上是中档汽车,而奥迪是高档轿车,POLO 是经济型车。在这种品牌策略下,消费者很容易接受每种品牌所带有的意义。

(4) 将企业名称与个别品牌相结合。这是汽车行业中常见的一种品牌策略,即在企业各种产品的个别品牌名称之前冠以企业名称,可以使产品正统化,享受企业已有的信誉;而个别品牌又可使产品各具特色。如通用汽车公司生产的各种轿车分别使用凯迪拉克、雪佛兰、庞蒂亚克等品牌,而每个品牌前都另加"GE"(美国通用电气公司)字样,以表明是通用汽车公司旗下的产品。如图 5.9 所示。

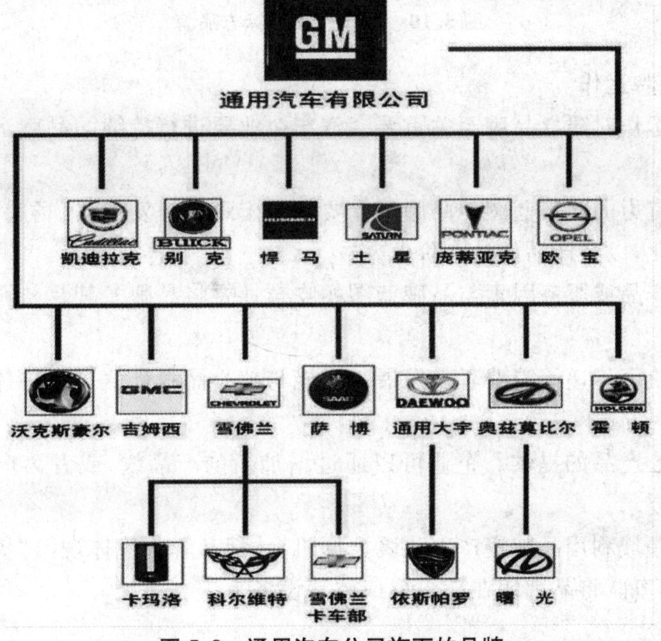

图 5.9　通用汽车公司旗下的品牌

3. 多重品牌

多重品牌策略是指一种产品使用两个或两个以上的品牌，使不同品牌的同一产品在市场上彼此开展竞争，有时会导致两者销售量之和大于原先单一品牌的先期产品总销售量。不同质量等级的同一产品也可采用不同品牌或商标，以示两者的区别。采用多重品牌的主要目的在于扩大市场份额，但也要注意其可行性，如不能扩大销量，则徒增费用。

（四）世界汽车品牌策略的新动向

1. 标志品牌

标志品牌在整车厂的品牌结构中处于最重要的地位。欧洲和美国的许多著名整车厂都有自己的标志品牌，如图 5.10 所示。

	欧洲						美国					
公司品牌	大众			宝马/Rover			福特			通用		
标志品牌	VW	Audi	Seat	RWM	Rover	Aust-in	Ford	Mercury	Lin-coln	Buick	Olds-Mobile	Cadilac
产品品牌（举例）	Polo	A3		3Series	200		Escort	Tracer		Skylark	Achieve	
	Golf	A4		5Series	400		Mondeo	Marquis		Century	Cutlass	
	Vento	A6	…	7Series	600	…	Contour	Cougar	…	Regal	Aurora	…
	Passat	A8		Z3	800		Taurus	Sable		Riviera	Bravoda	
		TT Coupe					Windstar	Village		LeSabre		

图 5.10 汽车产品的标志品牌

2. 持续的品牌运作

持续的品牌运作对建立品牌至关重要。汽车企业要进行持续的品牌运作需要注意以下五个方面：

(1) 描绘强有力的品牌蓝图。品牌建立要基于宏观经济发展、市场趋势、以需求为基础的细分市场的变化，以及产品的社会价值。

(2) 使核心产品或服务因素与品牌蓝图相吻合。要将品牌尤其是核心品牌的宣传转变为能实施的事件。

(3) 将品牌价值传递给消费者。发展一个能与核心品牌价值合为一体的协调一致的长期沟通战略。

(4) 扩充核心产品的提供。企业可以通过增加新的产品线，或者为产品发现新的细分市场来实现这一要求。

(5) 在其他领域利用品牌资产。认真把握机会，把品牌价值体现给“传统渠道之外的消费者”。如组织赛车队将品牌印在广告衫或体育设备上。

本章小结

<table>
<tr><td>基本概念</td><td>汽车市场营销战略　问题类　明星类　金牛类　瘦狗类　密集式发展战略　一体化发展战略　多角化发展战略　竞争战略　低成本战略　差异化战略　集中性战略　品牌　品牌名称　品牌标志　品牌定位　品牌管理</td></tr>
<tr><td>基本内容</td><td>1. 汽车市场营销战略是企业市场营销部门根据战略规划，在综合考虑外部市场机会及内部资源状况等因素的基础上，确定营销的战略任务、战略目标(市场、发展、利益、贡献)、战略重点、战略步骤等，对市场进行合理细分，选择相应的市场营销策略组合，并予以有效实施和控制的过程。
2. 汽车企业市场战略规划是企业的一种管理过程，即企业的最高管理层通过规划企业的基本任务、目标和业务组合，使企业的资源和能力适应不断变化的市场营销环境。
3. 波士顿咨询集团法(BCG 模型)是一种规划企业产品组合的方法。根据“市场增长率—相对市场占有率”矩阵，将战略业务单位分为问题类、明星类、金牛类和瘦狗类四种。
4. 企业营销战略发展规划分为密集式发展战略、一体化发展战略和多角化发展战略。密集式发展战略又分为市场渗透、市场开发和产品开发三种具体策略，一体化发展战略分为后向一体化、前向一体化和水平一体化三种，多角化发展战略分为同心多角化、横向多角化和混合多角化等。
5. 竞争战略包括低成本战略、差异化战略和集中性战略。
6. 品牌是一种名称、术语、标记、符号或图案，或是它们的相互组合，用以识别某个消费者或某群消费者的产品或服务，并使之与竞争对手的产品或服务相区别。品牌分为品牌名称和品牌标志两部分。
7. 品牌要素包括属性、利益、价值、文化、个性、使用者等六个方面。
8. 品牌的作用有：便于汽车消费者购买，便于保护汽车消费者的利益，有利于促进汽车产品质量的提高，有利于汽车企业的产品增加市场占有率，有助于广告促销活动等。
9. 汽车品牌战略包括品牌设计战略、品牌定位战略和品牌管理战略。
10. 汽车设计战略包含品牌名称的命名和品牌标志的设计。品牌名称的命名应遵循创新特别、简单记忆、美好联想、尊重习俗等原则，品牌标志设计的心理策略包括简洁明了、设计有美感、准确表达品牌特征、字体与色彩运用讲究策略、遵守法规、兼顾习俗、避免歧义等。
11. 汽车品牌定位战略包括产品差别化战略、服务差别化战略、人员差别化战略、形象差别化战略等。
12. 汽车品牌管理战略包括生产者品牌与销售者品牌战略、统一品牌与个别品牌战略、多重品牌战略等。</td></tr>
</table>

知识巩固

（一）选择题

1. 在波士顿咨询集团法中，将市场增长率和相对市场占有率都较高的业务单位称为（　　）。
   A 问题类　B 明星类　C 金牛类　D 瘦狗类
2. 波士顿咨询集团法采用的分类和评价矩阵是（　　）。
   A 市场增长率—相对市场占有率矩阵
   B 市场增长率—行业吸引力矩阵
   C 相对市场占有率—业务力量矩阵
   D 业务力量—行业吸引力矩阵
3. 汽车制造厂建立自己的4S销售店属于（　　）。
   A 前向一体化　B 后向一体化
   C 水平一体化　D 横向一体化
4. 安徽江淮汽车制造厂在制造卡车的基础上再增加制造轿车属于（　　）。
   A 同心多角化　B 混合多角化
   C 前向一体化　D 后向一体化
5. 美国通用公司旗下有别克、欧宝、雪佛兰等多种品牌，它采取的是（　　）。
   A 统一品牌策略　B 个别品牌策略
   C 多重品牌策略　D 企业品牌与个别品牌相结合的策略
6. 战略计划过程是企业为生存和发展而制定的长期总战略的一系列重要步骤，包括（　　）。
   A 规定企业的任务　B 制定企业的目标
   C 评估业务组合　D 营销战略规划
   E 制定新业务发展计划
7. 企业发展战略中的密集式发展战略包括（　　）。
   A 市场渗透　B 前向一体化　C 市场开发　D 水平多元化
   E 产品开发
8. 品牌要素包括（　　）。
   A 属性　B 价值　C 个性　D 使用者
   E 利益

（二）判断题

1. 消费品尽管种类繁多，但不同品种甚至不同品牌之间不能相互替代。（　　）
2. 多品牌策略是企业为多种产品设计两种或两种以上互相竞争品牌的做法。（　　）
3. 品牌便于保护汽车消费者的利益。（　　）
4. 明星类业务单位的特点是市场增长率和相对市场占有率都很高。（　　）
5. 波士顿咨询集团法是目前评估业务组合最常用的方法，也是唯一的方法。（　　）

(三) 简答题

1. 你喜欢哪个汽车品牌,为什么?
2. 汽车企业市场营销战略规划包含哪些内容?
3. 一般性竞争战略包括哪些?

案例分析

宝马的"品牌全球化—营销地方化"战略

一、背景:欧共体市场一体化

宝马(德国巴伐利亚汽车公司,简称BMW)是一家出口导向的德属汽车公司,其产量的2/3皆属出口。出口的主要地区集中于高度工业化的国家,如欧共体国家、日本和美国。然而,1993年1月1日后,出口与国内销售之比发生了逆转,因为2/3的产量集中在一体化的欧洲市场销售。

1993年1月1日是欧洲市场一体化形成的标志,尽管一体化的真正形成尚需时日,但是在这一阶段,许多汽车制造商已经调整了它们对欧共体市场的销售网络,宝马公司也不例外。

一体化的政策之一是技术规则规定的标准化,这当然是有利无害的,问题在于市场上的目标群体是否也应该"标准化"。从表面看来,描述公司顾客结构的资料似乎表明公司的目标群体大同小异:宝马公司的顾客基本上都受过一流教育,他们要么身居高位,要么是自由专业人士,两者皆属高收入阶层。

事情是不是真的如此简单呢?欧共体12个成员国家有9种语言11种面值不同的货币,以统一的货币欧元(ECU)作为支付手段尚需时日。

公司的现有目标市场虽然集中于工业化国家,但也有农业占相当比重的国家,在这些国家,人们的生活方式迥异,生活水平悬殊。就人均居民国内生产总值来讲,贫富地区相差5倍有余。不管和谐统一多么重要,千百年来发展起来的文化、传统和生活方式的差异永远不会消亡。

由此可见,不存在什么偏好与购买力一致的所谓"欧洲消费者"。关于欧共体一体化的管理法案于1993年1月1日生效,但人们的个性特征不会因此而被抹平,不同民族在精神上的差异也不会因此而消除。有鉴于此,宝马公司认为应在各个地方市场上做到入乡随俗。

二、寻找"欧洲品牌"

1. 为什么需要欧洲品牌?

BMW决意要成为一种出类拔萃、个性鲜明的产品,要在15%的高档轿车市场领域中独占鳌头。经过多年艰辛的努力,宝马在世界上已经创立了一种轮廓鲜明的形象。不过,创立一种驰名世界的品牌形象是一回事,在某一特定市场上成功地销售又是另一回事。为了满足不同地方市场的不同要求,宝马决定采取集中统一的品牌战略,战略的实施则依不同的国家而有所变化,这就是所谓的"品牌全球化—营销地方化"的营销战略系统。

这一战略形成的第一步是进行市场研究。市场调研的任务在于决定宝马在欧洲和各地区范围里的理想定位。为此举办了一系列的小组讨论，目的在于剥茧抽丝，找出各国家有关语言的问题和可接受的品牌特性。接着设计了一个问卷，问卷的问题既包括适合所有国家的共同“核心”，也有一系列涉及各个不同国家的内容，以反映不同地方的态度与意见。问卷的问题采用了开放的形式，以便顾客就某些问题作进一步的解释。宝马公司后来发现，若没有这些问题，有些重要的情况就不会得到了解。例如，荷兰与某些意大利汽车购买者都要求某种程度的独有性，但是对于表示这种独有性的汽车品质的意见却截然不同。

调查的结果表明，5 个国家（即奥地利、意大利、荷兰、法国和瑞士）的顾客要求可分为如下 3 大类：

(1) 对所研究的每个国家的细分市场中的所有驾驶汽车的人都同等重要的特性，这些特性因而在全欧洲有效。

(2) 对某个国家所有驾驶汽车的人都同等重要的标准，这些标准因此构成国别差异。

(3) 对所有国家中某些驾驶汽车的人同等重要的要求，这些要求因而带来与目标群体有关的差异。

结果，任何想要为欧洲人提供得体的“套装”的人都可以找到相应的式样，只不过，他必须根据地方习俗加以“编织”，根据个人爱好进行“着色”。

2. 欧洲式样

全欧洲一致的要求有：可靠性、安全性、质量、先进技术。宝马公司把这些标准称为基本要求。那些被认为不符合这些要求的轿车，在购买决策的最初阶段，就被购买者从本来就不太长的备选清单中一笔勾销。另一方面，符合这些要求的汽车则在所有国家都被认为是好车。

3. 量国裁衣

一旦这种式样经过了上述基本考验，下一步就是选择适合某个国家趣味的体裁，还得将该国的气候条件一并考虑。就汽车来讲，这意味着：在荷兰，汽车的吸引力有赖于“内部品质”，如精工细琢的内部配置。与此相反，在奥地利，汽车可能也应该展示个人的自信，什么样的车显示出其主人是什么样的人，“车如其人”的观念在这里比其他任何国家都强。在意大利，人们十分希望车能符合驾驶员的个人风格，他们对设计和审美品质以及行驶中的动力表现的要求，使得人们发现意大利人对车的追求与其他国家的人截然不同。

这样，不同国家的要求所组成的特征鲜明的轮廓如水落石出般凸显出来，这个轮廓或多或少包括前面提到的基本要求，但涉及的主要是与某个国家相关的特定期望。

这是否意味着相同的车可以在所有国家出售，只不过成功率有点不同而已呢？

不。鉴于所有国家对汽车的基本要求一致，一辆车在法国是“好车”，在奥地利和荷兰，它也是“好的”，显而易见，差别在于人们对车的特定期望因国而异。因此，宝马公司认为一辆车要在众多国家成功地销售，最终是一个沟通问题。

4. 因人着色

欧洲式样和“量国裁衣”并不等于就是一身得体的“套装”。宝马公司深深知道，与他要打交道的是人，而不是车。尽管这些人就一个民族来说，他们有共同的观点，但是就个体来看，各人希望展示自己的个人风格却不尽相同，甚至大相径庭。正是在后者的意义上，不同国家的那些具有某种相同或相似的要求的人，构成了宝马细分市场中的目标群体。根据某种相同或相似的要求，欧洲驾驶宝马汽车的人分为 7 大类，如“传统型驾驶者”“运动型驾车者”“普通型汽车爱好者”等。

掌握了各种类型的规模与特征后，现在可以根据企业战略蓝图来确定品牌的核心和边缘目标群体。令宝马公司最感兴趣的是，在某个特定的国家销售不同类型的轿车，显然需要“营销地方化”。

三、发现结果的应用

调研结果为“品牌全球化，营销地方化”提供了有力的依据。此外，它们使宝马公司得以通过对定位标准的有机组合，去寻找最佳的战略路线。若要获得理想的战略，指导方针必须满足以下条件：

(1) 应对尽可能多的目标群体成员富有吸引力。

(2) 具有凝聚力，即使有多方面的特征，也要形成一个统一的整体。

(3) 符合企业形象的要求。

(4) 提供一个超越竞争对手的独特地位。

在宝马用一种更为现代的方式重新制定其国际定位方式时，定位的原则与研究结果两者都至关重要。以前的方式以单方面考虑技术能力和先进性为特征，新的方式则扩展至包容了情感因素、审美价值、风格雅致、构思精巧、独特超群和个性鲜明等新的方面，突破了宝马品牌传统上所强调的以技术与运动风格为核心的形象，由此大大增加了扩展品牌的途径。

宝马公司新的定位方式的确立在很大程度上受到1987年和1988年两年中推出的5系和7系列新车型的影响。但是这种新颖性往往很快过时，如白驹过隙，昙花一现；而竞争者则虎视眈眈，暗中等待时机，时刻准备推出新产品。但新产品的开发需要投入大量的时间和资金。正因为如此，围绕产品的整个环境，以及公司作为一个整体的姿态，在产品的销售中必须发挥更积极的作用。定位竞争因此逐渐从产品本身转移到它的环境方面。优良的车本身仅仅是成功的基本先决条件之一，创造一个统一的整体，即让汽车的整体性能得以发挥的空间，将是决定该车成功的最终因素。

新的发现与新的方式的确立使得公司调整了其战略目标，即从注重产品本身转移到重视产品的环境，尤其是产品的营销环节。但是，传统上公司总部强调统一性，只见森林，不见树木；而各国的分公司则更多地强调地方特色，往往只见树木，不见森林。为了解决这样的冲突，统一大家的认识，宝马公司在开展调研的每个国家举办研讨会，参加者包括公司总部和各分公司负责市场营销的官员，还邀请了有关机构与调研公司。在研讨会上首先提出有关国家的调研结果，然后将其置于新的战略目标的背景下加以讨论。实践证明，这种方法为公司总部和分公司负责营销的人员提供了行之有效的途径，它加深了大家对“品牌全球化—营销地方化”战略的理解和认识，从而为这一战略的顺利实施打下了良好的基础。

（资料来源：陈文华，叶志斌. 汽车营销案例教程[M]. 北京：人民交通出版社，2004.）

问题：

1. 什么是品牌统一战略？

2. 宝马公司针对欧共体制定了“品牌全球化—营销地方化”的营销战略系统，原因何在？

3. 如何理解宝马公司“世界性品牌，地方性营销”战略？

4. 查阅相关宝马资料，说说宝马的企业使命与愿景。

5. 查阅相关资料，说说宝马的品牌价值。

技能实训

福特轿车品牌策略调查

<table>
<tr><td rowspan="4">课程名称：
情境：当地福特轿车4S店</td><td>姓名：</td><td>总分：</td></tr>
<tr><td>班级：</td><td>实训日期：</td></tr>
<tr><td>学号：</td><td>实训地点：</td></tr>
<tr><td>组别：</td><td>实训课时：</td></tr>
<tr><td colspan="3">1. 实训目的与要求：走出课堂，了解福特轿车的品牌策略。</td></tr>
<tr><td colspan="3">2. 实训内容：学习运用网络和实地调查的方法收集福特轿车品牌的相关资料，对当地福特轿车的销售情况进行分析，发表自己的观点。</td></tr>
<tr><td colspan="3">3. 实训安排及操作步骤：
(1) 先在课堂上学习汽车品牌、汽车营销规划的相关内容；
(2) 学生利用课余时间通过当地的福特轿车4S店，详细了解和分析福特轿车品牌策略，并归纳总结出成功之处及面临的问题，以调研报告的形式上交。</td></tr>
<tr><td colspan="3">4. 实训总结和体会。</td></tr>
</table>

第六章　汽车市场营销策略

经典名言

未来竞争的关键，不在于工厂能生产什么产品，而在于其产品所提供的附加价值：包装、服务、广告、咨询、融资、送货及人们以价值来衡量的一切东西。

——美国著名市场营销学家　里维特

公司往往对自己的营销渠道关注不够，有时甚至会带来灾难性的后果。

——现代营销学之父　菲利普·科特勒

科技为企业提供动力，促销则为企业安上了翅膀。

——IBM 创始人　沃森

你不是通过价格出售商品，你是出售价格。

——菲利普·科特勒

学习目标

知识掌握：

1. 理解汽车产品整体概念，并能熟练分析各种汽车的五层次内容；
2. 理解汽车产品组合相关概念，掌握产品组合策略；
3. 掌握汽车产品生命周期概念，明确各阶段特点及相关营销策略；
4. 掌握新产品的几种类型，了解新产品开发的一般流程；
5. 了解汽车价格策略的定价程序、定价目标和影响定价的因素；
6. 掌握汽车价格策略的定价方法、定价策略及价格变动策略；
7. 掌握分销策略的分销渠道类型、中间商类型等；
8. 掌握促销策略的人员推销、广告、营业推广和公共关系。

能力目标：

通过本章学习，在掌握汽车营销策略理论的基础上，能够准确进行相关案例的分析，能够进行基本的营销策划方案的制作，具备良好的营销思维。

关 键 词

产品(Product)
价格(Price)
分销(Place)
促销(Promotion)

开篇案例　　别克凯越轿车的价格策略

上海通用汽车公司是世界最大的汽车制造厂商，别克是世界名牌。它先后推出了经济型轿车赛欧(8.98 万元～12.98 元万)和中高档轿车别克君威(22.38 元万～36.98 元万)。赛欧针对的是事业上刚刚起步、生活上刚刚独立的年轻白领，而别克君威则针对的是已经取得成功的领导者。2003 年 8 月，上海通用汽车推出“别克凯越”，正式进军极具潜力的中级轿车市场。

中级轿车市场是中国轿车市场的主流，这一汽车板块为中国汽车业带来了巨大的利益，同时也是竞争最激烈的市场。目前中级轿车月销售量在 2.4 万台左右，而且仍在迅速增长。别克凯越的市场主要竞争对手包括：爱丽舍、日产阳光、宝来、威驰、福美来、捷达、桑塔纳 2000 等。中档车市场面对的是中国社会中最具有经济实力的一个阶层，一般来讲，这样的家庭都具有以下特征：男性，已婚，30～45 岁，家庭月收入超过一万元，大专以上文化教育程度，为国企或私企中层经理或是中小型私营企业主，他们购买轿车的用途是以公务商务为主，兼顾私用。

别克凯越上市价格：LE-MT 豪华版(1.6 L 手动挡)售价为 14.98 万元，LS-AT 顶级版(1.8 L 自动挡)售价为 17.98 万元。

中国国内中档车的市场竞争相当的激烈，多种因素影响了别克凯越的上市价格。别克凯越要面对的是一个逐渐成熟的市场，爱丽舍、日产阳光、宝来、威驰、福美来、捷达、桑塔纳 2000 等车型已经占据了相当大的市场份额，同时，这些车型又具有很高的性价比。

根据中档车的使用人群特点，别克凯越定位专为中层经理人、小型私企业主打造的中档公务商务兼私用座驾。它以现代动感外观、高效人性化空间、卓越先进科技配备，满足了潜在车主实用、可靠、时尚、符合身份档次的用车需求，成为其事业和生活的可靠伴侣。

在市场已经被占领的情况下，别克凯越只有以更高的性价比才可以在市场中占有一席之地。在性能上，别克凯越配置了许多高档车的设备，而在价格上，别克凯越在同档次的车型中价格居中上。例如，宝来 1.6 L 手动基本型的售价是 15.5 万元，宝来 1.8 L 舒适型的售价是 18.5 万元。别克凯越的售价比同档次的宝来低了 5000 元。

别克凯越还采用了尾数定价的技巧。这无疑又为别克凯越占领市场建立了一个好的口碑。别克凯越 1.6 L 的定价虽然离 15 万只是差了 200 元，但是消费者在心理上没有突破 15 万的心理防线，给顾客价廉的感觉。而同一档次、性能相近的宝来的售价是 15.5 万元人民币，使消费者感到价格昂贵。同时别克凯越采取了以数字 8 为尾数，很符合中国人的习惯。

在面对同类中级车的不断降价声中，别克凯越很难降价。直接降价无疑会对品牌的声誉产生很大的影响，一个顾客很难接受一个汽车品牌不断地降价，这不仅损害了顾客的利益，而且还损害了厂商自身的利益。以上海通用一贯的价格策略，别克凯越将会采用提高性能或者实行优惠的政策来变相降价。

别克凯越进入市场 3 个月内，销量突破 2 万辆大关，创造了中国轿车业的奇迹，这和上海通用灵活的价格策略是分不开的。

(资料来源：杜淑琳. 市场营销模块化教程[M]. 合肥：中国科学技术大学出版社，2010.)

案例思考：

1. 影响别克凯越定价的主要因素有哪些?
2. 作为一个消费者，在面对 14.98 万元和 15.5 万元的价格时，会有什么样的印象?
3. 为什么别克凯越会采取变相降价的策略?

第一节　汽车产品策略

在目标市场选择、市场定位的基础上，企业就要考虑制定市场营销策略来实施市场进入。美国营销学学者麦卡锡教授在20世纪50年代末提出了著名的4P组合，即产品、价格、分销和促销。由于产品(Product)、价格(Price)、分销(Place)、促销(Promotion)英文单词的第一个字母都以"P"打头，故又把市场营销策略称这市场营销4P组合(Marketing Mix)，简称"4P组合"。

4P组合自问世以来，得到了全球市场营销理论界和实业界的广泛接受，成为市场营销的经典理论与有效实战工具，也是汽车行业制定营销策略的通用范式。

产品策略是市场营销4P组合的主线，是价格策略、分销策略和促销策略的基础，它被称为营销策略4P的第一P。企业的一切生产经营活动都要通过产品或服务来实现，即通过为顾客提供产品或服务来实现企业的经营目标。

汽车制造商的产品策略需要考虑哪些问题？

(1) 生产什么产品？

(2) 为谁生产产品？

(3) 生产多少产品？

(4) 如何组织这些产品？

(5) 如何开发新产品？

(6) 如何制定不同生命周期阶段的产品策略？

一、汽车产品整体概念

1. 五层次产品整体概念

菲利普·科特勒认为："产品是指为留意、获取、使用或消费而提供给市场的，以满足某种欲望和需要的一切东西。"因此从营销角度来说，产品是指能够满足消费者需求的所有有形的实体和无形的服务，即：产品＝有形实体＋无形服务。菲利普·科特勒提出了产品的五层次概念，如图6.1所示。

2. 汽车产品整体概念

根据产品整体概念和目前汽车市场特点，汽车产品整体概念可以理解为向汽车市场提供的能够满足汽车消费者某种欲望和需要的一切事物，包括汽车实体、汽车服务、汽车保证、汽车品牌、汽车保险和汽车金融等。可概括为：

人们需要的汽车产品＝需要的汽车实体＋需要的汽车服务

汽车企业提供的汽车产品＝汽车企业生产的车辆本身＋汽车企业提供的汽车服务

汽车产品五层次概念如表6.1所示。

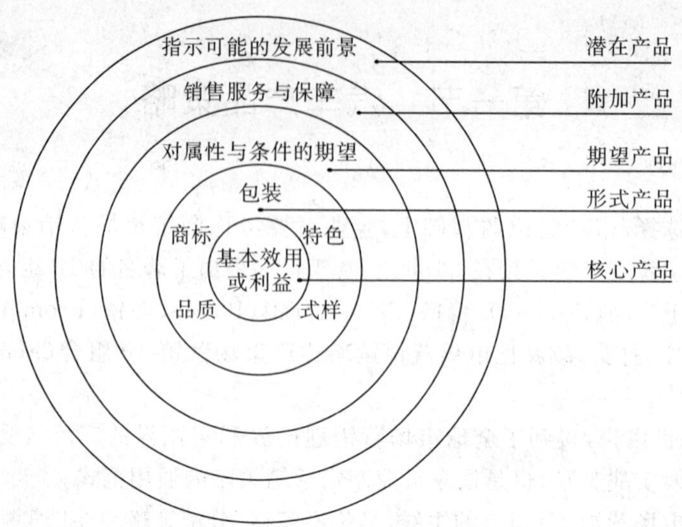

图 6.1 产品五层次概念

表 6.1 汽车产品五层次理论

类别	概念	内容
汽车核心产品层 (汽车实质产品层)	产品最基本效用与利益	运输、载客、代步等
汽车形式产品层 (汽车基础产品层)	核心产品的表现形式	质量、特色、造型、品牌等
汽车期望产品层	消费者除核心利益外期望获得的附加利益	安全性高、有 GPS 导航设施、音响效果好、省油节能、操控简单等
汽车附加产品层 (汽车延伸产品层)	随同产品销售提供的附加服务	保养、装潢、维修、信贷、咨询、售后服务、旧车评估置换等
汽车潜在产品层	未来产品的潜在状态	如无人驾驶汽车、纯电动汽车、水陆两用汽车等

汽车整体概念是五个层次的有效组合,目前消费者主要关注汽车的基础产品、期望产品和附加产品。汽车企业应合理运用整体概念,以满足不同消费者对同一汽车产品的不同需求。

> **小思考** 许多教材中提出的是产品整体概念的“三层次理论”,请查阅相关资料,说说它与“五层次理论”的关系。

二、汽车产品组合策略

（一）相关概念

1. 汽车产品组合

汽车产品组合是指一个汽车制造企业所能生产和销售的所有汽车产品线和汽车产品项目的组合，即其所能生产的汽车产品的总和。

2. 汽车产品项目

汽车产品项目又称产品品种，是指汽车产品目录上开列的每一个具体的汽车产品。

3. 汽车产品线

汽车产品线又称产品大类，是指密切相关的一组汽车产品，由若干汽车产品品种组成。汽车产品线的划分可依据汽车产品的用途、消费者的需求特点、分销渠道或是否属于统一价格范围。通常每条产品线都设有专人管理，称为产品线经理。

4. 汽车产品组合的宽度

汽车产品组合的宽度也称广度，是指汽车企业生产经营的汽车产品线的数量，产品线越多，宽度就越宽。

5. 汽车产品组合的深度

汽车产品组合的深度指某一条产品线中所包含的产品项目的数量。

6. 汽车产品组合的长度

汽车产品组合的长度指汽车产品组合中包括的所有汽车产品项目的总和。

7. 汽车产品的相关性

汽车产品的相关性是指各条产品线在最终用途、生产条件、细分市场、分销渠道、维修服务或其他方面相互关联的程度。

（二）组合策略

汽车产品组合策略，就是汽车企业根据市场需求、外部竞争环境和企业自身能力水平，对汽车产品组合的宽度、深度和相关性进行决策。汽车产品组合决策过程应成为优化组合的过程。常见组合策略有以下三种：

1. 扩大汽车产品组合策略

（1）扩大汽车产品组合宽度。扩大汽车产品组合宽度即增加新的产品线，拓宽汽车产品经营领域。它可以充分利用企业的人力和各项资源，使汽车企业在更大的领域内发挥作用，并能分散企业的投资风险。

小思考 奇瑞汽车进入皮卡市场，推出了奇瑞爱卡，这样做对其有什么好处？

（2）加深汽车产品组合深度。加深汽车产品组合深度即在原生产线基础上增加新的产品项目。如企业需要进军更多的细分市场、满足更多消费者的不同需求，可以选择加深产品组合的深度，增加新的产品项目。

2. 缩减汽车产品组合策略

与扩大产品组合相反，企业为了降低成本、减少债务、改善财务状况，重新实现盈利等方面的原因,会采用缩减产品组合的策略。该策略有放弃汽车产品线和减少汽车品种等。

小案例 **安徽芜湖奇瑞汽车2012款产品组合**

安徽芜湖奇瑞汽车2012款汽车产品组合情况如表6.2所示。

表6.2 芜湖奇瑞2012款汽车产品组合情况

奇瑞QQ3	东方之子	A3	旗云1	旗云2	旗云5	瑞虎
※EV ○基本型 ○启航型 ※0.8L ○手动暑期限量版 ○手动梦想版 ※1.0L ○时尚版 ·AMT型 ·手动型 ○运动版	※1.8L ○手动俊雅版 ※2.0L ○手动典雅型 ○CVT典雅版 ○手动智雅版 ○CVT智雅版 ○CVT尊雅版	※1.6L ○手动一体 ○CVT三厢 ·进取型 ·尊贵型 ○CVT两厢 ·进取型 ·尊贵型	※1.0L ○手动 ·标准型 ·舒适型 ·数智导航版 ※1.3L ○AMT舒适型	※1.5L ○手动实力型 ○手动标准型 ○手动舒适型 ○手动豪华型 ○手动尊贵型	※1.8L ○手动精英版 ○手动舒适版 ○手动豪华版 ○CVT手自一体巡航版 ○CVT手自一体导航版	※1.6L ○经典版 ○精英版 ※1.8L ○精英版 ※2.0L ○精英版 手动豪华型 ○DR欧版自动尊贵型

(资料来源:根据奇瑞网站整理)

问题 1. 计算2012奇瑞汽车产品组合的宽度;

2. 计算2012奇瑞东方之子汽车产品组合的深度;

3. 计算2012奇瑞汽车产品组合的长度。

缩减汽车产品组合策略有哪些好处?

(1) 可集中精力与技术,对少数汽车产品改进品质、减低成本;

(2) 对留存的汽车产品可以进一步改进设计、提高质量,从而增强其竞争力;

(3) 使库存减少至最低限度;

(4) 使汽车企业的促销目标更加集中,效果更佳。

3. 产品线延伸策略

产品线延伸策略是指改变全部或部分产品的市场定位,有向下延伸、向上延伸和双向延伸三种实现形式。

(1) 向下延伸。指最初定位为高档汽车产品,后来逐渐增加一些较低档次的汽车产品。例如宝马汽车公司一向秉承“专属独尊”的贵族理念,实行高端品牌战略,但同时开发了宝马mini。

(2) 向上延伸。向上延伸指原本生产经营低档汽车产品的企业逐渐增加高档汽车产品。比如吉利并购被誉为“世界上最安全汽车”的沃尔沃。

小案例　　　知名汽车企业开始使用产品线向下延伸策略

2012年大众汽车提出将创立新品牌，面向以中国为主的新兴市场，开发一系列低成本车型，新车的基准价格在人民币4万元～5万元。而长安福特也提出会向中国的三四线甚至五线城市提供有价值的低价车型。

问题　你认为这种策略可行吗？为什么？

(3) 双向延伸。双向延伸指生产经营中档汽车产品的企业，逐渐向高档和低档两个方向延伸汽车产品线。例如上海通用汽车公司在推出中级车别克之后，又推出了小型车赛欧和高档豪华车凯迪拉克。

你知道什么是微型车、小型车、中型车和豪华型车吗？

一般根据车的轴距和排量来确定车的级别。

微型车(AOO级车)：轴距在2.0～2.20米，排量小于或等于1.0 L；

小型车(AO级车)：轴距在2.20～2.30米，排量在1.0～1.3 L；

紧凑型车(A级车)：轴距在2.30～2.45米，排量在1.3～1.6 L；

中型车(B级车)：轴距在2.45～2.60米，排量在1.6～2.4 L；

中大型车(C级车)：轴距在2.60～2.80米，而排量下限不低于2.4 L，不超过3.0 L；

豪华车(D级车)：轴距大于2.80米，排量在3.0 L以上。

三、汽车产品生命周期及其策略

(一) 汽车产品生命周期的概念

汽车产品生命周期，是指汽车产品的市场寿命(与产品自然寿命或使用寿命无关)，即汽车产品从试制成功投入市场开始，到被市场淘汰为止所经历的全部时间过程。汽车产品的市场寿命的长短与汽车消费者需求变化，汽车产品更新换代速度、国家的宏观政策等多种因素有关。

典型的汽车产品生命周期包括介绍期、成长期、成熟期和衰退期，如图6.2所示。

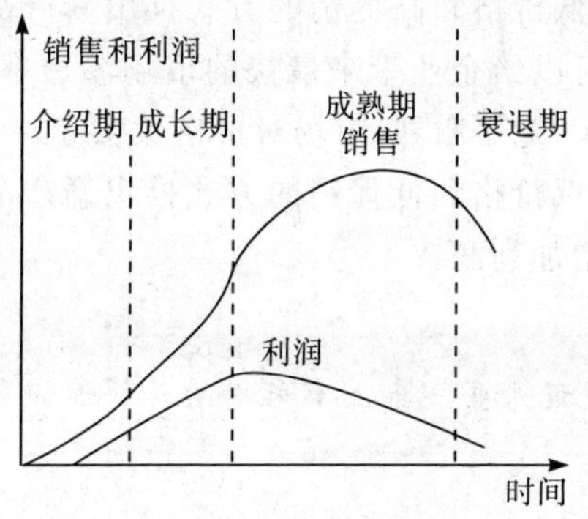

图6.2　汽车产品生命周期曲线

小思考 什么是汽车的“使用寿命”？它与“市场寿命”有何不同？它与哪些因素有关？

（二）汽车产品生命周期各阶段特征及营销策略

1. 介绍期

介绍期又叫“介入期”“投入期”，是指汽车产品刚投入市场的初期阶段。

（1）介绍期的主要市场特点：

① 生产成本高。汽车产品生产技术不够稳定，企业的生产批量小，单位生产成本高。

② 营销费用高。企业需要投入较高的广告费用和市场开拓费用，故营销费用也高。

③ 销量少。汽车产品刚进入市场试销阶段，顾客对产品不太了解，因此销售量低。

④ 利润低，甚至为负值。由于销售量少、成本高，企业通常获利甚微，甚至是亏损经营。

⑤ 价格高。因为成本高，一般售价也较高。

（2）介绍期的营销策略——瞄准市场、先声夺人。根据介绍期的特点，企业的市场营销策略要突出一个“快”字，即尽快缩短介绍期，进入成长期。此阶段最重要的工作是建立产品知名度，广泛宣传，大力促销，吸引客户的认知和注意。根据企业推出汽车新产品时的促销费用和新产品定价两方面考虑，有以下四种营销策略，如表6.3所示。

表6.3 介绍期的四种营销策略

	促销费用高	促销费用低
价格高	快速撇脂策略	缓慢撇脂策略
价格低	快速渗透策略	缓慢渗透策略

① 快速撇脂策略，即以高价格和高促销推出新产品。实行高价格是为了在单位销售额中获取最大的利润，高促销是为了引起目标市场的注意，加快市场渗透。成功实施这一策略可以快速收回投资。

② 缓慢撇脂策略，即以高价格和低促销的方式推出新产品。其目的是使企业获得更多的利润。一般适用于这样的情况：市场规模有限，没有剧烈的潜在竞争，客户已了解该产品等。

③ 快速渗透策略，即以低价格和高促销的方式推出新产品。目的在于先发制人，以最快的速度打入市场，该策略可以给企业带来最快的市场渗透率和最高的市场占有率。采取此策略的情况是：市场规模大，竞争激烈，市场对价格敏感等。

④ 缓慢渗透策略，即以低价格和低促销的方式推出新产品。低价格可扩大销售量，少量促销费可降低营销成本，增加利润。

小思考 搜集资料，说说哪些汽车上市采用的是快速撇脂策略？

2. 成长期

汽车产品的成长期是指产品销售量和利润额都迅速增加的时期。

（1）成长期的主要市场特点：

① 销量大增。客户对产品已经熟悉，有大量的顾客开始购买，市场逐步扩大，销量大增。

② 成本下降、利润增加。产品批量生产，生产成本开始降低，企业的销售额迅速上升，利润额也迅速增长。

③ 竞争激烈。同类产品的竞争者看到有利可图，纷纷进入市场参与竞争。

④ 价格开始下降。成本费用降低，价格适度调整。

（2）成长期的营销策略——顺应增长、质量过硬。成长期应尽量保持销售的增长态势，营销策略突出“好”字，即提高产品质量、扩大企业信誉、建立品牌美誉度。企业一般会采用如下策略：

① 改进和完善产品质量。可以通过技术改进提高汽车性能；也可以通过提供优良的售后服务和增加新款式、新配置、新型号等措施，提高产品的市场竞争力。

② 开拓新的细分市场。通过市场细分，积极寻找新的尚未满足的细分市场，并开辟新的销售网点，扩大销售网络。

③ 改变广告的诉求重点。从介入期的介绍产品以提高产品知名度，转为重点宣传产品的特色，以建立客户品牌偏好。

④ 调整产品售价。根据市场竞争情况和产品自身特点，选择适当时机降低产品价格，以吸引更多对价格敏感的潜在顾客购买，从而提高企业的市场占有率。

3. 成熟期

成熟期是指产品销量达到最大的时期，是企业获取利润的黄金时期。但此时销售增长率和利润增长率开始回落，因此它也是一个由盛转弱的转折时期。

（1）成熟期的主要市场特点：

① 产品技术稳定、工艺成熟。产品的改进余地已经不大。

② 销售量、利润额最大，但增长率开始下降。产品已被大多数消费者接受，市场需求开始趋于饱和。

③ 竞争激烈。

（2）成熟期的营销策略——改革创新、巩固市场。此阶段企业的主要任务是尽可能延“长”产品的成熟期，防止过早进入衰退期。企业一般会采用如下策略：

① 产品改良策略。该种策略包括品质改进、特性改进、式样改进和服务改进四种策略。比如提高汽车的制动性、稳定性和舒适性，提供更优良的售前、售中和售后服务等。

② 市场改良策略。寻找新的细分市场，根据需求上存在的各种差异，如年龄、性别、文化背景和价值观念等划分一个个更细市场的策略。比如针对“80后”“90后”开发外观独特时尚的个性汽车。

③ 改变营销因素组合策略。根据汽车产品在成熟期的特点，通过调整价格、销售渠道及促销的组合方式等来延长产品成熟期。

④ 科技跟进策略。高科技装备能较大地提高汽车产品的性价比，而新的科学技术能带来产品全新的概念和形式，因此汽车企业应密切关注科技的发展，研究其对产品的可能影响，并适时采取相应对策。

4. 衰退期

衰退期是产品已被新产品取代，销售量和利润额迅速下降的时期。

(1) 衰退期的主要市场特点：

① 销售量急剧下滑。消费者的兴趣转向市场新产品，导致销售量下滑。

② 利润下降，部分企业出现亏损。

③ 价格降至历史最低。

(2) 衰退期的营销策略——面对现实、见好就收。在此阶段企业需要做的是有计划有步骤地“转”产新产品。企业一般会采用如下策略：

① 维持策略。汽车企业沿用过去的市场营销策略，细分市场、分销渠道、定价方式和促销方式保持不变，直至这种产品完全退出市场为止。

② 集中策略。将资源集中到企业销售情况最好的汽车产品上。例如，上海大众在“普桑”进入衰退期后，把主要力量放在帕萨特、POLO和途安等热销车型上。

③ 收缩策略。汽车企业通过减少产品型号，缩减销售渠道，放弃小客户，降低库存，在交货时间、维修速度或销售援助方面减少服务等措施，以求增加当前利润。

④ 放弃策略。对衰退比较迅速的产品，企业应果断放弃。只是应注意处理好善后事宜，比如后期的配件供应，技术维修支持等。

综上所述，产品生命周期各阶段的特点、目标及营销策略，如表6.4和表6.5所示。

表6.4 产品生命周期各阶段特点与营销目标

	投入期	成长期	成熟期	衰退期
销售量	低	剧增	最大	下降
销售增长率	缓慢	快速	减慢	负增长
成本	高	一般	低	回升
价格	高	回落	稳定	低
利润	少，甚至亏损	提升	最高	下降
顾客	逐新者	早期使用者	一般大众	落伍者
竞争	很少	渐多	激烈	减少
营销目标	建立知名度，鼓励试用	最大限度提高市场占有率	保护市场，争取最大利润	压缩开支，获取最后价值

表6.5 产品生命周期各阶段的市场营销策略

	投入期	成长期	成熟期	衰退期
产品	提供基本产品	提供产品的扩展品、服务、担保	品牌和型号多样化	逐渐减少衰退产品
价格	成本加成定价法	市场渗透价格	抗衡或战胜竞争对手的价格	降价
销售	选择性销售	密集性销售	更密集性销售	有选择地减少无利润的销售点
广告	告知性广告	说服性广告	强调品牌差异和利益	不做广告
促销	加强促销，引导试用	利用重度消费者的需要，适度减少促销	为鼓励消费者转换品牌加强促销	打折促销

小案例 **老款桑塔纳的产品生命周期**

"桑塔纳"这三个字对中国汽车工业来说有着举足轻重的意义。从1983年正式进入中国到2012年停产退市，桑塔纳的产品生命周期为29年，它陪伴了三代人的成长，也见证了中国现代汽车工业的快速崛起，在绝大部分中国人心中都留下了深深的烙印。

普桑从1983年进入中国，1985年开始规模化生产，1986年产量破万台，到1999年迎来了第一次升级改款，推出"99新秀"车型，其最大的亮点就是换装了AFE电喷发动机，取代了化油器发动机。第二次改款则是2000年前后推出的"世纪新秀"车型，该车在"99新秀"基础上增加了ABS刹车防抱死系统、高位刹车灯等配置，并且对座椅和内饰进行了舒适性升级。而"景畅型"与"世纪新秀"相比，区别并不是很大，除了排放标准升级到了国III，配备了节能型的空调、遥控钥匙等配置外，在外观造型、动力以及安全配置方面并没有变化。上海大众在2007年推出的1.8 L景畅型，算是桑塔纳29年生命周期中的第三次改款，也是最后一次改款。随着市场竞争的日趋激烈，普桑的定位也一路走低。上海大众最后一批普桑市场实际售价在6.5万元左右，而同样的价格消费者可以买到不少外观内饰更时尚、空间更宽敞、配置更丰富的自主品牌车型，普桑的竞争优势已不再明显，它的停产和退市是大势所趋。

2012年12月16日，新桑塔纳正式上市。

（资料来源：汽车之家．相逢29年终须一别：实拍体验老款桑塔纳．http://www.autohome.com.cn/culture/201212/438929.html．2012-12-13．）

问题 **1.** 说说桑塔纳轿车的不同生命周期。

2. 各阶段采用了哪些营销策略？

四、汽车新产品开发策略

中国汽车工业在一些中小卡车的设计和制造环节均具备一定的技术优势；在轿车领域，中国汽车工业基本上掌握了各类制造技术，一些企业如奇瑞、华晨具备一定的自主设计和自主研发的能力。跨国公司在中国的竞争趋于白热化。新产品的不断引入和汽车价格战，使中国市场成为全球汽车市场竞争最激烈的场所。而新产品开发水平的高低，则是企业参与市场竞争的根本。

（一）新产品的概念

新产品是指在结构、材质、工艺等某一方面或几方面，比老产品有明显改进，或者是采用新技术原理、新设计构思，从而显著提高了产品的性能或扩大使用功能的产品。汽车市场营销中所说的新产品是从市场和企业两个角度来认识的。从市场角度出发，市场上第一次出现的汽车产品即为新产品，比如电动汽车的出现；从企业角度出发，企业第一次生产销售的产品也是新产品，比如第一批生产的轿车对于江淮汽车而言，就是新产品。

具体来说，新产品包括以下几种类型：

1. 全新新产品

全新新产品指汽车企业应用新技术、新材料、新工艺，生产出具有新结构、新功能的汽车产品。该产品与市场上现有产品不同，能开创全新的市场。比如纯电动汽车(BEV)、混合动力汽车(HEV)、燃料电池汽车(FCEV)的第一次出现。

2. 改进新产品

改进新产品指汽车企业使用各种改进技术对原有的老产品进行改进，使产品在结构、功能、品质、款式等方面具有新的特点和突破。这种新产品和老产品有相似之处，易于被顾客快速接受。例如，宝马在5系的基础上，结合创新技术和质量轻量化的车身结构推出的新5系轿车，其在内部空间上更大，且新增加了自动头灯、主动转向、动态悬架控制和主动巡航(CCS)等。

3. 仿制新产品

仿制新产品指汽车企业对国内外市场上已有的产品进行模仿生产。比如北汽BC301Z模仿奔驰B级车型。因为模仿新产品的开发周期在3个月左右，而自主研发至少需要一年的时间，所以国内一些汽车企业在自主研发设计新产品之前，都走过模仿之路。

4. 形成系列型新产品

形成系列型新产品指在原有的产品大类中开发出新产品，从而与企业原有产品形成系列，扩大了汽车产品组合，更好地满足了市场的差异化需求。例如，福特福克斯上市时推出的车型排量只有1.8 L和2.0 L两种，后来推出了1.6 L排量的新车型，与原来的两种排量的车型组成同一系列，满足了对燃油经济性比较敏感的客户的需求，增加了福克斯在同类车型竞争中的优势。

5. 降低成本型新产品

降低成本型新产品指汽车企业因为利用新技术、规模经济和改进工艺等原因从而可以向市场提供成本较低，而产品本身的某些性能得到提高的新产品。

6. 重新定位型新产品

重新定位新产品指企业的老产品进入新的市场，也成为市场新产品。比如大众、福特等众多外资汽车企业的多款轿车本身是老产品，但首次投放中国市场，在中国市场就是新产品。

小案例 **通用汽车的新产品策略**

通用汽车曾通过对市场进行分析，认为经济型轿车虽然价格便宜，但给消费者的印象是低质低价，缺乏一种具有竞争力的车型，市场上还没有一款完全意义上的进口轿车。于是通用将在海外市场上的一款欧宝车引进中国，取名赛欧，俗称小别克。别克赛欧推出后，凭借着别克强大的品牌效应和10万元轿车的卖点，在中国轿车市场引起了轰动。

问题 通用公司的赛欧汽车属于何种新产品类型?

(二) 新产品开发策略

1. 自主开发策略

自主开发策略指汽车企业依靠自身在技术、资金、信息等方面的优势，研究开发新产品。

该种策略可以在客户心中树立市场技术领先、实力较强的品牌形象。

2. 跟随策略

跟随策略指汽车企业在市场上出现畅销的新产品时，迅速模仿或者改进，然后尽快投入市场。

3. 引进策略

引进策略指汽车企业引进国外或其他地区已成熟的先进技术开发新产品。采用这种策略风险小，可以缩短新产品开发周期，节约开发费用，也可以使企业自身技术水平得到提高。如我国的合资企业一汽大众、神龙富康、上海通用等。

4. 开发与引进相结合策略

开发与引进相结合策略指汽车企业在重视自身独立开发的同时，也看重技术引进，并把两者进行有机结合，从而产生了较好的效果。如上海荣威、奇瑞汽车、华晨宝马等。

（三）新产品开发流程

1. 新产品构思

构思是对新产品进行设想或创意的过程，在该过程之前汽车企业需要了解市场需求，因此需要对市场进行充分的市场调查，调研对象主要有消费者、竞争产品、经销商等。如上海通用汽车公司为开发一款适合中国的家庭轿车，进行了长达一年半的调研，才相继推出了赛欧和凯越两款轿车。

新产品构思包括哪些内容？

（1）该产品的目标；

（2）确定设计原则；

（3）计算销售目标价格、生产成本和销售量；

（4）车型的系列化，包括排量范围、车身设计、驱动方式和装备分级等；

（5）设计车型的技术参数、系统结构和总成结构及参数；

（6）质量目标，包括寿命周期、保修里程等。

2. 构思筛选阶段

构思筛选阶段也是分析阶段，汽车企业要经过 5W1H 阶段，这个阶段也是汽车产品概念形成的过程。该阶段问题的不同组合便形成了不同的汽车产品概念。对于众多的、不同的汽车产品概念，采用一定的评价方法将一些不切实际的产品概念予以剔除。具体方法不再一一说明。

3. 概念设计

概念设计是把构思变成实物的过程，期间包括造型设计、结构设计、整车设计及试制出样车。这样，可以给消费者形成一种产品印象。

4. 工业化设计

工业化设计是把构思变成大量生产的图样和技术文件。实际过程要把设计原则、成本控制和满足用户要求贯彻在设计思想中。

5. 认证

一个新产品要进入市场，必须经过相关政府部门的认证认可，才能获得销售资格。

国内汽车产品需要进行哪些认证？

(1)《车辆生产企业及产品公告》——48项检测，国家发改委；

(2)《CC认证》(中国强制性认证)——47项检测，中国质量认证中心；

(3)《国家环保目录》——3项检测，国家环保总局；

(4)《地方环保目录》

6. 市场试销阶段

新产品市场试销是把新产品投放到有代表性地区的小范围的目标市场进行测试。这是对新产品正式上市前所做的最后一次测试，且这次测试的评价者是消费者的货币选票。在汽车新产品试销之前，要做一些决策，这些决策包括：确定试销的地区范围、试销时间的长短、在试销过程中需要搜集哪些资料、试销后将采取什么行动等。

但是对于选择性不大且企业具有成功把握的汽车产品，就不需要进行市场试销了。

7. 正式上市阶段

新产品经过上述阶段定型后，企业就应该将其推向市场。汽车产品投产后，汽车企业需要考虑为其建立完善的营销计划，建设销售网络。需要训练并激励销售人员，安排好广告与促销。

小案例　　成功的典范——MPV

克莱斯勒公司产品的发展也经历了一番波折，但很快以领先的技术占据了优势。其中最值得称赞的就是首创了新的车型概念——MPV，“捷龙系列”就是它成功的典范。

早在1977年，克莱斯勒就启动了“T-115”工程，秘密研发厢式旅行车。到了1983年11月，世界上第一辆MPV诞生。刚一上市就受到消费者的热捧，在一年内销售了21万辆，被称为“神奇旅行车”的车型。众所周知，20世纪80年代世界经济处于低迷期，这一销售数字是相当惊人的。正是因为MPV兼顾了轿车乘坐的舒适性和商用车特有的宽敞性，所以它们在欧洲市场才带来了连克莱斯勒工程师们都难以想象的销售热潮。直到今天，在美国市场上，克莱斯勒集团的MPV的总销量仍是通用公司和福特公司的两倍，是本田公司的三倍。

虽然MPV只有仅仅20年历史，但相比其他车型，无论是技术创新速度还是市场扩张速度，MPV毫不逊色。其首创者克莱斯勒大捷龙在20年间创造了MPV领域50多项发明，荣获50多项奖项，全球销量更是达到1000万辆之多。由于其对MPV的突出贡献，克莱斯勒大捷龙被业界赋予“MPV教父”的美誉。

(资料来源：汽车大世界.克莱斯勒捷龙：演绎20年MPV传奇.http://news.mycar168.com/2004/01/6534.html.2004-1-30.)

问题　MPV大捷龙在1983年问世，它属于什么类型新产品？

第二节　汽车价格策略

价格策略是指根据营销目标和价格原理，针对生产企业和经销企业以及市场变化的实际情况，在确定产品价格时所采取的各种具体对策。在营销组合中，价格是唯一能产生收入的因素，其他因素表现为成本。

说说不同价格层次的汽车品牌

(1) 8 万元以下汽车品牌：和悦 RS、奇瑞 QQ3、比亚迪 F3、赛欧三厢；

(2) 8 万～12 万元汽车品牌：POLO、荣威 350、福克斯两厢、马自达 3；

(3) 12 万～18 万元汽车品牌：马自达 6、荣威 550、标志 408、高尔夫；

(4) 18 万～25 万元汽车品牌：东风雪铁龙 C5、荣瑞 750、沃尔沃 C30、帕萨特；

(5) 25 万～40 万元汽车品牌：华晨宝马 3 系、沃尔沃 S60、奔驰 C 级、一汽大众 CC。

一、汽车产品定价程序与目标

（一）汽车产品定价程序

汽车的价格涉及企业、汽车消费者和竞争对手三者之间的利益，因此，企业对汽车定价非常慎重，需要严格按照一定的定价程序进行。汽车定价的一般程序如图 6.3 所示。

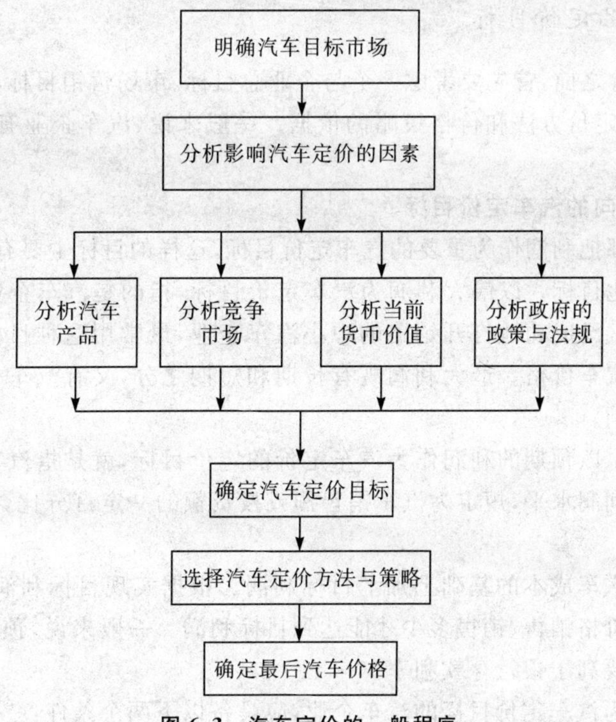

图 6.3　汽车定价的一般程序

1. 明确汽车目标市场

在汽车定价时，首先要明确汽车的目标市场。汽车目标市场是汽车企业生产的汽车所要进入的市场——具体来讲，就是谁是本企业汽车的消费者。汽车目标市场不同，汽车定价的水平就不同。分析汽车目标市场，一般要分析该目标市场消费者的基本特征、需求目标、需求强度、需求潜量、购买力水平和风俗习惯等情况。

2. 分析影响汽车定价的因素

汽车定价不仅要了解汽车产品特征、竞争者行为、货币价值、政府的政策和法规等一般影响因素，更重要的是要善于分析不同经营环境下，影响汽车定价的主要因素的变化状况。

3. 确定汽车定价目标

汽车定价目标是在对汽车目标市场和影响汽车定价因素的综合分析的基础上确定的。汽车定价目标是合理定价的关键。不同的汽车企业、不同的汽车经营环境和不同的汽车经营时期，其汽车定价目标是不同的。在某个时期，对汽车企业生存与发展影响最大的因素，通常被作为汽车定价目标。

4. 选择汽车定价方法与策略

汽车定价方法是在特定的汽车定价目标指导下，根据对成本、供求等一系列基本问题的研究，运用价格决策理论，对汽车产品价格进行计算的具体方法。汽车定价方法一般有三种，即：以成本为中心的汽车定价方法、以需求为中心的汽车定价方法和以竞争为中心的汽车定价方法。这三种方法能适用不同的汽车定价目标，汽车企业应根据具体情况择优使用。

5. 确定最后汽车价格

确定汽车价格要以汽车定价目标为指导，选择合理的汽车定价方法，同时也要考虑其他因素，如汽车消费者心理因素、汽车产品新老程度等。最后经分析、判断及计算，为汽车产品确定合理的价格。

（二）汽车产品定价目标

汽车企业在定价之前，首先要考虑一个与企业总目标、市场营销目标相一致的汽车定价目标，作为确定汽车定价方法和价格策略的依据。一般来说，汽车企业有六大定价目标，如图 6.4 所示。

1. 以利润为导向的汽车定价目标

汽车企业一般都把利润作为重要的汽车定价目标，这样的目标主要有三种：

（1）利润最大化目标。以最大利润为汽车定价目标，指的是汽车企业期望获取最大限度的销售利润。通常已成功地打开销路的中小汽车企业，最常用这种目标。追求最大利润并不等于追求最高汽车价格。最大利润既有长期和短期之分，又有汽车企业全部汽车产品和单个汽车产品之别。

（2）目标利润。以预期的利润作为汽车定价的定价目标，就是指汽车企业把某项汽车产品或投资的预期利润水平，规定为汽车销售额或投资额的一定百分比，即汽车销售利润率或汽车投资利润率。

汽车定价是在汽车成本的基础上加上目标利润。根据实现目标利润的要求，汽车企业要估算汽车按什么价格销售、销售多少才能达到目标利润。一般来说，预期汽车销售利润率或汽车投资利润率要高于银行存款利率。

以目标利润作为汽车定价目标的汽车企业，应具备以下两个条件：

① 汽车企业具有较强的实力，竞争力比较强，在汽车行业中处于领导者地位；

② 采用这种汽车定价目标的多为汽车新产品、汽车独家产品以及低价高质量的汽车产品。

(3) 适当利润目标。有些汽车企业为了保护自己，减少市场风险，或者限于实力不足，以满足适当利润作为汽车定价目标。这种情况多见于处于市场追随者地位的中小汽车企业。

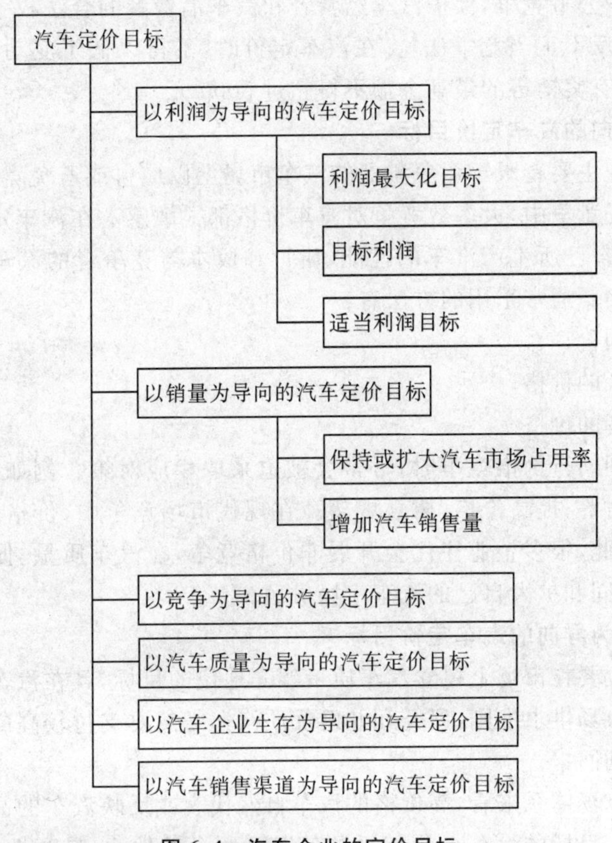

图 6.4 汽车企业的定价目标

2. 以销量为导向的汽车定价目标

这种汽车定价目标是指汽车企业希望获得某种水平的汽车销售量或汽车市场占有率而确定的目标。

(1) 保持或扩大汽车市场占有率。汽车市场占有率是汽车企业经营状况和汽车产品在汽车市场上的竞争能力的直接反映，对于汽车企业的生存和发展具有重要意义。因为汽车市场占有率一般比最大利润容易测定，也更能体现汽车企业的努力方向，因此有时汽车企业把保持或扩大汽车市场占有率看得非常重要。

许多资金雄厚的大汽车企业，喜欢以低价渗透的方式来保持一定的汽车市场占有率；一些中小企业为了在某一细分汽车市场获得一定优势，也十分注重扩大汽车市场占有率。

一般来讲，只有当汽车企业处于以下几种情况时，才适合采用这种汽车定价目标：

① 该汽车的价格需求弹性较大，低价会促使汽车市场份额扩大。

② 汽车成本随着销量增加呈现逐渐下降的趋势，而利润有逐渐上升的可能。

③ 低价能阻止现有和可能出现的竞争者。

④ 汽车企业有雄厚的实力承受低价所造成的经济损失。

⑤ 采用进攻型经营策略的汽车企业。

(2) 增加汽车销售量。这是指以增加或扩大现有汽车销售量为汽车定价目标。这种方法一般适用于汽车的价格需求弹性较大,汽车企业开工不足,生产能力过剩,只要降低汽车价格就能扩大销售,使单位成本降低、总利润增加的情况。

我国鼓励和保护公平竞争,保护汽车经营者和汽车消费者的合法权益,制止不正当竞争行为。国家制定了《反不正当竞争法》。在汽车定价时,不得以低于变动成本的价格销售汽车来排挤竞争对手;有奖销售的最高金额不得超过 5000 元。

3. 以竞争为导向的汽车定价目标

这是指汽车企业主要着眼于竞争激烈的汽车市场上以应付或避免竞争为导向的汽车定价目标。在汽车市场竞争中,大多数竞争对汽车价格都很敏感。在汽车定价以前,一般要广泛收集市场信息,把自己所生产汽车的性能、质量和成本与竞争者的汽车进行比较,然后制定本企业的汽车价格。通常采用的方法有:

(1) 与竞争者同价;

(2) 高于竞争者的价格;

(3) 低于竞争者的价格。

汽车企业在遇到同行价格竞争时,常常会被迫采取相应对策。例如,竞相削价,压倒对方;及时调整,价位对等;提高价格,树立威望。在现代市场竞争中,价格战容易使双方两败俱伤,风险较大。因此,很多企业往往会开展非价格竞争,在汽车质量、促销、分销和服务等方面下苦功夫,以巩固和扩大自己的汽车市场份额。

4. 以汽车质量为导向的汽车定价目标

这是指汽车企业要在市场上树立汽车质量领先地位的目标,且在汽车价格上作出反应。优质优价是一般的市场供求准则,研究和开发优质汽车必然要支付较高的成本,自然要求以较高的汽车价格得到回报。

从完善的汽车市场体系来看,高价格的汽车自然代表或反映汽车的高性能、高质量及其优质服务。采取这一目标的汽车企业必须具备以下两个条件:一是高性能、高素质的汽车,二是提供优质的服务。

5. 以汽车企业生存为导向的汽车定价目标

当汽车企业遇到生产能力过剩或激烈的市场竞争要改变消费者的需求时,它要把维持生存作为自己的主要目标——生存比利润更重要。对于这类汽车企业来讲,只要他们的汽车价格能够弥补变动成本和一部分固定成本,即汽车单价大于汽车企业变动成本,他们就能够维持住汽车企业。

6. 以汽车销售渠道为导向的汽车定价目标

对于那些需经中间商销售汽车的汽车企业来说,保持汽车销售渠道畅通无阻,是保证汽车企业获得良好经营效果的重要条件之一。

为了使得销售渠道通畅,汽车企业必须研究汽车价格对中间商的影响,充分考虑中间商的利益,保证中间商有合理的利润。中间商是现代汽车企业营销活动的延伸,对宣传汽车、提高汽车企业知名度有十分重要的作用。汽车企业在激烈的汽车市场竞争中,有时为了保住完整的汽车销售渠道,促进汽车销售,不得不让利于中间商。

例如，1974 年的石油危机发生后，国际汽车市场受到严重冲击，因而汽车市场竞争异常激烈。日本的马自达公司为了推销汽车，规定每推销一辆汽车给中间商 500 美元的回扣奖励。这一政策使该公司保持住了完整的汽车销售渠道，保证了在 1976 年向市场投放的新型节油汽车的销售取得了成功，使该公司获益匪浅。

二、影响汽车定价的因素

汽车价格的高低，主要是由汽车中包含的价值量的大小决定的。但是，我国汽车产品价格存在比价关系不合理、整体价格水平偏高及价格变动剧烈等特点，其主要原因是汽车市场发育不成熟、价格受非经济因素影响较大等。整体而言，影响汽车定价主要因素包括以下几个方面。

（一）定价目标

定价目标是汽车企业通过价格措施要达到的营销目的，是企业营销战略目标的一个重要组成部分。不同的营销目标决定了不同的价格策略和定价方法。比如企业的定价目标如果是利润目标，则价格就相对高些；如果是市场占有率目标，则价格较低。

（二）汽车成本

汽车成本包括汽车生产成本、汽车销售成本和汽车储运成本。它是汽车价格构成最基本、最主要的因素。一般情况下，汽车的最低价格取决于该产品的成本费用，任何产品的销售价格必须高于成本费用。只有这样，企业才能以销售收入来抵偿生产成本和经营费用，否则企业无法持续经营。

小思考 你知道固定成本、变动成本、总成本和机会成本等概念吗？请查阅资料解答之。

（三）市场需求

汽车消费者的需求对汽车定价的影响，主要通过汽车消费者的需求能力、需求强度、需求层次反映出来。汽车定价要考虑汽车价格是否适应汽车消费者的需求能力；需求强度是指消费者想获取某品牌汽车的程度，如果消费者对某品牌汽车的需求比较迫切，则对价格不敏感，企业在定价时，可定得高一些，反之，则应低一些；不同需求层次对汽车定价也有影响，对于能满足较高层次的汽车，其价格可定得高一些，反之，则应低一些。

（四）汽车特征

汽车特征是汽车自身构造所形成的特色，一般指汽车造型、质量、性能、服务、品牌和配置等，它能反映汽车对消费者的吸引力。汽车特征好，该汽车就有可能成为名牌汽车、时尚汽车、高档汽车，就会对消费者产生较强的吸引力，这种汽车往往供不应求，因而在定价上占有有利的地位，其价格要比同类汽车高。

（五）市场结构

根据汽车市场的竞争程度，汽车市场结构可分为四种不同的汽车市场类型。

1. 完全竞争市场

在这种市场里，汽车价格只受供求关系影响，不受其他因素影响。这样的市场在现实生活中是不存在的。

2. 完全垄断市场

完全垄断市场指汽车市场完全被某个品牌或某几个品牌所垄断和控制，在现实生活中也属少见。

3. 垄断竞争市场

垄断竞争市场指既有独占倾向又有竞争成分的汽车市场。这种汽车市场比较符合现实情况，其主要特点是：

(1) 同类汽车在市场上有较多的生产者，市场竞争激烈；

(2) 新加入者进入汽车市场比较容易；

(3) 不同企业生产的同类汽车存在着差异性，消费者对某种品牌汽车产生了偏好，垄断企业由于某种优势而产生了一定的垄断因素。

4. 寡头垄断市场

寡头垄断市场指某类汽车的绝大部分由少数几家汽车企业垄断的市场，它是介于完全垄断和垄断竞争之间的一种汽车市场形式。在现实生活中，这种形式比较普遍。在这种汽车市场中，汽车的市场价格不是通过市场供求关系决定的，而是由几家大汽车企业通过协议或默契规定的。

四种汽车市场结构类型特点如表 6.6 所示。

表 6.6 四种汽车市场结构类型特点

市场类型	厂商数量	产品差别	进出难易	价格控制
完全竞争	很多	同质	易	无
完全垄断	一家	唯一且无替代	极难	极高
垄断竞争	很多	有	较易	部分
寡头垄断	少数	有或无	较困难	很高

（六）竞争状况

汽车定价是一种挑战性行为，任何一次汽车价格的制定与调整都会引起竞争者的关注，并导致竞争者采取相应的对策。在这种对抗中，竞争力量强的汽车企业有较大的定价自由，竞争力量弱的汽车企业定价的自主性就小，通常，它会追随市场领先者进行定价。

小案例　　　　　　　　　　　　奥迪定价策略

奥迪 1997 年在国内上市，到 2002 年宝马国产化之前，奥迪独占了中国豪华车市场整整五年。当时在中国，“四环”是豪华车的标志、身份的象征。作为当时国内唯一的国产高档豪华车，奥迪的市场份额最高时曾达到 90%，价格也高高在上。2002 年后，随着宝马、奔驰、凯迪拉克和皇冠等多款高档豪华轿车的陆续上市，同一排量的同款奥迪车型，价格由原来的 30 多万元降至 20 多万元，价格下降超过 30%。

问题　说说奥迪汽车降价的主要原因。

你知道影响汽车定价的因素还有哪些吗？

(1) 政府有关政策法规；
(2) 社会经济发展状况；
(3) 通货膨胀情况；
(4) 市场供求情况；
(5) 国际市场价格；
(6) 市场营销组合情况，如产品在不同生命周期价格不同等。

三、汽车产品定价方法与策略

(一) 汽车产品定价方法

汽车定价方法主要有成本导向定价法、需求导向定价法和竞争导向定价法三种，如图 6.5 所示。

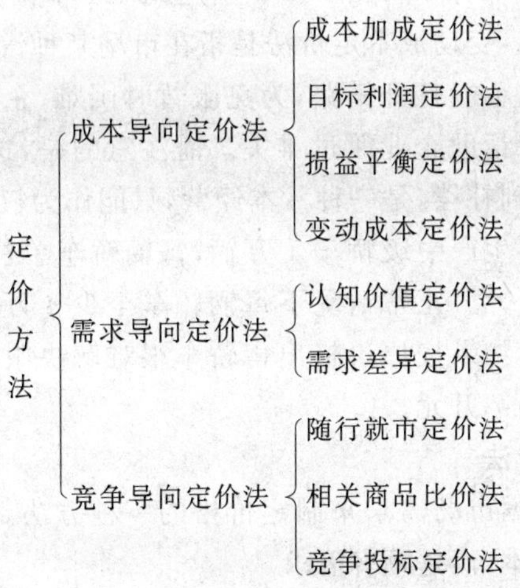

图 6.5　汽车产品的定价方法

1. 汽车成本导向定价法

成本导向定价法是一种以汽车成本为依据的定价方法。即在价格制定时，以成本为中心。其定价依据是：企业在定价时，首先考虑收回企业在生产经营中投入的全部成本，然后再考虑获取一定利润。

(1) 成本加成定价法。成本加成定价法指以产品单位成本为基础，再加上一个适当的百分比作为利润来确定产品价格。公式为

单位产品价格＝单位产品成本×(1＋成本加成率)

例如，某企业生产的汽车单位产品成本为8万元，预期利润为20%，则该汽车单位成本的销售价格为

8万元×(1＋20%)＝9.6万元

请说说成本加成定价法的优缺点？

成本加成定价法是最简单的定价方法。

优点：对买卖双方都比较公平；能很好控制利润率、达成预期目标；成本费用资料容易获取，计算方法简单易行；有利于行业的稳定；等等。

缺点：没有考虑市场需求情况；忽视了市场的竞争因素；考虑单一，缺乏灵活性；固定成本的分摊事先很难确定；等等。

(2) 目标利润定价法。目标利润定价法是指首先确定一个总的目标利润或目标利润率，然后把总利润分摊到每个产品中去，与成本相加后确定价格。其计算公式为

单位产品价格＝总成本×(1＋目标利润率)/销售量

例如，某汽车生产企业年生产能力为10万辆，总成本为28亿元，若目标利润率为25%，则该汽车的定价为

280000万元×(1＋25%)/10万＝3.5万元

(3) 损益平衡定价法。损益平衡定价法是指以固定成本和变动成本为主要依据，分析企业的盈亏平衡点，从而制定出产品价格的定价方法。企业以保本为目标的定价思路，当销售收入与总成本相等时，该产品的价格即为保本价格。其计算公式为

单位产品保本价格＝单位固定成本＋单位变动成本

(4) 变动成本定价法。变动成本定价法是指在市场某种汽车产品出现暂时的供过于求状况时，采用别的定价方法不能打开销路，为克服暂时困难，企业把产品价格定得低到等于产品的变动成本，希望可以帮助企业渡过难关。需注意的是，这种方法只弥补了变动成本，而固定资产的折旧无法得到补偿，是一种亏本经营，只能作为权宜之计。

例如，一家轿车汽车年生产中级轿车1万辆，每辆轿车单位总成本为8万元，其中固定成本3万元，变动成本5万元。正常情况下每辆轿车至少8万元才可保本。但是由于企业目前遇到银行贷款等难题，如果按原价格出售轿车很难解决眼前困难。企业可以考虑采用变动成本定价法，价格定为7万元。

2. 汽车需求导向定价法

需求导向定价法是根据市场需求来制定价格的一种方法。需求导向与成本导向相比，其首先考虑的不是产品成本，而是顾客需求。

(1) 认知价值定价法。这是企业根据消费者对汽车产品价值的感觉而不是根据卖方的成本制定价格的办法，一般适用于汽车生产企业生产一种新产品或将新产品打入新地区的情况。过硬的产品质量、独特的性能及品牌优势等是高档汽车消费者产生感受价值的基础，汽车企业可以采用优质优价。

小案例　　美国卡特皮勒工程机械公司

美国卡特皮勒工程机械公司生产的拖拉机定价 10 万美元。虽然竞争者的同类产品定价 9 万美元，但卡特皮勒公司的拖拉机销量更大。为什么顾客愿意多付 1 万美元来购买该拖拉机呢？

经调查，该拖拉机的市场认知价值如下：

90000 美元：与竞争对手相同的质量；

7000 美元：更长的使用寿命；

6000 美元：更佳的可靠性；

5000 美元：更优质的服务；

2000 美元：更长的零部件保用期；

——该拖拉机的市场理解价值为 110000 美元。

因此，该公司所产拖拉机售价 10 万美元对客户来说不是贵 1 万美元，而是便宜 1 万美元。因此产品销量反而更好。

（资料来源：戚叔林．汽车市场营销[M]．北京：机械工业出版社，2010．）

问题　根据案例，说说提高客户汽车认知价值的因素有哪些？

(2) 需求差异定价法。这是根据对汽车需求方面的差别来制定汽车的价格。主要有以下四种情况：

① 对不同的顾客采取不同的价格。如某款汽车针对私人客户和组织客户采取不同价格，私人客户购买量一般为一辆，但组织客户由于采购量较多，一般经销商提供给组织客户的汽车售价要低些。

② 根据产品的式样和外观的差别制定不同的价格。对不同样式的同种产品制定不同价格，价差比例往往大于成本差的比例。例如一款汽车往往有标准型、舒适型和豪华型之分，不同款式价格不同。

③ 相同的产品在不同的地区销售，其价格可以不同。例如，北京、上海、广州等城市由于经济发达，汽车产品销量高，价格就相对便宜。

④ 相同的产品在不同时间销售其价格可以不同。如针对年底"购车潮"的出现，许多厂家的汽车产品优惠幅度不如八九月份大。

3. 汽车竞争导向定价法

这是依据竞争对手的类似汽车的价格来定价的一种方法，是汽车企业为了应付市场竞争需要而采取的特殊定价方法。

(1) 随行就市定价法。随行就市定价法是以同类汽车产品的平均价格作为汽车企业定价的基础。这种方法适合汽车企业既难于对顾客和竞争者的反应作出准确的估计，自己又难于另行定价时运用。在实践中，有些产品难以计算，采用随行就市定价一般可较准确地体现汽车价值和供求情况，保证能获得合理效益，同时，也有利于协调同行业的步调，融洽与竞争者的关系。

(2) 相关商品比价法。相关商品比价法，即以同类汽车产品中消费者认可某品牌汽车的价格作为依据，结合本企业汽车产品与认可汽车的成本差率或质量差率来制定汽车价格。

(3) 竞争投标定价法。在汽车易主交易中，采用招标、投标的方式，由一个卖主(或买主)对两个以上相互竞争的潜在买主(或卖主)出价(或要价)、择优成交的定价方法,称为竞争投标定价法。其显著特点是招标方只有一个,处于相对垄断的地位;而投标方有多个,处于相互竞争的地位。能否成交的关键在于投标者的出价能否战胜所有竞争对手而中标,中标者与卖方(买方)签约成交。

(二) 汽车产品的定价策略

1. 新产品定价策略

(1)撇脂定价。撇脂定价也称高价策略,指在产品市场生命周期的最初阶段将新产品价格制定得较高,以期尽快回收资金和获取利润。

小案例　　一汽奥迪高价定价策略

作为国内中高档轿车标杆的奥迪 A6 的换代车型——新奥迪 A6,在 2005 年 6 月 16 日正式公布售价,除了核心配置和美国版有差异外,国产后的新奥迪 A6/L3.0 高出了美国版 20 多万元。

一汽大众正式公布了全新奥迪 A6/L2.4 和 A6/L3.0 共六款车型的价格和详细装备表。其中 A6/L2.4 三款车型的厂家指导价格区间为 46.22 万～57.02 万元;A6/L3.0 三款车型的厂家指导价格区间为 56.18 万～64.96 万元。这六款车型已于 2005 年 6 月 22 日正式上市销售。

按照这个价格,新奥迪 A6 的最高价已经打破了目前国产豪华轿车最贵的一款宝马 530i。国产宝马 5 系目前的价格是 53 万～61 万元。

问题　分析新产品高价定价策略的优缺点。

(2) 渗透定价。渗透定价也称低价策略,指汽车企业在新产品投入市场时以追求市场占有率为目标,把自己经营的某些汽车价格定得低于市场上同类汽车产品的价格策略。

小案例　　日本丰田汽车低价策略

在 20 世纪 60 年代以前,“日本制造”往往是“质量差的劣等货”的代名词。首次进军美国市场的丰田车,同样难逃美国人的冷眼。

为了吸引客户,丰田在进入美国市场的早期采用低价策略,“皇冠”定价在 2000 美元以下,“花冠”为 1800 美元以下,比美国车和德国车都低得多,连给经销商的赚头也比别人多,目的是提高市场占有率、确立长期市场地位,而不是拘泥于亏与赚的短期利益。

问题　分析日本丰田进入美国市场为何要采取低价策略。

(3) 满意定价。满意定价也称适中定价,是介于上述两种策略之间的一种新产品定价策略。适合需求弹性较小、销量较稳定的汽车产品。

2. 心理定价策略

汽车企业定价可以利用消费者心理因素进行定价,以满足消费者在购车过程中的心理需求。常见的方法有:整数定价、尾数定价、声望定价和招徕定价。

(1) 整数定价。整数定价是指在汽车定价过程中往往把价格定成整数,凭借整数价格给消费者带来汽车属于高档消费品的印象，以提高汽车品牌形象，从而满足消费者的心理需求，通常高档汽车的定价都采用整数定价法。例如，兰博基尼 Reventon 汽车官方定价为 1500 万元，而不是 1499 万元。

（2）尾数定价。尾数定价是指在汽车的定价整数后加上尾数，在直观上给消费者一种便宜的感觉，从而激发消费者的购买欲望。如汽车产品定价 9.98 万元，消费者会感觉汽车价格低廉，还不到 10 万元。

小思考 你知道不同国家消费者对数字的偏好和禁忌吗？

（3）声望定价。声望定价是指根据汽车产品在消费者心目中的声望和社会地位来确定汽车价格的一种定价策略，它可以满足某些消费者的特殊欲望，如地位、身份、财富等，还可以通过价格来显示汽车的高品质。

小案例 **宾利车的定价策略**

在北京国际车展上，一辆定价 888 万元的天价宾利车一出现便引起一片轰动。车展第一天就有报道：七富豪争购天价宾利。之后销售方就宣布该车已被购走，随后的车展期间，该车被挂上“已售出”的字样。

问题 厂家对宾利用了哪些定价策略？

（4）招徕定价。招徕定价是指将某几种商品的价格定得较高或较低，以引起消费者的好奇，来带动其他汽车产品的销售的一种汽车定价策略。如某些汽车企业在某一段时期推出某一款车型降价销售，以此来吸引顾客。这种策略也经常为汽车经销商使用，通过对某一款车型降价，吸引顾客光顾，不仅促进降价产品的销售，同时也可以带动其他汽车产品的销售。

3. 折扣折让定价策略

折扣折让定价是指对基本价格作出一定让步，直接或间接降低价格。具体来说，有以下几种常见的定价策略：

（1）数量折扣。数量折扣是指按照购买数量的多少，分别给予不同的折扣，购买数量越多，折扣越多，这主要应用在集团购买中。

（2）现金折扣。现金折扣是指对给予立即付清货款的客户或经销商的一种折扣。

（3）功能折扣。功能折扣是指根据产品分销过程中所处的环节不同，其所承担的功能、责任和风险也不同，企业据此给予不同的折扣。

（4）季节折扣。季节折扣是指与时间有关的折扣，这种折扣多发生在销售淡季。客户或经销商在淡季购买时，可得到季节性优惠。采取季节性折扣的目的是对在淡季购买汽车的顾客给予一定的优惠。

（三）汽车产品价格调整策略

在营销实践中，当市场环境发生变化时，企业必须对商品的价格做适时的变动和调整。价格调整包括两种情况：降价和提价。从性质上又分为主动调价和被动调价两种情况。企业的价格调整是非常复杂的，它牵涉到多方的利益，如：顾客、竞争对手、供应商和分销商等。

因此,企业在价格调整时要做好充分的准备,同时选择合理的调价策略。

1. 降价策略

(1) 降价的原因:

① 企业急需回笼大量现金;

② 企业通过削价来开拓新市场;

③ 企业决策者决定排斥现有市场的边际生产者;

④ 企业生产能力过剩,产品供过于求,但是企业又无法通过产品改进和加强促销等工作来扩大销售;

⑤ 企业决策者预期削价会扩大销售,由此可望获得更大的生产规模;

⑥ 由于成本降低,费用减少,使企业削价成为可能;

⑦ 企业决策者出于对中间商要求的考虑;

⑧ 政治、法律环境及经济形势的变化,迫使企业降价。

(2) 降价的方式:

① 直接降低价格:将企业产品的目录价格或标价绝对下降;

② 变相的降低价格:折扣(如 8.8 折),买赠活动(如赠送装潢大礼包、赠送加油卡等),实行有奖销售等。

小案例 奥迪 A4 降价

奥迪在 2004 年的市场价格战中受到很大冲击,一批日本新车的出现开始影响到奥迪 A4 的低端产品,而新款奥迪已经在当年的日内瓦车展中亮相,很快就将在一汽大众投产,旧款车也必须尽快清库,并减少产量以腾出生产线。通常新车上市前两三个月,是旧款车降价的最佳时机。于是一汽大众用自己在国产化率和成本控制上的优势先发制人,把老 A4 的价格降到 30 万元以内。

问题 如何正确看待汽车降价行为?

2. 提价策略

(1) 提价原因:

① 应付产品成本增加,减少成本压力;

② 为了适应通货膨胀,减少企业损失;

③ 产品供不应求,遏制过度消费;

④ 利用顾客心理,创造优质效应。

(2) 提价条件:

① 产品在市场上处于优势地位;

② 产品进入成长期;

③ 季节性商品达到销售旺季;

④ 竞争对手产品提价;

⑤ 在方式选择上,应尽可能多地采用间接提价。

企业提价时应采取各种渠道向顾客说明提价的原因,配之以产品策略和促销策略,并帮助顾客寻找节约途径,以减少顾客不满,维护企业形象,提高消费者信心,刺激消费者的需求和购买行为。

即问即答　价格变动应注意哪些问题？

(1) 忌频繁变动价格；

(2) 把握变价时机和幅度；

(3) 善于利用认知价值制定价格；

(4) 充分预测顾客、竞争者对调价的反应；

(5) 各种营销手段并用。

第三节　汽车分销策略

在市场经济条件下，生产者与消费者之间的供求关系，存在时间、地点、数量、品种、信息、产品估价和所有权等多方面的差异和矛盾。企业生产的产品，需要经过一定的方式、方法和路线，才能在适当的时间、地点、以适当的价格和方式提供给消费者或用户，因此企业能否合理地制定分销渠道策略，对于满足市场需要，实现企业的营销目标有着重要的影响。

一、汽车分销渠道概述

(一) 汽车分销渠道的概念

汽车分销渠道又叫汽车销售渠道，是指汽车产品从汽车制造企业向最终消费者直接或间接转移其所有权的过程。汽车分销渠道的起点是汽车制造企业，终点是终端消费者，中间环节是各类中间商(总经销商、批发商和经销商等)。分销渠道与市场营销渠道是两个不同的概念，如图 6.6 所示。

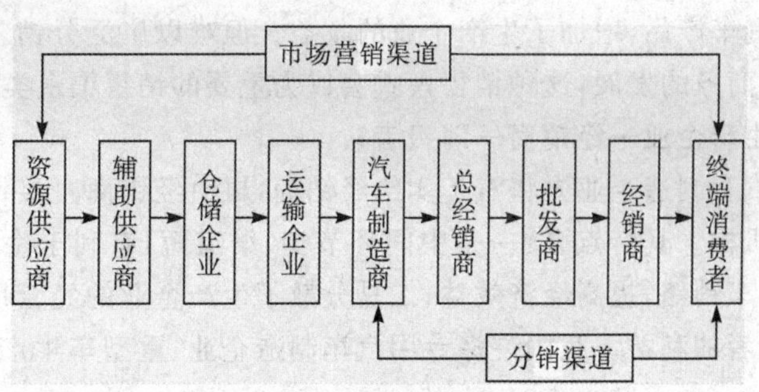

图 6.6　汽车分销渠道与市场营销渠道

汽车分销渠道这一概念可以从以下三方面来理解：

(1) 汽车分销渠道是汽车产品生产出来后，从生产者到消费者所经历的流通过程，不包括汽车产品生产前的环节。分销渠道的起点是汽车制造商，终点是最终消费者。

(2) 推动汽车流通进行的是各级中间商。中间商组织汽车批发、销售、运输、储存、服务、咨询等。

(3) 构成汽车分销渠道的前提是汽车所有权的转移，即汽车商品买卖的过程。

汽车分销渠道有什么作用？

(1) 对国家的作用。汽车销售渠道起到调节产、供、销平衡的作用。

(2) 对企业的作用。汽车销售渠道是汽车企业的重要资源；是汽车企业节省市场营销费用，加快汽车产品流通的重要措施；具有为汽车企业融资的作用。

(3) 对消费者的作用。汽车销售渠道为汽车消费者提供了便利，节省了选购汽车的时间和精力。

(二) 汽车分销渠道的类型

汽车分销渠道可分为以下五种类型，如图 6.7 所示。

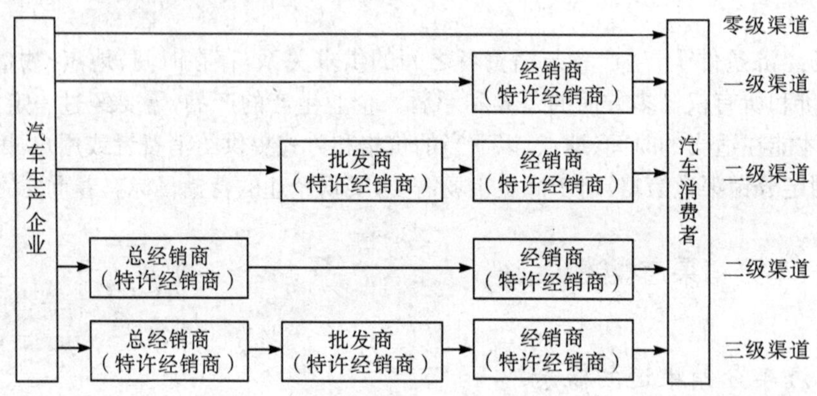

图 6.7 汽车分销渠道

1. 零级渠道(生产企业—消费者)

零级渠道是指汽车制造企业将汽车直接销售给消费者，中间不经过任何营销中间机构。其特点是产销直接见面，环节少，有利于降低流通费用，及时了解市场行情，迅速开发与投放满足销售者需求的汽车产品，增加了生产企业的收益。但难以广泛分销，不利于企业拓展市场。不过，随着电子商务的发展，这种销售模式会成为重要的销售渠道类型。

2. 一级渠道(生产企业—经销商—消费者)

一级渠道是指汽车制造企业先将汽车卖给经销商，再由经销商直接销售给消费者，中间含有一个营销中间机构。其特点是：一是中间环节少、渠道短，有利于生产企业充分利用经销商的力量，扩大汽车销路，提高经济效益；二是分散了生产企业的经营风险；三是增加了销售服务，有利于消费者的利益。我国许多专用汽车制造企业、重型车生产企业都采用这种分销方式。

3. 二级渠道(生产企业—批发商—经销商—消费者)

二级渠道是指汽车生产企业先把汽车批发销售给批发商(或地区分销商)，由其转卖给经销商，最后由经销商将汽车销售给消费者。这是经过两道中间环节的渠道模式，也是销售渠道中的传统模式。其特点是中间环节较多、渠道较长，有利于生产企业大批量生产，节省销售费用，也有利于经销商节约进货时间和费用。

4. 二级渠道(生产企业—总经销商—经销商—消费者)

汽车生产企业先委托并把汽车提供给总经销商(或总代理商)，由其销售给经销商，最后由经销商将汽车销售给消费者。这也是经过了两道中间环节的渠道模式。其特点是中间环节较多,但由于总经销商(或总代理商)无需承担经营风险,易调动其积极性,有利于开拓市场,打开销路。

5. 三级渠道(生产企业—总经销商—批发商—经销商—消费者)

三级渠道中含有三个中间机构。这是指在汽车流通过程中有三个或三个以上分销中介机构的渠道类型。汽车生产企业首先委托并把汽车提供给经销商(或总代理商),由其向批发商(或地区分销商)销售汽车,批发商(或地区分销商)再转卖给经销商,最后由经销商将汽车销售给消费者。这是经过了三道中间环节的渠道模式。其特点是总经销商(或总代理商)为生产企业销售汽车,有利于了解市场环境,打开销路,降低费用,增加效益。缺点是中间环节多、流通时间长。

汽车产品由于相对价值较大、货款回收要求较高,对储运技术、储运条件要求较高,对服务能力、服务培训的要求较高,所以汽车产品的分销渠道不宜过长,一到两个层次"短"的分销渠道可以更好地保障汽车用户的利益。

国内主要品牌轿车分销模式如表 6.7 所示。

表 6.7　国内主要品牌轿车分销模式一览表

厂家名称	品牌名称	网点称谓	营销模式	功能组合
上海通用	别克	授权销售服务中心	品牌专营	三位一体
广州本田	雅阁	特约销售服务店	品牌专营	四位一体
风神公司	风神	专营店	品牌专营	四位一体
一汽轿车	红旗	分销中心(自营)	品牌专营	销售中心
				维修中心
一汽大众	捷达	特约销售代理	特许代理	销售中心
				维修中心
	奥迪 A6	销售服务中心	品牌专营	三位一体
上海大众	桑塔纳	特许专卖店	品牌专营(推进中)	四位一体(目标)
	帕萨特	特许专卖店	品牌专营(推进中)	四位一体(目标)
神龙公司	富康	经销商(分等级)	品牌专营(推进中)	三位一体(目标)
一汽天津	夏利	分销中心	自营与代理双轨制	销售中心
				维修中心
重庆长安	奥拓	分销中心	自营与代理双轨制	销售中心
				维修中心

二、汽车分销渠道中的中间商

(一) 中间商的类型

汽车销售渠道中的中间商按其在汽车流通、交易业务过程中的地位和作用,可分为总经销商(或总代理商)、批发商(或地区分销商)和经销商(或特许经销商)。

你知道目前中国汽车销售渠道存在哪些问题吗?

(1) 销售渠道有待进一步开拓;
(2) 销售渠道布局不合理;
(3) 销售渠道协同效应还没有形成;
(4) 销售渠道中间层次过多;
(5) 销售渠道管控体系不完善;
(6) 销售渠道服务能力不足;
(7) 销售渠道忠诚度下降。

1. 总经销商

总经销商(或总代理商)是指从事汽车总经销业务,取得汽车所有权的中间商。总代理商是指负责生产企业的全部产品所有销售业务的代理商,但其不拥有汽车所有权。

小思考 你能说出经销商和代理商的主要盈利方式吗?

2. 批发商

批发商(或地区分销商)拥有商品的所有权,它居于生产企业或总经销商(总代理商)和经销商之间,不直接为终端消费者服务。它是使汽车实现批量转移,使经销商达到销售目的的中间商。地区分销商是处于某地区汽车流通的中间阶段,它帮助生产企业或总经销商(总代理商)在某地区促销汽车,提供地区汽车市场信息,承担地区汽车的转销业务。

3. 经销商

经销商(或特许经销商)处于汽车流通环节的最后阶段,是直接将汽车产品销售给最终消费者的中间商。特许经销商是通过契约建立的一种组织,具有生产企业的某种产品特许专卖权,在一定时期和指定市场区域内能且只能销售生产企业的产品。

(二) 中间商具体形式

1. 汽车专卖店

自从广州本田公司将4S店销售服务模式引进中国后,以4S店为代表的汽车专卖店成为我国汽车流通的主要形式。汽车4S店的"4S"是Sales(整车销售)、Service(维修服务)、Spare Parts(零部件供应)和Survey(信息反馈)四个英文单词的首字母缩写,汽车4S店就是指将这四项功能集于一体的汽车销售服务企业。

汽车4S店的优点是品牌突出、专业性强、店面形象好、购物环境好、售后服务有保障等。但是存在经销商投资巨大、回收期长、经营风险大等弊端。

2. 汽车超市

汽车超市(CAREST)是汽车(Car)与休息(Rest)的英文合成创造出来的一个新名词,是把汽车销售和休闲组合到一起的汽车销售模式,目前在世界各国都很流行。

在有上百年汽车发展历史的欧洲,特许专卖店终于走到了尽头。欧盟作出决定,开始强力推行汽车销售改革,彻底打破长期以来汽车市场的行业垄断,在汽车销售商之间引入竞争机制,改变目前的指定汽车代理商的销售方式,即把汽车视为一般消费品,不再允许特许经营，以压缩流通领域的费用，振兴汽车销售。新规则规定，汽车生产商必须给经销商更多的自由，例如销售商可以在任何地方寻找消费者，可以卖不同厂家的汽车，也可以把车批发给超级市场去卖。虽然在国际上，汽车超市已成为汽车销售的主要趋势，但是在国内汽车超市的发展目前还存在特许经营权和垄断等障碍。

小案例　　汽车4S店的投资经营成本

据调查，一个4S店的固定资产投资在1000万～1500万元，流动资金要求在1000万元，总投资少则三五千万元，多则上亿元。在汽车企业的严格规定下，4S店一般占地5～10亩，工位20～30个。4S店追求高档次的巨大投入使卖车成本居高不下。

问题　实地考察某汽车4S店，说说4S店的优势与弊端。

3. 汽车城

汽车城是大型的汽车交易市场，汇集众多的汽车经销商和汽车品牌于一地，形成了集中的多样化交易场所。其品种的丰富多样，不仅便于顾客比较选择，而且有服务快捷、管理规范的优势，是集咨询、选车、贷款、保险、上牌、售后服务于一体的汽车销售新模式。

我国名声渐起的国际汽车城是上海国际汽车城，坐落于上海西侧的嘉定区安亭镇。上海的“龙头汽车”上海大众也在这个位置。这里是我国最大的轿车生产基地和汽车制造的重要基地，也是上海通往华东乃至全国的汽车配件集散地。汽车城核心贸易区规划占地面积6.2平方千米，总体规划由德国AS&P公司承担设计，规划占地面积100平方千米，包括汽车贸易区、汽车研发区、汽车制造区、安亭新镇区、赛车区、汽车教育区等功能区。

说说著名的国际汽车城有哪些？

(1) 美国底特律：通用、福特和克莱斯勒三大汽车公司所在地。

(2) 日本丰田市：全城从业人员均服务于丰田汽车公司。

(4) 意大利都灵：意大利最大的私人企业菲亚特公司的所在地。

(5) 德国沃尔夫斯堡：大众公司所在地。

4. 汽车大道

汽车大道模式，即在方便顾客进入的快速路两侧，建立若干品牌的三位一体、四位一体的专卖店，在独立经营、自主经营的基础上形成专卖店集群。汽车大道模式集汽车交易、服务、信息、文化等多种功能于一体，具有规模大、环境美、效益好、交易额大等特点，是目前最先进的汽车营销模式。目前我国正在兴建或者计划兴建的“汽车大道”主要集中在上海、北京等大型城市。

小思考　你知道汽车俱乐部向车主提供哪些服务吗？

（三）中间商的选择

由于中间商对保证分销功能起着重要的作用，因而汽车制造企业选择中间商非常慎重。

一般来说,选择中间商应重点考虑如下条件:

(1) 从业的历史年限,同行中的声誉;

(2) 运营能力;

(3) 创利润记录;

(4) 偿付能力、资产负债状况;

(5) 协作态度;

(6) 销售人员素质与规模;

(7) 经营条件等。

你知道宝马如何选择中间商吗?

1. 中间商的市场经验和市场反馈能力

BMW 公司要求它的中间商必须有很好的销售能力,认为中间商只有通晓市场销售业务,具有丰富的市场经验,才有可能扩大销售量。同时,中间商的市场信息的搜集能力,对于 BMW 公司改进产品的设计和生产至关重要。例如,BMW 公司根据中间商的信息反馈,特别制作和安装了保护汽车后座乘客的安全系统,受到消费者的欢迎。

2. 中间商提供服务的能力

中间商必须能够进行内容广泛而深入细致的咨询和服务,比如汽车的性能、成本、保险、维修,甚至车用移动电话等特殊设备。

3. 中间商的经营设施和规模

中间商所处的地点是否适中,是否拥有现代化的运输工具和储存设施,有无样品陈列设施等,均是 BMW 公司在遴选中间商时要考虑的重要因素。

(四) 中间商的管理

中间商选择后,就必须对中间商进行培训、激励和评价。随着时间的变化,根据评价结果,有必要对中间商进行调整。

汽车公司应该把中间商看成是自己的战略合作伙伴。国内汽车制造商每推出一款新产品都会给所有的中间商提供培训,以便中间商能更快掌握新车的特点与优势;公司也会安排其他各类性质的培训课程,以改进中间商的工作业绩。对于业绩优秀的中间商,公司还将给予奖励,如特殊优惠、较高的毛利、各种奖金、合作性广告补贴、陈列津贴及销售竞赛等。当然,对于低于预期业绩的中间商,公司将进行评议、惩罚甚至终止合作关系。

三、批发商与经销商

(一) 批发商

1. 批发商的类型

批发商是帮助经销商达到销售目的的中间商,处于流通的中间阶段,用于实现汽车的批量转移。汽车批发商按其实现批量转移的特征,可分为独立批发商、委托批发商和地区批发商。

小案例　　　　　芜湖奇瑞与四川捷顺的“中国式夫妻关系”

四川捷顺成立于1999年，是奇瑞在全国的第一家经销商。有人说，捷顺其实就是为奇瑞而生的，理由有二：① 捷顺成立与奇瑞轿车下线的时间几乎重叠；② 捷顺董事长彭和与奇瑞董事长尹同耀曾经是一汽公司的同事。这种说法的真实性现在已经无从考证，不过四川捷顺与奇瑞的亲密关系却是众所皆知的。捷顺有着超越奇瑞经销商的角色，它一直直接或间接地参与到奇瑞的品牌建设和开拓中去，从而成为奇瑞市场开拓的左膀右臂。业界戏称，捷顺与奇瑞就如一对恩爱的“夫妻”，它们共同的努力造就了一个弱势汽车品牌和一个同样处于弱势的经销商的崛起。

奇瑞一直赋予捷顺在四川的独家经销权，并大力提供相应的营销支持。作为回报，捷顺当然也是下苦功夫经营奇瑞品牌轿车。捷顺不但专营奇瑞汽车，还策划了“零利息按揭购奇瑞”“零花钱养奇瑞”“旗云成都车王争霸赛”以及在奇瑞支持下推出“无理由退车”等一系列活动。更有甚者，为了共同面对市场的价格战，2004年9月，捷顺和另一家经销商发表《联合声明》，宣布将奇瑞QQ 0.8 L系列的销售利润全部让给消费者，以出厂价直销，从而用实际行动来证明对奇瑞汽车品牌的支持。

（资料来源：赵学峰．汽车市场营销实务[M]．北京：机械工业出版社，2012.）

问题　根据案例说说中国汽车制造业与中间商的关系。如何理解芜湖奇瑞与四川捷顺的“中国式夫妻关系”。

(1) 独立批发商：自己独立、批量购进汽车，再将其批发出售的商业企业，它对其经营的汽车拥有所有权，以获取批发利润为目的。按其业务职能和服务内容又可分为两种类型：

① 单一汽车批发商：只批发转销某个汽车生产企业的单一品牌的汽车。该类批发商具备此品牌汽车转销的专业能力，又因其只批发转销该品牌汽车，所以能够获得此品牌汽车生产企业的直接支持和帮助。但是转销范围较窄、转销量有限。

② 多类汽车批发商：可批发转销多个汽车生产企业的多种品牌的汽车。批发转销范围广、品种多、转销量较大；但由于批发转销的汽车品牌较杂，缺乏为某品牌汽车转销的专业化服务的能力，也缺少汽车生产企业的支持。

(2) 委托代理商。委托代理商区别于独立批发商的主要特点是，他们对于其经营的汽车没有所有权，只是替委托人（汽车生产企业或汽车总经销商）组织销售汽车，以取得佣金为目的，促进买卖的实现。

(3) 地区分销商。地区分销商是指在某一地区为生产企业（或总经销商）批发转销汽车的机构，是由汽车生产企业（或总经销商）为减少层层批发和跨地区销售等问题而设立的。

2. 批发商的功能

(1) 销售管理功能。主要进行供需矛盾的协调、销售计划的制定和执行、销售模式的转换以及对经销商销售网络的重组。

(2) 市场营销功能。主要进行市场调研、开展营销和促销、建立和发展经销商销售网络系统、促使经销商销售体系的正规化。

(3) 售后支持功能。主要是对经销商进行技术支持、对零部件的集散进行管理、提高经销商的职业化水平和充当总经销商与经销商的纽带桥梁。

(4) 储运分流功能。主要进行质量把关、二次配送以及中转库的管理。

(5) 资金结算与管理功能。主要进行经销商购车结算、资金管理和业绩评估。

(6) 经销商培训功能。主要对经销商进行培训,制定培训计划,并把培训落到实处。

(7) 经销商评估功能。主要进行硬件与非硬件指标体系的评估、用户满意度的考核。

(8) 信息系统功能。批发商为扭转对物流、顾客及经销商缺乏客观监控的局面,应建立信息系统网络,以实现如下目标:使经销商的库存量合理、完善客户信息、准确掌握经销商经营状况等。

(二) 经销商

1. 经销商的类型

从事汽车销售活动的机构和个人称为汽车经销商。在汽车销售渠道中,经销商的形式很多,按照经营特征分为特许经销商和普通经销商两大类。某品牌汽车销售渠道的经销商分类标准如表 6.8 所示。

表 6.8 某品牌汽车销售渠道的经销商分类标准

经销商类别	经营特征	业务范围	硬件设备	资金能力(万元)	年销售量(辆)	服务质量	公关关系	人力资源
特许经销商	品牌专营	整车销售 配件供应 维修服务 信息反馈	有统一标志的展示厅、有设施完备的营销场所	>300	>500	高	好	优
准许经销商	品牌专营	整车销售 配件供应 维修服务 信息反馈	有良好的展示厅、有完好的营销场所	>250	>400	较高	较好	良
普通经销商	非品牌专营	整车销售 配件供应 维修服务 信息反馈	有一般的展示厅、有一般的营销场所	>200	>300	一般	一般	一般
准普通经销商	非品牌专营	整车销售	无展示厅、有营销场所	>150	>200	一般	较弱	差

2. 特许经销商

(1) 特许经销商的条件。特许经销商是指由汽车总经销商或汽车生产企业作为特许授予人(简称特许人),按照汽车特许经营合同要求以及约束条件授予其经营销售某种特定品牌汽车的汽车经销商(作为特许被授予人,简称受许人)。作为受许人,汽车经销商应具备以下条件:

① 独立的企业法人,能自负盈亏地进行汽车营销活动;

② 达到特许人所要求的特许经销商硬、软件标准;

③ 能拿出足够的资金来开设统一标志的特许经营店面,具备汽车市场营销所需的周转资金;

④ 有一定的汽车营销经验和良好的汽车营销业绩。

普通经销商符合以上条件，可以通过履行特许经销商申请和受许人审核等，并经双方签署汽车特许经销合同(或协议)，就可正式成为某品牌汽车的特许经销商。

(2) 汽车特许经销商的优势：

① 可以享受特许人的汽车品牌及该品牌所带来的商誉；

② 可以借助特许人的商号、技术和服务等，提高竞争实力，避免了单枪匹马进入激烈的市场所面临的高风险；

③ 可以加入特许经营的统一运营体系，即统一的企业识别系统、统一的服务设施、统一的服务标准，使其分享由采购分销规模化、广告宣传规模化、技术发展规模化等所带来的规模效益；

④ 可以从特许人处得到业务指导、人员培训、信息、资金等方面的支持和服务。

(3) 汽车特许经销商的权利：

① 特许经营权。有权使用特许人统一制作的标记、商标、公司标志和标牌；有权在特许经营系统的统一招牌下经营；有权获得特许人的经营秘诀，以加入统一运作(统一进货、统一促销、统一的市场营销策略等)；有权依照特许人的统一运作系统分享利益；有权按特许人的规定取得优惠政策，对特许人经销的新产品享有优先权；

② 地区专营权。有权要求特许人给予在一定特许区域内的专营权，以避免在同一地区内各加盟店相互竞争；

③ 取得特许人帮助的权利。有权得到特许人的经营指导援助、技术指导援助及其他相关服务。

(4) 汽车特许经销商的义务：

① 必须维护特许人的商标形象；

② 在参加特许经营系统统一运营时，只能销售特许人的合同产品；只能将合同产品销售给直接消费者，不得批发；必须按特许人要求的价格出售；必须从特许人处取得货源；不得跨越特许区域销售；不得自行转让特许经营权；

③ 应当履行与特许经营业务相关的事项——随时和特许人保持联系，接受特许人的指导和监督；按特许人的要求，购入特许人的商品；积极配合特许人的统一促销工作；负责店面装潢的保持和定期维修；

④ 应当承担加盟金、年金、加盟店包装费等相关的费用。

第四节　汽车促销策略

一、促销与促销组合

(一) 促销

促销是促进销售的简称，是指通过人员或非人员的方法传播商品信息，帮助和促进消费者熟悉某种商品或劳务，并促使消费者对商品或劳务产生好感与信任，继而使其踊跃购买的活动。促销实质上是一种信息沟通。其目的是通过各种形式的信息沟通来引发、刺激消费者产生购买欲望直至发生购买行为,实现企业产品的销售。

促销的方式分为人员促销和非人员促销两大类。人员促销即人员推销,非人员促销包括广告、营业推广和公共关系。

1. 人员推销

人员推销是指企业推销人员与消费者通过面对面的接触,运用一定的技巧和手段,将企业和产品信息传递给消费者,并促使消费者实现购买的一种促销方式。

2. 广告

广告是指企业有偿地使用特定的媒体和手段向大众传播本企业或产品的促销活动。广告形式多种多样,根据广告传播方式分为:平面广告、影视广告、广播广告、户外广告、邮递广告、网络广告和 POP 售点广告。

3. 营业推广

营业推广又叫"销售促进",是指人员推销、广告和公共关系以外的所有促销方式的统称,是短期性的一种特别促销活动。它有两个显著特点:一是物质刺激。营业推广的方式多种多样,但均以物质刺激的形式向消费者提供特殊的购买机会,产生一种机不可失的紧迫感,促使其立即购买,达到显著的促销效果。二是自降价值。营业推广往往采取降低商品价格的方式进行促销,促销效果很明显。

4. 公共关系

它是一种间接的促销方式,是指企业运用各种传播手段与社会公众沟通信息,使公众对企业有更多的了解,以取得公众的理解、支持和合作,为企业创造一个和谐的外部营销环境。

四类促销方式的特点如表 6.9 所示。

表 6.9 四类促销方式的特点

促销方式	优 点	缺 点
人员推销	面对面沟通,利于深谈,沟通灵活、易激发兴趣,易促成交易	费用较大,影响面较窄,难以有效管理,不易培养及寻找合适的人才
广 告	信息覆盖面广,容易引起注意,可重复使用,信息可艺术化	说服力小,信息反馈慢,不易调整,难以迅速导致购买行为
营业推广	吸引力大,效果明显,能及时改变传播对象的购买习惯	容易引起怀疑,自贬身价
公共关系	影响面大,容易得到信任,效果持久	企业难以控制传播过程,见效较慢

(二) 促销组合

促销组合是将人员推销、广告、营业推广和公共关系四种促销方式有机的组合和有效的运用。

1. 促销组合的决策

(1) 确认促销对象。通过企业目标市场的研究与市场调研,界定其产品的销售对象是现实购买者还是潜在购买者,是消费者个人、家庭,还是社会团体。明确了产品的销售对象,也就确认了促销的目标对象。

(2) 明确促销目标。不同时期和不同的市场环境下，企业营销的总体目标不同，所以企业开展的促销活动的目标也不同。短期促销目标，适合采用广告促销和营业推广相结合的方式。长期促销目标，公共关系具有决定性意义。

(3) 设计促销信息。企业促销要明确向目标对象所要表达的诉求内容是什么，然后再重点研究信息内容的设计。

(4) 选择沟通渠道。传递促销信息的沟通渠道主要有人员沟通渠道与非人员沟通渠道。人员沟通渠道向目标消费者当面推荐，能得到反馈，可利用良好的"口碑"来扩大企业及产品的知名度与美誉度。非人员沟通渠道主要指大众媒体沟通。大众传播沟通与人员沟通的有机结合才能发挥更好的效果。

(5) 确定促销的具体结合。根据不同的情况，将人员推销、广告、营业推广和公共关系四种促销方式进行适当搭配，使其发挥整体的促销效果。应考虑的因素有产品的属性、价格、生命周期、目标市场特点。

(6) 确定促销预算。企业应从自己的经济实力和宣传周期内受干扰程度大小的状况决定促销组合方式。如果企业促销预算充足，则可同时使用几种促销方式；否则，应选择耗资较少的促销方式。

说说促销有哪些作用？

1. 传递信息、提供情报

在产品正式进入市场以前，企业必须及时向中间商和消费者传递有关的产品销售情报。通过信息的传递，使社会各方了解产品销售的情况，建立起企业的良好声誉，引起他们的注意和好感，从而为企业产品销售的成功创造前提条件。

2. 突出特点，诱导需求

通过各种促销形式的展现，将产品优于竞争对手之处揭示出来并让消费者知晓，进而产生拉动市场的作用，从而达到诱导需求的目的。

3. 指导消费者，扩大销售

通过各种形式的沟通，让消费者了解产品的一般功能特性，了解产品的最基本的操作和使用方法，对消费者起到一定的指导作用。

4. 产生偏爱，稳定销售

不断的促销可以强化消费者对某个品牌、某个企业的产品的认识、理解和认同，从而产生对某个品牌、某个产品的信任感。

2. 影响促销组合决策的因素

(1) 产品的种类产品的种类不同，购买者的行为往往存在很大的差异，不同种类的产品应采取不同的促销组合。

小思考 重型汽车、专用汽车与私人轿车在促销组合上有哪些不同？

(2) 产品的生命周期。企业在产品生命周期不同阶段，应选择不同的促销组合方式。如表 6.10 所示。

表 6.10 不同生命周期的促销策略

产品生命周期	促销目标	促销组合
介绍期	建立产品知晓	介绍性广告、人员推销
成长期	提高市场知名度和占有率	形象建立型广告等
成熟期	提高产品的美誉度，维持和扩大市场占有率	形象建立和强调型广告，公共关系，辅以营业推广
衰退期	维持信任和偏好，大量销售	营业推广、提示型广告

(3) 市场现状。市场规模和类型不同，用户的数量也就不等。规模小、相对集中的市场应以人员推销为主，如各种专用车辆以及产业用户需求车辆的销售。市场规模大、用户分散的市场，广告是最有效的促销手段，如普通轿车及农用车、摩托车的销售。此外，企业在考虑市场时，应充分考虑到竞争对手的状况，选择合适的促销策略和促销组合。

(4) 促销费用。一个企业能够用于促销的费用也影响促销组合的选择。企业在选择促销组合时，首先，要进行促销预算，即综合考虑促销目标、产品特征、企业财力及市场竞争状况等因素；其次，要对各种促销方式进行比较，以尽可能低的费用取得尽可能好的促销效果；最后，要考虑到促销费用的分摊。

二、汽车促销策略

(一) 汽车人员推销策略

汽车人员推销指汽车企业的推销人员利用各种技巧和方法，帮助或劝说消费者购买该品牌汽车产品的促销活动。由于汽车具有技术含量高、价值较大等特点，人员推销在汽车销售中占有很重要的地位。汽车销售人员的素质直接关系到销售的成败，有关汽车销售人员的素质等将在第十章讲解。

小案例 乔·吉拉德“败走麦城”的经历

一次，有位顾客看中了乔·吉拉德推销的一辆车，双方对价格也没有异议。但是，临近成交之际，那位顾客却突然扬长而去。

乔·吉拉德百思不得其解，给那位顾客打了一个电话，这才弄清楚了事情的原因。原来，那位顾客的儿子考上了大学，兴奋之余，很想与乔·吉拉德共享快乐。当他向乔·吉拉德倾诉时，乔·吉拉德却在与他人说笑。顾客感觉受到冷落，激愤不已，购买汽车的愿望也就荡然无存了。

问题 阅读该案例后你有何感想?

1. 汽车人员推销的任务

由于汽车产品价格高、专业性强、交易复杂等特点，汽车人员推销产品其实是销售服务，即售前、售中和售后服务，统称为销售技术服务。人员推销的任务，就是向消费者提供优质的服务，从而加深消费者对企业的了解和对产品的依赖，树立起良好的企业形象。

(1) 售前服务。售前服务即企业与潜在用户的沟通。企业的促销人员要有计划地、主动地收集消费需求信息，及时将企业及汽车产品的情况传递给潜在用户，并了解其反应，更好地满足用户的要求，达到引导消费的目的。

(2) 售中服务。售中服务即企业与现实消费者的沟通。企业的促销人员要将自己产品的优势、产品能给消费者带来的特殊利益传达给消费者，协助引导消费者使用本品牌的汽车。

(3) 售后服务。售后服务即企业与产品用户的沟通。及时征询用户的意见，提供优质的维修服务，了解用户的反馈信息，改进服务方式，建立持久的合作关系，树立良好的服务形象。

2. 汽车人员推销的步骤

"公式化推销"理论将推销过程分成七个不同的阶段，如图 6.8 所示。

图 6.8 人员推销过程的七个阶段

(1) 寻找顾客。这是推销工作的第一步，即通过一定方式获取准顾客的信息资料，如姓名、电话、工作情况及家庭成员等。

(2) 事前准备。推销人员在与准客户接近前，需要做许多准备工作，不打无准备之仗。如相关产品知识的准备、资料的准备和辅助工具的准备等。

(3) 接近顾客。接近即开始登门访问，与潜在顾客开始面对面的交谈。接近顾客更是一种心理距离的接近，即让顾客信赖自己。

(4) 介绍商品。介绍产品要使用 FAB 模式，强调该产品给顾客带来的好处与利益。要注意倾听对方发言，判断顾客的真实意图。

(5) 异议处理。推销人员应随时准备应付不同的意见。

(6) 达成交易。成交是推销的根本目标。

(7) 售后服务。真正的销售在成交之后。推销人员应认真执行给客户的一切承诺，如交车期、车辆免费保养、免费维修及免费更换零部件服务等。

3. 汽车销售人员规模的确定

销售人员是经销商极具生产力和最昂贵的资产之一。而销售人员应保持怎样的规模水平，使得企业既可以增加销售量又将成本维持在合理范围内，是经销商必须要解决的问题之一。一般使用工作量法和销售百分比法来确定销售人员的规模。

(1) 工作量法。工作量法可按以下步骤进行：

① 按年销量大小将消费者分类；

② 确定每类消费者所需访问的次数(对每个消费者每年的促销访问次数)，通常参考竞争对手的水平，也可以根据过去的经验而定；

③ 计算推销访问的总次数，即将消费者数量乘以各自所需促销访问的次数；

④ 确定一个促销人员每年可进行的平均访问数；

⑤ 计算所需促销人员数量，即将访问总次数除以一位销售人员的年平均访问数。

例如，某汽车销售企业将销售者分为 A、B 两类，每类消费者的数量及访问次数如表 6.11 所示。

表 6.11 A、B 两类消费者的数量及访问次数

消费者类别	消费者数目	年访问次数	总访问次数
A类	30	20	600
B类	90	10	900
合计	120	30	1500

该企业每年对消费者进行 1500 次访问。如果一个销售人员每年平均访问 300 次，则该企业需要销售员 5 人。

销售人员数量＝年访问总数/人均年访问次数＝1500/300＝5(人)

(2) 销售百分比法。汽车企业根据一个特定的销售量或销售额(现行的或预测的)的百分比计算销售人员的耗费，从而确定销售人员的数量。汽车生产企业往往以计划的汽车价格为基础，按固定的百分比决定销售人员的规模预算。

(二) 汽车广告策略

美国通用电气公司前任总裁罗杰·姆·史密斯曾经说过："靠停止做广告省钱的人，就像靠拨停表针省时间的人一样'聪明'。"随着经济的发展，广告作为一种极其普遍的促销手段被应用于企业的经营当中，并发挥着越来越重要的作用。

1. 汽车广告的作用及目标

(1) 汽车广告的作用。汽车广告的作用包括以下几个方面：

① 介绍产品，传递信息。广告能使不特定群体顾客了解有关产品的存在、优点、用途和使用方法等，有助于潜在消费者根据广告信息选择符合自身要求的产品。市场上汽车种类繁多，企业间竞争十分激烈，要使顾客偏爱自己的汽车产品，首先就是将产品信息传递给消费者，使消费者能感知到企业产品的性能、特点，而这也是广告所要表现的内容。

② 刺激消费，扩大产品销路。提高企业产品的销售是广告要达到的最重要的目的。对于汽车新产品的推广以及产品的潜在群体，广告具有刺激购买欲望，培养新的需求和创新消费方式等作用。

③ 树立企业形象、维持或扩大市场占有率。用户在购买汽车时，会把企业的形象(包括信誉、名称、商标等)作为选择的较重要依据，因此汽车企业能否在消费者心目中树立起良好的形象，将在很大程度上影响企业产品的市场占有率。

(2) 汽车广告的目标。制定汽车广告策略的第一步是确定汽车广告目标。汽车广告目标必须服从先前制定的有关汽车目标市场、汽车市场定位和汽车营销组合等决策。汽车广告按其目标可分为通知性、说服性和提醒性三种。

① 通知性广告。通知性广告是指通过向消费者或用户介绍产品的性质、用途、操作方式、价格等，促进消费者对产品产生需求的广告。通知性广告主要用于汽车新产品的介入期，旨在为汽车产品建立市场需求。

② 说服性广告。说服性广告是以说服为目标的广告，即企业从消费者的切身利益出发，告诉消费者该品牌商品优于其他品牌商品的独到之处，改变消费者的看法，形成消费者对本企业产品或服务的特殊偏爱，从而选择本企业的产品或服务。说服性广告主要用于汽车产品生命周期的成长期或成熟期，目的在于建立对其某一特定汽车品牌的选择性需求。

③ 提示性广告。提示性广告是指为加强消费者对已购买和使用习惯的商品的了解和

印象，提示他们不要忘记这个商品的商标、品牌及特色，吸引产品的后期使用者的购买，引导消费者形成稳固的、长期的习惯需求的广告。提示性广告主要用于汽车产品生命周期的成熟期和衰退期。

说说下列汽车广告语的广告目标是什么？

(1) 车到山前必有路，有路必有丰田车（丰田）；

(2) 将力量、速度和豪华融为一体（卡迪拉克）；

(3) 生活艺术，唯你独尊（宝马 7 系汽车）；

(4) 勇往直前的伴侣（北京吉普）；

(5) 赏“芯”悦目（奇瑞 A5）。

2. 选择汽车广告媒体

(1) 汽车广告媒体。广告媒体是广告信息传播的中介，在营销实践中，报纸、杂志、广播、电视和网络被称为五大广告媒体，它们的优缺点如表 6.12 所示。它们的广告效果也有差异，如表 6.13 所示。

表 6.12　五大广告媒体优缺点比较

广告媒体	优　点	缺　点
报　纸	读者广泛，覆盖面宽 传播迅速，时效性强 信息清楚，便于查阅 简单灵活，费用经济 权威性强，信誉度高	寿命短暂，利用率低 内容繁多，分散注意 印刷粗糙，色彩感差
杂　志	对象明确，针对性强 有效期长，保存期久 易被接受，效果较好 印刷精美，图文并茂	专业性强，传播面窄 周期较长，灵活性差 制作复杂，成本较高
广　播	传播迅速，时效性强 覆盖面广，听众较多 方便灵活，声情并茂 制作简便，费用低廉	有声无形，印象不深 转瞬即逝，不便存查 盲目性大，选择性差
电　视	覆盖面广，影响力大 声像兼备，直观生动 娱乐性强，接受性高	转瞬即逝，不便存查 制作复杂，费用昂贵 目标性差，选择性差
网　络	发布迅速，及时性好 制作便捷，易于修改 互动性强，效果易测	可信度低，不利关注 受众限制，覆盖面窄

表 6.13 五大广告媒体广告效果比较

媒体	传播范围	传播速度	传播内容	传播时效	选择性能	保存性能	灵活性能	成本费用	印象效果
报纸	广泛	快	最全	较短	较强	较好	较好	较低	一般
杂志	较窄	慢	较全	较长	很强	很好	差	较高	较好
广播	一般	快	一般	很短	一般	较差	好	低廉	一般
电视	广泛	慢	较全	很短	较差	较差	差	昂贵	很好
网络	较窄	最快	全面	较长	一般	很好	好	较低	较好

(2) 选择汽车广告媒体应考虑的因素。汽车企业在选择汽车广告媒体时应考虑以下几个方面的因素。

① 目标顾客的媒体习惯。对于不同的广告媒体、顾客接触的习惯不同,企业应将广告刊登在目标顾客接触的媒体上,以提高视听率,如有关汽车的杂志、报纸、电视节目、交通广播频道等。

② 汽车产品。汽车产品的特殊性,一般选择电视体育频道和印刷精美的时尚杂志作为主要传播媒体。

③ 企业对信息传播的要求。汽车企业在确定宣传媒体时,要考虑三个问题:一是媒体的覆盖面、频率和影响,二是企业所要达到的广告目标,三是广告费用。

小案例 汽车广告费用

一项调查显示,2003 年中国的汽车广告投入达 46 亿元,比 2002 年翻一番;2004 年投放量再翻一番,超过 106 亿元。奥迪 A6、帕萨特、雅阁等品牌汽车一年的广告费超过 1 亿元,平均每辆车的广告投入超过了 1000 元。

问题 阅读案例,分析汽车广告费用居高不下的原因。

④ 竞争对手的广告策略。汽车企业在进行产品宣传,选择媒体时,不仅要考虑以上几个方面的影响,而且要注意竞争对手的广告策略,因为竞争对手的广告策略往往具有很强的针对性和对抗性,只有充分了解竞争对手的广告策略,才能充分发挥自己的优势,克服劣势,最终取得良好的宣传效果。

3. 汽车广告预算

广告预算的指导思想是:以最小的广告费用获得最佳的宣传效果和最大的销售业绩。企业在确定广告预算时常采用的方法有以下四种:

(1) 销售比例法。销售比例法是以广告与销售额或利润的关系确定广告预算的方法。该方法是以企业过去的经验,按照一定的销售额或利润的比例,确定广告费用的支出。

(2) 目标法。目标法是根据完成广告目标必须进行的广告宣传,核算成本,得出广告预算,但这种方法的缺点是效果很难预计。

(3) 对抗平衡法。对抗平衡法是以同行业中，特别是有竞争关系的企业的平均广告支出来预算企业的广告费用。这种方法的缺点是平均广告费用支出较难测量，缺乏特色。

(4) 支付能力法。支付能力法是根据企业在一定时期所能承担的财力来确定广告预算。这种方法得出的广告预算不一定符合市场发展的需要。

小案例　　福斯和菲亚特两大汽车公司的广告大战

著名的意大利福斯和菲亚特两大汽车公司，曾分别推出高罗夫和泰普新型车。为占领市场，双方展开了一场广告大战。菲亚特想压倒对方，于是利用名人效应，请当时著名的电影演员亚伯雷在电视上做广告宣传泰普汽车，并在报纸杂志上撰稿扩大影响。

福斯公司的广告设计师威尔巴分析了竞争局面后采取了智取的广告策略，他设计了一位身着红色衣服的魔鬼，让它双手抱胸站立在山巅上，上面赫然写着"你们经不起诱惑——无与伦比的高罗夫的诱惑"，刊登在销量最大的报纸杂志上。众所周知，在西方国家，不被俗念打动的心灵唯有基督一个，其余都是凡人，是禁不起诱惑的，福斯公司的广告有雷霆万钧之势，想压倒对手。

菲亚特也不让步，竟然用"最好的诱惑"做醒目的通栏标题，在各个刊物上大肆宣传。两家汽车公司广告的较量，表现了广告设计者的才智与胆识，也显示了广告竞争的激烈。

问题　阅读案例，说说汽车公司相互竞争的形式。

4. 汽车广告效果评价

因为汽车企业的宣传目的是否达到，效果如何，影响怎样，所支出的广告费用是否物有所值等都是未知数，因此企业还需要对广告效果进行评价，以修正和改进广告目标和预算。广告效果评价一般有两种方法：一是传播效果评价，二是销售效果评价。

(1) 传播效果评价。传播效果评价是判断公众在接收到广告信息后的心理态度。传播效果的评价可分为事先预评和事后预评两种评价。

① 直接评价法。即由消费者小组或广告专家小组观看各种广告，然后请他们就广告的吸引力、可读性、认知力、影响力、行为力等方面作出评价，根据评价结果来评价此广告的优劣。

② 调查测评法。即广告播出前请消费者看一组广告或者将若干广告方案交给消费者，请他们对广告进行回忆，以测量广告是否突出主题，是否给消费者留下深刻的印象，并进行评判，请他们从中选择出消费者最容易接受的方案。

③ 实验室测评法。即广告研究人员利用各种仪器来测量选定的消费者对于广告的心理反应，如心跳、血压、瞳孔的变化等现象，从而判断广告的吸引力。

(2) 销售效果评价。由于汽车产品销售效果的影响因素不仅有广告，还有汽车产品的价格、销售渠道、质量、市场竞争情况等方面，所以汽车广告的销售效果比其传播效果更难以测量。销售效果评价一般用以下三种评价方法。

① 单位广告成本促销法：即企业将广告前和广告后销售量的增加量和广告费用相比测定广告效果。

单位广告成本促销率=(广告后平均销售量−广告前平均销售量)/广告费用

② 地区实验法：即将作过广告的地区和未作过广告的地区的产品销售量进行比较，以此来判断广告的效果。

③ 广告费增量比率法：即根据广告后取得的销售额增量与广告费用增量进行对比的结果来测定广告的效果。

$$广告费增量比率=(销售额增量/广告费增量)\times 100\%$$

小思考 收集你喜欢的汽车广告，并与同学交流你的看法。

（三）汽车营业推广策略

汽车营业推广策略是指汽车企业在特定的目标市场中，为了迅速刺激需求和鼓励消费而采取的促销措施。汽车营业推广是一种短期的促销工作，其主要目标是鼓励消费者购买汽车和促使其重复购买、争取未使用者购买和吸引竞争者品牌的使用者购买。

1. 针对消费者的营业推广形式

(1) 分期付款和低息贷款。汽车产品价格高，许多普通消费者一次性付款比较困难，因此世界各汽车公司都有分期付款业务。如 1997 年年末奥拓推出分期付款业务，“首付一万八，奥拓开回家”；据调查，2000 年北京车市，有近一半的汽车消费者采取了分期付款的购车方式。

低息贷款是用户购车前先去信贷公司贷租购车款，然后购车。用户的贷款由用户与信贷公司结算，汽车销售部门则在用户购车时一次收清全部购车款。贷款业务可以由银行办理，也可以由汽车企业提供。如克莱斯勒汽车公司每年向数十万名顾客提供卖方贷款，用户的贷款可以在两年内分 18 次偿还。

小案例 大众速腾——“苦肉计”

现在汽车厂家纷纷为想购买汽车但暂时没财力的消费者准备了零利率贷款买车业务。不但让消费者能够提前消费，还可以更大地刺激汽车的市场需求。

上海大众在 2007 年年底推出“零利率”分期购车优惠措施。选择大众金融“零利率”分期购车的消费者，只需首付 30%以上的车款，并且保证在一年或两年内将余款按月还清，就可以在 5 个工作日之后将一部速腾手动轿车开回家。

（资料来源：陈聪. 汽车市场营销学[M]. 北京：电子工业出版社，2009.）

问题 联系案例，说说分期付款促销的吸引力。

(2) 汽车租赁销售。汽车租赁业务是指承租方向出租方定期交纳一定的租金，以获得汽车使用权的一种消费方式。开展租赁业务，对用户而言，可使用户在资金短缺的情况下，用少部分现钱而获得汽车的使用权。汽车专业租赁公司是继出租用车市场后又一大主体市场，是汽车生产企业长期稳定的用户之一。

(3) 汽车置换业务。汽车置换业务包括汽车以旧换新，二手汽车整新、跟踪服务，二手汽车再销售等项目的一系列业务组合。汽车置换业务已成为全球流行的销售方式。

(4) 赠品促销。购买汽车附带赠送某些礼品，如印有产品标志的日常用品及打火机、手表、夹克衫、雨伞、烟灰缸等小型纪念品，不同年限的汽车维修卡，不同价值的保险费(如第三者责任险)，不同里程的汽车免费保养卡，免费代办汽车牌照等。对汽车这样的产品来说，尽管一般的小礼品对营业推广的影响不大，但可以提高消费者满意度，在一定程度上刺激消费者的购买欲望。赠品促销有两种类型：一种是顾客持车辆购车发票换取赠品，另一种是随车赠送的配置。

(5) 免费试车。邀请潜在消费者免费试开汽车，为消费者提供亲身体验，有利于进一步加强消费者的购买欲望，最终达成交易。

(6) 价格折扣。折扣是在销售车辆时对车辆的价格打折扣，折扣的标志可以公布于广告中，也可标在打了折扣的车辆的陈列地点。价格折扣是汽车销售企业采用直接降价或折扣招徕顾客的方式，这种促销方式有立竿见影的效果。

小案例 **比亚迪 F3——“连环计”**

2003 年比亚迪转行造车，头阵比亚迪 F3 就打得有声有色，虽然市场对其外形和性能褒贬不一，但其促销功夫不可小视。

2007 年 7 月份比亚迪在全国展开了“感恩风暴，3 个 4000 元等你拿”活动。凡是持有个体工商户经营证的业主来购车，给予 4000 元现金优惠；凡是 2007 年大学生家属，凭分数条来购车，给予 4000 元现金优惠；凡是持有当月结婚证的人来购车，给予 4000 元现金优惠。没有满足以上条件的购车用户，只要喜欢比亚迪 F3，就会享有 3000 元现金优惠。

(资料来源：陈聪.汽车市场营销学[M].北京：电子工业出版社，2009.)

问题 阅读案例，说说价格折扣的好处。

(7) 有奖销售。有奖销售是最富有吸引力的汽车促销手段之一，因为顾客一旦中奖，奖品的价值很诱人，许多顾客都愿意去尝试这种无风险的有奖购车活动。

(8) 特色服务促销。服务促销通过周到的服务，使客户得到实惠，在相互信任的基础上开展交易。特色服务促销主要有：

① 一定额度的免费维修、免费保养；

② “零公里服务”，即顾客用车出现故障的时候，可以在原地得到服务，在得到服务前车辆的移动距离为零；

③ 顾客回访；

④ 节假日贺卡问候；

⑤ 情感拉动，记下客户及其家人的相关资料，如孩子在哪上学，父母身体状况等；

⑥ 定期举行汽车保养知识讲座。

2. 制定汽车营业推广方案

(1) 确定汽车营业推广诱因量的大小。诱因量是指活动期间商品价格与平时没有优惠时进行比较的差异，它直接关系到促销的成本。诱因量越大，产生的销售反应就越明显，但是成本也会增加。

(2) 确定汽车营业推广范围。汽车企业要确定本次营业推广活动的产品范围和市场范围：是对单项汽车产品进行促销，还是对系列产品促销；是对新车进行促销，还是对老款轿车进行促销；是在所有的销售区域进行促销，还是在特定的市场内促销等。

你知道汽车企业针对销售人员的营业推广形式有哪些吗？

1. 销售奖金

为了刺激销售人员的工作积极性，对于能够完成任务的销售人员给予一定的物质奖励。

2. 培训进修

为了提高销售人员的业绩，对其进行业务技能和技巧方面的培训。

3. 会议交流

定期或不定期召集销售人员对工作经验和工作方法以及工作中的得失开展交流，促进销售人员的共同提高。

4. 旅游度假

汽车企业为了表彰先进，增强企业内部凝聚力，对销售业绩和素质表现良好的销售人员给予国内外旅游度假的奖励。

(3) 确定汽车营业推广时间。汽车营业推广时间的确定包括三个方面的内容：举行活动的时机、活动的持续时间和举办活动的频率。

(4) 确定汽车营业推广传播媒体的类型。即企业选择何种媒体作为促销信息的发布载体。不同的媒体有不同的信息传递对象和成本，其效果必然不同，这是汽车企业在营业推广方案中应明确的问题。

(5) 确定汽车推广费用预算。科学合理地制定预算，将为活动的顺利开展提供有力保障。汽车营业推广的费用通常包括两项：一是管理费用，如组织费用、印刷费用、邮寄费用、培训教育费用等；二是诱因成本，如赠品费用、优惠或减价费用等。

汽车营业推广方案制定后，必须经过试用，再投向市场。可以邀请消费者对备选的几种不同的优惠办法作出评价和打分等，也可以在有限的地区范围内进行试用性测试，通过改变规模、水平、媒介和持续时间等了解顾客的不同反应。这种方法可以有效地降低营业推广的风险，但需要花费大量的时间。

3. 评估汽车营业推广的效果

汽车营业推广活动结束后，应立即对其实施效果进行评估，以总结经验教训。一般情况下，对汽车营业推广效果的评估主要有以下两种方法：

(1) 比较活动前后销量的变化幅度。企业可以关注促销前、促销期间和促销后商品的销售量变化情况，进而对促销效果进行评估。

企业在关注促销效果时，不应只看促销期间与促销前销量的变化，还需要观察促销后与促销前销量的变化，以此判断促销活动是不是透支了购买潜力。

(2) 消费者调查法。这种方法对于不易测出销量变化的情况是一种比较有效的方法，主要是对参加对象的人数、参与对象的活动反应以及这次促销对于他们随后选择品牌行为的影响程度等进行调查。

小思考 实地考察某汽车4S店，了解其正在进行的汽车营业推广活动，并与同学交流你的看法。

（四）汽车公共关系策略

汽车公共关系策略是指汽车企业有计划地、持续不断地运用各种沟通手段，争取内外公众谅解、协作与支持，建立和维护良好形象的活动。在汽车市场营销体系中，汽车公共关系是企业机构唯一一项用来建立公众信任度的工具。

1. 汽车公共关系的作用

（1）建立和维护企业良好的市场形象。公共关系的主要任务就是通过一定方式让公众了解企业的企业文化经营理念，以及为了应付突发事件而采取的相应对策，建立公众对企业的正确理解和信任，保持相互之间良好的关系，树立良好的企业形象。

（2）直接促销。企业公共关系可以在新闻传播媒介中获得不付费的报道版面或者播放时间，实现特定的促销目标。

（3）间接促销。企业把社会利益和公众利益放在第一位，在不断提高产品质量和服务质量的前提下，通过有计划地、持续不断地开展传播和沟通、交往与协调、咨询与引导等公共关系的职能活动，就会不断地提高信誉和知名度，不断塑造良好的企业形象和产品形象，赢得公众的理解和信任。企业生产的产品形象好、信誉度高，必然会提高吸引力和竞争力，间接地促进产品销售。

（4）降低促销成本。公共关系的成本比广告的成本要低得多，适宜于促销预算少的企业。

2. 汽车公共关系的方式

（1）通过新闻媒介传播信息。这是企业公共关系最重要的活动方式。通过新闻媒介向社会公众介绍企业及产品，不仅可以节约广告费用，而且由于新闻媒体的权威性和对象的广泛性，使它比单纯的产品广告的宣传效果更有效。其主要方式有：

① 撰写新闻稿件。撰写新闻稿件即由企业的公关人员对企业具有新闻价值的政策、背景活动和事件，撰写新闻稿件或者轻松有趣的报道，散发给有关的新闻传播媒体，并争取发表。这种由第三者发布的报道文章，对公众来说，可信度高，容易获得公众的认可，有利于提高企业的形象，而且不必付费。

② 举办新闻记者招待会。这是做好与新闻媒体关系的重要手段，也是借助于新闻工作者之手传播企业各类信息，争取新闻界客观报道的重要途径。

③ 邀请记者或其他知名人士参观企业，加深他们对企业及产品印象，并进行评述。

④ 制造新闻事件。许多著名的企业不仅重视发现新闻，而且善于制造新闻。有目的地制造出来的新闻，常常能在新闻界引起轰动，而且能引起公众的强烈反应。

⑤ 编写影视剧本，参与影视剧的制作。通过与影视界的合作，将企业的过程编写成影视剧本，可以提高企业的社会印象，加深社会公众的了解。

（2）散发宣传资料。宣传资料包括与企业有关的所有刊物、小册子、画片、传单、年报等。

（3）借助公关广告。通过公关广告介绍，宣传企业，树立企业形象。

（4）举办各种专题活动和策划企业领导人作演讲或报告。通过举办这类活动，扩大企业的影响和潜在客户对企业产品的认识，它包括举办各种专题讲座、产品演示会、报告会、举办各种庆祝活动等。

（5）参与社会公益活动。汽车企业可以通过向某些公益事业捐赠一定的款项和实物，以提高汽车企业的信誉度和美誉度。

小案例 奇瑞的公益之行

2008年“5·12”汶川特大地震。作为自主品牌汽车产业代表——奇瑞在震后第一时间迅速作出反应,仅3天就捐赠了1600万元的现金和物资,之后又补充捐赠500万元现金,共计捐赠2100万元的款物,帮助灾区重建家园。

不仅如此,奇瑞与“中华社会文化发展基金会”联手,举办了“祈福汶川·点亮希望”活动,号召全社会捐赠学习用品,帮助灾区孩子重返校园。

奇瑞汽车的公益活动引起了社会大众的高度赞扬,为奇瑞汽车公司及其产品树立了良好的形象。

问题 以上活动属于哪种公关方式?

(6) 形象识别系统。通过公司的企业标志、服饰标记、建筑物、模型、业务名片、招牌等创造公众辨认的视觉形象,赢得目标消费者的注意。

小思考 收集令你感动的汽车公益活动,并与同学交流你的看法。

本章小结

基本概念	产品整体概念 产品组合 产品生命周期 新产品开发 价格策略 分销策略 促销策略 人员推销 广告 营业推广 公共关系
基本内容	1. 汽车产品是个整体概念,包含五个层次,即核心产品、形式产品、期望产品、附加产品和潜在产品。 2. 汽车产品组合包括产品线和产品项目。产品组合用宽度、深度、长度和相容度来衡量。产品组合策略包括扩大产品组合、缩减产品组合和产品线延伸。 3. 汽车产品生命周期是指产品刚研发投入市场,到最终被市场淘汰的过程,一般包含介绍期、成长期、成熟期和衰退期四个阶段。生命周期的不同阶段有不同特点,对应的营销策略也不同。 4. 汽车新产品包括全新新产品、换代新产品、改进新产品、仿制新产品等。新产品开发必须按照一定的程序进行。 5. 汽车产品定价程序为明确汽车目标市场、分析影响定价的因素、确定定价目标、选择定价方法、确定定价策略、最后确定汽车价格。 6. 影响汽车定价的因素包括定价目标、汽车产品成本、汽车消费者需求、汽车特征、竞争者行为、汽车市场结构等。 7. 汽车定价目标有以利润为导向的定价目标,以销售为导向的定价目标,以竞争为导向的定价目标及以质量、生存和渠道为导向的定价目标等。

基本内容	8. 汽车产品定价方法有成本导向定价法、需求导向定价法和竞争导向定价法。定价策略包括新产品定价策略、心理定价策略、折扣折让策略和价格变动策略。 9. 汽车分销模式分为零级渠道模式、一级渠道模式、二级渠道模式和三级渠道模式。 10. 汽车分销渠道中的中间商包括总经销商、批发商和经销商。 11. 汽车促销策略包括人员推销、广告、营业推广和公共关系等四种方式。

知识巩固

(一) 选择题

1. 汽车的维修和售后服务属于产品整体概念中的(　　)。

A 核心产品　B 期望产品　C 形式产品　D 附加产品

2. 缓慢撇脂策略是指汽车企业以(　　)方式推出新产品。

A 高价高促销　B 高价低促销　C 低价高促销　D 低价低促销

3. 2006 款君越 2.5 豪华版在原 G2.5 车型基础上,增加了双层电动天窗、真皮座椅和倒车雷达等配置。这属于汽车(　　)。

A 全新新产品　B 换代新产品　C 改进新产品　D 引进新产品

4. 汽车产品销售量增长很快,企业建立了比较理想的营销渠道,这是产品(　　)的特点。

A 投入期　B 成长期　C 成熟期　D 衰退期

5. 就某种程度而言,促销的实质是一种(　　)的活动。

A 沟通信息　B 树立形象　C 达成销售　D 方便消费

6. 汽车产品组合的(　　)是指其产品线的数量。

A 宽度　B 深度　C 长度　D 相容度

7. 下面不属于汽车介绍期的特点的是(　　)。

A 销售价格高　B 产品成本高　C 竞争激烈　D 销售量和利润额低

8. 在企业定价策略中,撇脂定价和渗透定价属于(　　)。

A 心理定价策略　B 新产品定价策略

C 折扣折让定价策略　D 系列定价策略

9. 某汽车公司将汽车价格定得能使它的投资取得 20% 的利润,这属于(　　)定价方法。

A 认知价值定价法　B 目标利润定价法

C 随行就市定价法　D 竞争投标定价法

10. 某汽车制造公司给全国各地的地区销售代理一种额外折扣,以促使他们执行销售、零部件供应、维修和信息提供等“四位一体”的功能。这种折扣属于(　　)。

A 数量折扣　　B 季节折扣　　C 交易折扣　　D 促销折扣

11. 由汽车生产企业经批发商转经销商销售给终端客户，其销售模式属于(　　)。

A 零级渠道　　B 一级渠道　　C 二级渠道　　D 三级渠道

12. 产品的生命周期一般包括(　　)等四个阶段。

A 介绍期　　B 成长期　　C 成熟期　　D 推广期

E 衰退期

13. 产品是一个整体概念，包含有五个层次。下面属于汽车产品基础层的是(　　)。

A 汽车品牌　　B 汽车质量　　C 汽车款式　　D 汽车颜色

E 汽车特色

14. 以下属于成本导向定价法的是(　　)。

A 成本加成定价法　　B 目标利润定价法

C 认知价值定价法　　D 竞争投标定价法

E 变动成本定价法

15. 影响汽车定价的主要因素有(　　)。

A 定价目标　　B 产品成本　　C 产品结构　　D 市场需求

E 市场竞争

16. 下面属于汽车营业推广方式的是(　　)。

A 赠品　　B 奖励　　C 免费试乘　　D 分期付款

E 汽车置换

(二) 判断题

1. 所有的汽车都必须经历介绍期、成长期、成熟期和衰退期等四个产品生命周期阶段。(　　)

2. 汽车公共关系促销活动的形式指汽车公司参与的各种公益活动。(　　)

3. 汽车4S店是目前最先进的汽车销售形式，也是目前唯一的汽车分销模式。(　　)

4. 人员推销是促销的一种方式，其特点是销售人员与客户面对面沟通，效果较好，相对广告促销方式，其促销成本较低。(　　)

5. 汽车销售促进就是直接刺激以求短期内达到效果的汽车促销方法。(　　)

6. 汽车产品是指汽车实体。(　　)

(三) 简答题

1. 简述汽车产品生命周期成长期的特点和营销策略。
2. 简述汽车产品有哪些定价策略。
3. 汽车产品的分销模式有哪些？
4. 什么是促销？各种促销方式的优缺点是什么？

案例分析

一汽大众广西区域营销策略

营销策略直接关系到公司的发展战略，目前竞争激烈的汽车市场要求汽车企业不但要规划发展战略，更要制定出适应企业发展战略的营销策略，从而提高市场的反应速度，适应市场变化，提升核心竞争力。针对广西区域营销工作现存的问题，通过对广西区域市场的分析，结合实际工作经验，一汽大众运用营销管理理论，从产品、价格、渠道、促销四个方面制定区域营销策略。

一、产品策略

如何使产品策略发挥最大的效用，主要有以下两种途径：首先，提高产品的使用价值。其次，注重产品形式差异化，建立强势品牌。为了实现产品的差异化，在保证提供高质量产品的同时，还需要在市场上建立起一汽大众的强势品牌，以区别于竞争对手。下面具体研究一汽大众捷达轿车。

捷达出租车曾创造过 90 万公里无大修的惊人纪录，是业内其他车型所没有的也无法相比的业绩。捷达系列轿车是处于黄金档次的普及型轿车，自 1991 年第一辆捷达轿车出厂销售以来就受到社会各界的欢迎，其动力性、可靠性、舒适性、经济性、安全性等性能在国内同类产品中具有明显的优势。捷达轿车在国内举行的汽车拉力赛上多次夺冠，是具有赛车品质的轿车。

对于捷达品牌，各产品系列特点、产品改进有其独到的一面。首先，产品分类及特点。捷达针对不同的消费者将其产品细分为三系列："前卫系列"采用两气阀发动机，配置新，属于时尚型，价钱相对便宜，11.8 万～14.2 万元，主要针对年轻人或讲求经济的消费群体。"捷达王系列"采用 5 气缸发动机，装备精良，最高车速可达 190 千米/小时，从起步到提速至 100 千米/小时不超过 12 秒，属于运动型，售价 15.8 万～15.9 万元，主要针对喜欢享受驾驶乐趣的人士。"都市阳光和都市先锋系列"采用自动变速箱，驾驶轻松，售价 15.5 万～18.6 万元，主要针对成功人士，作为私家车、公务用车或商务用车。其次，产品改进。针对捷达轿车外观粗壮，内部仪表装饰粗糙简陋，汽车工艺较为粗糙，乘坐感觉较拥挤等问题，公司改进了捷达轿车的外观、内部装饰，以增大汽车的内部体积，以满足消费者的需求；技术水平改进包括对汽车引擎、刹车系统、控制系统等方面进行提高，以改善捷达汽车动力、安全、控制等方面的性能，加大捷达在同类轿车产品中的性能优势；环保方面改进则按照国家制定的相关法律政策，提高捷达的环保指数，最大程度让顾客满意。

二、价格策略

运用价格策略是企业进行市场竞争的一种十分重要的营销手段。在营销活动中，企业为了实现自己的战略目标，经常根据产品的差异性、市场需求和竞争情况，采取各种灵活多变的定价策略，使价格与市场营销组合中的其他因素更好地配合，促进和扩大销售，提高企业的效益。价格策略主要有新产品定价策略、心理定价策略和产品组合定价策略三种。

1. 新产品定价策略主要有撇脂定价、渗透定价和满意定价策略

撇脂定价策略是一种高价策略。都市阳光和都市先锋系列新车可以采取撇脂定价的方法。相反,渗透定价策略是一种低价格策略,满意定价策略则是一种介于撇脂和渗透之间的价格策略,定价介于两者之间,这种定价策略由于能使生产者和消费者都比较满意,因而一般厂家都会采用这种定价策略,销量较大。

2. 心理定价策略

一汽大众新宝来2008年10月上市销售,在广西区域售价为10.78万元,采取满意定价策略,市场反应非常积极。虽然价格没有业内人士先前预计的低,但10.78万元的最低价格未突破11万元整数关口,与福克斯、标致307、凯越的10.8万元的最低价格持平,给消费者一种货真价实的感觉。

3. 产品组合定价策略

一是任选品定价策略,任选品是指那些与主要产品密切关联的可任意选择的产品。例如,顾客购车时汽车是主要商品,汽车音响、装饰装修等就是任选品。一汽大众为音响、装饰装修等任选品定低价,把它作为招徕顾客的项目之一。二是连带产品定价策略,连带产品是指必须与主要产品一同使用的产品。例如,轮胎、机油等配件商品是汽车的连带品。一汽大众的连带产品定价优惠,如机油可以在当地4S店免费更换。

三、渠道策略

汽车的营销模式有多种,如直销模式、代理模式、经销模式、品牌专卖形式、连锁经营模式等。广西区域采用4S品牌专卖店模式,以一汽大众销售公司为中心、以区域管理为依托、以特许经销商为基点,集"整车销售、售后服务、零部件供应、信息反馈"四位于一体,受控于制造商,直接面向终级用户的扁平化分销渠道模式。这种"统一定价、标准服务、四位一体"的特许专卖形式既有利于一汽大众维护品牌形象和稳定市场秩序,又利于经销商通过销售和服务拓展利润来源。目前,一汽大众形成国内规模最大、覆盖面最广的汽车服务网络体系。一汽大众营销渠道如图6.9所示。

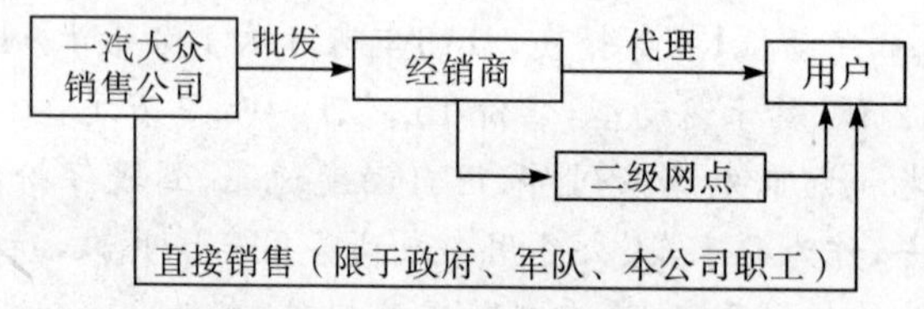

图6.9 一汽大众营销渠道示意图

从以上营销渠道我们可以看出,一汽大众采用长短两种渠道,依据市场及消费者的特点,结合两种渠道进行营销。一汽大众广西区域的经销商主要有广西弘捷汽车公司一汽大众特许经销商、广西柳州盛铭汽车销售有限公司、广西鑫广达长久汽车商贸有限公司、桂林鑫广达汽车销售服务有限责任公司、玉林市弘标汽车销售服务有限公司等,销售网络覆盖全区各地。

四、促销策略

目前汽车市场竞争激烈、纷繁复杂,不仅要求汽车企业发展适销对路的车型,制定适应竞争需求的价格,选择具有强大行销能力的分销渠道,而且还要求企业努力维护并提高在市场上的形象,传播有关外观、颜色特征、购买的便利条件,以及产品给目标顾客所带来的利益和好处等方面的信息的促销活动。一汽主要促销手段有:

1. 媒体广告促销

一汽大众作为北京2008年奥运会汽车合作伙伴，借助电视投放“2008奥运开闭幕式贴片套装”“2008奥运赛事套装指定位置”等广告项目，向观众传递“一汽大众：梦想同行”的品牌理念。同时在《中国工业报·汽车周报》《汽车与社会》《第一汽车集团报》等平面媒体上刊登各种车型的信息，主要以图片为主，给消费者强烈的视觉冲击，从而引起购买欲望，达到促销的目的；户外广告主要是在主要的商业街和人流密集区设立巨型广告牌，宣传推广新车型。

2. 付款方式促销

为买车者提供按揭贷款、分期付款、二手交易、以旧换新、接订单交货、一次性付款优惠等方式。

（资料来源：杨宁.一汽大众汽车营销策略的应用研究.[EB/OL]http://www.wenku.baidu.com.）

问题：

1. 一汽大众广西区域营销策略的依据是什么？
2. 结合案例谈谈你对一汽大众的区域营销策略的看法。
3. 了解并分析一汽大众在安徽市场的营销策略。

技能实训

为某款车型制定营业推广促销策划方案

[实训目的]

1. 培养学生分析汽车企业产品定位的能力；
2. 培养学生根据汽车企业促销目标选择合理促销工具的能力；
3. 培养提高学生制定策划方案过程中的语言文字能力；
4. 培养学生查阅资料的能力；
5. 培养学生计算机Word文档和PPT制作水平；
6. 培养学生团队协助能力等。

[实训步骤]

1. 全班分成若干小组，每组4～6人，男女生均衡分配，小组成员分工；
2. 小组查阅、收集、整理资料；
3. 每组提交一份Word文档形式的汽车促销策划方案书；
4. 每组根据策划方案制作PPT；
5. 每组上台陈述策划方案，时间为8分钟；
6. 教师给予2分钟点评，并评分。

[实训考核](百分制)

评分项目	分值	得分
实训准备	20	
Word 文档策划方案	30	
PPT 制作效果	25	
上台演讲水平	25	
总分	100	

[评分标准]

评分＼评价	好 (70～100分)	一般 (40～69分)	差 (少于40分)
实训准备 (20分)	准备充分,小组成员查阅了大量的资料	做了必要的准备,但不充分	无准备或很少准备
Word 文档 策划方案 (30分)	策划方案结构清晰,内容详实,符合汽车促销策划的理论要求,有较好的可行价值,文档规范	策划方案结构较清晰,内容较详实,较符合汽车促销策划的理论要求,有一定的可行价值,文档较规范	策划方案结构不太清晰,内容不太完整,不太符合汽车促销策划的理论要求,基本没有可行价值,文档不太规范
PPT 制作效果 (25分)	PPT 制作精美、有创意,文图合理,动画效果、音乐效果良好	PPT 制作规范,但缺少创意;动画效果、音乐效果一般	PPT 制作一般,缺少图画,没有动画、音乐效果
上台演讲水平 (25分)	自信,表述清晰,声音洪亮,语言流畅,能抓住要点和亮点讲解,肢体语言优美	表述较清晰,基本能抓住要点和亮点讲解。但不太自信、肢体语言不自然、声音小	表述不清晰,不能准确抓住要点和亮点讲解,声音小,语言不流畅

第七章　顾问式汽车销售实务

经典名言

客户并不关心技术到底是如何领先的，他们关心的是这些技术对他们来说的利益是什么。

——世界上最伟大的销售员、汽车销售大师　乔·吉拉德

任何一个头脑清醒的人都不会在卖给客户一辆六气缸的车时告诉对方这车有八个气缸，客户只要一掀开车盖，数数配电线就知道你骗了他。

——乔·吉拉德

我相信销售活动真正的开始是在成交之后，而不是之前。

——乔·吉拉德

学习目标

知识掌握：

1. 理解顾问式汽车销售的概念；
2. 掌握顾问式汽车销售的标准流程；
3. 掌握顾问式汽车销售各流程的主要环节及实施标准；
4. 掌握顾问式汽车销售各流程的实施要点和应对措施；

能力目标：

通过本章学习，学生能够熟练进行顾问式汽车销售，包括客户接待、需求分析、产品说明、异议处理及试乘试驾、报价签约、车辆交付、售后跟踪等环节，具备从事汽车销售工作的能力。

关 键 词

顾问式汽车销售（Consultative Automobile Selling）

开篇案例 **农夫与蜜蜂**

农田的旁边有三丛灌木,每个灌木丛中都居住着一群蜜蜂。农夫觉得这些矮矮的灌木没有多大的用处,就要把它们砍掉当柴烧。

当农夫动手砍第一丛灌木时,住在里面的蜜蜂苦苦哀求他:“善良的主人,您就是把灌木都砍掉了也没有多少柴火啊!看在我们每天辛辛苦苦地为您的农田传播花粉的情分上,求求您放过我们的家吧。”农夫看着这些无用的灌木,摇了摇头:“没有你们,别的蜜蜂也会传播花粉。”很快,农夫就毁掉了第一群蜜蜂的小家。

没过几天,农夫又来砍第二丛灌木。这时,冲出来一大群蜜蜂,对农夫嗡嗡大叫:“残暴的地主,你要是敢毁坏我们的家园,我们绝不会善罢甘休!”很快,这群蜜蜂在农夫的脸上蛰了好几下,农夫一怒之下一把火把灌木丛烧得干干净净。

当农夫把目光定在第三丛灌木上的时候,蜂窝里的蜂王飞了出来,对农夫柔声说道:“睿智的投资者啊,请您看看这丛灌木给您带来的好处吧!您看这灌木木质细腻,成材以后准能卖个好价钱!您再看看我们的蜂窝,每年能生产出很多蜂蜜,还有最有营养价值的蜂王浆,这可都能给您带来很多经济利益呢!”听了蜂王的介绍,农夫忍不住吞了一口口水,他心甘情愿地放下了斧头,与蜂王合作,做起了经营蜂蜜的生意。

(资料来源:丁兴良,王平辉.汽车就该这样卖[M].北京:机械工业出版社,2010.)

案例思考:

1. 分析三群蜜蜂的行为,说说为何只有第三群蜜蜂达到最终目的?
2. 从案例中分析什么是FAB介绍法?
3. 什么是“双赢”?结合案例说说顾问式销售的本质。

第一节 顾问式汽车销售概述

一、顾问式汽车销售概念

顾问式汽车销售就是营销过程中充分体现以人为本的经营理念,突出在服务中实现销售,在整个销售服务过程中让顾客感到满意的一种汽车营销方法。销售人员必须树立起一种观念:我们不是在卖车,而是在帮客户买车!

(一) 顾问式汽车销售概念

随着汽车市场的成熟和消费者对汽车认知程度的提升,汽车销售由传统的4P转向4C,4C即客户需求、成本、便利性和客户沟通,强调对客户的服务;汽车市场的竞争由价格竞争转向服务竞争。顾问式汽车销售是根据客户的需求,向客户推介汽车产品,同时让客户享受购车过程服务的销售。顾问式销售重视客户的需求,帮助客户推选其最适合的产品。

顾问式销售使客户花钱买的不仅是汽车产品,还要使客户享受到购买汽车产品过程中的各项优质服务,即:顾问式汽车销售=销售汽车产品+销售过程服务,如图7.1所示。

汽车产品

＋

过程服务

图 7.1　顾问式汽车销售

（二）顾问式汽车销售原则

1. 正确把握客户的需求

顾问式汽车销售的核心是满足客户需求，汽车销售人员应具备以下能力：正确识别客户需求的能力、善于创造客户需求的能力、认真理解客户需求的能力和全力满足客户需求的能力。年龄、性别、职业、地位等不同的客户购买汽车的需求动机不尽相同，因此，汽车销售人员应通过观察、询问、倾听等把握客户的需求状态。

> **小思考**　你知道马斯洛需求层次理论吗？与周围同学讨论交流不同客户的需求情况。

2. 帮助客户作出适宜的选择

顾问式销售与传统销售最大的区别是不强硬地进行推销，而是从客户的角度出发，尽可能多地向客户提供其需要的购车方案，帮助客户分析比较每种方案的优劣，解除客户心中的购车疑虑，以便客户作出合适的选择。

3. 超越客户的期望值

客户的满意度与其期望值有很大关系，提高客户的满意度有助于客户转介其他客户，提升销售人员的销售业绩。汽车销售人员在销售的每一个环节都要时刻关注客户的想法，超出其期望值，令客户感动，激发客户的热情，从而建立长期的客户关系。

4. 善用舒适区的理念

客户在购买过程中都会存在紧张、焦虑或担忧等心理状态，因为客户面对的是不熟悉的人和陌生的环境。这种心理状态很不利于销售的成功。

舒适区概念是一个重要的销售理念，它的目的是为客户提供无压力的销售购买环境。如图 7.2 所示。

如何超越客户的期望值？

(1) 不花钱的方法：

① 记住客户的姓名；

② 记住客户或其家人的生日；

③ 态度热情、微笑服务；

④ 整洁的环境；

⑤ 注重个人素质和礼仪等。

(2) 花钱不多的方法：

① 赠送小礼品；

② 提供免费工作午餐；

③ 提供饮料、点心；

④ 提供休闲娱乐设施；

⑤ 统一的制服、良好的形象；

⑥ 幽静、舒适的接待环境等。

小思考 超越客户的期望值是不是越多越好？为什么？

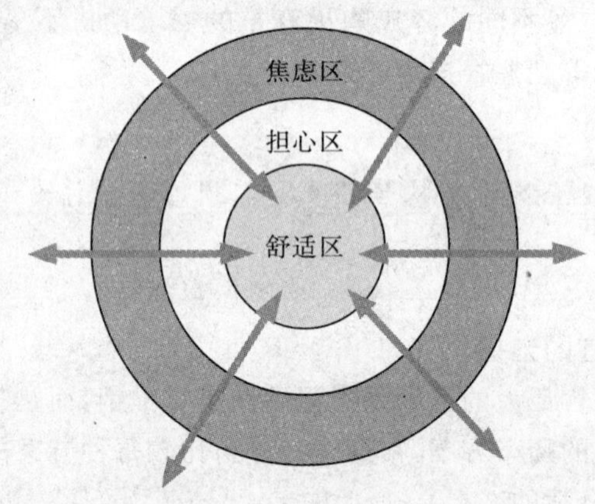

图 7.2 舒适区的概念

小思考 如何引导客户从焦虑区、担心区进入舒适区？

5. 创造双赢局面

对于汽车销售人员来说，成功销售意味着销量的增加、利润的实现；对于客户来说，购买应该意味着实现了需求、解决了问题。顾问式汽车销售应该达到销售人员和客户双赢的局面，这是顾问式销售的根本目标。

二、顾问式汽车销售流程

随着汽车行业竞争的加剧，汽车市场逐渐由卖方市场转向买方市场，客户在购买车辆的过程中越来越看重服务。汽车销售过程是一个比较复杂的过程，对销售过程的控制将会对提高客户购车满意度起着决定性的作用。因此，各品牌主机厂都有自己严格的汽车销售服务流程及流程标准，以将无形的服务进行有形化和可控化。

（一）销售流程执行的意义

流程是确保工作达到预期效果的手段和基础，流程为销售及售后业务的运营提供了正确的行为规范和业务标准，同时为管理提供详尽的检查要点。正确理解并严格执行流程，对提升经销店的管理水平和提高销售顾问的销售能力有着重要的意义。

在汽车销售的流程中，每个流程都有很多执行标准，这些标准的执行目标主要有：将销售服务标准贯穿于实际购买和服务流程中，以加强客户满意度，提升客户忠诚度和经销商对客户的维系能力，建设强有力的汽车和经销商品牌，促进销售利润的增长等。

（二）销售流程的步骤

虽然根据品牌、文化和产品的特点，不同汽车品牌会有各自的销售流程与标准，但都把顾问式客户服务融进了销售的过程中。根据不同品牌销售流程的共同特点形成了顾问式的展厅销售流程，如图 7.3 所示，包括客户接待、需求分析、商品说明、试乘试驾、报价成交（异议处理）、热情交车、售后跟踪等几个步骤。目前，各汽车展厅的销售基本按照此流程执行，整个流程是汽车销售的全部内容，下节将围绕这几个步骤展开分析。

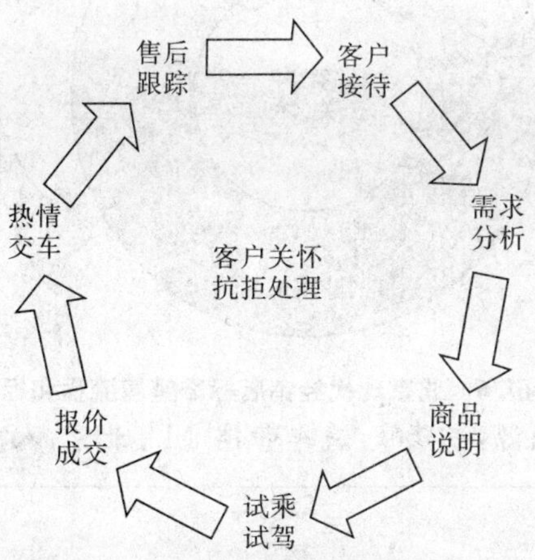

图 7.3　汽车展厅顾问式汽车销售

即问即答 您知道一汽丰田和北京现代的汽车展厅销售流程有什么不同吗?

一汽丰田经销店的汽车销售流程共分8个步骤,如图7.4和图7.5所示,其核心是围绕“客户满意”(即CS)展开的。

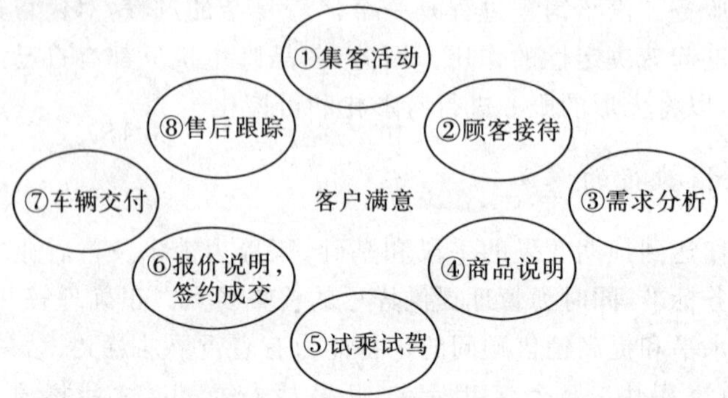

图7.4 一汽丰田经销店销售流程和标准

图7.5 一汽丰田的销售理念

北京现代经销店的汽车销售流程共分9个步骤,如图7.6所示,整个流程围绕“客户关怀”展开,也称“客户关怀”销售流程。

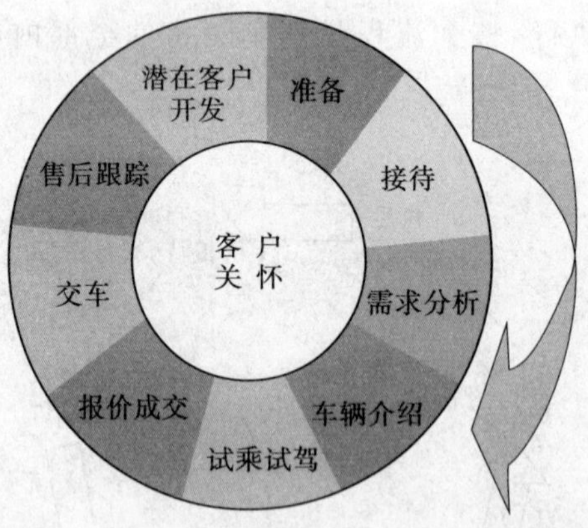

图7.6 北京现代经销店标准销售流程和标准

(资料来源:王彦峰.汽车营销[M].北京:人民交通出版社,2010.)

第二节　顾问式汽车销售实务

一、客户接待

客户接待是展厅汽车销售的第一个环节，同时也贯穿汽车销售流程的整个过程。当客户进入展厅时，销售顾问应主动上前与其寒暄，让客户感受到销售顾问的热情、尊重和专业；给客户留下良好的第一印象，并建立可靠信赖的关系。客户接待可由专门的接待人员完成，也可由销售顾问完成，不同的经销店安排不同，但不管是谁都要让客户感觉到热情的服务，进而增加好感，促进销售。

即问即答

您知道来汽车经销店的客户心理和期待吗？

初次到店的客户会感到很焦虑，客户特别希望销售顾问能有礼貌地对待他，能及时关注他的需求、不要给他太大压力。来店客户的期待大致有以下几点：

(1) 客户希望不被任何人打扰、自由地参观展车。针对这种情况，销售顾问不要给客户太多压力。不要紧跟客户，应与客户保持适当的距离。如果客户需要帮助则快速走向前。

(2) 客户希望能安心而舒适地参观车辆。针对这种情况，销售顾问应将展车准备好，将所有车门打开；使车辆处于有电状态，便于客户尝试车辆的各种仪器操作。切忌客户启动车辆。

(3) 客户希望得到合适的建议。针对这种情况，销售人员应切实起到“顾问”的作用，而不是简单生硬地销售汽车。

(4) 客户希望销售顾问能够提供专业的汽车信息。针对这种情况，销售顾问平时要多积累相关的汽车知识，用自己的专业和丰富的知识获得客户的认可。

(一) 客户接待的基本流程

整个客户接待流程是初次接触客户和贯穿整个销售过程的互动和沟通过程。客户接待环节的基本流程，如图 7.7 所示。

(二) 客户接待流程的主要环节

1. 客户接待的准备

客户接待环节准备得越充分，客户产生的抗拒心理就越少。汽车经销店的准备工作主要包括三大项内容：

(1) 人员的准备。

① 每日早会销售经理或销售主管设定排班顺序，制定排班表；

② 接待人员在接待台站立接待，值班销售顾问在展厅等候到店客户。

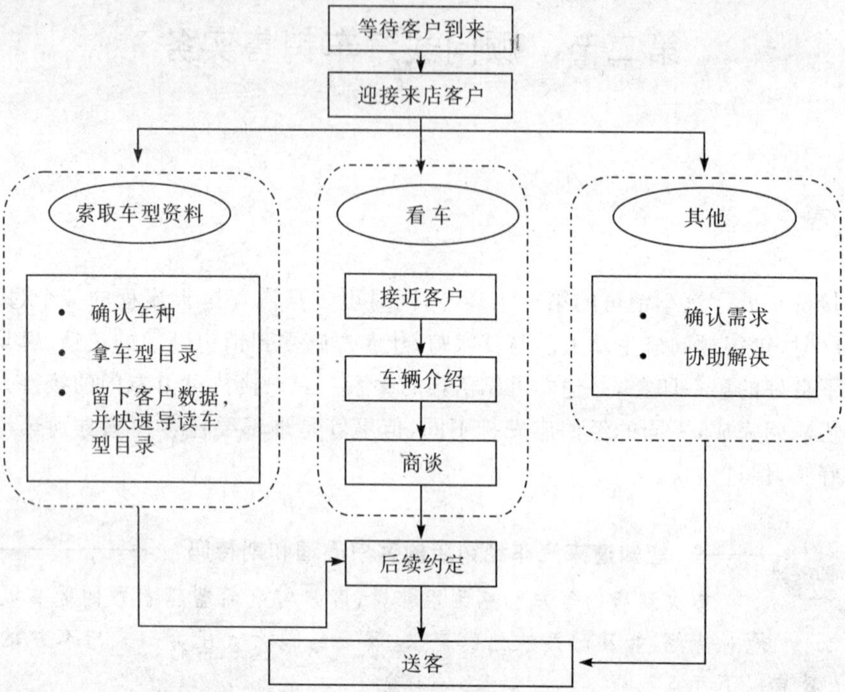

图 7.7 客户接待的流程

（2）汽车销售顾问的形象准备。

① 穿着经销店指定的制服，保持整洁，佩戴工作牌；

② 销售顾问在穿衣镜前自检仪容仪表和着装；

③ 每天早会销售顾问应互检仪容仪表和着装规范。

（3）销售工具的准备。

① 需要准备的销售工具有企业介绍资料、汽车目录、名片夹、计算器、笔记本、最新价格表、合同申请表、拜访记录表等；

② 每位销售顾问都应配备自己的销售工具夹，并把常见的销售工具放于工具夹内，与客户洽谈时随身携带；

③ 每日早会销售顾问应自行检查销售工具夹内资料，并及时更新。

2. 等待客户到来

当准备工作就绪后，销售顾问就应以饱满的工作热情等待客户上门。销售顾问在等候客户上门时，要有敏锐的观察力，以便快速获取客户的信息，如从客户的着装、面部表情、举止、谈吐等判断客户的气质性格和需求情况。同时在等待客户到来的空隙，应开展展厅的清洁维护和展示车辆的整理。

3. 迎接来店客户

客户来店是接待的关键环节。客户来店后，销售顾问应主动向客户提供服务，要尽可能与每一位来访者在 2 分钟内进行谈话。具体做法如下：

（1）当发现有客户进入展厅时，销售顾问要快速至展厅门口迎接，通过点头、鞠躬、微笑等肢体语言让客户感觉到你已注意到他。

(2) 客户进入展厅时，销售顾问应精神十足地问候客户："您好！欢迎光临！"其余在场3米内的人员也应附和"欢迎光临"。

(3) 客户进入展厅后，销售顾问在第一时间向客户介绍自己，递上名片，并请教客户的称呼。如："您好！我是江淮4S店的销售顾问王磊，这是我的名片，请问您如何称呼？"

小思考 请写出10句你认为良好的开场白，并请班级其他同学评价。

(4) 来店的客户有可能是购买汽车的客户，也有可能是进店维修的客户，或者与公司往来的其他人员。因此，销售顾问要主动询问客户来访的目的，并与相关担当者确认，确保来店客户的接待能落实。

(5) 将客户引导到接待区后，向客户提供可选择的免费饮料。如："李先生，您好！我们这里有8种免费饮料，请问您需要点什么？"

小思考 你知道端茶应注意哪些方面的礼仪吗？

4. 客户离开

当客户表示要离开店时，销售顾问应送客户至展厅门外，感谢客户的惠顾，热情欢迎客户再次来店，并提醒客户清点随身携带的物品。销售顾问还要保持微笑，目送客户离开，直至客户走出视线范围。如果客户开车前来，销售顾问则要陪同客户到车辆旁，帮助客户打开车门，并提醒注意周围车辆。

客户离开后，销售顾问要尽快整理客户的相关信息，填写"来店(电)顾客登记表"。

(三) 客户接待的技巧

1. 客户接待工作重点

客户接待环节，要注意把握以下工作重点：

(1) 刚进店时要表示欢迎，但不能给客户太大压力，要给予其充分的自由行动时间；

(2) 要让客户在店内滞留的时间相对延长，有助于以后的销售；

(3) 对索取车型资料的客户要积极回应。

2. 客户接待基本动作与常用语

(1) 接待基本动作："打招呼""递名片""寒暄""倒水""请坐"等接待"五件套"。

(2) 接待常用语："欢迎光临""是""知道了""请慢慢参观""您稍候""让您久等了""真不好意思""实在对不起""非常感谢"等。

3. 客户接待细节处理

接待过程中有一些需要注意的细节，接待人员和销售顾问要特别注意：

(1) "先语后礼"，即先向客户问候，再行礼。

(2) 15°行礼，行礼时，眼睛注视对方，表示尊重。

(3) 始终保持微笑，并利用表情、声调、肢体语言等配合。

(4) 自我介绍要清楚地说出自己的全名。

(5) 要与每一位来访者打招呼，不可冷落同行者。

(6) 如有小朋友跟随家长一同前来,必须蹲下与小朋友打招呼。可以请同事协助照看小朋友,或带其到儿童活动区玩耍。

(7) 用心记下客户的姓名,随即使用他们的姓名打招呼。

(8) 客户来店,不论是否购车,应立即问候。千万不要让客户做无谓的等待。

(9) 如展厅内人手不够,实在很忙,可以用眼神、微笑、手势告诉客户你已看到他了。

(10) 尽量使用询问的语气说话,做到客气、无压力。

您知道如何回答客户的问题吗?

在接待客户时,可能会遇到下面情况,我们应使用适当的话语应对。

客户:"我只是想看看。"

接待人员:"好,我们的大部分客户第一次来时都是想先看看。您想看哪款车?目前××很受欢迎,您可以参考看看。"

客户:"我不需要帮助。"

接待人员:"没关系,我就在展厅,您随便看吧,这是我的名片,如果需要什么帮助,我很乐意为您效劳。"

客户:"我只是想知道最低的价格。"

接待人员:"我很乐意为您提供最优惠的价格。只是,不同的规格会有价格上的差异。是否能多给我一些您感兴趣产品的信息?"

小案例 **客户接待情景训练**

黄先生是一大学知名教授,45岁,平时开一辆本田雅阁轿车。黄先生的夫人是一家公司的主办会计,平时她主要乘公交车上下班,由于路途较远,黄先生一直计划为其夫人选购一辆汽车。周日上午,黄先生和黄太太一起来到某4S店看车。

问题 根据客户接待流程和接待要点,模拟客户接待训练。

二、需求分析

需求分析也叫确定客户需求或者评估客户需求。需求是构成销售的第一要素,如果不了解客户的真实购买需求,不根据客户的需求有针对性地进行销售,成交的机会很小。

(一) 需求分析的基本过程

需求分析是销售顾问的基本功,其基本过程如图7.8所示,主要包括询问客户需求、聆听客户需求、观察客户反应、记录客户需求、确认客户需求等环节。

（二）需求分析的主要环节

1. 提供无压力的交谈环境

将客户引导至适当的洽谈区，让客户进入舒适区，使其感到轻松自在。销售顾问应根据前面学过的“舒适区”概念进行积极处理。一般根据迎接客户的“五件套”基本程序来处理。在洽谈区桌面上，应放置最新的产品目录，供客户参考。同时销售顾问应坐在客户的右侧，并保持一定的距离。

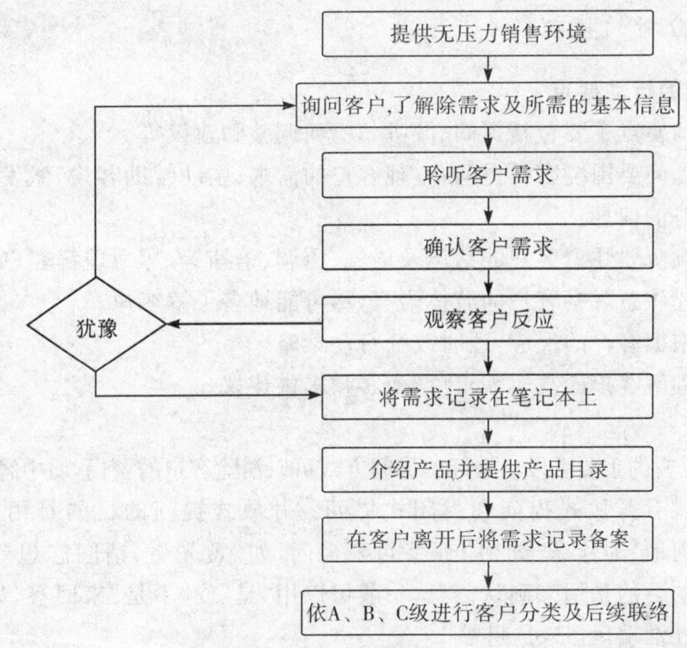

图 7.8　需求分析的基本过程

2. 收集客户信息

销售顾问要善于与客户“寒暄”，找到与客户的公共话题，创造轻松的沟通氛围。在与客户交谈时，应保持 1 米的面谈距离，并随时与客户保持眼神的交流。

通过寒暄收集客户的个人信息和购车信息，如客户姓名、职业、家庭状况、兴趣爱好、电话、目前拥有的汽车情况等。

3. 了解客户需求

客户需求包括客户的目标车型、购车用途、购车动机和购车具体要求等。销售顾问要尽可能多地了解客户的购车具体要求，如品牌、性能、外观、配置、油耗、安全性、舒适性、操作性、购车预算等。

了解客户需求多使用开放式的问题进行提问，不断鼓励客户发表意见；适时使用试探与封闭式的提问方式，引导客户正确表达需求；销售顾问还可针对客户的同伴进行一些引导性的对话。

4. 聆听客户需求

优秀的销售顾问都是一个良好的倾听者，做到“客户多说，自己多听”。

在聆听客户的需求时，要依据客户的反应来调整自己的行动对策。如客户的反应是“红灯”,销售顾问应立即停止原先的话题;如客户的反应是“黄灯”,则销售顾问应放慢节奏,提出问题并确认自己的了解是否正确;如客户的反应是“绿灯”,销售顾问可以继续正在进行的话题和谈话的方式。

5. 确认客户需求

汽车销售顾问在询问和聆听客户的需求时,要善于协助客户整理需求,并适当总结确定客户的需求。如“李先生,我简单总结一下,可以吗?您现在购车主要是为了上下班代步,希望汽车油耗低些,汽车外形大气一些。您看是不是这样?”

(三) 需求分析的技巧

1. 需求分析的行动要点

需求分析行动要点主要包括提问、倾听、观察、调整和建议等。

(1) 提问。提问要围绕客户提问,整理客户的需求;主动帮助客户,激发客户的兴趣;从客户方面收集有益的信息。

(2) 倾听。倾听要注意客户的话语及语气、语调、语速等,尽力理解客户的真实需求。

(3) 观察。要注意观察客户的肢体语言,尽可能地多了解客户。

(4) 调整。根据客户的反应,适时改变行动策略。

(5) 建议。理解客户的真实需求后,为客户提供建议。

2. 提问技巧

提问是需求分析的重要手段。良好的提问方式可以消除客户的警惕,切中客户的真实意愿。

常见提问方式有开放式提问和封闭式提问。开放式提问的目的是用来收集信息,用“谁、什么、何时、何地、为什么、如何”等字句来提问,如“黄先生,请问您想要什么类型的汽车?”封闭式提问的目的是用来确认信息,一般可以用“是”或“不是”来回答,如“黄先生,您是想看看刚上市的江淮瑞风 S5,是吗?”

3. 倾听技巧

汽车销售过程中常见的提问如下:

(1) “为了能够向您提供更好的服务,我需要尽可能准确地了解你的想法,我可以问您几个问题吗?”

(2) “您在车型、发动机、装备等方面有什么具体要求?”

(3) “您现在用的是什么样的车?”

(4) “您主要是用于短途行程还是长途行驶?”

(5) “您的新车的平均里程将会是多少?”

(6) “您开车主要用途是什么?”

(7) “您何时需要您的新车?”

(8) “您计划为购车花多少钱?”

汽车销售顾问在需求分析时要做一个好的倾听者,只有通过听,才能更多地获得客户的信息,更准确地了解客户的需求。在倾听时,要做到“多听”“全听”和“恭听”,避免“偏听”“漏听”和“误听”。倾听时,不要把自己的意思投射到别人所说的话上。

汽车销售顾问在倾听时,要善于运用探查的方法确认客户的信息。

(1) 展开法:“您可以进一步谈谈您对发动机性能的看法吗?”

(2) 澄清法:“您对时尚汽车的定义是什么?”

(3) 重复法:“您认为四轮驱动没有必要?”

(4) 总结法:“好的,您对车的要求是马力强劲、外观时尚。请问还有其他要求吗?”

小案例 **“我还要回来!”**

美国知名主持人林克莱特一天访问一位小朋友:“你长大后想要当什么呀?”小朋友天真地说:“嗯,我要当飞行员!”林克莱特接着问:“如果有一天,你的飞机飞到太平洋上空,所有发动机都熄火了,你会怎么办?”小朋友想了想说:“我会先告诉坐在飞机上的人系好安全带,然后,挂上我的降落伞跳出去。”当时在场的观众笑得东倒西歪。林克莱特继续注视着这个孩子,想看他是不是自作聪明的家伙。没想到,接着孩子的两行眼泪夺眶而出,这才使得林克莱特发觉到这个孩子的悲悯之情,远非笔墨所能形容。于是林克莱特问他说:“为什么要这么做?”小朋友的答案透露出一个孩子真挚的想法:“我要回去拿燃料,我还要回来!我还要回来!”

问题 阅读此案例,说说倾听的艺术。

三、汽车产品说明

汽车产品说明是一个很重要的阶段,因为经过前面的两个阶段,一方面与客户交上了朋友,另一方面了解了客户的需求和期望。这时,销售人员必须决定用何种方式、过程、手法来介绍和展示汽车,以真诚打动对方的心。在作汽车介绍时,应遵循一定的程序与方法,以期获得最大的成效。整个过程,销售顾问应不断注意客户的反应,并根据客户的反应随时做适当的调整。

汽车产品介绍的重点是什么?

(1) 性能与便利:汽车的性能与便利是顾客选择购买的一个重要砝码,也是营销介绍的一个重点。

(2) 舒适与享受:不同的顾客对车辆的舒适度有不同要求,应根据顾客的具体需求作恰当的展示。

(3) 经济与省钱:你的顾客很在意汽车的价格吗?省钱是不是他的第一目标?

(4) 地位与身份:购买一般的消费品与购买汽车有相同之处,就是与自己身份相符。

(5) 结实与安全:无论如何讲究上面的内容,安全肯定是第一要素,谁都不会愿意购买一辆极不安全的汽车。

(一) 汽车产品说明的基本流程

汽车产品说明的基本流程如图 7.9 所示。从图中可以看出,在整个商品说明环节,销售顾问一定要把握客户的需求,有针对性地进行产品优势的展示和回答客户的问题,增加客户对汽车的信心,以此获得客户的认可。

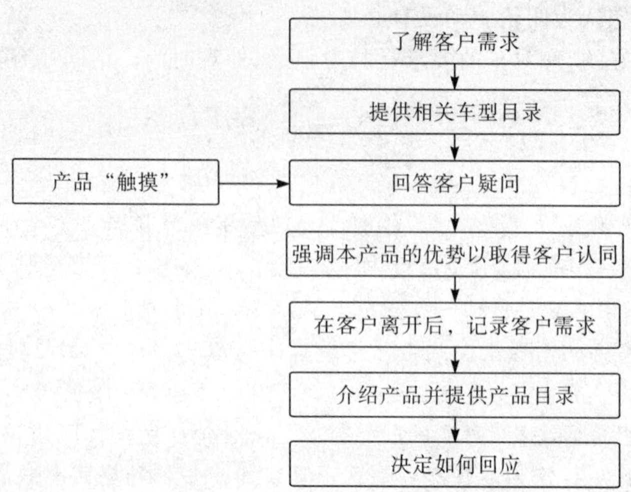

图 7.9 产品说明基本流程

（二）汽车产品说明的主要环节

1. 产品说明的准备

汽车销售顾问要做好汽车产品说明的准备工作,具体要求如下：

(1) 掌握所服务品牌汽车的所有知识,能够熟练进行六方位商品说明和 FAB 方法说明;

(2) 充分了解相关竞争汽车产品信息,掌握服务品牌的竞争优势;

(3) 准备汽车产品资料,便于向客户说明介绍;

(4) 展厅资料架上每一种车型准备 10 份以上的商品说明单页,并随时补足,便于客户取阅。

2. 展车设置

经销店展厅内的展车是重要的销售工具,销售顾问要会利用展车进行销售。展车的设置要点如下：

(1) 展车摆放按相关规范执行,包括展车数量、型号、位置、照明、车辆信息牌等;

(2) 展车前后均有车牌(前后牌)、指示车辆名称、型号;

(3) 保持展车全车洁净、轮胎上蜡、车毂中央品牌车标摆在明显位置、轮胎下放置轮胎垫;

(4) 展车不上锁、车窗关闭、配备天窗的车型则打开遮阳内饰板;

(5) 展车内座椅、饰板等的塑胶保护膜要全部去除,放置精品脚垫;

(6) 展车转向盘调整至较高位置、桌椅头枕调整至最低位置,驾驶座座椅向后调,椅背与椅垫成 105°角,与副驾驶座椅背角度对齐一致。

(7) 展车时钟与音响系统预先设定,选择信号清晰的电台,并准备 3 组不同风格的音乐光盘备用。

3. 洽谈桌旁的产品说明

在洽谈桌旁边进行商品说明时有四个注意要点：

(1) 要充分利用商品型录、小册子和销售工具夹内的商品资料进行辅助说明;

(2) 注意客户饮料的供应和续杯;

(3) 客户要面向展车,便于随时看到车辆;

(4) 销售顾问坐在客户的旁边,最好是右侧,不能与客户面对面而坐。

4. 展车旁的产品说明

当销售顾问在展车旁为客户介绍说明汽车时,应注意以下几点:

(1) 要从客户最关心的部分和配备开始说明,激发客户的兴趣;

(2) 要鼓励客户动手触摸汽车或操作相关配备;

(3) 如果客户在展车内,销售顾问的视线不要高于客户的视线,采用半蹲式介绍汽车;

(4) 要随时注意客户的反应,不断寻求客户的认同感,引导客户提问;

(5) 销售顾问指示介绍汽车配备时,动作要专业、规范;

(6) 销售顾问要爱护车辆,切勿随意触碰车辆漆面;

(7) 若有多组客户看车,要请求支援。

5. 回答客户问题

销售顾问在进行产品说明时,客户会提许多问题。回答客户问题应注意以下两点:

(1) 强调自身汽车的优势,但不要恶意贬低竞争汽车产品;

(2) 正确回答客户问题,切忌错误回答或随意应付。如遇到疑难问题,可请其他同事配合。

6. 产品说明结束时

产品说明结束时,销售顾问要善于把握以下几点:

(1) 针对客户需求,口头强调商品特点与客户利益;

(2) 在商品目录上注明重点说明的配备,作为商品说明的总结文件;

(3) 在转交车型目录时,写下销售顾问的联系方式或附上名片;

(4) 主动邀请客户试乘试驾;

(5) 客户离开展厅后,要及时整理和清洁展车、恢复展车原状。

(三) 汽车产品说明的主要方法

1. 六方位绕车介绍法

六方位绕车介绍法是汽车说明的一个重要方法,也是目前各个汽车品牌经销商展厅销售都使用的说明方法。六方位包括:车前方(左前方)、驾驶室、车后座、车后方、车侧方、发动机室,如图 7.10 所示。

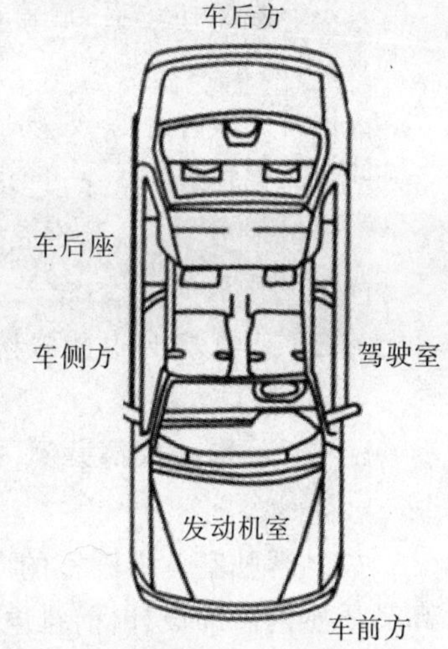

图 7.10 汽车介绍的六大方位

(1) 车前方介绍要点有:整车造型设计、车头前端设计、前照灯、前格栅设计、车标设计、风窗玻璃清洁装置等。

车前方没有具体的位置,要结合车型特点、客户身高特点及客户感兴趣的点来选择合适的位置。一般情况下,销售顾问在车辆左前照灯前 80 cm 左右。面向客户,同时邀请客户在离车辆正前方 45°角,2 m~3 m 的距离;进行局部介绍时,销售顾问需要五指并拢,手心向上引导客户进行观看,必要时销售顾问可微微躬身。

小案例 江淮瑞风 S5 车前方介绍

车前方介绍如图 7.11 所示(销售顾问五指并拢,手心向上指向发动机盖和前照灯,面对客户进行详细解说)。

图 7.11 车前方介绍

您请看,我们的瑞风 S5 完美继承了欧系血统及先进造车理念,打造都市 SUV 新典范,其设计理念堪称虎式前脸和流线车身完美结合!先生您看,它的造型犹如猛虎捕食,蓄势而发,个性十分鲜明。

引人瞩目的全景天窗覆盖了 80%的车顶,轻松打破空间禁锢感觉,为您带来随心所欲的驾乘快感。还有,这动感的镀铬状进气格栅完美继承了江淮汽车品牌一贯的运动风格,诉说经典,彰显优雅尊贵。

在灯组方面,靓丽的自动点亮前大灯、精致的 LED 日间行车灯以及前雾灯,无不体现着瑞风 S5 极具内涵的深邃境界,更重要的是,它代表着您不一般的智慧和才华以及内心那种不羁与超越的精神!

在前脸下方采用的轿跑式前裙,以及 Logo 饰条,更凸显了瑞风 S5 时尚动感。

还有,它的下导流板设计了很大的倾角,这样不仅增添了视觉上的冲击力,彰显外形的个性,更是增加了它的接地角度,更好地保证行驶的通过性,多种复杂路况任您自由驰骋!"

(资料来源:根据江淮汽车亚夏 4S 店内部资料整理)

问题 模仿案例,请对你喜欢的某款汽车进行车前方介绍。

(2) 驾驶室。驾驶室的介绍要点较多,主要有:能够充分体验宽敞的车内空间、高精度高品质感的内饰设计、前排电动调节座椅、驾驶席最佳位置记忆及自动调节系统、提高舒适感的前头枕、真皮包裹转向盘、电动调节转向盘、新型动力转向装置、转向盘操控按钮、组合式仪表板、自发光式仪表盘、多功能信息显示器、带蓝牙功能的多媒体 DVD 语音导航系统、侧间距声呐、倒车诱导装置、高级音响系统、左右独立式新型自动空调、空气清新器、等离子发生器、硬币袋、大型杂物箱、杯架、中央小储物盒、顶式操控台、带有顶棚照明的遮光罩、智能钥匙启动系统、手(自)动变速器、SRS 安全气囊等。

进行驾驶室说明时，销售顾问应打开驾驶室车门，站在车辆B柱位置前为客户介绍转向盘、变速器；要引导客户进入驾驶室，销售顾问以标准蹲姿为客户操作座椅；蹲着或在得到客户允许后，坐在副驾驶席继续介绍其他功能。

小案例　　江淮瑞风 S5 驾驶室介绍

驾驶室介绍如图 7.12 所示（销售顾问以标准的礼仪姿势引领顾客进入驾驶座，并征询客户的意见，询问是否可以坐到副驾驶座位进行讲解，获得许可后，从车前绕到副驾驶座位，开始针对车内配置进行耐心地解说）。

“先生，您知道吗，我们瑞风 S5 在驾控上保持着一贯的设计理念，并配备了诸多新兴技术，确保您拥有舒适的驾驶体验。

您应该注意到了，我们整车大胆采用黑色与橙色搭配的内饰，与保时捷卡宴的内饰设计元素如出一辙，色彩方面简约时尚，富于年轻运动感，同时采用绿色健康材质，无污染、可回收材料的使用，不仅响应了当前环保低碳的社会号召，也为您和您家人的健康提供了一份保障。让您走在时尚前沿的同时，又走在节能环保的第一线！

您再看我们的中央控制台，大气简约，各种按钮做工精致，布局规整，让您操纵起来轻松自如，井然有序。

这边是我们的镀铬 3D 组合仪表盘，冷光源色背景灯动感清晰、凸显了瑞风 S5 所含有的运动与安全‘基因’，双表盘及中央行车电脑可以及时地为您显示行车信息，让您对爱车了如指掌！

图 7.12　驾驶室介绍

现在，您双手紧握的是我们的多功能方向盘，它采用真皮材质，握感舒适，充分彰显您尊贵的气质。同时，上下可调的功能可让您调节到一个合适的角度，将驾驶变得更舒适。方向盘左右设计有多功能按键，对音响、空调的操作极其方便，减少了驾驶过程中的注意力分散。这样您在驾车时可以做到“眼不离路，手不离盘”，大大提高了行车的安全。

我们的座椅采用抱被式设计，根据人体工程学原理，它软硬适中，包裹性一流，尤其保护您的腰部和肩部，可以有效缓解您在长途驾驶时的疲劳感。同时，它还可以6向调节(座椅高度、前后位置、椅背角度)，以保证您找到一个最舒适的驾姿，让您的旅途更加舒适惬意！我这就帮您调节一下……

这台车的音响系统也是相当完美的：CD播放器、MP5播放功能符合年轻潮流，方便实用。同时，瑞风S5车内有六环绕音响，全方位地让您体验优质的音乐，驾车旅途中，有美妙的音乐陪伴是不是倍感轻松？我来给您示范一下我们音响系统的强大功能吧……

我们瑞风S5还装载了诸多实用主流配备，如智能空调、具有防夹的四扇电动车窗、一键式启动系统等，使用方便省事，更显豪华气派，让您尊享科技带来的舒适感受。

当然，S5还有很多人性化的设计，如12伏独立电源充电器、宽大的中央扶手、多个储物点以及车门迎宾灯等等，增加了许多高性价比的配置。”

(资料来源：根据江淮汽车亚夏4S店内部资料整理)

问题 模仿案例，请对你喜欢的某款汽车进行驾驶室介绍。

(3) 车后方。车后方的介绍要点主要有：组合尾灯、排气管、倒车雷达、倒车影像、行李舱等。销售顾问站在车辆左后方的位置进行介绍，距离车辆后保险杠50 cm左右的距离，邀请客户在车辆右后方或正中的位置观看。

小案例 江淮瑞风S5车后方介绍

车后方介绍如图7.13所示(销售顾问引领顾客来到车尾，针对造型、配置进等进行讲解)。

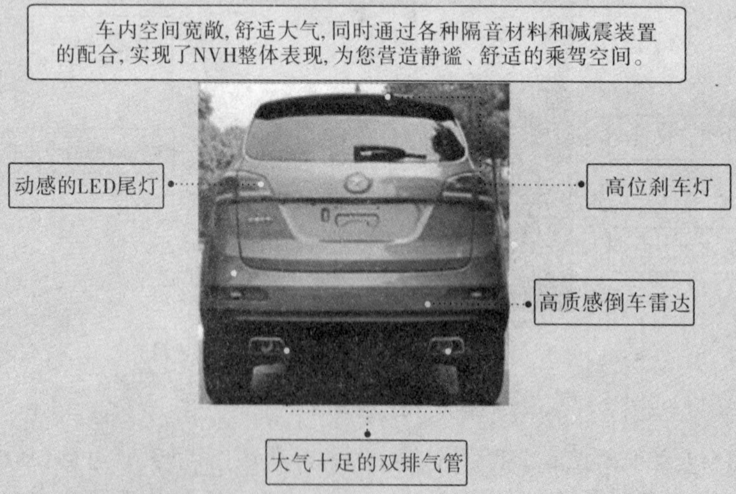

车内空间宽敞，舒适大气，同时通过各种隔音材料和减震装置的配合，实现了NVH整体表现，为您营造静谧、舒适的乘驾空间。

动感的LED尾灯

高位刹车灯

高质感倒车雷达

大气十足的双排气管

图7.13 车后方介绍

“来到车尾，您可以强烈地感受到我们瑞风S5继承欧洲诸多越野车的尾部流线造型。您看这尾灯造型动感醒目，运动流线造型不仅外形美观，而且在您高速行驶的时候能有效进行紊流，让您在高速行驶中更加稳定，尽情享受驾驶的乐趣！

车尾镶嵌的是欧洲公司设计鉴证的 Logo，醒目大方，代表瑞风 S5 纯正精致血统。

还有车尾的四点倒车雷达配合驾驶室内的倒车影像，让您轻松掌控车后环境。

整个尾灯造型独特，圆润修长，发光面积大，更加醒目。同时，采用 LED 灯光，反应迅速，亮度高，使用寿命长，节能环保；清晰明亮的 LED 高位刹车灯，响应迅速，能有效减少追尾事故的发生。

瑞风 S5 拥有超大容积的后备厢，您看，后排座椅可以 4/6 折叠，带来更大的空间，而且它的布局十分规整，更为您的储物提供便利。

还有呢，这里是隐藏式的备胎槽丝毫不占后备厢空间，全尺寸备胎，轻松更换，是不是非常人性化呢？”

（资料来源：根据江淮汽车亚夏 4S 店内部资料整理）

问题 模仿案例，请对你喜欢的某款汽车进行车后方介绍。

（4）车后座。车后座介绍要点主要有：后排空间、后排座椅、后排中央控制板、后排阅读灯、后排空调出风口、后排座椅安全带、后窗等。

车后座主要介绍后部空间及一些有特色的装置，销售顾问可在展车内或展车外介绍，但一定要邀请客户坐进后排参观。

小案例 **江淮瑞风 S5 车后座介绍**

销售顾问引领顾客来到后车门的位置，继续悉心讲解。车后座介绍如图 7.14 所示。

图 7.14 车后座介绍

“先生，您可以到我们的车后座坐一下，感受一下它的后排空间，您这边请……

我们瑞风 S5 在空间的把握上也有着高超的设计能力：这台 S5 拥有黄金轴距，长达 2640 mm，可以保证给您宽敞的乘坐空间和储物空间，您看，以您的身高，现在您的膝盖距离前排座椅还有两拳多的空间，头顶也还有一拳多的空间，同时，我们的后排座椅可以 4/6 折叠，折叠后与后备厢相通，置物空间更大，尤其在操控性与腿部空间上达到完美的平衡，这些都是您可以直接感受到的……

在色彩方面，瑞风 S5 采用橙色皮质座椅和门板装饰，交相呼应，相得益彰，尊贵典雅。

当然了，我们的瑞风 S5 有诸多人性化元素，您看，这里是隐蔽式设计的点烟器和烟灰缸，充分考虑后排乘客需求，人性化设计，为吸烟的乘客提供了方便，这样避免了在车内产生明火，减少事故的发生；烟灰缸也方便了烟蒂、烟灰的回收，可以有效地保持车内环境的整洁，当然您也不会像其他车主一样将烟蒂等直接抛出车外，对社会环境的整洁和优美作出了贡献！我给您示范一下如何操作……

先生，不知道您之前有没有了解过，我们瑞风 S5 拥有出色的 NVH 静谧系统。整车使用大量吸隔音材料，并且对全车密封性进行了全面的优化，车内静音效果提升到一个新高度，打造一个专属于您的静谧空间，无论家人朋友聊天，还是独自享受音乐，都能感受到一份宁静与惬意……

您看，在后排的设计上也为乘客的安全充分考虑，其配有后排安全带、儿童安全锁等。它采用欧洲 ISO FIX 标准，配备了儿童安全座椅装置，其安装极为简便，安全程度最可靠。不仅保护驾驶者的安全，对儿童更是呵护备至，我们现在就来试试这个功能吧……”

（资料来源：根据江淮汽车亚夏 4S 店内部资料整理）

问题 模仿案例请对你喜欢的某款汽车进行车后座介绍。

（5）车侧方。车侧方介绍要点主要有：车身、车侧线条、侧面转向灯、外侧车门把手、轮胎与轮毂、前后悬架、防抱死制动系统、电子制动力分配装置、车身稳定性控制系统、牵引力控制系统、智能钥匙启动系统等。

车侧方介绍时有两个位置，一般情况下在一侧介绍外观和特色装置，在另一侧介绍车辆的安全配备。车侧方介绍时应在车辆侧面进行，将客户邀请到 B 柱外 60 cm～100 cm 的位置观看车辆。

小案例　　江淮瑞风 S5 车侧方介绍

车侧方介绍如图 7.15 所示（销售顾问引领顾客来到车侧方的位置，五指并拢，针对具体的位置边指示边讲解）。

优美华贵的侧面造型，流线型设计，但更重要的是世界级莲花调校底盘和安全防护措施，给您和家人全方位的保护。

电动车窗户

一体式车身结构

激光拼接车门

铝合金轮毂

世界级莲花底盘

图 7.15　车侧方介绍

“先生，您看，瑞风 S5 也拥有着优美华贵的侧面造型，它采用源自欧洲最前沿设计运动车型的潮流，独特的海浪型腰线，线条优美，外观亮丽。您知道的，奥迪 Q7、宝马 X6、宾利等豪华车都采用这个设计，这种设计风格包含了优雅、动感、时尚的设计元素。在国外，海浪型高腰线已经成为高端车的重要标准之一！您来摸一下这个流线，是不是非常流畅？

接下来再来关注他的外后视镜，看它又会带来怎样的惊喜呢？我们瑞风 S5 外后视镜的镜片可以电动折叠，让您尽享智能科技，自由调整角度，让您对车后环境了如指掌。同时，镜片可以电加热，带有除霜除雾功能，让镜面更清晰。这些都是高档车才有的配置，足以可见瑞风 S5 的性价比之高。

还有啊，我们的瑞风 S5 采用 C-NCAP5 星安全车身结构，并强化了它笼式车身的稳定性，车门采用激光拼接技术，同时内置高强度的防撞钢梁，加强车身抗冲击能力，全方位保护您和家人的安全。

说起底盘，我们瑞风 S5 可是同奔驰、宝马共享同一底盘核心技术的呢！更重要的是瑞风 S5 还具有世界级莲花调校底盘和全面的安全防护措施。瑞风 S5 采用世界级莲花底盘科技，承袭了英国莲花跑车元素，具备独特的汽车稳定性和操控性能，并经过苛刻标准调试，路面适应性强，带给您绝佳操控体验。

在车身稳定性方面，您也完全可以放心。我们瑞风 S5 前后均采用独立悬架，并加装了横向稳定杆，在保证通过性的同时，轻松克服各种颠簸路面，提供卓越的驾驶稳定性。

再来看看它的车轮。这闪亮动感的铝合金轮毂搭配 17 英寸的宽胎，它的抓地性和附着性都非常强，同时配以大尺寸碟刹更加安全可靠，此外，还有 ABS 防抱死系统和 EBD 制动力分配系统，可有效防止车胎抱死、滑动漂移等危险情况的发生。当然了，还有 TPMS 胎压监测系统，您知道的，汽车的胎压尤其在夏天时很不稳定，容易出现爆胎现象，而我们的胎压监测系统可以让您随时掌握胎压信息，以便及时采取安全措施，更是有效增加了行车的安全性！”

（资料来源：根据江淮汽车亚夏 4S 店内部资料整理）

问题 模仿案例，请对你喜欢的某款汽车进行车侧方介绍。

(6) 发动机室。发动机室的介绍要点主要有：发动机舱盖、发动机参数及性能、发动机室减震、降噪、隔热设计、变速器等。

对客户说“请稍候”，销售顾问离开车辆前端来到驾驶室旁；打开车门，拉动发动机舱盖锁定释放杆；关上驾驶室门，返回车辆前端，双手打开发动机舱盖。驾驶室主要介绍发动机及汽车的动力性能和行驶性能。

小案例 **江淮瑞风 S5 发动机室介绍**

发动机室介绍如图 7.16 所示(销售顾问再次引领顾客来到车前,并打开引擎盖,小心架起撑杆,开始介绍相关配置)。

"先生,这边为您打开引擎盖,我们来看一下它的发动机舱。

我们瑞风 S5 搭载了独有的涡轮增压技术和可变进气歧管技术。

我们这台车搭载的是江淮系列最先进的发动机——1.8T 的涡轮增压发动机,运用国外先进的技术和工艺打造,在性能和可靠性上都有着极佳的表现。接下来我为您介绍一下这款发动机先进的独有技术。1.8T 的涡轮增压相当于 2.4 L 的排量,而所谓的涡轮增压技术,是指在 1800 转时,动力充分爆发,燃烧更充分,动力更足,更具燃油经济性;高性能发动机,质量可靠、动力强劲。同时,可变进气歧管技术使发动机在 1500 转时,变换为长通道进气,有利于燃油充分混合,增加燃油效率,确保其拥有强劲的动力和稳定的输出,让您尽情享受它的澎湃动力。

图 7.16 发动机室介绍

为了配合如此高性能的发动机,此车采用 6MT 手动变速箱,同级别车中罕见的 6 个挡位,挂挡平顺,与发动机完美匹配,实现"小排量、长速比",在保证动力性的基础上有效改善了燃油经济性,让您时刻享受操控的感觉!

您看,这边的超大进气导管采用直筒式造型设计,进气导管距离短、进气面宽,可以有效提升进气效率。

还有,本车配备了大型隔热棉,尤其是对发动机罩全覆盖,面积更大,厚度更厚,可以有效阻止发动机带来的噪声和热量,使得座舱内的人员能更好享受车辆本身带来的舒适感。您知道的,只有更讲究为客户营造舒适空间的厂商(比如奔驰、宝马)制造的车辆,才会使用成本更高的厚制发动机舱隔热隔音棉。您可以摸一下……"

(资料来源:根据江淮汽车亚夏 4S 店内部资料整理)

问题 模仿案例,请对你喜欢的某款汽车进行发动机室介绍。

六方位绕车介绍只是一个指导性的方法和工具,关键是销售顾问要对车辆的各个要点及参数非常熟悉。但在实际工作中六个方位没有一定的顺序要求,应以客户的需求为出发点，客户需要了解什么，销售顾问就讲解什么，把六方位的要点融合进去。

小思考　六方位绕车介绍法是汽车产品说明的行之有效的方法。每次为客户介绍汽车时，应尽可能地按照六个方位顺序完整介绍。你说是吗？

六方位绕车介绍法要点有哪些？

(1) 每个方位都有一个最佳站立点，销售顾问要根据客户的特点主动引导；

(2) 每个方位都有最适合介绍的内容，要展示给客户；

(3) 方位没有固定的顺序，也不是一次非要介绍六个方位，而是根据客户需要进行；

(4) 每个方位都有一定的介绍话语，要多积累和总结。

2. FAB 介绍法

在介绍汽车产品时，不是一味地介绍汽车的特性，而是强调这个特性给客户带来的利益与好处。FAB 模式是销售理论中的一个很重要的法则，它提供了一个向客户介绍商品的语言逻辑。通过该法则将产品的特点、优势和客户获得的利益结合起来，促进客户的购买。

(1) 什么是 FAB？FAB 即三个英文单词的第一个字母：

Feature(特性)——产品的固有属性；

Advantage(优势)——由产品特性所带来的产品优势；

Benefit(利益)——产品优势给顾客带来的某种好处或利益。

F(Feature)与 B(Benefit)有什么不同？

F(Feature)	B(Benefit)
(1) 客观存在的；	(1) 主观感受的，因人而异；
(2) 无感情的，冰冷冷的；	(2) 温暖的，打动人心的；
(3) 销售人员送出去的；	(3) 客户得到的；
(4) 站在商家立场的。	(4) 站在客户角度的。

FAB 介绍法又叫“三段论法”，如表 7.1 所示。即在介绍商品时，销售人员必须将产品的特性和优点转化为客户听得懂的感觉温暖的利益。顾客真正购买的是利益，我们必须让顾客感觉到自己能够得到的利益，同时用商品的特征作为支持。

表 7.1　产品介绍三段论法

产品介绍三段论法	
第一段	陈述产品的特性
第二段	解释说明优点
第三段	强调客户的利益

FAB是一个很容易理解的概念，但在实际销售中没有被很好地运用。原因是销售人员弄懂商品的特征容易，但给客户带来的利益不容易掌握。利益是建立在客户需求之上的，而不同客户对同一款产品的需求并不相同。因此，同一特征商品不同客户想要的利益与好处不同，需要销售人员真正站在客户角度，为客户着想，帮助客户解决问题，而不是一味销售产品。

(2) FAB法则的应用。一辆汽车由其使用的材料、外形设计、各种动力技术以及空调、音响等组成，是一个非常复杂的产品。在销售汽车的时候，一个重要的销售技能就是"如何将复杂的技术描述转化为客户能够理解的对他们自身利益的描述"。汽车销售顾问在介绍汽车的任何一个特性时，都要将其转变为客户能体会的利益。

比如客户很关心行车安全的问题，此时销售顾问可以向客户介绍车辆配备的ABS系统。销售顾问可以这样介绍汽车：

"看来您非常关心安全的问题，在这方面您完全可以放心，咱们这款车配备了先进的ABS系统(F特性)，这个系统能够防止汽车在湿滑路面紧急制动时车轮抱死，从而防止车辆侧翻(A优点)。您购买了这款车，在雨雪天气行驶时将会大大提升行车的安全(B利益)。"

表7.2是江淮S5的某些特性(F)，请试着填写给客户带来的利益(B)。

表7.2 FAB模式在江淮S5汽车上的具体应用

产品特征(F)	客户利益(B)
虎式前脸	
下导流板倾角较大	
方向盘多功能按键设计	
明亮的LED高位刹车灯	
超大容积的后备厢	
儿童安全锁	
笼式车身	
世界级莲花调校底盘	
TPMS胎压监测系统	
涡轮增压技术	
可变进气歧管技术	

3. 负正介绍法

世界上没有十全十美的产品，汽车销售人员在介绍时没必要刻意隐瞒缺点。主动告知缺点可以向客户表示汽车销售人员的诚信。但是，没有人愿意购买一辆有缺点的汽车。因此，在告知缺点时，采用"负正法"来抵消客户的不满。

所谓"负正法"就是先说出产品的缺点，然后再根据这个缺点进行说明，以证明这个缺点并非不可弥补。

汽车销售人员甲："这款车的性能非常不错，动力充沛，就是油耗大点。"

汽车销售人员乙："这款车虽然油耗大点，但它的性能非常不错，动力充沛。"

甲先说优点，再说缺点；乙先说缺点，再说优点。很显然，乙更能让客户接受。这是因为从心理学角度看，人们更愿意注意“但是”后面的内容。如果先说缺点，再说优点，那么缺点就会被缩小。

即问即答

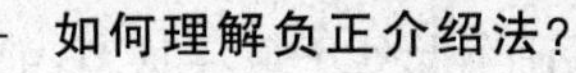

“先说优点，再说缺点”等于缺点；“先说缺点，再说优点”等于优点。即：

优点→缺点＝缺点

缺点→优点＝优点

四、试乘试驾

展厅内的产品说明是一种静态的产品展示，汽车的许多性能必须通过客户的亲自体验才能打动客户，为此试乘试驾是最好的让客户感知车辆性能的手段，也是动态介绍车辆性能的最佳措施。通过试乘试驾客户可以感知车辆的优越性能，以此促进车辆的销售。

（一）试乘试驾的流程

基于试乘试驾的重要性，销售顾问要严格执行流程的要求。试乘试驾的基本流程如图7.17所示。

（二）试乘试驾的主要环节

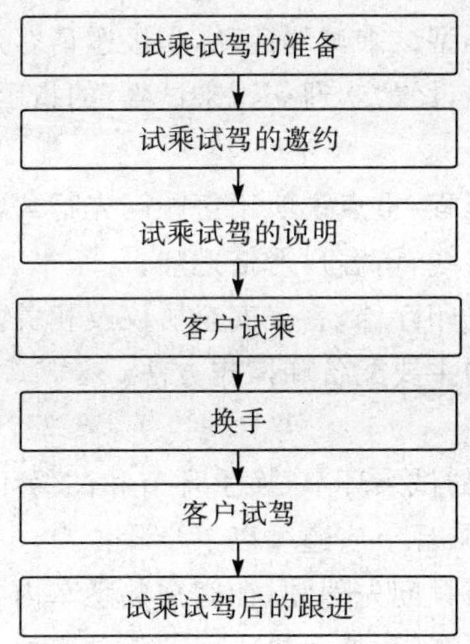

图 7.17　试乘度驾的流程

试乘试驾主要有四个环节，分别是试乘试驾的准备、试乘试驾前、试乘试驾时和试乘试驾后。

1. 试乘试驾的准备

在进行试乘试驾前，必须做好相应的各项准备工作。确认试乘试驾车辆是否清洁和已预约，车况是否良好；每位参与试乘试驾的销售顾问都必须了解试驾车辆的车型特征，能熟练驾驶且有驾照,同时熟悉客户资料。

(1) 车辆及其文件的准备。

① 汽车经销店必须准备专门的试乘试驾用车,尤其是汽车主机厂要求的车型;

② 试乘试驾车由专人管理,保证车况处于最佳状态,油箱内有1/2箱燃油;

③ 试乘试驾车应每日检查,保持整洁,停放于规定的专门停车区域内;

④ 试乘试驾车证照齐全,并有保险。

(2) 路线规划的准备。合理地规划线路可以更好地向客户展现车辆的综合性能,保证行车的安全,避免不必要的麻烦。试乘试驾路线应事先规划,以"保证安全"为首要原则。路线规划时应注意以下两点:

① 按照车型特性规划试乘试驾路线,确保路线能够展现车辆的性能,同时考虑避开交通拥挤路段;

② 随车放置《欢迎参加试乘试驾活动》文件,并附相应的行车路线图。

(3) 人员的准备。试乘试驾一定要确保客户和车辆的安全,所以对相关人员要有严格的要求,要提前准备好。

① 销售顾问必须具有合法的驾驶执照,并且驾驶技术熟练;

② 客户必须携带自身驾驶证,并且复印留存后方可允许试驾。

2. 试乘试驾前

试乘试驾是动态的车辆展示,销售顾问在汽车展厅介绍汽车后要及时邀请客户试乘试驾,并将试乘试驾相关事宜向客户说明。

(1) 试乘试驾的邀约。

① 产品说明后,销售顾问应主动邀请客户进行试乘试驾;

② 销售顾问要适时安排小型试乘试驾活动,积极邀请客户参加;

③ 在展厅或停车场显眼处设置"欢迎您试乘试驾"的指示牌。

(2) 试乘试驾概述。

① 向客户说明试乘试驾流程,重点说明销售顾问先行驾驶的必要性;

② 向客户说明试乘试驾路线,请客户严格遵守;

③ 查检客户的驾驶证并复印存档,签署安全协议及相关文件《试乘试驾记录表》;

④ 向客户简要说明车辆的主要配备和操作方法。

3. 试乘试驾时

试乘试驾时主要包括客户的试乘环节、换手环节和试驾环节三部分。

(1) 试乘环节。客户的试乘环节应遵循以下步骤:

① 试乘试驾过程应由销售顾问先驾驶,让客户熟悉车内各项配备;

② 销售顾问先帮客户开启车门,然后快步回到驾驶座位上,主动系好安全带,确认客户是否坐好并系好安全带,提醒安全事项;

③ 若有多人参加试乘试驾,则请其他客户坐在车辆后排座位;同时关注客户同伴,询问其乘坐位置是否舒适,并主动帮助其调整椅背或后座扶手,使其乘坐感觉舒适;

④ 设定好车内空调及音响,同时在进行设定时逐一向客户解释说明;

⑤ 销售顾问将车辆驶出专用停车区域,示范驾驶;

⑥ 销售顾问根据车辆特性,在不同路段进行动态产品说明,介绍其主要性能及特点。各种车况与路况下的演示重点如表7.3所示。

（2）换手环节。车辆到达规划的行驶路线后，销售顾问可在安全的路段靠边停车，让客户进入试驾环节。这期间换手需要注意以下事项。

① 行驶一段距离到达预定换乘处，选择安全的地方停车，并将发动机熄火，取下钥匙由销售顾问自己保管；

② 从车辆前端、在客户的视线范围内换到副驾驶室；

③ 简单介绍车辆操作，变速杆一定要介绍，确认客户已对操作熟悉；

④ 换手时销售顾问应协助客户调整座椅、后视镜等配备，确认客户乘坐舒适并系好安全带，同时再次提醒客户安全驾驶事项；交钥匙，请顾客试驾；

⑤ 准备不同种类的音乐光盘供客户选择，试听音响效果。

表 7.3　各种车况与路况下的演示重点

演示路段	演示重点
发动与怠速	介绍音响、空调等的使用要点，体验怠速静肃性
起步时	请客户体验发动机加速性、噪音、功率/扭矩的输出、变速箱的换挡平顺性
直线巡航	体验室内隔音、音响效果、悬挂系统的平稳性
减速时	体验制动时的稳定性及控制性
再加速时	体验传动系统灵敏度、变速箱换挡的平顺性及灵活性、发动机提速噪音
高速巡航	体验风切噪音、轮胎噪音、起伏路面的舒适性、方向盘的控制力
上坡时	发动机扭矩输出、轮胎的抓地性
转弯时	前挡风玻璃环视角度、前座椅的包覆性、方向准确性
行经转弯	转弯时车辆操控性及油门控制灵敏性
空旷路段	示范行驶中如何使用方向盘上的多功能控制

（3）试驾环节。客户试驾时往往比较兴奋，销售顾问在不打扰客户行车安全的情况下，可适时提醒客户尝试车辆的不同性能，同时提醒客户安全驾驶。

① 以精简交谈为原则，不分散客户驾驶注意力，确保行车安全，让客户静心体会驾驶的乐趣；

② 播放合适的音乐，音量适中；

③ 适当指引路线，点明体验感觉；

④ 不失时机称赞客户的驾驶技术；

⑤ 销售顾问仔细倾听客户的谈话，观察客户的驾驶方式，发现更多的客户需求；

⑥ 若客户有明显的危险动作或感觉客户对驾驶非常生疏，应及时果断请客户在安全地点停车；向客户解释安全驾驶的重要性，获得谅解；改试驾为试乘，由销售顾问驾驶返回展厅。

4. 试乘试驾后

当客户已按照规划的路线试乘试驾后，销售顾问要结合客户试乘试驾的感受情况适时地跟进，促使客户购买。销售顾问需要注意以下事项：

（1）要确认客户已有足够时间来体验车辆性能，不排除客户再度试乘试驾的可能。现实中有些销售顾问急于结束客户的试乘试驾环节，造成客户的不满；

(2) 要协助客户将车辆停放在指定区域,并引导客户回到洽谈桌旁;

(3) 要适当称赞客户的驾驶技术,通过赞美提升客户对车辆的喜爱程度;

(4) 针对客户特别感兴趣的配备再次加以说明,并引导客户回忆美好的试驾体验;

(5) 针对客户试驾时产生的疑虑,应立即给予客观合理的说明;

(6) 利用客户试驾后兴奋度和热度尚未退却,引导客户进入报价商谈阶段,自然进入成交;没有成交的客户,与其一同填写《试乘试驾意见表》,并与其保持联系。

(7) 客户离去后,填写客户信息表,注明客户的驾驶特性和关注点。

(三) 试乘试驾的要点

试乘试驾是一个展现车辆众多卓越特色的极好机会,销售顾问应根据车辆动态方面的特有强项及每位客户的特别要求,对试乘试驾进行量身定制,注意试乘试驾要点,增加客户的满意度。

(1) 以客户的需求为中心,确认车辆符合客户的需求;

(2) 在试乘试驾过程中不要和客户提及价格;

(3) 强调或突出车辆的特色和好处;

(4) 在试驾过程中,如果客户没有提出问题,销售顾问尽量不要讲话,让客户自己体会车辆的性能;

(5) 在试乘试驾过程中,选择常见类型的路面;

(6) 在开始行驶时,确认车内每个人都系好安全带;

(7) 试乘试驾过程不要过于仓促,以 15～20 分钟为宜;

(8) 主动提供试乘试驾机会;

(9) 客户试驾过程中,如果销售顾问预见到任何危险,应坚决要求客户将车停在安全地点,该试驾为试乘;

(10) 销售顾问负责保管车辆钥匙。

五、报价与签约

报价与签约阶段是所有销售流程中最重要的环节,也是一般销售顾问最感头疼的一环。需要销售顾问具备较强的专业素质和必胜的信念。

(一) 报价成交的流程

报价成交的基本流程如图 7.18 所示。整个报价成交流程首先是确认客户的需求,销售顾问以“顾问”或“建议者”的角色,解释为什么购买本产品是最好的选择,告诉客户有关本产品的注意事项。

(二) 报价成交的主要环节

报价成交是销售流程最关键的环节,主要包括报价成交的准备、说明汽车的价格、制定合同、签约与订金手续、履约与余款处理及客户不成交或交车延误情况等。

1. 报价前的准备

(1) 销售顾问确保有一整套完整资料,所有资料放在一个写有客户姓名的文件袋内;

(2) 准备好所有必要的工具,如计算器、签字笔等;

(3) 确认客户的信息,如姓名、工作、家庭住址、联系方式、家庭成员及重要事件(生日、纪念日)等。

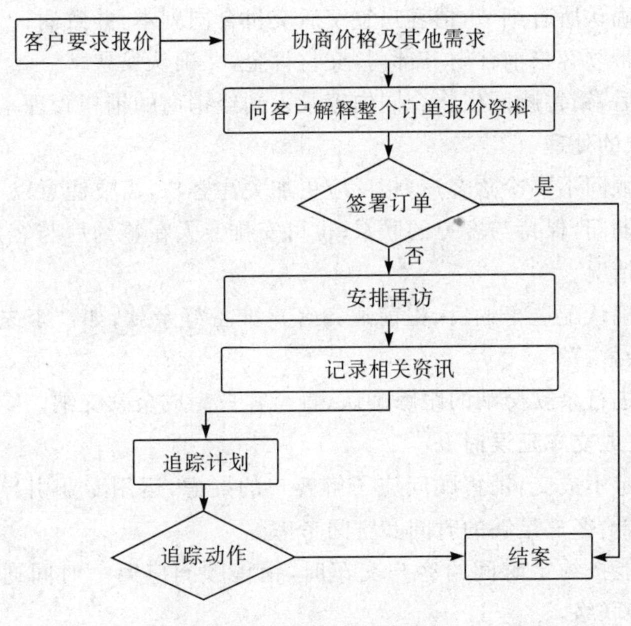

图 7.18 报价成交的流程

完整的订单资料主要包括哪些内容?

(1) 价格:产品及各配件的价格;

(2) 付款方式:提供最符合客户条件的付款方法;

(3) 产品保证:销售顾问向客户解释一般产品的保证范围;

(4) 维修服务:销售顾问应介绍维修服务,说明用车的省心和放心;

(5) 说明成交价格:告诉客户最后的成交价格。

2. 说明汽车的价格

客户对价格的商谈一般很敏感,销售顾问需要注意以下几点:

(1) 请客户确认所选择的车型,以及保险、按揭等手续代办意向;

(2) 对报价内容、付款方式及各项费用进行详尽易懂的说明,耐心回答客户的问题;

(3) 说明销售价格时,注意报价技巧,强调客户的利益与好处;

(4) 利用"上牌手续及费用清单",详细说明车辆购置程序和费用;

(5) 根据客户需求拟定销售方案,让客户有充分的时间自主审核销售方案。

小思考 你知道什么是"三明治式"报价技巧吗?

3. 制作与签订合同

(1) 请客户确认报价内容；

(2) 检查库存状况，合理安排交车时间，并取得客户认可；

(3) 制作合同，准确填写合同相关内容；

(4) 与销售部长确认合同内容，并得到其认可；

(5) 协助客户确认所有细节，请客户签字后交付合同副本，并致谢；

(6) 销售顾问带领客户前往财务部门，交付订金，并确认发票；

(7) 合同生效后，销售顾问应将合同内容录入到经销商的销售管理系统中。

4. 履约及余款的处理

签约以后销售顾问不要冷落客户，相反应更加关注客户，需要注意以下几点：

(1) 客户等车期间，保持与客户的联系(也可安排专人在签约后与客户联络)，让客户及时了解车辆的准备情况。

(2) 销售顾问确认配送车辆后，提前通知客户准备好余款；如："李先生，您的爱车已经到店，请您准备好余款。"

(3) 销售人员进行余款交纳的跟踪确认，直至客户完成余款交纳。

5. 客户不成交或交车延误时

(1) 如客户决定不成交，销售顾问应了解客户的疑虑，运用专业引导解决客户的疑虑；同时站在客户立场，给客户足够的时间和空间考虑。

(2) 如因故不能按约定时间给客户交车时，销售顾问应第一时间通知客户，并表示歉意，同时与客户保持联络。

(三) 价格异议的处理

异议是客户购买汽车过程中普遍存在的现象，客户常见的异议有：产品异议、价格异议、服务异议等，其中价格异议是最常见的异议。这是因为价格直接涉及客户的实际利益，是客户购买考虑的主要因素。另一方面价格高低决定了企业经济效益的高低，因此价格往往是销售过程讨论的主要议题。汽车销售顾问能否妥善处理价格异议，直接关系到交易的成败。

如何正确对待客户的异议？

(1) 永不争辩；

(2) 异议是销售过程的必然现象，做好迎接异议的准备；

(3) 保持冷静，认真分析客户异议产生的原因；

(4) 异议是成交障碍，也是成交的信号。因此销售顾问不应该惧怕客户的异议，而是持欢迎的态度；

(5) 科学预测客户的异议，不打无准备之仗。

1. 客户讨价还价的心理动机

(1) 贪小便宜的心理：这是客户讨价还价的最原始动机，客户总是想以最低的价格买到想要的商品；

(2) 怀疑的心理：怀疑价格的真实性；

(3) 害怕吃亏的心理：避免吃亏上当；

(4) 炫耀的心理:满足精神方面的需求,以显示自己很会购物;

(5) 试探的心理:借讨价还价之机,试探商品的底价和商家的态度;

(6) 习惯的心理:还价已成一种习惯,谈到价格就要还。

2. 价格异议常见处理策略

(1) 赠品法:将价格问题转变为赠品问题。事先准备的大礼包对客户很有吸引力。如:"李先生,价格是公司规定死的。这样吧,我送您3000元汽车装修大礼包,您拿到汽车就可以用了。"

(2) 反问法:反问客户一些问题,对于这些问题,客户一般回答"是的",从而妥善处理价格异议。如:"李先生,一般来说,价格贵的车辆比价格便宜的车辆要好,您说是吗?""是的。"

(3) 时间分解法:将价格按使用的时间进行分解,使客户感觉在一个单位时间里的花费很少。如:"李先生,这辆车您要求便宜3000元,按使用3年计算,每年为1000元,一个月就是83元,每天只有2.8元。您每天多花2.8元即可享用这么高品质的汽车,真是太值了。"

(4) 差异化法:强调与别家公司产品的不同,如服务的不同、品牌的差异、配件的区别等。如:"李先生,我们这款车型是今年最新款,配备有最先进的导航系统。"

小案例 "差异化法处理价格异议"

我们常听到客户说:"价格太高,便宜多少钱我就买,你不便宜我就再考虑考虑。"这个时候销售人员应该怎样去应对呢?

首先你与客户不能在价格的问题上纠缠,你要与客户谈价值。他虽然买的是这辆车,但是这款车的价值远远超出了你的报价,并拿证据给他看。

比方说你代理了一个好品牌,那么首先这个品牌的价值是多少,他花同样的钱去买另一款车,但那个车品牌不知名。同样的价钱一个是知名品牌,一个是不知名的品牌,他肯定选择知名的,这就是超值的部分,这就是它具有价值的地方。因为他开品牌的车,身价马上就不同了,出去办事比以前会方便得多。

还有,这款车的一些装备大多数是进口件,质量比国产的要好,要耐用。既然是进口件,它有关税,单件的价格肯定比国产的要高。如ABS是进口的,五千元,而国产只要两千元。这辆车仅ABS已经比它贵了三千元,这款车对他来说值不值呢?

价值还包括服务。"你看我们的服务怎么样?我们公司的规模、知名度是否值得你信赖?"用这种方法去说服客户,帮他排除不同意见。

问题 阅读此案例,说说你的看法。

(5) 成本分析法:将汽车的成本结构、公司日常开支、运输费用等一一与客户分析,使客户了解价格的合理性。

(6) 证明法:拿出别的客户的合同书给他看,让其相信价格都是统一的。

小思考 说说还有哪些价格异议处理办法?

六、车辆交付与售后跟踪

车辆交付环节是客户最兴奋的时刻，汽车销售顾问不应把交付作为销售的结束，而应该是优质服务的开始。

（一）车辆交付概述

车辆交付是按照合同要求，销售顾问将客户需要的车辆交付给客户的过程。客户最关心销售顾问是否切实履行承诺；是否能够提供完善、专业的解决方案，解决自身的后顾之忧；是否将车完好无损地交付。销售顾问应为客户解决后顾之忧，建立长期关系；激发客户的激情，感动客户。

（二）车辆交付的主要环节

1. 交车前的准备

（1）销售顾问委托售后服务部门进行 PDS 新车检查并签字确认；

（2）销售顾问再次确认客户的付款情况和对客户的承诺；

（3）销售顾问电话联系客户，确认交车时间，并告知交车流程和所需的时间，征得客户的认可；

（4）展厅门口设置交车恭喜牌，交车区场地整洁，设置告示牌；

（5）擦洗车辆，保证车辆内外美观整洁，车内地板铺上保护纸垫；

（6）重点检查车窗、后视镜、烟灰缸、备用轮胎和工具，校对时钟、调整收音机频道等；

（7）待交车辆油箱内加注 1/4 箱燃油；

（8）通知相关人员交车仪式的时间和客户信息，确认出席人员。

2. 交车时的客户接待

（1）交车客户到达时，销售顾问预先在门口迎接。若客户开车到达时，销售顾问至停车场迎接。迎接客户需始终面带微笑；

（2）恭喜客户，立即为客户挂上“交车贵宾证”，如图 7.19 所示；

图 7.19 交车贵宾证

（3）销售顾问先邀请客户至交车区看一下新车，然后告知客户尚有手续要办，引领客户至洽谈桌；

(4) 每位员工见到戴有“交车贵宾证”的客户，应立即道喜祝贺。

3. 费用说明及文件交付

费用说明及文件交付需要花费客户一定的时间，销售顾问应提前给客户说明，以免客户着急。

(1) 销售顾问将客户引导至洽谈桌，说明交车流程及所需时间；

(2) 出示“客户交接确认表”，并说明其用意；

(3) 解释各项费用的清单、上牌手续和票据交付；

(4) 解释车辆检查、维护的日程，重点介绍提醒首次保养的服务项目、公里数和免费维护项目；

(5) 利用“保修手册”说明保修内容和保修范围；

(6) 介绍售后服务项目、服务流程及24小时服务热线；

(7) 移交有关物品、文件：用户手册、保修手册、购车发票、保险手续、行驶证、车辆钥匙等，并请客户确认。

4. 车辆验收与操作说明

(1) 销售顾问陪同客户进行车辆检查；

(2) 销售顾问利用“新车交接确认表”用简单易懂的语言进行车辆说明；

(3) 销售顾问利用“驾驶员手册”介绍如何使用新车；

(4) 销售顾问利用“安全注意事项”进行安全说明；

(5) 协助客户确认所定购的附属件等，告知客户赠送的燃油量；

(6) 确认所有事项后，与客户核对“交车过程及文件确认表”和“新车交接确认表”，并请客户签名确认。

5. 交车仪式

举行一个有意义的交车仪式可以给客户留下一个美好的回忆，也可增加客户的满意度。同时将客户转移至售后服务部门是销售顾问最大的责任。

(1) 介绍销售部长、售后服务部长及其他相关人员与客户认识；

(2) 为爱车系上红绸带，向客户赠送鲜花，向其家人同伴赠送小礼物；

(3) 拍摄纪念照；

(4) 请经销店有空闲的工作人员列席交车仪式，鼓掌以示祝贺。

6. 与客户告别

(1) 销售顾问再次确认与客户的联系方式，并简述后续跟踪内容；

(2) 客户驾车离开时，销售部长、售后部长、销售顾问、售后服务人员在展厅门外列席挥手送别客户，说“再见，一路顺风！”直到客户远离视线为止；

(3) 客户离开后，销售顾问及时整理客户资料；

(4) 预估客户到达目的地时，致电确认安全到达。如：“李先生，您安全到家了吗？”

(三) 售后跟踪

售后跟踪是车辆交付后，销售顾问与客户的联系。销售顾问通过良好的售后跟踪可以维持销售顾问与客户之间的信赖关系，保持客户满意，让老客户帮忙推荐新客户，增加销售业绩。

1. 售后跟踪的主要流程

售后跟踪的主要流程如图 7.20 所示。

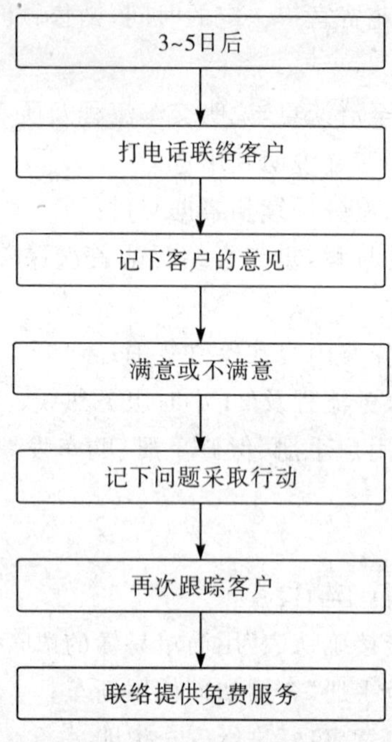

图 7.20 售后跟踪的流程

2. 售后跟踪结果的处理

(1) 客户完全满意:记录结果,告知客户会寄去问卷,提醒客户进行免费检查和进行首次车辆维护保养;

(2) 客户不完全满意:记录客户意见;提供解决方法,直至让客户满意。

你知道电话跟踪技巧吗?

在整个售后跟踪中,打电话跟踪是关键的一步。电话跟踪的技巧有:

(1) 在 3～5 个工作日内亲自打电话;

(2) 选择客户的适当时间打电话;

(3) 7 天需打 3 次电话,分别在一天的不同时间;

(4) 电话交谈,询问客户使用产品情况和对经销商提供服务的满意度;

(5) 马上记录电话内容。

本章小结

基本概念	顾问式汽车销售　汽车销售流程　客户接待　需求分析　车辆说明　试乘试驾　报价签约车辆交付　售后跟踪
基本内容	1．顾问式汽车销售是根据客户的需求，向客户推介汽车产品，同时让客户享受购车过程服务的销售。它与传统销售是一种销售观念的差别。它更强调客户的需求、客户的利益和客户的享受。顾问式销售真正达到企业、销售人员和客户的三赢。 2．汽车销售流程包括售前准备、客户接待、需求分析、商品说明、试乘试驾、报价签约、车辆交付、售后跟踪等八大环节。 3．客户接待是展厅销售的第一个环节，也是贯穿整个销售流程的过程。客户接待基本动作：包括“打招呼”“递名片”“寒暄”“倒水”“请坐”接待“五件套”。 4．需求分析主要包括询问客户需求、聆听客户需求、观察客户反应、记录客户需求、确认客户需求等环节。需求分析行动要点主要包括提问、倾听、观察、调整和建议等。 5．车辆说明方法有六方位绕车介绍法和FAB介绍法。六方位绕车是目前各个汽车品牌经销商展厅销售都使用的说明方法。六方位包括：车前方（左前方）、驾驶室、车后座、车后方、车侧方、发动机室。FAB介绍是指汽车销售顾问在介绍汽车的任何一个特性时，都要将其转变为客户能体会的利益。 6．试乘试驾是动态的车辆展示，也是展现车辆优越性能的手段。其主要包括客户的试乘环节、换手环节和试驾环节三部分。试乘试驾一定要确保客户和车辆的安全，因此汽车销售顾问一定要严格执行各项流程的要求。 7．报价与签约是汽车销售最重要的环节，主要包括报价成交的准备、说明汽车的价格、制定合同、签约与订金手续、履约与余款处理及客户不成交或交车延误情况等。 8．车辆交付是客户最兴奋的时刻。它是指在约定的时间将车辆完好无损地交给客户，实现对客户的承诺，针对客户最关心的问题，提供完善、专业的解决方案，解决客户的后顾之忧。 9．售后跟踪是车辆交付后，销售顾问与客户的联系。销售顾问通过良好的售后跟踪可以维持销售顾问与客户之间的信赖关系，保持客户满意，让老客户帮忙推荐新客户，增加销售业绩。

知识巩固

（一）选择题

1. 下列不属于需求分析的是(　　)。

A“您希望购买什么样的车?”

B“请问您贵姓?”

C“您在车型、装备等方面有什么要求?”

D“您是私人使用还是公司使用?”

2. FAB模式中的“B”是指“(　　)”。

A Benefit(利益)　　B Belive(相信)

C Behavior(行为)　　D Brave(勇敢)

3. 试乘试驾的时间以(　　)为宜。

A 15～20分钟　B 20～25分钟　C 25～30分钟　D 30～35分钟

4. 顾问式汽车销售的原则是(　　)。

A 正确把握客户的要求　　B 帮助客户作出适宜的选择

C 超越客户的期望值　　D 善用舒适区的理念

E 创造双赢局面

5. 下面客户接待细节正确的是(　　)。

A 先向客户问候,再行礼(先语后礼)

B 先向客户行礼,再问候(先礼后语)

C 15°行礼,行礼时,眼睛看着地面

D 15°行礼,行礼时,眼睛仍需注视对方表示尊重

E 自我介绍要清楚地说出自己的全名

（二）判断题

1. 目前中国各大汽车经销店都在严格执行汽车销售八大流程。(　　)

2. 需求分析是汽车销售过程不可缺少的环节,需求分析最重要的方法是向客户提问和认真倾听。(　　)

3. 六方位绕车介绍法是汽车销售的通用方法,销售人员每次与客户介绍汽车时都要把汽车的六个方位介绍全面。(　　)

4. 试乘试驾时车辆的动态说明,是让客户亲身体验汽车产品性能的最好时机。但试乘试驾一定要确保客户与车辆的安全,在试乘试驾前必须做好各项准备工作。(　　)

5. 客户签约代表成交,此时汽车销售工作圆满结束。(　　)

（三）简答题

1. 说说汽车展厅顾问式汽车销售八大流程。

2. 分析顾问式销售与传统销售的区别。

3. 什么是六方位绕车介绍法？

案例分析

徐先生夫妇的购车经历

某天上午，在某汽车特约经销店门口，很多销售人员在等待迎接客户。徐先生夫妇带着他们的两个孩子来到店内，观看展示车辆。

徐先生来到一位销售顾问的面前，询问他妻子特别感兴趣的A车的价格。销售员告诉徐先生夫妇，在向客户介绍产品前不允许和客户讨论价格，并徐先生夫妇他很乐意马上开始产品演示。徐太太再次询问这辆车的“最低价格”，销售员的回答和前面一样。徐先生夫妇最终同意先进行产品演示并试乘试驾。

销售员介绍了白色的A车，并向徐先生夫妇询问是否想试乘试驾。徐太太问：“有没有其他颜色？”销售员回答说：“开起来是一样的，颜色无所谓。我们可以先试驾这辆车，然后再来看其他颜色的车。”然后，销售员建议带徐先生去试驾，让他的太太和孩子留在店内等候。徐先生提醒销售员，车是为妻子买的。这时候销售员的手机响了，是另一位等候的客户打来的，他回复客户马上过去。

销售员向徐先生解释有人在等他，请他们稍候。

过了20分钟，销售员回来了。他建议丈夫和妻子分别试驾A车，这样有一个人可以照顾孩子。销售员说：“我叫常辉，您怎么称呼？”这时他才知道这对夫妇是徐先生和徐太太。

销售员常辉去销售经理办公室取试驾车的钥匙。不巧，销售经理不在办公室，门锁着。常辉开始四处寻找销售经理，最后通过对讲机联系上销售经理。

常辉回到徐先生夫妇身边，将钥匙交给他们，并为找钥匙耽误了时间表示歉意。于是徐先生一家开始试驾。徐先生非常喜欢这辆车，即使是白色。但徐太太不确定这辆车是否符合家用。展厅内和停车场上还有很多不错的车。

试驾完毕后，徐先生一家在休息室等候常辉。客户休息室有点脏，地上到处都是烟头和空纸杯，徐太太感觉有点不舒服。

常辉回来了，笑着打招呼说：“我知道你们会喜欢上A车的。今天是买车的好日子，我们所有的A车现在都有折扣。”徐先生说：“我不太确定。B款也不错，有和A款价钱差不多的车吗？”

常辉说：“我们可以看一下其他的车，但是今天是最后一天能以这么优惠的价格买到A车。而且我不能肯定，不过我想其他车要更贵一些。”徐先生夫妇互相看了一眼，并看看他们的孩子，大家都有点儿困惑，并让常辉提供价格，越快越好。

于是常辉说明了车型、配件、价格、付款条件、贷款方式，以及相关利率等情况。徐先生提出一系列拒绝购买的理由：不能确定他是否要买这辆车，车的价格有点儿高，其他车可能要更好等。经理曾涛教导过常辉，可以忽视这类拒绝意见，他曾说：“人要花一大笔钱的时候都是很费周折的。”常辉理解的是如果把价格放低，徐先生就不会有异议了。

所以在讨论价格的时候，常辉多次去和销售经理商量减价。销售经理每次都让常辉稍微降低一点价格。他们这样讨价还价了90分钟。这样，3个小时过去了，孩子们都觉得难受,夫妇二人准备带着孩子离去,不买A车了。

常辉说:“很抱歉耽误了你们的时间,我会请示销售经理同意您提出的最终价格,只要15分钟,您就可以开走新的A车了。这样可以吗?”徐先生夫妇考虑到既然已经花费了这么多时间,干脆就定下算了。徐先生说:“好吧,你们同意我们的最终出价,我们就买这辆车。”

常辉去请示经理,经理很不高兴,但同意了这个价格,因为常辉说:“如果我们不同意这个价格,生意就没了。”销售经理批准了这个交易,说:“你为什么不告诉我,他们这么没耐心呢?”

常辉回到徐先生夫妇那里,告诉他们经理同意了,并和徐先生握手,告诉他们会马上安排专门负责合同的人与他签约。

负责合同的人碰巧没空,不过他建议常辉先安排交车,同时等待签约。这样常辉便向徐先生夫妇介绍用户手册的内容、保修范围以及车辆维护时间。他打算带徐先生夫妇到服务部门安排首次保养签约的时候,负责合同的人说可以办理了。这样,徐先生夫妇和孩子们又折回到负责签约的办公室,开始签订付款和合同的相关文件。

但由于常辉匆匆忙忙,忘记让服务部门给A车仔细清理。没办法,他又把车开回服务部,自己洗车并清理干净。

签完各种文件后,徐先生夫妇准备离开,常辉把新车钥匙交给他们,并说道:“别忘了向您的朋友推荐我!是我亲自给你们洗的车!”徐太太带着孩子开着新车离开,而徐先生则开着自己的车离开。

一年内,徐先生夫妇没有接到经销商的任何电话,直到有一天在邮箱中找到一份通知,说经销店已经扩大,有了更多的客户车位和快餐厅。这时他们才想起应该把车开到那里去进行常规保养。

(资料来源:王彦峰.汽车营销[M].北京:人民交通出版社,2010.)

问题:

1. 列举本案例中三处以上顾问式汽车销售不当之处,并提出改善意见。
2. 什么是顾问式汽车销售?结合本案例,说说完整的顾问式销售流程与技巧。
3. 应该怎样处理客户的讨价还价?
4. 面对带小孩的客户,汽车销售人员怎样做比较好?
5. 阅读本案例,你有何想法?

技能实训

模拟4S店顾问式汽车销售流程

[实训目的]

1. 掌握汽车4S店销售流程各环节的技能;
2. 培养学生灵活运用知识的能力;
3. 培养学生与客户沟通的能力;
4. 培养学生全面解决问题的能力。

[实训准备]

1. 对教学班级进行分组。4人一组,男女生均衡分配;

2. 小组角色分配。两人扮演销售顾问、两人扮演客户;

3. 教师事先确定好某三款汽车,各小组任选一款作为其模拟销售的汽车,收集掌握这款汽车的特征;

4. 各小组事先虚拟好客户基本信息,如某公司总经理,年龄50岁,男性等;另一位为其助理,年龄28岁,女性;

5. 各小组事先虚拟好客户购买信息,如公司想购买一辆商务车,为接待客户使用,价格在30万左右等;

6. 各小组利用课余时间反复演练。

[实训步骤]

1. 小组成员一起上台,介绍自己的角色,时间为1分钟;

2. 各小组以角色扮演法模拟汽车4S店汽车销售过程,时间为10分钟;

3. 教师根据模拟销售情况提问,学生回答;

4. 教师现场用1分钟点评并评分。

[实训要求]

1. 要求学生真实再现汽车4S店销售现场;

2. 模拟销售顾问的学生仪容仪表、举止礼仪规范;

3. 要求学生正确完成客户接待工作;

4. 要求学生正确利用提问方式完成需求分析;

5. 要求学生能够根据客户需求进行产品介绍,强调使用FAB模式;

6. 要求学生正确处理客户异议;

7. 要求学生合理处理与客户分手、结束销售环节;

8. 要求学生灵活回答教师的提问。

[实训考核](百分制)

评分指标	评分细则	优秀	良好	中等	及格	不及格
实训准备 (10分)	实训准备情况 情景设计情况	9~10分	8~9分	7~8分	6~7分	6分以下
个人风范 (10分)	自信程度 亲和力状况 仪表仪表规范程度	9~10分	8~9分	7~8分	6~7分	6分以下

续表

评分指标	评分细则	优秀	良好	中等	及格	不及格
客户接待 (10分)	接待程序 接待动作	9～10分	8～9分	7～8分	6～7分	6分以下
需求分析 (20分)	提问的方式 提问的问题 需求确认	18～20分	15～18分	13～15分	10～13分	10分以下
产品介绍 (20分)	FAB模式应用情况 围绕需求程度 汽车知识掌握程度	18～20分	15～18分	13～15分	10～13分	10分以下
异议处理 (10分)	处理异议的方法 异议处理的灵活度	9～10分	8～9分	7～8分	6～7分	6分以下
结束销售 (10分)	结束销售的内容 结束销售的处理	9～10分	8～9分	7～8分	6～7分	6分以下
回答提问 (10分)	回答问题的内容 回答问题的方式	9～10分	8～9分	7～8分	6～7分	6分以下

优秀、良好、中等、及格、不及格成绩说明：

优秀	对各评分指标中的细则能够完美地表现，基本没有差错
良好	对各评分指标中的细则能够较好地表现，没有原则性错误
中等	对各评分指标中的细则基本能够完成，有1～2处原则错误
及格	对各评分指标中的细则只能勉强完成，错误之处较多
不及格	对各评分指标中的细则基本不能完成

[模拟场景]

1. 角色扮演

李力：江淮汽车某4S店销售经理，男，35岁，有8年汽车销售的经验，曾为该店汽车销售冠军。

江涛：江淮汽车某4S店的销售顾问，男，22岁，刚大学毕业，大学所学专业为市场营销，来该4S店工作已半年了，富于激情，业绩骄人。

汪敏：某私营企业销售部经理，男，31岁，年轻有为，意气风发，月薪过万。他有一辆广本汽车，4年前购买。

吴珊：女，29岁，汪敏的太太，某中学英语教师，美丽大方，有一个3岁的可爱女儿。

2. 购买信息

由于汪敏工作繁忙，经常出差，照顾孩子的事几乎落在了太太吴珊的身上，同时吴珊的学校离家有点远，因此，汪敏决定为太太买辆车，便于她上下班和周末送孩子上补习班。他们希望车外观漂亮、价格合理、安全性较好、易操控。

3. 要求

根据以上情况，模拟汽车销售过程。

第八章　汽车销售人员管理

经典名言

美丽比一封介绍信更有推荐力！

——古希腊最伟大的哲学家、科学家和教育家　亚里士多德

销售的要点是，并非销售产品，而是销售自己。

——世界上最伟大的销售员、汽车销售大师　乔·吉拉德

要把为顾客服务的思想置于利润之上，利润不是目的，只不过是为顾客服务的结果而已。

——世界著名汽车制造商福特公司创始人　亨利·福特

学习目标

知识掌握：

1. 理解汽车销售顾问的概念；
2. 明确汽车销售顾问的工作职责；
3. 掌握汽车销售顾问应具备的素质和能力；
4. 掌握汽车销售顾问应具备的各项服务礼仪。

能力目标：

通过本章学习，汽车销售人员应树立顾问式汽车销售理念；明确自己的工作职责；更重要的是练就一个优秀汽车销售顾问应具备的各项素质、基本能力和相关服务礼仪。

关键词

汽车销售顾问(Automobile Sales Consultant)

开篇案例　　**老太太买李子**

一条街上有三家水果店。一天,有位老太太要买李子,她到了第一家店,问:"有李子卖吗?"店主马上迎上前说:"我这里的李子又大又甜,刚进回来,新鲜得很呢!"没想到老太太一听,竟扭头走了。店主很纳闷:奇怪,我哪里得罪老太太了?

老太太来到第二家水果店。店主马上迎上前说:"老太太,买李子啊?我这里的李子有酸的也有甜的,您想买哪一种?""酸的。"于是,老太太买了一斤酸李子回去了。

第二天,老太太又来买李子了。第三家水果店的店主看到了,主动把老太太迎了过去,"老太太,还买酸李子吗?我这里有又酸又大的,您要多少?"

"我想要一斤。"老太太说。

一切仿佛和前一天的情形一样。但第三位店主一边称酸李子,一边搭讪道:"一般人都喜欢甜的李子,可您为什么要买酸的呢?"

老太太回答说:"儿媳妇怀上小孙子啦,特别喜欢吃酸的。"

"恭喜您老人家了!您儿媳妇有您这样的婆婆真是福气。不过孕期的营养很关键,您知道孕妇最需要什么营养吗?"

"不知道。"

"孕妇特别需要补充维生素。您知道哪种水果维生素含量最多吗?"

"不清楚。"

"猕猴桃含有丰富的维生素,特别适合孕妇。你儿媳妇每天吃点猕猴桃,一定会为你生个又白又胖的大孙子哟!"

这样,老太太不仅买了李子,还买了一斤进口的猕猴桃,而且以后还经常来这家店里买各种水果。

(资料来源:谢忠辉.消费心理学及实务[M].北京:机械工业出版社,2010.)

案例思考:

1. 三家店主的销售方式有什么不同?
2. 从案例中分析什么是顾问式销售?
3. 从案例中分析销售人员应具备什么素质与能力?

第一节　汽车销售顾问

一、汽车销售顾问的工作理念

对大多数客户而言,汽车属于特殊品,它与服装、鞋帽等普通选购品及饮料等快消品的购买有很大不同。人们花钱购买汽车不仅是为了方便其出行,更是为了满足其多层次的心理需求。在购买的时候,表现极为兴奋,也尤为慎重。他们往往多方咨询、仔细挑选、反复比较,这就需要汽车销售人员专业、敬业和乐业。

根据购买目的消费品分为哪四种？

(1) 快消品——经常购买的商品，属习惯性购买，如牙膏、饮料、食盐等日用品；

(2) 选购品——不经常购买的商品，购买时在品牌、价格、质量等方面比较挑选后才决定购买的商品，如服装、家居、家电、化妆品等；

(3) 特殊品——品牌或价格等特殊，只有部分人购买的商品，如汽车、房子、珠宝等；

(4) 非渴求品——不太愿意购买的商品，如墓地等。

在市场营销理念中，任何单纯的销售都是无法成立的。作为汽车销售人员，不是在简单地销售汽车，而是在销售生活——销售一种更加美好的生活，舒适的生活，方便的生活和有尊严、有价值的生活。在客户的心目中，汽车销售人员也不应只是单纯的产品销售人员，而应是他们的购车顾问和出行顾问。"顾问"角色给人的感觉往往是专业的、诚实的和值得信赖的。因此，汽车销售人员不是在销售汽车，更重要的是在销售自己。

因此，汽车销售顾问是指以顾问、专家身份帮助顾客选购汽车产品及提供相关服务的专业人员，也就是提供顾问式销售的人员。汽车顾问式销售与传统销售的比较如图 8.1 所示。

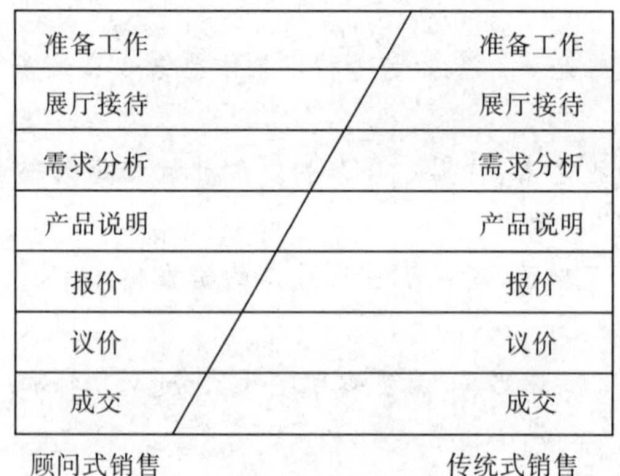

图 8.1 顾问式销售与传统销售的比较

图中右边为汽车传统销售过程，左边为汽车顾问式销售过程，方框的面积大小代表所花时间与精力的多少。从图 8.1 可看出，顾问销售和传统销售的流程一致，都有准备工作、展厅接待、需求分析、产品说明、报价签约、异议处理和成交等；不同的是，销售人员在每个阶段所耗用的时间和精力不同。传统销售花在准备阶段、展厅接待和需求分析方面的时间少，而在报价、议价、成交环节花的时间多，特别在商品成交环节花的时间、精力最多；而顾问式销售花在前期准备阶段的时间最多，比如对客户的了解、自身专业能力的提升、销售资料的准备等，由于前期准备工作的到位，使得最后的成交变得顺理成章。

汽车销售顾问与传统汽车销售人员的差别看似是他们的工作重点不同，其实更深层次的是他们的销售理念不同。传统销售人员的销售目的是销售商品，完成公司任务；而销售顾问的工作理念是为客户解决问题。前者站在自己和公司角度，后者则是站在客户角度。因此，销售顾问花在前期阶段的时间更多，他们花很长时间去了解客户——了解客户的基本情况和购买的基本要求，然后推荐合适的汽车产品供客户选择。传统销售往往强买强卖，令人反感、容易被拒绝，客户认为销售人员是不可信的；而顾问式销售过程是温暖的、打动人心的，客户认为汽车销售顾问也是美好的且令人信赖的。

二、汽车销售顾问的工作职责

汽车销售服务企业设立专门的汽车销售部门，通过专门的汽车销售服务人员提供客户的接待、汽车的介绍、相关手续的办理等服务。汽车销售顾问的主要工作是执行顾问式的销售流程，主要包括售前准备、店内接待、需求分析、商品说明、试乘试驾、报价说明、签约成交、交车、售后跟踪等环节。具体工作职责有：

（1）开发新客户，如展厅接待和陌生拜访；

（2）对客户进行有效管理，让客户满意，创造忠诚客户；

（3）负责向客户介绍车辆的主要性能和价格；

（4）负责向客户说明购车程序并协助客户办理相关手续；

（5）负责签订单，负责对潜在客户和成交客户的跟踪回访；

（6）负责对竞争对手资料、信息的收集、处理、分析和反馈。

第二节　汽车销售顾问应具备的素质与能力

一、个人素质

个人素质是指汽车销售顾问自身应具备的条件和特质。汽车销售顾问在销售汽车的同时，更是在销售自己。有人认为，一个优秀的销售人员应该具有：哲学家的头脑、侦查员的眼睛、外交家的风度、运动员的体魄、科学家的才智、初恋者的热情、演说家的口才、大将军的果决、改革家的远见。一般来说，汽车销售顾问应具备以下个人素质。

1. 卓越的沟通水平

销售过程其实就是沟通的过程，每一次销售都是通过销售顾问的正确提问、认真倾听、恰当陈述等完成的。销售顾问的沟通水平直接关系着销售的成败，优秀的汽车销售顾问应该具备卓越的沟通能力。

沟通包括语言沟通和非语言沟通。语言沟通的关键是倾听、善问和巧答，需要汽车营销顾问多加学习和领悟。非语言沟通分为肢体语言和物体语言。世界著名非语言传播专家伯德维斯泰尔指出，两个人之间一次普通的交谈，语言传播部分不到35%，而非语言成分却传递了65%以上的信息。可见非语言沟通的重要性。

2. 整洁的仪容仪表

整洁的仪容仪表不仅表现销售顾问的外部形象，也反映销售顾问的精神状态和素质修养。在销售过程中，销售顾问能否赢得客户的尊重与好感，能否得到客户的承认和赞许，能否给客户留下良好的第一印象，仪容仪表是重要的构成要素。亚里士多德说："美丽比一封介绍信更有推荐力！"好的仪容仪表有助于成功销售，所以汽车销售顾问必须衣冠整洁，举止大方，一言一行都要表现出专业的职业形象。

提问有哪些方式？

(1) 封闭式提问：有特定的回答，如“是”或“否”；“您想要看看公司最新出的SUV，是吗？”

(2) 开放式提问：“对提出的价格，您有什么看法？”

(3) 证实式提问：“您刚刚说上述情况没有变动，是不是说我们可以签约了？”

(4) 探索式提问：“如果没有别的问题，我们现在签约吧？”

(5) 借用式提问：借用第三方的影响力。

(6) 选择式提问：“我们是今天签约还是明天签约？”

(7) 多主题提问：“您是否将车型、价格、配置、要求等谈一谈？”

(8) 引导式提问：“违约要受惩罚，您说是不是？”

3. 广博的知识面

汽车销售顾问与各种各样的客户打交道，只有具备较为广博的知识面才能胜任工作。可以说，知识的广度和深度在很大程度上决定了销售顾问的销售能力。汽车销售顾问应该具有旺盛的求知欲，善于学习、勤于思考，掌握多方面的知识。

小思考 汽车销售顾问除了掌握产品知识、市场知识外，你认为还应该具备哪些方面的知识？

4. 健康的体魄

销售工作既是一项复杂的脑力劳动，也是一项艰苦的体力劳动。只有体魄健康的销售顾问才能保证精力充沛、行动灵活、头脑清醒，才能轻松进行日常工作。汽车销售顾问应该培养适合自己的休闲运动方式并具备良好的作息习惯等。

5. 良好的个性品质

销售工作是一项很有挑战性的工作，需要具备良好的个性品质，如自信、诚实、亲和力、乐观、有责任感、自我激励等。

二、业务素质

大量的事实告诉我们，客户在决定购买汽车产品时，无论是确定品牌、车型，还是选择销售商，并非完全取决于汽车产品本身，很大程度上取决于与他们打交道的汽车销售顾问。一个优秀的汽车销售顾问应是客户心目中的“专家型销售顾问”，应该具备独特的汽车销售业务素质。

1. 具有丰富的汽车专业知识

专业的汽车销售顾问必须具备全面的汽车产品知识，有自己独到的见解，这能够提高客户的信任度，并帮助他们建立倾向于自己所销售汽车的评价体系与评价标准。汽车销售顾问的目标是——永远比客户更专业。

汽车销售顾问只有完全了解自己的汽车产品，才能引起客户的关注和重视，才能塑造自己在客户心目中的专业形象。汽车销售顾问应掌握的汽车基本知识如表8.1所示。

即问即答 如何理解"自信是成功销售的第一秘诀"?

自信是销售成功的第一秘诀。销售人员的自信心,就是销售人员在从事销售活动中,坚信自己能够取得销售成功的心理状态。

相信自己能够取得成功,是销售人员取得成功的绝对条件。乔·吉拉德说:"信心是销售人员胜利的法宝。"乔·坎多尔弗说:"在销售过程的每一环节,自信心都是必要的成分。"

销售是与人交往的工作。在销售过程中,销售人员要与形形色色的人打交道。有财大气粗、权位显赫的人物,也有博学多才、经验丰富的客户。销售人员要与在某些方面胜过自己的人打交道,并且要能够说服他们,赢得他们的信任与欣赏,就必须坚信自己的能力,相信自己能够说服他们,然后信心百倍地面对客户。如果销售人员缺乏自信,害怕与他们打交道,胆怯了,退缩了,最终只会一无所获。

相信自己的产品,相信自己的企业,相信自己的销售能力,相信自己肯定能取得成功。这种自信,能使销售人员发挥出才能,战胜各种困难,获得成功。

表 8.1　汽车产品知识

汽车类型	通常按照汽车功能、用途、动力装置等分类。根据功能不同,分为货车、客车、轿车、皮卡、吉普车、休闲车等;根据用途不同,分为专用车、多用车、家用车和农用车;根据动力装置不同,分为活塞式内燃机汽车、电动汽车、燃气轮机汽车等
汽车型号	与其他机械产品一样,除了具有名称和牌号外,汽车还有具体型号。选择车辆的型号是客户在购买汽车时首先要做的事情。我国生产的汽车是按照《汽车产品型号编制规则》的规定编制汽车型号的,主要组成部分包括企业代码、类别代码、主要特征参数代码、产品序号和企业自定代码
汽车识别代码	汽车识别代码(VIN)是制造厂为了识别汽车而给每一辆车指定的一组字码,由字母和阿拉伯数字组成,共 17 位。车辆识别代码包括世界制造厂识别代码(WMI)、车辆说明(VDS)和车辆指示(VIS)三个部分。按照识别代码编码顺序,从中可以识别出该汽车的生产国别、制造厂家、车地类型、品牌名称、车型系列、车身形式、发动机型号、车款年份、安全防护装置型号、检验数字、装配工厂名称、出厂顺序号码等
汽车总体构造	一辆汽车的零部件成千上万,但其总体构造由发动机、底盘、车身及电气设备四部分组成
汽车主要性能指标	汽车性能是影响客户购买的最重要因素之一,主要包括动力性、燃油经济性、制动性、操控稳定性、行驶平顺性及通过性等
汽车车型配置	同系列车辆包括配置不同的很多型号,它们外形差别不大,但各种零部件数量、汽车质量及功能、价格等不尽相同
现代汽车技术	现代汽车技术包括电子控制防抱死制动系统(ABS)、导航控制系统(GPS)、电子控制安全气囊系统(SRS)、安全带装置、防撞雷达报警和自动制动系统、智能空调系统、智能钥匙等。

小案例　　像修车师傅一样熟悉汽车

2008年,圣路可商务顾问公司通过对汽车消费者调研发现,中国汽车消费者在完整的汽车采购过程中,平均会问48个问题,这些问题归纳起来主要有如下10个汽车知识方面的问题:

(1) 内饰有哪些选择?

(2) 百米加速表现如何?

(3) 可以载重多少?

(4) 越野性能怎么样?

(5) 气囊如何使用?

(6) 刹车系统与以往有什么不同?

(7) 有没有某型号汽车的豪华装置?

(8) 比同类汽车贵多了,价格上有没有商量?

(9) ABS是几通道的?

(10) 是双顶置凸轮还是单顶置凸轮?

如果汽车销售顾问能够像修车师傅那样熟悉汽车的各种复杂技术,那么就一定可以成功销售汽车。

(资料来源:丁兴良,王平辉.汽车就该这样卖[M].北京:机械工业出版社,2010.)

问题　以奥迪 **A6 2.4 L** 型汽车为例回答上述问题。

汽车销售顾问除了需要掌握汽车产品知识外,还需要掌握企业知识、市场知识、客户知识、法律方面的知识、财会方面的知识等。

企业知识主要包括企业的历史文化、企业在同行业中的地位、企业的规章制度、企业的生产规模和生产能力、企业的销售政策与价格政策、企业的交货方式与结算方式等。

市场知识指市场运行的基本原理、市场营销、市场调研与预测方法、销售策略、客户管理等。

客户知识主要包括产品的去向分布、客户心理、消费习惯、客户购买动机、购买习惯、购买方式、购买能力等。

2. 具有娴熟的汽车销售技巧

优秀的汽车销售顾问不仅应具有丰富的汽车专业知识,还应该具有娴熟的汽车销售技巧。销售技巧贯穿于整个销售活动的始终,汽车销售顾问应多在实践中训练、多与同行交流、多看书学习、多总结思考,练就真正的销售本领。

销售技巧也就是销售方法,不是停留在书本上的知识,而是一种实际能力。汽车销售前辈总结了许多好的方法技巧,如完善的汽车销售流程、六位绕车介绍法、试乘试驾等。作为优秀汽车销售顾问应该掌握的销售技巧如表8.2所示。

即问即答　汽车销售顾问具体应该掌握哪些方面的知识？

(1) 汽车品牌的创建历史，该品牌在业界的地位与价值；

(2) 制造商的情况，包括成立的时间、成长历史、企业文化、产品的升级计划、新产品的研发情况、企业未来的发展目标等；

(3) 汽车产品的结构与原理，与其他竞争对手相比较的优势与卖点；

(4) 应用型新技术、新概念，如 ABS、GPS、EBD 等，对某些追新求异的消费者，在新技术的诠释上超过竞争对手；

(5) 世界汽车工业的发展，对一些影响汽车工业发展的历史事件等要知根知底；

(6) 汽车贷款常识；

(7) 汽车保险常识；

(8) 汽车维修和保养知识；

(9) 汽车驾驶常识；

(10) 汽车消费心理方面的知识。

表 8.2　汽车销售技巧

寻找顾客	朋友介绍、结识周围的陌生人、让客户帮助你介绍、参加展销会等
接待顾客	接待五件套——打招呼、引入座、上茶水、递名片、寒暄
准确介绍汽车	FAB 介绍法——特征、优点和利益 六位绕车介绍法——车前方、车左侧、车后方、车右侧、驾驶室、发动机室 负正介绍法——先说汽车的缺点，再说优点
处理购车异议	正确认识客户异议——嫌货人才是买货人 异议处理方法——间接否定法、直接反驳法、不予理睬法、补偿法、太极法等
促成购车交易	准确把握客户成交信号——语言信号、表情信号和动作信号 掌握正确的客户成交方法——请求成交法、假设成交法、选择成交法、利益成交法等
提供售后服务	建立完整的客户档案；协助客户办理各种手续、经常询问客户车辆情况、及时处理客户的抱怨与申诉、邀请客户及家人参加公司活动、请求客户转介绍客户

3. 具有积极的汽车销售心态

西方有句谚语："你的心态就是你真正的主人。要么你去驾驭生命，要么就是生命驾驭你。你的心态决定谁是坐骑，谁是骑士。"很多汽车销售顾问往往专注于销售技巧的提升和专业知识的学习，而忽略对心态的历练。其实，好的心态是一切技能和知识的基石，它能使汽车销售顾问从平凡变得卓越，从胆怯变得勇敢，从脆弱变得坚强，它是调节工作的变速器，是失败意识的刹车片。同样的客户，在不同心态的汽车销售顾问面前，其结果将完全不同。心态对汽车销售的影响如表 8.3 所示。

小案例　　乔·吉拉德的故事

乔·吉拉德的办公室里有一个小酒吧。有时候,在成交的关键时刻,客户会说:"看上去这笔交易不错,但是我想我得找个酒吧,好好想想。"这时乔·吉拉德会笑着说:"对,我作重大决定时也需要喝一杯。您想喝什么? 布朗先生。"他从来不说:"你要喝一杯吗?"因为不管想喝什么,只要报出名字,乔·吉拉德都能立刻从柜子里拿出来。

乔·吉拉德总会拿出两个杯子,一个给客户,一个给自己。自己的杯子里装的是带颜色的水。这是乔·吉拉德的一条原则:永远不能在上班时喝酒。酒不仅会使自己满嘴酒气,还会使自己的思维变得迟钝。谁会跟一个酒气熏天的人打交道呢!但是,乔·吉拉德还必须与客户干一杯,因为这样容易拉近双方的关系。

"伙计,多亏你想到了酒。我也需要来一杯。为你的健康和你的家庭干杯!"乔·吉拉德一口喝下自己手中的那杯水,而客户也把酒一饮而尽。喝完了酒,乔·吉拉德就会趁热打铁:"布朗先生,跟我做生意包您满意。来,把这份购买协议签了吧。在这儿签,布朗先生。"事已至此,一杯酒下肚的客户又怎能拒绝呢?

(资料来源:王毅毅.像乔吉拉德一样卖汽车[M].北京:人民邮电出版社,2010.)

问题　根据乔·吉拉德的故事,说说汽车销售技巧。

表 8.3　心态对销售的影响

心态	表现	作用
积极、主动的心态	诚实待人 乐观向上 主动出击 积极进取	可以帮助汽车销售顾问养成立刻行动的习惯,因其能够迅速行动而尽早获得优势,因而更加容易取得成功
热爱、激情的心态	爱岗敬业 满怀激情	把工作变成一种快乐和满足。成就感促使汽车销售顾问的事业更加稳定而具有激情
谦虚、包容的心态	潜心学习 宽厚待人	这种心态使汽车销售顾问更加包容,包容同事的失误、包容客户的"无知"、包容上司的"责难"。对他来说,这一切只是他追求卓越的鞭策和激励
自信、行动的心态	干劲十足 付诸行动	汽车销售顾问要对自己的工作能力充满自信,对自己销售的汽车充满自信,对美好的未来充满自信,并付诸行动来实现自己的目标与梦想
给予、双赢的心态	销量大增 客户遍地	汽车销售顾问必须追求一种双赢的结果,不能为了自己的利益而给客户造成损失。中国有句谚语:"将欲取之,必先与之",汽车销售顾问应懂得"想要索取,要先给予"的道理。只有切实付出了,才会收获真正的利润
老板的心态	业绩提升 职位提升	到了这个层次的汽车销售顾问已经站在了事业和行动的制高点,已经懂得了从市场角度去经营自己的客户和人生,他勇于承担责任,更加容易赢得公司和客户的尊重和信任

小案例　　　　　　　　　　　　　三个敲石工人

一所大教堂正在修建中，一位心理学家来到现场，对正在忙碌的敲石工人进行访问。

“请问你在做什么?”心理学家问遇到的第一位工人。

“在做什么？难道你没看到吗？我正在用这个笨重的铁锤敲碎这些该死的石头。而这些石头又十分坚硬，害得我的手酸麻不已，这哪是人干的活?”工人没好气地回答。

心理学家又遇到第二位工人，问他：“请问你在做什么?”

“为了每天的工资，为了一家人的温饱，我才做这件工作，要不然谁愿意干这份敲石头的粗活?”第二位工人无奈地答道。

“请问你在做什么?”心理学家问第三位工人。

第三位工人眼光中闪烁着喜悦的神采：“我正在参与兴建这座雄伟华丽的大教堂。落成之后，这里可以容纳许多人。虽然敲石头的工作很辛苦，但当我想到，将来会有很多的人来这儿，再次接受上帝的爱，心中像喝了蜜一样甜。”

同样的工作，同样的环境，却有截然不同的感受。第一位工人对自己的工作现状不满，牢骚满腹。第二位工人为工作而工作，谈不上有工作的成就感。第三位工人是热爱工作的人，虽然他的工作单调乏味，但从简单中看到深刻，从单调中寻找到快乐，从乏味中体会到幸福。

（资料来源：杜淑琳．市场营销模块化教程[M]．合肥：中国科学技术大学出版社，2010．）

问题　阅读案例，说说心态对工作的影响。

三、基本能力

汽车销售顾问的能力是指汽车销售顾问完成汽车市场营销任务所必需的实际工作能力。汽车销售顾问要想取得成功，除了必需具备多方面的素质以外，还必须具备完成汽车市场营销工作的基本能力。汽车销售顾问应具备的基本能力如表 8.4 所示。

表 8.4　汽车销售顾问应具备的基本能力

观察能力	顾客的每一个行为背后，都有其特定的动机和目的。汽车销售顾问只有具备敏锐的观察能力，才能透过表象，看到问题的本质，才能更好地掌握客户的心理，继而有效开展销售活动
记忆能力	汽车销售顾问需要记住的东西很多，如客户的姓名、职务、兴趣、家庭情况；对客户的承诺、交易条件等。如果销售顾问记忆不佳，客户会产生不信任感，影响销售工作有效进行
思维能力	思维是人脑对客观事物的间接概括反映，是揭示事物本质特征的理性认识过程。汽车销售顾问除了应该具有常规性思维外，还应该具有创造性思维、发散思维、立体思维等

续表

交往能力	交往能力是指运用语言或非语言相互交换信息,达到某种目的的能力。汽车销售顾问需要与各种各样的人打交道,有效的交往,有助于加深与客户的关系,增加获得信息的渠道,提高工作效率
应变能力	应变能力是指在遇到突发事件或意想不到的事情时,冷静、果断处理问题的能力。汽车销售顾问在工作中肯定会遇到许多突发或意想不到的事情,对此必须采取灵活的应变措施,确保达到预期目标
演示能力	熟练演示产品,能够吸引顾客的注意力,增加其购买兴趣。汽车销售顾问在介绍汽车时,应把演示作为一项销售技术,形成自己独特的风格
说服能力	销售的本质就是说服。说服客户接受自己的观点,说服客户介绍自己的产品。说服能力的强弱是衡量汽车销售顾问销售水平高低的一个重要标准

小案例 **把木梳卖给和尚的故事**

有一则故事,说有一家著名的跨国公司高薪招聘营销人员,应聘者众多,其中不乏硕士、博士。但是,当这些人拿到公司考题后,却都面面相觑,不知所措。原来,公司要求每一位应聘者在十日之内,尽可能多地把木梳卖给和尚,为公司赚得利润。

出家和尚,剃度为僧,六根已净,光头秃顶,要木梳何用?莫非出题者有意拿众人开涮?应聘者作鸟兽散。一时间,原先门庭若市的招聘大厅,仅剩下A、B、C三人。这三人知难而进,奔赴各地,闯江湖,卖木梳。

期限一到,诸君交差。面对公司主管,A君满腹冤屈,涕泪横流,声言:十日艰辛,木梳仅卖掉一把。自己前往寺庙诚心推销,却遭众僧责骂,说什么将木梳卖给无发之人心怀恶意,有意取笑、羞辱出家之人,被轰出山门。归途之中,偶遇一游方僧人在路旁歇息。因旅途艰辛,和尚头皮又脏又厚,奇痒无比。自己将木梳奉上,并含泪哭诉。游僧动了恻隐之心,试用木梳刮头,果然解痒,便解囊买下。

B君闻之,不免有些得意。B君声称,卖掉十把。为推销木梳,不辞辛苦,深入远山古刹。此处山高风大,前来进香者,头发被风吹得散乱不堪。见此情景,自己心中一动,忙找寺院住持,侃侃而谈:庄严宝刹,佛门衣冠不整,蓬头垢面,是在亵渎神灵。故应在每座寺庙香案前,摆放木梳,供前来拜佛的善男信女,梳头理发。住持闻之,认为言之有理,采纳了此建议,总共买下了10把木梳。轮到C君汇报,只见他不慌不忙,从怀中掏出一份大额订单,声称不但已经卖出1000把木梳,而且急需公司火速发货,以解燃眉之急。听此言,A、B两人啧啧称奇,公司主管也大惑不解,忙问C君如何取得如此佳绩。C君说,为推销木梳,自己打探到一个久负盛名、香火极旺的名刹宝寺。找到寺内方丈,向他进言:凡进香朝拜者无一不怀有虔诚之心,希望佛光普照,恩泽天下。大师为得道高僧，且书法超群，能否题“积善”二字刻于木梳之上，赠与进香者，让这些善男信女，梳却三千烦恼丝，以此向天下显示，我佛慈悲为怀，慈航普度，保佑众生。方丈闻听，大喜过望，口称阿弥陀佛，不仅将自己视为知己，而且共同主持了赠送“积善梳”首发仪式。此举一出，一传十，十传百，寺院不但盛誉远播，而且进山朝圣者为求得“积善梳”，简直挤破了门槛。为此，方丈恳求自己急速返回，请公司多多发货，以成善事。

（资料来源：谢忠辉.消费心理学及实务[M].北京：机械工业出版社，2010.）

问题 阅读此故事，说说创造性思维对销售的影响。

第三节 汽车销售顾问服务礼仪

礼仪是人们在社会交往中形成的一种律己、敬人的行为规范。随着汽车产业的发展、汽车市场的成熟，专业化的汽车销售与服务已成为消费者关注汽车的焦点。在销售中，只有高质量的产品和高品质的服务礼仪相结合，才能达到令客户满意的结果。

一、个人礼仪

汽车销售工作是直接面对客户的窗口性行业，窗口服务的第一印象在 2 分钟内完成，1 分钟展示给客户你是谁，另 1 分钟让客户喜欢你。良好的个人礼仪是建立第一印象的关键，也是建立客户信任感的第一步。

（一）仪容仪表礼仪

对于汽车销售人员的个人仪容仪表有明确的规范，如图 8.2 所示。

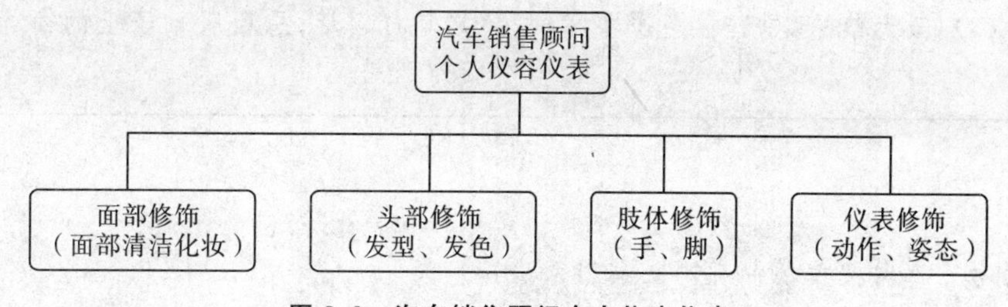

图 8.2 汽车销售顾问个人仪容仪表

1. 男士汽车销售顾问个人仪容仪表要点

男士汽车销售人员个人仪容仪表主要包括头部、面部、手部及着装等方面，具体要点如图 8.3 所示。

图 8.3　男士汽车销售顾问仪容仪表要求

西服、领带是男士汽车销售顾问必备的行头之一。西服七分在做，三分在穿，穿着西服有一整套严格的礼仪。领带是西服的灵魂，在西服的穿着中起画龙点睛的作用。

你知道西服穿着的“三个三”原则吗？

(1) 三色原则：即身上的颜色不能超过三种颜色或三种色系；

(2) “三一”定律：即鞋子、腰带、公文包应为一种颜色，以黑色为佳；

(3) 三大禁忌：忌鞋袜色彩不搭；忌穿夹克打领带；忌西服袖子上的商标不拆除。

小思考　上网搜搜领带有哪些常用系法？

2. 女士汽车销售顾问个人仪容仪表要点

女士汽车销售人员个人仪容仪表主要包括头部、手部、着装、饰物等，具体要点如图 8.4 所示。

化妆是女士汽车销售顾问必须做的功课。化妆是一门艺术，适度得体的化妆是对客户的尊重，也是自尊的表现。

图 8.4　女士汽车销售顾问仪容仪表要求

什么是“三庭五眼”？

头发际线到下颌为脸的长度。发际线到眉毛为上庭，眉毛到鼻尖为中庭，鼻尖到下颌为下庭。

五眼：理想脸型的宽度为五个眼睛的长度。从发际线到眼尾（外眼角）为一眼；从外眼角到内眼角为二眼；两个内眼角的距离为三眼；从内眼角到外眼角，又一个眼睛的长度为四眼；从外眼角再到发际线称为五眼。

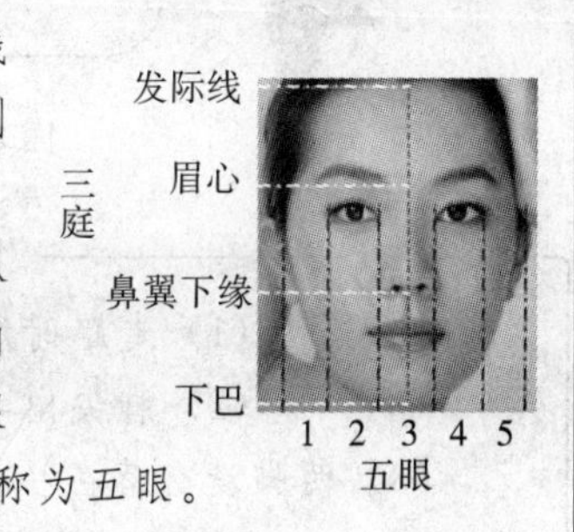

（二）举止仪态礼仪

1. 站姿礼仪

汽车销售顾问应以标准站姿面对客户，基本规范：抬头挺胸，收腹直腰；下额微收，双面平视；肩平，双臂自然下垂；双手交叉放至小腹，右手搭在左手上。标准站姿如图 8.5 所示。

男性员工注意：身体挺拔直立、两脚并立，与肩等宽，双手交叉，放在身前，右手搭在左手上。

女性员工注意：踋跟并拢，呈"V"字形，或者两脚稍微错开，一前一后，前脚的脚后跟稍微向后脚背靠拢，后脚的膝盖向前腿靠拢，右手搭左手上，左手心握住右手大拇指。

图 8.5 汽车销售顾问标准站姿

2. 走姿礼仪

走姿是站姿的延续动作。无论是接待客户还是介绍汽车，走姿是最引人注目的身体语言，也最能表现一个人的精神状态。走姿的基本标准如图 8.6 所示。

基本规范

★上身略向前倾，身体重心落在脚掌前部，两脚跟在一条直线上，脚尖偏离中心线约10°

★行走时，双肩平稳，目光平视，下颌微收，面带微笑，手臂伸直放松，手指自然弯曲，手臂自然摆动幅度以30°~35°为宜

★同时，步行速度要适中，不要过快或过慢，过快给人轻浮的印象，过慢则显得没有时间观念、没有活力

图 8.6 汽车销售顾问走姿基本规范

你知道有哪些错误走姿吗？

(1) 走路时肚子腆起，身子后仰。

(2) 脚尖出去的方向不正，或明显地"外八字"或"内八字"。

(3) 两脚没有落在一根线的线沿上，明显叉开双脚。

(4) 脚迈着大步，身体左右摆动，像鸭子一样。

(5) 手臂、腿部僵直或身子死板僵硬。

(6) 脚步拖泥带水，撑着地走。

(7) 耷拉着眼皮或低头看脚。

(8) 双手插在裤兜内或双臂相抱或背手而行。

(9) 行走时弯腰驼背，左顾右盼，摆头晃脑，摆胯扭腰等。

3. 坐姿礼仪

坐姿的原则是"坐如钟"，正确的坐姿给人以端正、大方、自然、稳重之感。基本规范：立腰、挺胸、上体自然挺直；双肩平正放松、两臂自然弯曲放在膝上；面带笑容、双目平视、微收下颌。如图 8.7 所示。

男女差别点

★男士：上身挺直，两腿分开，不超肩宽，两脚平行，两手自然放在双腿上
★女士：双膝并拢，两脚同时向左或向右放，两手相叠后放在左腿或者右腿上，也可以双腿并拢，两脚交叉，置于一侧

图 8.7　汽车销售顾问坐姿基本规范

小思考　你知道男、女重叠式坐姿有什么不同吗？

4. 手势礼仪

不同手势传递不同的信息，手势反映个人的修养，体现对他人的态度。汽车销售顾问规范手势为：右手掌心向上，身体前倾，面带微笑。如图 8.8 所示。

图 8.8　汽车销售顾问手势基本规范

在工作场合，应注意手势的大小幅度。手势的上界不超过对方的视线，下界不低于自己的胸前。左右摆的范围不要太宽，动作幅度不宜过大。多用柔和曲线的手势，避免一些不良手势，如用食指指人；当众挠头皮、掏耳朵、抠鼻子、咬指甲等不雅的动作和指手画脚、手舞足蹈等过度手势等。

二、接待服务礼仪

汽车销售顾问承担着接待客户的重要工作，每一个细节彰显着专业和态度，决定着客户对销售顾问的信任。

（一）微笑礼仪

微笑是汽车销售顾问的基本面部表情，无论是客户进店，还是引导客户入座，或是客户离开时，与客户接触的每一瞬间都应保持恰当的微笑。微笑的标准为：面部表情和蔼可亲，露出6～8颗牙，嘴角微微上翘。如图8.9所示。微笑时真诚、甜美、亲切、善意，口眼结合，嘴角、眼神含笑。不可“强颜欢笑”“皮笑肉不笑”等。

图8.9 汽车销售顾问微笑礼仪规范

为了提高微笑技巧，常用的训练方法是：对着镜子，把手指放在嘴角并向脸的上方轻轻上提，一边上提，一边使嘴充满笑意。如图8.10所示。

方法一

方法二

图8.10 汽车销售顾问微笑方法训练

小案例　　　　　　　　　　　　微笑的效益

在一次汽车展销会上，一位来自沙特的富翁，驻足在一辆豪华客车前许久，然后对站在他面前的推销员说，想买一批价值2000万美元的豪华客车。这位推销员脸上冷冰冰的，没有笑容，直直地看着这位富翁，没有理睬。

富翁看了看推销员没有笑容的脸，走开了。接着来到了另一个豪华客车展台。展台前年轻的推销员脸上挂满了欢迎的微笑，那微笑像太阳一样灿烂，让这位富翁有宾至如归的感觉。于是，他又一次说，他想进一批价值达2000万美元的豪华客车。"没问题。"这位推销员微笑地说。

富翁留了下来，签了一张500万美元的支票作为定金。他对这位推销员说："我喜欢人们表现出一种他们喜欢我的样子，你现在已经用微笑向我推销了你自己。在这次展销会上，只有你让我感到我是受欢迎的人。明天我会带一张2000万美元的保付支票来。"

第二天，这位富翁果真带来了一张保付支票，购下了一批价值2000万美元的豪华客车。

问题　阅读案例，说说微笑的魅力。

（二）称呼礼仪

称呼是人们日常交往过程中彼此的称谓语。合乎礼节的称呼是表达对他人尊重、表现自己礼节教养、体现双方关系和社会风尚的一种方式。汽车销售顾问若能恰当地使用称谓，会拉近自己与客户的关系。常用的称谓如表8.5所示。

表8.5　汽车销售顾问对客户的常用称谓

职务性称谓	以客户的职务相称，以示身份、敬意，这是最常见的称呼方式。如"王校长""李经理""赵主任"等
职称性称谓	对于具有高级、中级职称者，可以用职称相称。如"袁教授""刘工程师"等。
职业性称谓	对于教师、医生等行业，可直接以职业称呼。如"任老师""余医生""张会计""吴律师"等
性别性称谓	对于从事商业、服务性行业的人，一般约定俗成地按性别称呼"先生"或"女士"（已婚年长女性）"小姐"（未婚年轻女性）。如"黄先生""胡小姐""朱女士"等
姓名性称谓	对于非常熟悉、关系很好的客户，可以直接称呼其姓名或只称呼其姓或名。如"王进""老李""小张""大刘""可欣"等

（三）问候礼仪

客人来访，在第一时间亲切地问候是给客户留下好印象的关键。在接待客户的过程中，寒暄问候可以消除客户的紧张感，拉近与客户之间的距离。汽车销售顾问常用寒暄问候礼仪用语如表8.6所示。

表 8.6 汽车销售顾问常用的寒暄问候礼仪用语

欢迎光临 您好	当客户来店时,销售顾问主动问候,站立、鞠躬、微笑着说:“欢迎光临!”或“您好!”
请	在整个汽车销售过程中,所有要求客户的语言均以“请”打头,如“请看”“这边请”“请随意参观”“请喝茶”“请问”“请稍候”“请多关照”等
您	在问候询问语言中,对客户的称谓一律用尊称“您”,如“您觉得如何?”“您有何要求?”“您贵姓?”“您看”等
好 好的	对客户的要求,应尽力满足,用“好”或“好的”回应。如客户说:“我想看看宝马3系车。”“好的,没问题。”
抱歉 对不起	对客户要求如实在不能满足,应真诚对客户说“抱歉”或“对不起”。如客户说:“我看看宝马X6。”“抱歉,这款车本店暂时还没有样车……”
非常感谢 谢谢	常对客户说“谢谢”等语言。如“谢谢惠顾”“非常感谢您的理解”“感谢您对我工作的支持”
再见(再会) 欢迎下次再来	当客户告辞或离开经销店时,销售顾问应送别客户,并说“再见”“欢迎下次再来”“您慢走”等

(四) 引导礼仪

在汽车销售过程中,需要使用引导客户参观或进入洽谈室等场所,恰当运用引导礼仪,会使工作更加顺利,也使客户产生好感。引导客户的规范动作是:使用与客户距离远的那条手臂;手臂自然伸出、手心向上、四指并拢。如图 8.11 所示。

1. 在展厅为客户引路

引路人走在客人的左斜前方 2~3 步处;与客人保持一致的步调;注意引导提醒客人,适当提醒“这边请”“注意台阶”。

2. 引导客户进入展车

引导客户进入展车时,走在客户的斜前方,与客户保持一致的步调,并为客户打开车门,请客户进入车内。

如果客户进入驾驶室,应该用左手拉门,右手挡在车门框下为客户保护头部,如图 8.12 所示。如果客户进入副驾驶室,则应该用右手拉开门,左手挡在车门框下保护客户头部。开、关门时应注意礼貌,站在不妨碍客户上、下车的位置。

图 8.11 汽车销售顾问引导礼仪

图 8.12 汽车销售顾问引导客户进入驾驶室

3. 引导客户通过门时

（1）向外开门时：先敲门，打开门后握住门把手，站在门旁，对客人说“请进”；进入房间后，用右手将门轻轻关上；请客人入座，说“请稍候”，安静退出。

（2）向内开门时：先敲门，打开门后自己先进入房间，侧身，把住门把手，对客人说“请进”；轻轻关上门，请客人入座后，安静退出。

三、商务交往礼仪

汽车销售顾问在商务活动中，举止庄重大方，行为合乎礼仪，就会在客户心中形成良好的心理定势，有利于销售的顺利进行。

（一）握手礼仪

握手是汽车销售顾问日常工作中最常使用的礼节之一，与新老客户见面时需要使用握手礼仪。汽车销售顾问握手的规范礼仪是：两人相距一步，双足立正，上身微微前倾，眼睛注视对方，面带微笑；伸出右手，四指并拢，拇指张开，双手的手掌与地面垂直；握手时用力应适度，不轻不重，恰到好处；握手时间要恰当，一般持续 2～3 秒，轻轻抖动三下，但若遇老友或敬慕已久的客人，为表示特别亲切，握手时间可长些。如图 8.13 所示。握手时的礼仪用语有“很高兴见到您”“幸会”“欢迎欢迎，车用得好吗？”等。

握手遵循“尊者优先”的原则，即主人、长辈、上司、女士主动伸出手，客人、晚辈、下属、男士再相迎握手。当客户进入经销店，汽车销售顾问作为主人，应先伸手，以示欢迎。

图 8.13　汽车销售顾问握手礼仪规范

你知道握手有哪些禁忌吗？

（1）忌交叉握手；

（2）忌左手握手；

（3）忌戴手套握手；

（4）忌不平等握手；

（5）忌戴墨镜握手；

（6）与异性握手忌使用双手。

（二）名片使用礼仪

名片是汽车销售顾问工作过程中重要的社交工具之一，是与客户联系的纽带。汽车销售顾问的名片一般由公司统一设计、制作。使用名片礼仪如下。

1. 名片的放置

(1) 名片可放在上衣口袋里，但不能放在裤子口袋里。

(2) 名片原则上应放置在名片夹里，而不是放在钱包、笔记本里。

(3) 要保持名片的清洁、完整。

2. 名片的递送

汽车销售顾问递送名片的规范动作是：用双手的大拇指和食指握住名片，正面面向客户，同时轻微鞠躬，说些“请多关照”“请多指教”之类的寒暄语。如图 8.14 所示。当给多人递交名片时，应依照职位高低的顺序，或是由近及远，依次进行。

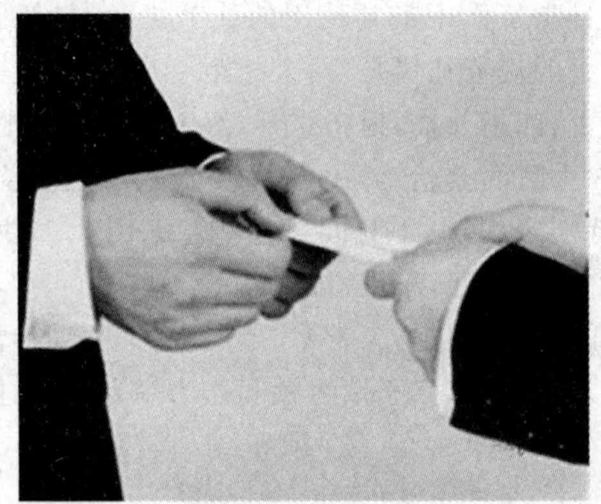

8.14 汽车销售顾问名片递交规范动作

递交名片时，应注意：不要用左手递交名片；不要将名片背面对着对方或是颠倒着面对对方；不要将名片举得高于胸部；不要以手指夹着名片给人。

（三）介绍礼仪

1. 自我介绍礼仪

汽车销售顾问经常要在客户面前进行自我介绍。恰当的自我介绍，不但可以增进客户对自己的了解，还可以创造出其不意的商机。自我介绍礼仪要点如下。

(1) 注意时机。一般选择客户有兴趣、有空闲、情绪好、干扰少的时机自我介绍，如客户进店为客户上茶后，给客户递交名片或递交资料时。

(2) 注意态度。自我介绍要自然、自信、友善、谦虚，不可自吹自擂、夸大其词，但也不能唯唯诺诺。

(3) 注意内容。自我介绍的内容包括三个基本要素：姓名、单位（部门）和职务。在自我介绍时，要一气连续说出，不说废话。如“您好！我叫王磊，是合肥保利丰 4S 店汽车销售顾问。”

(4) 注意时间。自我介绍应简洁，言简意赅，以半分钟为佳，不宜超过 1 分钟。

(5) 注意技巧。自我介绍时一般使用名片加以辅助，同时善于用眼神表达自己的友善。

2. 介绍他人礼仪

他人介绍,又称第三者介绍,是经第三者为彼此不相识的双方引见的一种交际方式。他人介绍通常是双向的,即对被介绍双方都作一番介绍。有时,也只进行单向的他人介绍,即只将被介绍者其中一方介绍给另一方。

介绍他人应遵循"尊者优先了解"的原则。介绍他人在时间允许的条件下,应用合适的语言褒扬被介绍者。如"您好!他叫王磊,是合肥保利丰4S店的金牌汽车销售顾问。"

介绍者为被介绍者进行介绍时,被介绍者应起身站立;介绍完毕,应以合乎礼仪的顺序进行握手,并以"幸会""久仰大名""很高兴认识您"等语句问候对方。

什么是"尊者优先了解"?

(1) 先将男士介绍给女士,再把女士介绍给男士;

(2) 先将年轻者介绍给年长者,再把年长者介绍给年轻者;

(3) 先将职位低的介绍给职位高的,再把职位高的介绍给职位低的;

(4) 先将未婚女子介绍给已婚女子;

(5) 先将家庭成员介绍给对方。

(四) 电话礼仪

汽车销售过程中,与客户的沟通很多是通过电话来进行的。电话重在"话"上,汽车销售顾问在接打电话时语言的表述非常重要,电话语言对比如表8.7所示。

表8.7 电话语言的对比

令人不满意的电话用语	令人满意的电话用语
谁呀	请问您是谁
什么事	您有什么事吗
等一下	请稍候
不知道	我不清楚
我会告诉他打电话的	我转告他给您打电话
怎么样	您觉得如何
对不起(赔罪)	非常抱歉
知道了	我明白了
没听说	我没有听说
来一趟好吗	可以请您来一趟吗
我们去吧	还是我们去拜访您吧
辛苦	您辛苦了
行	好的

在电话使用过程中适当使用一些敬语,可以加深销售顾问与客户之间的感情,促进销售,常见的正确敬语如表8.8所示。

表 8.8 常见的正确敬语

常用语	尊敬语	自谦语
看	过目	拜读
打听	询问	请教、请问
访问	亲自光临	打扰
去	亲自前往	去
来	光临	来
喝	用	喝
见面	会见	拜访
带去	您带去	带去

在电话沟通过程中，在一些关键时刻使用一些合适的话语可以起到事半功倍的效果，表8.9是常见的关键时刻和关键电话用语。

表 8.9 常见的关键时刻和关键电话用语

场合	电话用语
在接待处或接电话时询问对方姓名	请问您贵姓
寒暄	您是×××先生吧，早就期待着与您见上一面了
自我介绍	我是×××，很高兴认识您
询问对方的印象时	您还满意吧
让对方久等时	让您久等了
赔罪时	真的非常抱歉
电话邀请对方来店时	对不起，能否请您光临本店呢
别人拜托自己传话时	明白了。请放心，我会将您的原话转告他的
感谢对方来店时	非常感谢您能抽出时间光临本店
拜托对方再次来店时	恭候您的再次光临

1. 接听电话礼仪

常见的接听电话礼仪标准是：电话响三声拿起电话，并告知对方自己的姓名。接听电话常见的用语是："您好，××4S店××部×××。"上午10点以前可使用"早上好"。电话铃响三声以上应说："让您久等了，我是××4S店××部×××。"

接听电话的基本原则：铃响不过三声。

2. 拨打电话礼仪

拨打电话的礼仪：要考虑打电话的时间，对方此刻是否有时间或方便；注意确认对方的电话号码、姓名，以免打错电话；讲话的内容简洁明了；使用礼貌语言；控制通话时间等。拨打电话应遵循"电话三分钟"原则，即打电话的时间应有效地控制在三分钟之内，长话短说、废话不说、没话别说。

本章小结

基本概念	汽车销售顾问　仪容仪表　微笑　握手　名片使用　电话
基本内容	1. 顾问式汽车销售是根据客户的需求，向客户推介汽车产品，同时让客户享受购车过程服务的销售。它与传统销售是一种销售观念的差别。它更强调客户的需求、客户的利益和客户的享受。顾问式销售真正达到企业、销售人员和客户的三赢。 2. 汽车销售服务企业设立专门的汽车销售部门，通过专门的汽车销售服务人员提供客户的接待、汽车的介绍、相关手续的办理等服务。汽车销售顾问的主要工作是执行顾问式的销售流程，主要包括售前准备、店内接待、需求分析、商品说明、试乘试驾、报价说明、签约成交、交车、售后跟踪等环节。 3. 顾问式汽车销售顾问的个人素质包括卓越的沟通水平、整洁的仪容仪表、广博的知识面、健康的体魄和良好的个性品质。 4. 顾问式汽车销售顾问的业务素质包括具有丰富的汽车专业知识、娴熟的汽车销售技巧和积极的汽车销售心态。 5. 顾问式汽车销售顾问的基本能力包括观察能力、记忆能力、思维能力、交往能力、应变能力、演示能力和说服能力。 6. 顾问式汽车销售顾问应具备的个人仪容仪表礼仪要求具有规范的面部修饰、头部发型修饰、着装服饰等。 7. 顾问式汽车销售顾问应具备的个人举止仪态礼仪要求具有规范的站姿、走姿、坐姿、手势礼仪等。 8. 顾问式汽车销售顾问应具备的接待服务礼仪有微笑礼仪、称呼礼仪、问候礼仪、引导礼仪等。 9. 顾问式汽车销售顾问应具备的商务交往礼仪有握手礼仪、名片使用礼仪、介绍礼仪和电话礼仪等。

知识巩固

（一）选择题

1. 下列不属于顾问式汽车销售顾问的工作职责的是(　　)。

   A 开发新客户

   B 向客户推介汽车

   C 负责对客户进行有效管理

   D 负责管理销售团队

2. 下面符号代表汽车识别代码的是(　　)。

A ABS　　B VIN　　C GPS　　D SRS

3. 走姿代表一个人的精神状态,标准走姿为(　　)。

A 腆起肚子、身体后仰　　B 迈开大步、摆跨扭腰

C 双手插兜、低头看脚　　D 双肩平稳、下颌微收

4. 汽车销售顾问的工作理念是(　　)。

A 正确把握客户的要求　　B 帮助客户作出适宜的选择

C 超越客户的期望值　　D 为客户解决问题

E 创造双赢局面

5. 让人愉悦的电话用语有(　　)。

A 请问您贵姓　　B 请问您是谁　　C 谁呀　　D 请问如何称呼您

E 你哪个?

(二) 判断题

1. 名片是与客户联系的纽带,汽车销售顾问应随身携带名片。为稳妥起见,名片应放在钱夹内。(　　)

2. 汽车销售顾问在销售汽车的同时,更是在销售自己。(　　)

3. 良好的个人仪容仪表可以塑造专业的职业形象。不论是男性还是女性汽车销售顾问都要求穿标准工作装、深色鞋袜和佩戴胸牌。(　　)

4. 引导客人进门时,汽车销售顾问应该先敲门,打开门后站在门旁,请客人先进门后自己方可进门。(　　)

5. 自我介绍应言简意赅,不宜超过1分钟。(　　)

(三) 简答题

1. 说说顾问式销售与传统销售的差别?

2. 请解释握手礼仪的"尊者优先"原则。

3. 什么是"尊者优先了解"原则?

案例分析

全世界最伟大的推销员——乔·吉拉德

乔·吉拉德49岁时便退休了。那时他连续12年保持全世界推销汽车的最高纪录,平均每天销售6辆,被载入吉尼斯世界纪录大全,成为"全世界最伟大的推销员"。

退休,是1977年圣诞节乔·吉拉德送给自己的礼物,他以此证明父亲的一句话是错误的。他说,小时候,父亲认为他是个四处游荡的笨蛋,而母亲坚信他会成功,并鼓励他证明给父亲看。

乔·吉拉德证明了父亲的话:如今他游荡在全世界。但他只是退职,却并未休息。

他是全球最受欢迎的演讲大师,曾为众多世界500强企业精英传授他的宝贵经验,来自

世界各地数以百万计的人们被他的演讲感动,被他的经历激励。

2002 年 7 月 18 日,出现在 NAC 成功者大会北京站的乔・吉拉德精神矍铄。从这位 73 岁的老者演讲时的投入便可看出,他的成功并非秘密。“有人问我,怎么能卖出这么多汽车?有人会说是秘密。我最讨厌的就是有人装模作样说什么秘密,这世上没有秘密。”

“我用我的方式成功。”乔・吉拉德说,他乘坐十七八个小时飞机来到这里,就是为了告诉大家,他是做什么的,怎么做的,并非推销产品,而是推销自己。

在全世界,人们都问乔・吉拉德同样一个问题:“你是怎样卖出东西的?”生意的机会遍布于每一个细节。很多很多年前他就养成一个习惯:只要碰到人,左手马上就会到口袋里去拿名片了。

“给你个选择:你可以留着这张名片,也可以扔掉它。如果留下,你知道我是干什么的、卖什么的,细节全部掌握。”所以,乔・吉拉德认为,推销的要点是,并非推销产品,而是推销自己。

“如果你给别人名片时想,这是很愚蠢很尴尬的事,那怎么能给出去呢?”他说,恰恰那些举动显得很愚蠢的人,反而是成功和有钱的人。他到处散发名片,到处留下他的“味道”和“痕迹”。

每次付账时,他都不会忘记在账单里放上两张名片。去餐厅吃饭,他给的小费每次都比别人多一点点,同时主动放上两张名片。因为小费比别人的多,所以人家肯定要看看这个人是做什么的,分享他成功的喜悦。人们在谈论他、想认识他,根据名片来买他的东西,经年累月,他的成就正是来源于此。

他甚至不放过看体育比赛的机会来推广自己。他买了最好的座位,并带了一万张名片。他的绝妙之处就在于,在人们欢呼的时候把名片扔出去。于是大家欢呼:那是乔・吉拉德——已经没有人注意那个明星了。

在演讲现场,乔・吉拉德也没有忘记散发名片:世界上最伟大的推销员,现在在卖名片。而他以此荣。在全世界,到处有人问乔・吉拉德卖什么。他说,是全世界最好的产品——独一无二的乔・吉拉德。

他说,不可思议的是,有的推销员回到家里,甚至连妻子都不知道他是卖什么的。“从今天起,大家不要再躲藏了,应该让别人知道你,知道你所做的事情。”

1. 一次只做一件事

要推销出去自己,面部表情很重要:它可以拒人千里,也可以使陌生人立即成为朋友。笑可以增加你的面值。乔・吉拉德这样解释他富有感染力并为他带来财富的笑容:皱眉需要 9 块肌肉,而微笑,不仅用嘴、用眼睛,还要用手臂、用整个身体。

“当你笑时,整个世界都在笑。一脸苦相没有人愿意理睬你。”他说,从今天起,直到你生命最后一刻,用心笑吧。

要热爱自己的职业。成功的起点是首先要热爱自己的职业。“就算你是挖地沟的,如果你喜欢,关别人什么事。”乔・吉拉德相信,无论做什么职业,世界上一定有人讨厌你和你的职业。

他曾问一个神情沮丧的人是做什么的,那人说是推销员。乔・吉拉德告诉对方:“销售员怎么能是你这种状态?如果你是医生,那你的病人一定要遭殃了。”

他也被人问起过职业。听到答案后对方不屑一顾:“你是卖汽车的?”但乔・吉拉德并不理会:“我就是一个销售员,我热爱我做的工作。”

工作是通向健康、通向财富之路。乔·吉拉德认为，它可以使你一步步向上走。全世界的普通记录是每周卖7辆车，而乔·吉拉德每天就可以卖出6辆。刚做汽车销售这行时，他只是公司42名销售员之一，而那里的销售员他有一半不认识，他们常常是来了又走，流动很快。

有一次他不到20分钟就卖了一辆车给一个人。最后对方告诉他：我不想说我就在这里工作。他说来买车是为了学习乔·吉拉德的秘密。他之后又把定金退还给了那个人。

他认为，最好在一个职业上做下去。因为所有的工作都会有问题，但是，如果跳槽，情况会变得更糟。他特别强调，一次只做一件事。

以树为例，从种下去、精心呵护，到它慢慢长大，就会给你回报。你在那里待得越久，树就会越大，回报也就相应越多。乔·吉拉德说，他做销售这行这么多年，种下的树已经成为参天大树，给他带来无穷的财富。

2. 每天都发出爱的信息

每个人的生活都有问题，但乔·吉拉德认为，问题是上帝赐予的礼物，每次出现问题，把它解决后，自己就会变得比以前更强大。

35岁前的乔·吉拉德是个全盘的失败者。他患有相当严重的口吃，换过40个工作仍一事无成。1963年，35岁的乔·吉拉德从事的建筑生意失败，身负巨额债务几乎走投无路。他说，去卖汽车，是为了养家糊口。第一天他就卖了一辆车。掸掉身上的尘土，他咬牙切齿地说："我一定会东山再起。"

乔·吉拉德做汽车推销员时，许多人排长队也要见到他，买他的车。吉尼斯世界纪录大全查实他的销售纪录时说：最好别让我们发现你的车是卖给出租汽车公司，而应当的确是一辆一辆卖出去的。

他们试着随便打电话给人，问他们是谁把车卖给他们，几乎所有人的答案都是"乔"。令人惊异的是，他们脱口而出，就像乔是他们相熟的好友。

"我打赌，如果你从我手中买车，到死也忘不了我，因为你是我的！"

尽管乔·吉拉德一再强调"没有秘密"，但他还是把他卖车的诀窍抖了出来。他把所有客户档案都系统地储存起来。他每月要发出1.6万张卡，并且，无论买他的车与否，只要有过接触，他都会让人们知道乔·吉拉德记得他们。

他认为这些卡与垃圾邮件不同，它们充满爱。而他自己每天都在发出爱的信息。他创造的这套客户服务系统，被世界500强中许多公司采用。

吉尼斯世界纪录大全经过专门的审计公司审计，确定乔·吉拉德是一辆一辆把车卖出去的。

"他们对结果很满意，正式定义我为全世界最伟大的推销员。这是件值得骄傲的事，因为是靠实实在在的业绩取得这一荣誉的。"

乔·吉拉德认为，所有人都应该相信：乔·吉拉德能做到的，你们也能做到，我并不比你们好多少。

而他之所以做到，便是投入专注与热情。

世界上大多数人害怕重大的事情：怎么使自己事业成功？乔·吉拉德认为，应当投入聪明、有智慧的工作。

有人说对工作要百分之百地付出。他却不以为然：这是谁都可以做到的。但要成功，就应当付出140%，这才是成功的保证。他说对自己的付出从来没有满意过。

每天入睡前，他要计算今天的收获，冥想，集中精力反思。今天晚上就要把明天彻底规划好。离开家门时，如果不知道所去的方向，那么乔·吉拉德是不会出门的。

3. 你所能够做到的连自己都惊异

失败以后，朋友都弃他而去。但乔·吉拉德说："没关系，笑到最后笑得最好。"

他望着一座高山——那是他的目标——说："我一定会卷土重来。"他紧盯的是山巅——旁边这么多山，他一眼都不会看。3年以后，他成了全世界最伟大的销售员，"因为我相信我能做到"。

人的一生非常有限。有的人买许多身外之物，比如房产，比如珠宝。但在乔·吉拉德看来，人首先要买的是自己，要相信自己、热爱自己。

"事实上，凡是向你买东西的人，买的都是你。"(即认可你。)

73岁的乔·吉拉德，认为自己的心理年龄只有18岁，因为他仍保持蓬勃向上的精神。一般的销售员会说，他看起来不像一个卖东西的人。但是，有谁能告诉我们，卖东西的人长得什么样？

乔·吉拉德说，每次有人路过他的办公室，他内心都在吼叫："进来吧！我一定会让你买我的车。因为每一分一秒的时间都是我的付出，我不会让你走的。"

"我笑着面对他：我的钱在你的口袋里。"

他说，你认为自己行就一定行，每天要不断向自己重复。要勇于尝试，之后你会发现你所能够做到的连自己都惊异。

要燃起熊熊的信念之火，乔·吉拉德认为，两个单词非常重要：一个是"我想"，另一个是"我能"。

悲剧在于，全世界95%的人并不知道他们要什么。但是，没有强烈的欲望，就不能成为好的推销员。乔·吉拉德说这一点在我身上很管用。知道自己需要什么，最好把所想要的拍张照片挂起来增强这种欲望。做推销员时，他把全公司最好的推销员的照片挂在墙上，告诉自己要打败他。他成功了。

"没有人能左右你的生活，只有你自己能控制。失去自己就是失去了一切，连朋友也不会理睬我。"

一定要与成功者为伍，以第一为自己的目标。乔·吉拉德以此为原则处世为人。他的衣服上通常会佩戴一个金色的"1"。有人问他：因为你是世界上最伟大的推销员吗？他给出的答案是否定的。他说，我是我生命中最伟大的！没有人跟我一样。

千万不要自怜：挖一个洞，钻进去，说："可怜的我！""如果看到一个优秀的人，就要挖掘他的优秀品质，根植到你自己身上。"

一位医生告诉乔·吉拉德，每个人体内有一万个发动机。乔·吉拉德家最外面的门上有一句话：把所有发动机全部启动。

他每天这样离开家门：观察身上所有细节，看看是否自己会买自己的账。一切准备好，手握在门把手上，打开门，像豹子一样冲出去。乔·吉拉德对自己说：

I feel good!（我感觉棒极了！）

I feel great!（我正处于巅峰状态！）

I'm number one。（我是第一名。）

（资料来源：百度百科 http://baike.baidu.com）

问题：

1. 联系本案例，说说什么是顾问式汽车销售？
2. 联系本案例，说说优秀汽车销售顾问应该具备哪些素质？
3. 本案例中乔的成功之处有哪些？对你有何启发？

技能实训

塑造汽车销售顾问的专业个人形象

实训方案一　女生仪容训练

［实训目的］

通过实训，掌握日妆基本技法，能够整饰发型、规范着装，熟悉丝巾系法。

［工具准备］

1. 洗面奶、爽肤水、眼霜、日霜等基本护肤品一套；
2. 粉底液、BB霜、粉饼、眉笔、眼影、睫毛膏、眼线笔、腮红、唇彩等化妆品一套；
3. 面盆、洗面海绵（一次性洗面巾）、紧肤棉、棉棒、海绵扑、修眉刀、眼影棒、胭脂扫等辅助工具、化妆工具一套；
4. 梳子、发卡、发带、发胶等整饰头发的基本工具；
5. 深色职业套装（套裙）、黑色浅口低跟皮鞋、肉色丝袜、亮色丝巾等服饰。

［实训步骤］

1. 女生两人一组，每组准备一套工具；
2. 服饰着装提前穿戴整齐；
3. 互相化妆或个人自己化妆，整饰发型，熟悉丝巾系法，时间45分钟；
4. 化妆完毕，指导教师用1分钟点评每个学生并评分。

［评分标准］（十分制）

1. 服饰、发型、妆容完整和规范。（9或10分）
2. 服饰、发型、妆容基本完整或基本规范，但在某个方面存在明显错误。（7或8分）
3. 服饰、发型、妆容不太完整或不太规范，在两三个方面存在明显错误。（5或6分）
4. 服饰、发型、妆容不完整或不规范，在许多方面存在明显错误。（3或4分）
5. 仅参与实训，但没能按老师要求完成实训项目。（1或2分）
6. 没有参与实训。（0分）

知识链接一：日妆基本程序及基本技法

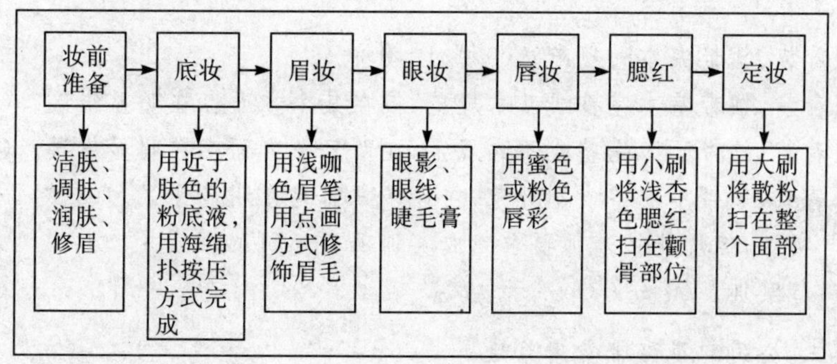

知识链接二：公司职员常用方丝巾系法

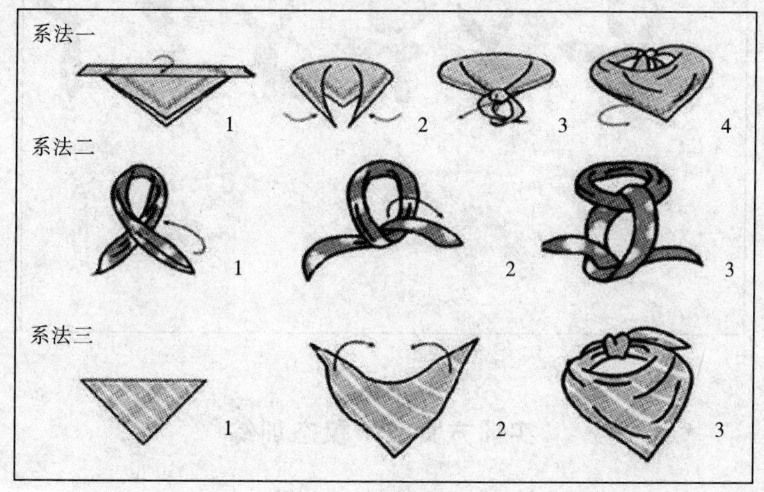

实训方案二　男生仪容训练

［实训目的］

通过实训，能够整饰发型，规范西装着装，熟悉领带系法。

［工具准备］

1. 梳子、发胶等整饰头发的基本工具；
2. 深色职业套装（西装）、白色长袖衬衫、黑色皮鞋、深色棉袜、蓝色条纹领带等。

［实训步骤］

1. 全班准备一套工具；
2. 服装提前穿戴整齐；
3. 整饰发型、打领带，时间 45 分钟；
4. 指导教师用 1 分钟点评每个学生并评分。

[评分标准](十分制)

1. 发型、着装、领带完整和规范。(9 或 10 分)
2. 发型、着装、领带基本完整或基本规范,但在某个方面存在明显错误。(7 或 8 分)
3. 发型、着装、领带不太完整或不太规范,在两三个方面存在明显错误。(5 或 6 分)
4. 发型、着装、领带不完整或不规范,在许多方面存在明显错误。(3 或 4 分)
5. 仅参与实训,但没能按老师要求完成实训项目。(1 或 2 分)
6. 没有参与实训。(0 分)

知识链接三:公司职员领带常用系法

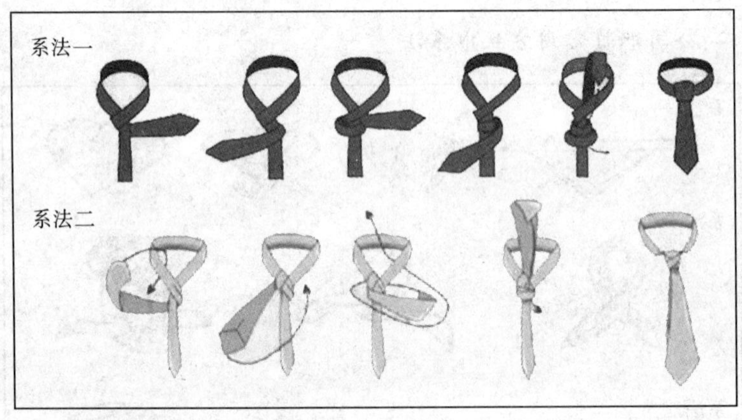

实训方案三　仪态训练

[实训目的]

通过实训,掌握站姿、坐姿、走姿等基本动作要领。

[工具准备]

准备各式椅子、凳子若干把,书本若干本,A4 规格白纸若干张。

[实训步骤]

1. 男、女生各 4 人一组;
2. 站姿训练。每组选择一项训练方式自由练习;
3. 坐姿训练。每组选择一项训练方式自由练习;
4. 走姿训练。每组选择一项训练方式自由练习;
5. 每组进行站姿、坐姿、走姿表演,指导教师 2 分钟点评每组学生并评分。

[评分标准](十分制)

1. 站姿、坐姿、走姿动作要领规范。(9 或 10 分)
2. 站姿、坐姿、走姿动作要领基本规范,但在某个方面存在明显错误。(7 或 8 分)

3. 站姿、坐姿、走姿动作要领不太规范，在两三个方面存在明显错误。(5或6分)

4. 站姿、坐姿、走姿动作要领不规范，在许多方面存在明显错误。(3或4分)

5. 仅参与实训，但没能按老师要求完成实训项目。(1或2分)

6. 没有参与实训。(0分)

知识链接四：坐姿、站姿、走姿基本训练方式

一、站姿常用训练方式

1. 靠墙站立训练——即五点一线练习。具体要求：收腹挺胸、脚并拢、背靠墙站立，要求脚后跟、小腿肚、臀部、肩胛骨和后脑勺在一条直线上。站立10分钟。

2. 头部顶书训练——头颈正直练习。具体要求：收腹挺胸、脚并拢站立，将书本放置头顶，颈部自然挺直，目视前方，头部正直，书本不能掉落。站立10分钟。

3. 夹纸训练——矫正小腿练习。具体要求：收腹挺胸、脚并拢站立，将A4规格白纸放置在两小腿之间，目视前方，纸张不能掉落。站立10分钟。

二、坐姿常见训练方式

1. 男士正坐式坐姿训练——坐正；上身和大腿、大腿和小腿垂直，小腿垂直于地面；双膝稍微分开一拳距离；双手自然弯曲放在双膝上。

2. 女士斜放式坐姿训练——坐正；上身挺直，双膝、双脚并拢；两脚同时侧向左侧或右侧，与地面呈45°夹角；双手叠放，置于左腿或右腿上。

3. 男士重叠式坐姿训练——坐正；上身挺直，一只脚的小腿垂直于地面，全脚掌着地；另一条腿放在垂直于地面的大腿上；双手叠放，置于大腿上。

4. 女士重叠式坐姿训练——坐正；双腿一上一下交叠在一起；双脚斜放在左或右侧，与地面呈45°夹角，叠放在上的脚尖绷直垂向地面；双手叠放，置于大腿上。

三、走姿常用训练方式

1. 直线行走训练——在地面上画一条直线，沿直线行走。抬头挺胸收腹、双目平视、面带微笑、表情自信轻松。

2. 顶书行走训练——将书本放置头顶，沿直线行走或沿楼梯上下行走。行走时，头正、颈直，书不能掉落。

实训方案四　握手、名片递接训练

［实训目的］

通过实训，掌握握手、名片递接基本动作要领。

［实训步骤］

1. 每2个同学一组；
2. 握手训练；
3. 名片递接训练；
4. 每组虚拟某个场景，进行握手、名片递接表演，指导教师用1分钟点评每组学生并评分。

[评分标准](十分制)

1. 握手、名片递接动作规范、场景真实、姿态优雅。(9 或 10 分)
2. 握手、名片递接动作基本规范,但表现不太协调、自然。(7 或 8 分)
3. 握手、名片递接动作不太规范,在某个方面存在明显错误。(5 或 6 分)
4. 握手、名片递接动作不规范,在许多方面存在明显错误。(3 或 4 分)
5. 仅参与实训,但没能按老师要求完成实训项目。(1 或 2 分)
6. 没有参与实训。(0 分)

知识链接五:握手、名片递接基本训练

一、握手训练

站立、上身稍微前倾;面带微笑、眼睛看着对方;右手大拇指自然张开,其余四指自然并拢,手心垂直于地面,手臂自然弯曲;握住对方的右手,上下轻轻抖动,时间 2～3 秒;同时说:"您好!"或"很高兴认识您!"

二、名片递接训练

1. 递名片——站立、上身稍微前倾;面带微笑、眼睛看着对方;双手轻捏住本人名片的两角,名片正面朝上,字对着对方,自然递过去;同时说:"请多多关照。"

2. 接名片——遵循"一接二看三念"。站立,前倾,双手接过,仔细看名片上的内容,轻声念名片上的内容;同时说:"幸会幸会。"

虚拟场景:

小美是江淮汽车 4S 店的资深销售顾问,气质优雅、专业扎实。某天上午,小美正在展台前整理资料,一名中年男士走进汽车展厅,一副打算购车的样子。小美赶紧迎上去,握手,并热情地说:"欢迎光临! 请问有什么可以帮助您?""我想看看江淮瑞风商务车。""好的,这边请。"小美将客户指引到瑞风商务车旁边,并请接待小姐送来茶水,小美双手递上名片,说:"我叫小美,很高兴能为您服务。"

要求:模拟以上情景,两个同学演练握手、引导、名片递接、自我介绍等规范动作。

第九章　汽车客户关系管理

经典名言

人们买的不是东西,而是他们的期望。

——营销大师　物德·莱维特

销售前的奉承,不如售后服务。这是制造“永久顾客”的不二法则。

——松下电器创始人　松下幸之助

企业的任务在于创造满意的客户,利润不是最重要的,利润只是我们让客户满意后的一种回馈。

——现代管理学之父　彼德·德鲁克

学习目标

知识掌握:

1. 了解客户价值、客户关系生命周期等概念;
2. 掌握客户关系管理的内涵与核心思想;
3. 理解客户满意与客户忠诚的概念及重要意义;
4. 掌握汽车客户满意度指标及提升汽车客户满意度的策略;
5. 掌握汽车客户抱怨与客户投诉的处理原则与方法;
6. 理解汽车售后服务的重要意义;
7. 了解汽车售后服务的基本流程。

能力目标:

通过本章学习,重点培养学生能站在战略的高度树立客户关系管理的思想,能够利用所学知识客观分析当前汽车企业的热点问题,同时能够灵活处理客户的抱怨和客户投诉。

关键词

客户关系管理(Customer Relation Management,CRM)

客户满意度(Customer Satisfaction,CS)

客户投诉(Customer Complaints)

汽车服务(Automobile Service)

开篇案例 奔驰的理念

奔驰公司一向将高品质看成取得用户信任和加强竞争能力的最重要的一环，讲究精工细作，强调“质量先于数量”。高品质、信赖性、安全性、先进技术、环境适应性是奔驰造车的基本理念，凡是奔驰公司所推出的汽车均需达到五项理念的标准，缺少其中任何一项或未达标准者均被视为缺陷品。

1. CS之一：从生产车间开始

在以消费者为中心的营销时代，顾客满意(CS)方兴未艾。它是指从顾客的需要出发，在产品结构、产品质量、销售方式、服务项目、服务水平等方面为顾客服务，满足顾客的各种不同的需要，使顾客完全满意。

一般的CS都是从售后开始，而奔驰公司的CS从生产车间就已经开始。厂里在未成型的汽车上挂有一块块的牌子，写着顾客的姓名、车辆型号、式样、色彩、规格和特殊要求等。不同色彩，不同规格，乃至在汽车里安装什么样的收音机等等千差万别的要求，奔驰公司都能一一给予满足。据统计，奔驰车共有3700种型号，任何不同的需要都能得到满足，顾客买奔驰车首先买到了满意的质量。

2. CS之二：服务人员和生产人员一样多

奔驰公司的售后服务无处不在，使奔驰车主没有任何后顾之忧。在德国本土，奔驰公司设有1700多个维修站，雇有5.6万人做保养和修理工作，在公路上平均不到25千米就可以找到一家奔驰车维修站。国外的维修站点也很多，据统计，它的轿车与商业用车在世界范围内共有5800个服务网点，提供保修、租赁和信用卡等服务。国内外搞服务工作的人数竟然与生产车间的职工人数大体相等！

奔驰车一般每行驶7500千米就需要换机油一次，行驶1.5万千米需检修一次，这些服务都可以在当天完成。从急送零件到以电子计算机开展的咨询服务，奔驰公司的服务效率令顾客满意、放心。

3. 培养品牌忠诚者：奔驰模型车送给儿童

奔驰公司十分重视争取潜在的客户。它瞄准未来，心理争夺战竟从娃娃开始做起。每个来取货的顾客驱车离去时，奔驰都赠送一辆可作为孩子玩具的小小“奔驰”，使车主的下一代也对奔驰车产生浓厚的兴趣，争取每一代人都成为奔驰车的客户。这样客户对奔驰品牌的忠诚就世代地传承下来，从小喜爱奔驰车的幼童渐渐地被培养为终生喜爱奔驰车的客户。

4. 在职培训：人是质量的根本保证

奔驰公司在国内设有52个“培训中心”，培训范围包括新招学徒工的基本职业训练、企业管理培训和在职职工的技术提高。受基本职业训练的年轻人常年维持在6000人左右。公司在招收青年学徒工时优先挑选本厂职工的子弟，原因是这些年轻人从小就受到家庭技术的熏陶。这些青年职工进入公司后，培训3年到3年半，经考试合格后才能正式参加工作。培训期的要求非常严格，学员必须学会做钳工、红炉锻打、手工翻砂造型、焊接、热处理和开机床等，特别注意培养学徒工的良好操作习惯，树立重视产品质量的观念。

5. 万金寻故障：破天荒的广告承诺

有哪家汽车公司敢有此重万金的承诺呢？奔驰600型汽车的广告词就是：“如果发现奔驰车发生故障，中途抛锚，将获赠1万美元。”这充分体现出奔驰公司对品质和服务质量的追求。

（资料来源：百度百科 http://baike.baidu.com）

案例思考：

1. 什么是顾客满意？什么是顾客忠诚？
2. 结合案例分析，奔驰是如何提高顾客的满意度的？
3. 奔驰600汽车的广告说明了什么？

第一节 客户关系管理概述

早期的汽车行业，面临的是一个需求巨大而供给不足的卖方市场，提高汽车产品的产量自然成为企业管理的中心，即"生产中心论"。随着汽车企业生产效率的不断提高，导致市场竞争日益激烈，于是汽车"销售中心论"取而代之。为了提高销售额，导致成本费用越来越高，使得销售额提高了，但利润反而下降了，于是"利润中心论"登上了汽车企业管理的舞台。而今天，随着全球汽车市场成熟，汽车企业重新审视自己的管理思想，于是客户的地位被提高到前所未有的高度，"客户中心论"被确立。汽车工业正处在向以客户为中心转移的变革时期，汽车客户关系管理正被越来越多的汽车企业所重视。

在汽车行业，谁拥有客户，谁就占有市场！良好的客户关系管理可以为汽车企业获得更多的潜在客户，减少客户服务成本和增加销售量，提高竞争力。

一、客户与客户关系

（一）什么是客户

"客户"一词由来已久，在我国古代泛指流亡他乡、没有土地、以租佃为生的人，后来指由外地迁来的住户。今天，我们市场营销学中的"客户"(Customer)是指已经购买或未来可能购买本企业产品或服务的所有的个人或组织。

1. 客户分类

（1）根据是否购买，客户分为现实客户和潜在客户。现实客户是指已经购买或消费本企业产品的客户。根据其购买的时间又分为老客户和新客户，通常将重复购买的客户叫老客户，而将一次购买的客户叫新客户。潜在客户是指还没有购买、但未来有可能购买的客户。潜在客户又根据购买需求和购买力的不同划分为一般客户、种子客户和重点客户。有时，根据即将购买的时间将潜在客户分为热客、暖客和冷客。

（2）根据客户购买的目的，分为终端客户、商业客户和工业客户。终端客户即购买产品的目的是自己使用或他人使用，根据其性质不同又可分为个人消费者客户、组织客户等。商业客户是指购买产品的目的是转卖，以获取差价的中间商客户，包括零售商客户、批发商客户、代理商客户和经销商客户等。工业客户指购买产品的目的是为了再加工生产的制造商客户。

（3）根据交易的数量和市场地位，可分为主力客户、一般客户和零散客户。

（4）根据客户的忠诚度，分为忠诚客户、满意客户和不满意客户。

（5）根据客户对企业销售业绩的贡献度，分为A类客户、B类客户和C类客户。根据经济学家帕累托的"二八定律"，通常20%的A类客户创造80%的业绩；而80%的B、C类客户只创造20%的业绩(B类客户占15%的销售业绩、C类客户占5%的销售业绩)。

即问即答 **你知道什么是KA客户吗?**

KA客户(Key Account),即"重要客户""关键客户""大客户",是指"对企业具有战略意义的客户",通常指营业面积大、商品种类齐全、客流量大、经营状况良好的零售连锁大卖场。

日用品零售行业如沃尔玛、家乐福、麦德龙、大润发、上海华联等,家居、家电、建材行业如苏宁、国美、居然之家等,一般叫KA大卖场。

小思考 请问"客户""顾客""消费者"三个概念有什么不同?

2. 客户价值

(1) 从企业角度理解客户价值——客户为企业提供的价值。

从企业角度出发,客户价值即企业从客户的购买中所实现的企业收益,是企业从与其具有长期稳定关系并愿意购买企业提供的产品和服务的客户中获得的利润,也即顾客对企业的利润贡献。客户价值分为既成价值、潜在价值和影响价值。

① 既成价值。既成价值即客户为企业已经创造的价值。

② 潜在价值。潜在价值是指如果客户得到保持,客户将在未来进行的增量购买给企业带来的价值。

③ 影响价值。当客户高度满意时,带来的效应不仅仅是自己会持续购买公司产品,而且通过他们的指引会影响其他客户前来购买,所产生的价值称为影响价值。

小案例 **客户价值**

1990年,凯迪拉克汽车达拉斯经销商卡尔·赛维尔(Carl Sewell)从汽车购买和售后服务的角度计算出一名忠诚客户的终身价值为332000美元。卡尔·赛维尔不仅向员工传达了这个数目,还鼓励他们提出如何超出顾客期望以让顾客吃惊和感动的想法,于是就产生了一系列为实现突出的销售和服务而制定的措施。其中包含为顾客提供售后服务的修理厂的地板被漆成光亮的白色。每当顾客把车开进来需要修理的时候,员工都用干拖布将地板拖干净。这就向客户传递了一种有形的证据,表明公司在修理客户的汽车时花了不少的心思。卡尔·赛维尔还邀请顾客会见那些修理他们汽车的机师并且鼓励他们交谈。这就是为什么在顾客满意度排名中卡尔·赛维尔多次名列凯迪拉克汽车经销商前5名的原因。

一汽丰田也对客户的终身价值作了估算。它假定一个30岁的人在今后的25年内会购买5辆车,单车均价为20万元;假设一个客户每年进4S店维修5次,每次服务消费为2000元,于是一位客户的终身价值约为125万元,4S店可从一个客户一生中获得18万元的利润(一汽丰田TCS管理手册,2006年7月)。一汽丰田不但要求4S店通过培训将有关信息传达给每一位管理人员和服务人员,为强化人员的客户价值意识,还要求4S店进行每月、每季和每年的客户价值分析。

其实,前面的估算还没有计算对客户的车辆增购、附件销售和满意客户转介绍的价值,如果算上这些的话,客户终身价值的数目会更巨大。

(资料来源:百度百科 http://baike.baidu.com)

问题 客户为企业创造的终身价值如此之高,你有何感想?

汽车4S店客户价值具体包含哪些方面?

从4S店运营的角度分析,客户价值一般包括以下四个方面:

(1) 新车销售收益。新车销售时产生的收益,包括单车毛利和价值链,如金融信贷、保险、二手车置换、装潢、购买附件等方面的收益。

(2) 售后收益。一定周期内,客户维修、保养车辆和购买配件为4S店带来的收益。

(3) 潜在价值。客户增购或换购、购买4S店的延伸服务和附件为4S店带来的收益。

(4) 关联价值。客户口碑效应为4S店带来的价值,如转介绍、4S店活动的参与等。

(2) 从客户角度理解客户价值——企业为客户提供的价值。

从客户角度出发,客户价值是客户从企业的产品和服务中得到的需求的满足。肖恩·米汉教授认为客户价值是客户从某种产品或服务中所能获得的总利益与在购买和拥有时所付出的总代价的比较。即:

$$Vc=Fc-Cc$$

其中,Vc:客户价值;Fc:客户感知利得;Cc:客户感知成本。

客户价值划分为四个层次,即基本的价值、期望的价值、需求的价值和未预期的价值,如图9.1所示。

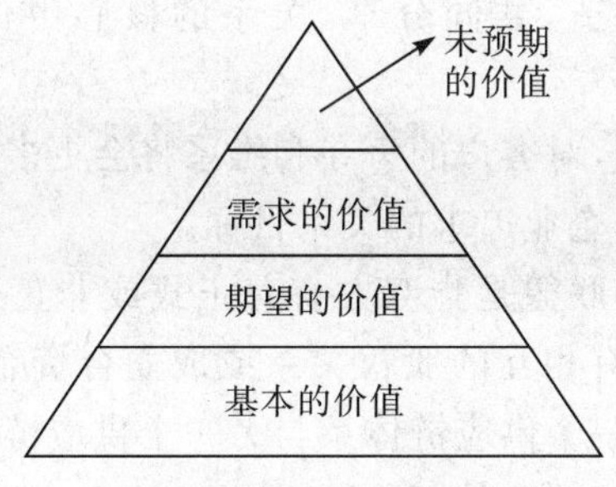

图9.1 客户价值层次

(二) 什么是客户关系

1. 客户关系的概念

关系(Relation)是指两个人或两组人之间彼此的行为方式以及感觉状态。客户关系(Customer Relation)是指企业为达到其经营目标,主动与客户建立起的某种联系。客户关系如图9.2所示。

从图 9.2 可以发现,客户关系包含行为和感觉两部分。行为是“显性的”,而感觉是人类的高级情感,难以捉摸。客户关系可以从以下角度理解:

(1) 企业同客户行为和感觉是相互的;

(2) 客户对企业有好的感觉便有可能触发相应的购买行为,相互强化和促进之后便可以产生良好的客户关系;

(3) 如果客户对企业有购买行为,但具有很坏的感觉,那么就有可能停止未来的购买行为,从而导致“关系消失”的结果。只有在产品供不应求的时期才有可能维持这种“无奈的关系”;

(4) 如果一个潜在客户对企业有很好的感觉,但从没有向企业购买过什么东西,那么可以说,这个客户和这个企业之间的关系还没有建立起来。

图 9.2 客户关系理解图

2. 客户关系的类型

从供应链的角度可将客户关系分为以下四类。

(1) 买卖关系。客户与企业表现为买与卖的关系,客户将企业作为一个普通的卖主,企业把客户作为它的买主。

(2) 优先供应关系。企业与客户的关系发展为优先选择关系。处于此种关系的企业与客户之间信息的共享得到扩大,在同等条件下乃至竞争对手有一定优势的情况下,客户对企业仍有偏爱。在此关系水平上,企业需要投入较多的资源维护客户关系,主要包括给予重点客户销售优惠政策、优先考虑其交付需求、加强双方人员交流等。

(3) 合作伙伴关系。企业与客户交易长期化,双方就产品与服务达成认知上的高度一致,双方形成了满意的、忠诚的、战略型的合作伙伴关系。双赢是合作伙伴关系的基础。价值由双方共同创造,共同分享,关系的核心由价值的分配转变为新价值的创造。

随着汽车市场竞争的加剧,对客户的争夺和维系将会更多地消耗企业的成本,与客户建立合作伙伴关系将是所有汽车企业追求的关系目标。

(4) 战略联盟关系。战略联盟是指双方有着正式或非正式的联盟关系,双方的近期目标和愿景高度一致,双方可能有相互的股权关系或成立合资企业。现代企业的竞争不再是企业与企业之间的竞争,而是一个供应链体系与另一个供应链体系之间的竞争,企业与客户之间建立战略联盟关系是“内部关系外部化”的体现。

市场营销大师菲利普·科特勒把客户关系概括为基本型、被动型、负责型、能动型和伙伴型等五种,如表 9.1 所示。

表 9.1 客户关系类型

类　型	特征描述
基本型	销售人员把产品销售出去后就不再与客户接触
被动型	销售人员把产品销售出去后,同意或鼓励客户在遇到问题或有意见时联系企业
负责型	销售完成后,企业及时联系客户,询问产品是否符合客户的要求,有何缺陷或不足,有何意见或建议,以帮助企业不断改进产品,使之更加符合客户需求
能动型	销售完成后,企业不断联系客户,收集有关产品改进的建议并提供新产品信息
伙伴型	企业不断努力协同客户,帮助客户解决问题,支持客户的成功,实现共同发展

3. 客户关系生命周期

客户关系生命周期理论是指从企业与客户建立业务关系到完全终止关系的全过程,是客户关系水平随时间变化的发展轨迹,它动态地描述了客户关系在不同阶段的总体特征。客户关系生命周期可分为考察期、形成期、稳定期和退化期等四个阶段。考察期是客户关系的孕育期,形成期是客户关系的快速发展阶段,稳定期是客户关系的成熟期和理想阶段,退化期是客户关系水平发生逆转的阶段。如图 9.3 所示。

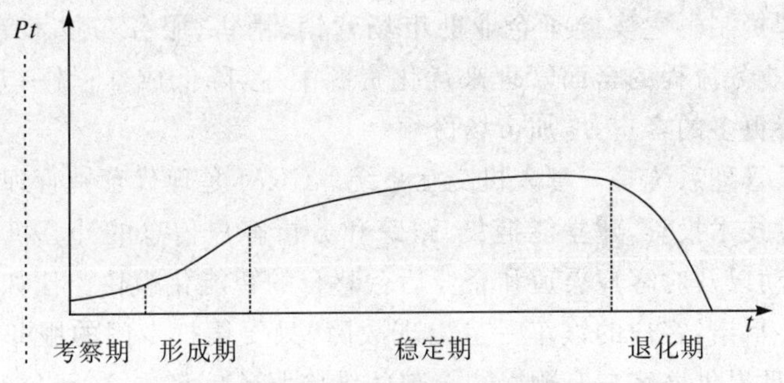

图 9.3 客户关系生命周期

在客户关系生命周期的不同阶段,客户对企业收益的贡献不同。

(1) 考察期:企业只能获得基本的利益,客户对企业的贡献不大。

(2) 形成期:客户开始为企业作贡献,企业从客户交易获得的收入大于投入,开始盈利。

(3) 稳定期:客户愿意支付较高的价格,带给企业的利润较大,而且由于客户忠诚度的增加,企业将获得良好的间接收益。稳定期是理想阶段。

(4) 退化期:客户对企业提供的价值不满意,交易量回落,客户利润快速下降。

客户关系生命周期理论反映出一个企业的盈利能力。因此,面对激烈的市场竞争,企业借助建立客户联盟,针对客户生命周期的不同特点,提供相应的个性化服务,进行不同的战略投入,使企业获得更多的客户价值,从而增强企业竞争力。

二、客户关系管理

(一) 客户关系管理的内涵

客户关系管理即CRM(Customer Relation Management),是指通过建立、保持、加强同客户的长期伙伴关系,并以此提高企业业绩、提升企业竞争力、实现企业目标的一种营销管理思想。

1. 客户关系管理的三个层次含义

(1) 客户关系管理是一种先进的营销管理思想。CRM将各种客户资源作为企业最重要的资源之一,因为只有忠诚的客户才能够为企业创造更多的利润。客户关系管理遵循客户导向的战略,对客户进行系统化的研究,通过改进对客户的服务,提高客户的忠诚度,不断争取新客户和商机;同时以强大的信息处理和技术力量确保企业业务行为的实时进行,力争为企业带来长期稳定的利润。

小思考 "吸引新客户的成本至少是保持老客户的成本的5倍",这句话背后有何意义?

(2) 客户关系管理是一种新型的营销管理机制。CRM是一种旨在改善企业与客户之间关系的新型管理机制。它实施于企业的市场营销、销售、服务与技术等与客户相关的领域,一方面通过对业务流程的全面管理来优化资源配置,降低成本;另一方面通过提供优质的服务吸引和保持更多的客户,增加市场份额。

(3) 客户关系管理系统是一套人机交互系统。CRM是现代营销管理思想与IT技术结合的产物。它通过技术投资,建立能搜集、跟踪和分析客户信息的计算机系统,或增加客户联系渠道、客户互动以及对客户渠道和企业后台整合的智能化模块。比如,上海通用汽车公司的客户服务中心承诺:客户的汽车一旦出现故障,只要拨打专门的服务电话,就会有服务人员热情解答,并且提供该客户车辆以往全部的维修服务信息。之所以能做到这一点,是因为上海通用的客户服务中心建立了一个庞大的数据库。

2. 客户关系管理的内涵

CRM系统包含三个方面的内涵:CRM理念、CRM技术和CRM实施。

(1) CRM理念。CRM理念是企业根据客户价值的大小,充分调配可用的资源,有效地建立、维护、发展客户的长期合作关系,以提高客户忠诚度、满意度,实现企业利润最大化。CRM理念是企业实施CRM的指导性原则,它是企业经营的一种指导思想,它指导企业应该做什么、怎么做、通过什么方式做及为什么这么做等。

(2) CRM技术。由专门的IT部门根据企业要求定制。目前有些企业配备了先进的CRM软件系统,但没有从内心深处思考如何贯彻执行,所以难见成效。CRM并非只是一套软件系统,而是一种服务理念和服务体系,是一种企业文化。

(3) CRM实施。CRM系统不是一种交付即用的工具,需要根据组织的具体情况进行有效实施,需要企业领导及全体员工的执行。

这三个内涵中,CRM理念是CRM成功实施的关键,是CRM实施应用的基础与"土壤”；CRM 技术是 CRM 成功实施的手段和方法；CRM 实施是决定 CRM 成功与否、效果如何的直接因素。

3. 客户关系管理的主要内容

客户关系管理的主要内容包括选择客户、获取客户、客户保持和客户价值扩展。如图 9.4 所示。

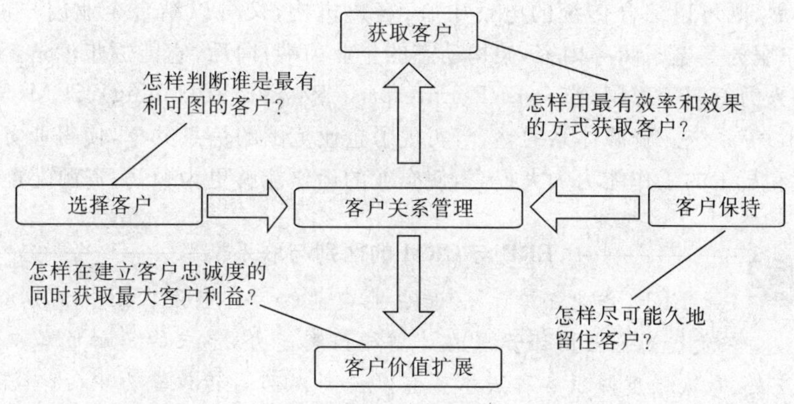

图 9.4 客户关系管理内容

（二）客户关系管理的核心思想

CRM 的核心思想是“以客户为中心”。与客户建立和维持长期良好的合作伙伴关系，来提高市场占有率，获取企业最大利润。客户关系管理的核心思想主要包括以下几个方面：

1. 不断提高客户满意度和忠诚度

CRM 的核心思想是与客户建立长期良好的合作伙伴关系，提高客户的满意度和忠诚度是前提。关于如何提高客户满意度和忠诚度的论述将在第二节详细讨论。

2. 提升客户价值

企业只有实现了客户价值的增值，才能保证客户真正满意，才能提高客户的忠诚度。因此，只有那些能够针对具体客户群提供比竞争对手更令客户满意的商品、实现客户价值更大增值的企业，才能长期保持住客户。

3. 重视客户的个性化需求

随着竞争的不断加剧以及产品的极大丰富，客户对产品的选择范围不断扩大，选择的欲望不断加强，客户的需求呈现出个性化的特征。为了提高客户的满意度，企业就必须重视客户的个性化需求。

4. 客户关怀、客户感动

客户是企业的重要资产，客户关怀是 CRM 的中心，客户关怀的目的是与客户建立长期良好的伙伴关系，通过客户感动提高客户满意度与忠诚度。

小思考 客户关系管理与客户管理有何区别？

（三）客户关系管理的意义

随着市场竞争的愈演愈烈，传统的企业管理系统越来越难以胜任动态的客户渠道和关系的管理，Internet下的CRM系统给企业带来了经营管理方式上的重大变革，对企业的发展具有非常重要的意义。

1. 全面提高企业的运营效率

CRM系统通过整合企业的全部业务环节和资源体系，使企业的运营效率大大提高。一套完整的CRM系统在企业的资源配置体系中起承前启后的作用。向前，它可以向企业渠道的各方向伸展，既可以综合传统的电话中心、客户机构，又可以结合企业门户网站、网络销售、网上客户服务等电子商务内容，架构动态的企业前端；向后，它能逐步渗透至生产、设计、物流配送和人力资源等部门，整合ERP(Enterprise Resource Planning)、SCM(Supply Chain Management)等系统。资源体系的整合，实现了企业范围的信息共享，使得业务处理流程的自动化程度和员工的工作能力大大提高，使企业的运作能够更为顺畅，资源配置更为有效。

即问即答

ERP与CRM的区别与联系

ERP(企业资源计划)是企业内部的后台应用。ERP的核心理念在于提高企业内部资源的计划和控制能力，追求的是满足客户需求、及时交货、最大限度降低各种成本。它以提高内部运转效率为中心，其最终目标是“节流”。

CRM(客户关系管理)的理念是以客户关系的建立、发展和维持为主要目的，尤其以维持为主，讲究的是通过对客户的了解更好地服务于客户，从而使企业能够从良好的客户关系中获取最大的利益，其最终目标是“开源”。

CRM和ERP的理念在于关注对象上有区别，但又有很紧密的联系。通俗地说，CRM要尽量多地接单，ERP要尽量高效率地处理订单。它们的最终目的都是要使企业的利益最大化以及长久化。

2. 优化了企业的市场增值链

CRM的应用使原本“各自为战”的销售人员、市场推广人员、服务人员、售后维修人员等开始真正围绕市场需求协调合作，为满足客户需求这一中心要旨组成为强大的团队，而对于企业的财务、生产、采购和储运等部门，CRM也成为反映客户需求、市场分布及产品销售情况等信息的重要来源。

3. 保留老客户并吸引新客户

一方面，通过对客户信息资源的整合，帮助企业捕捉、跟踪、利用所有的客户信息，在全企业内部实现资源共享，从而使企业更好地管理销售、服务和客户资源，为客户提供快速、周到的优质服务；另一方面，客户可以选择自己喜欢的方式同企业进行交流，以方便地获取信息，得到更好的服务。客户的满意度得到提高，从而帮助企业保留更多的老客户，并更好地吸引新客户。

4. 不断拓展市场空间

通过新的业务模式(电话、网络)扩展销售和服务体系，扩大企业经营活动范围，及时把握新的市场机会，占领更多的市场份额。

CRM对客户有什么作用？

1. 节约购买成本

购买成本除了指某一产品或服务的价格外，还包括在购买的行为过程中所花费的成本，如时间成本、沟通成本及机会成本等。

2. 满足潜在需求

CRM的目标主体是客户。CRM可以尽可能收集更多的客户信息，并给企业提供相关建议：在什么时候，哪些客户有可能购买企业的哪些产品，用什么手段与这些客户进行联系。

3. 接受无微不至的服务

CRM系统通过良好的服务和技术支持来保证客户的满意度，维护客户对供应商的品牌忠诚。

因此，CRM在给企业带来竞争优势的同时，也使客户得到了更多的方便和益处。

（四）汽车企业实施客户关系管理的基本框架

1. 加强培训转变观念

汽车企业的最高决策层首先要有“以客户为中心”的理念，才能让员工在工作中贯彻实施。这就必须加强培训。首先，是高层的培训。聘请在客户关系管理方面的研究专家，与企业高层进行交流，使高层管理者能站在较高的高度来认识客户关系管理战略的必要性和重要性，使管理层接受一套完整的客户关系管理的知识体系。其次，是员工培训。员工应充分了解并掌握客户关系管理的理念，并明确客户关系管理战略为企业和个人带来的利益，使企业上下做到真正意义上的“以客户为中心”的经营观念的转变。

2. 通过组织机构的变革达到业务流程的快速响应

任何新的理念必然需要有新的组织机构来改变员工的工作方式，包括企业文化、组织结构和行为方式的转变，以保证员工、合作伙伴和供应商的协调工作，从而实现对客户的承诺。对组织机构变革的检验标准就是组织机构的变革之后能否达到业务流程的快速响应。其一，内部流程的变革，即以客户为中心，通过客户关系管理流程的整合，达到协调一致的要求；其二，外部流程的变革，即通过与客户、合作伙伴、销售渠道和销售商的工作流向的变革来适应营销模式的转换。如跨职能工作小组的设立，要求各部门之间能对跨部门的业务进行计划和交流，使信息收集、分析和使用能在企业内部达到跨部门的融合，从而达到信息的快速响应。但要实现信息的快速响应，必须借助于一定的信息处理技术。

3. 技术平台的构建实现对客户的管理

成功的企业通过数据和信息管理、面向客户的应用程序，以及对IT基础设施和体系结构的投资，实现客户关系管理的均衡发展。使用陈旧的系统和手工处理很难满足重要客户的期望，因此，让客户更方便、更快捷地得到个性化的服务就显得十分必要。这就要在技术基础设施上保持足够的投资力度，以保证客户关系管理涉及的呼叫中心、数据仓库、MIS和商业智能、EDI等系统建设的完善，以企业的信息化带动客户关系管理的实施。

4. 实施关系营销下的客户关系管理

由于汽车制造企业的客户可以分为经销商和最终用户两大类，因此要实施客户关系管理，就必须维持好与经销商和最终用户即消费者的关系，加强与客户的互动。

“经销体制”成为汽车市场流通的主要模式，但挖掘潜在客户、培育忠诚用户等工作是由销售人员来完成的。这就凸显了人员推销在关系营销中的作用。目前国外汽车制造企业如丰田、通用汽车基本都有直销的经验，企业有自己的推销团队，但国内汽车制造企业的推销人员通常控制在经销商手中，因此，实施关系营销的客户关系管理战略最终体现在对经销商的关系管理上。在传统营销观念中，制造商与经销商的关系是交易型。要对经销商实施关系管理，汽车制造商必须寻求与经销商的新型关系，以便落实“客户关系管理”的战略举措，即实施关系营销下的战略经营联盟，以保证经销商对汽车制造商的忠诚。研究表明：经销商只有在制造商表现出忠诚后，才会同样表现出对对方的忠诚。因此，汽车制造企业通过与经销商建立战略联盟，确保经销商对制造商的忠诚。

小案例　　一汽集团的客户关系管理

我国汽车行业中，一汽集团非常重视客户关系，关注客户满意度。1999 年一汽集团已经聘请专业咨询公司为一汽集团提供客户关系管理咨询项目。

2001 年一汽集团提出了构建面向 21 世纪新型客户关系的主张，把过去对用户的交易型营销改变为关系型营销，把满意用户培养成忠诚的用户。

一汽不仅提出了“客户第一”的基本理念，并把“以客户为中心”贯彻到所有的经营、销售与服务行业当中。一汽集团公司全体员工开展“四个 W”活动，即“我的用户是谁?”“我的用户需要什么?”“我为用户做什么?”“我还能为用户做什么?”4W 的核心就是一切围绕用户转。一汽的客户关系管理理念深入到每一位员工心里。

问题　一汽的“四个 W”给你什么启发?

第二节　提升客户满意度

一、客户满意度概述

（一）客户满意的概念

营销大师菲利普·科特勒对“满意”的定义是：满意是一种感觉状态的水平，它来源于对一件商品所设想的绩效或产出与人们的期望所进行的比较。即

$$满意=期望值(ES)-实际值(PS)$$

由此可见，客户满意只是一种感觉，一种心理体验。这种感觉来源于内心期望与现实体验的比较。从理论上说，会导致三种心理状态，即不满意、满意和愉悦。如图 9.5 所示。

（二）客户满意度

1. 客户满意度概念

客户满意度常用CS(Customer Satisfaction)表示，用来衡量客户满意的程度，是客户满意的量化，可以看做是可感知效果与期望值之间的差异函数。

客户满意度是一种逻辑上的理性概念，是一种管理理念。CS的雏形是20世纪80年代北欧斯堪的纳维亚航空公司提出的"服务与管理"理念。此后传到美国，发展为"对客户满意度"的调查。

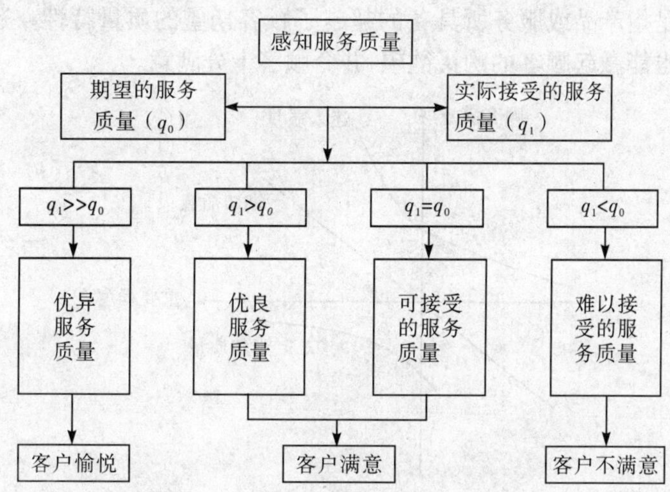

图9.5 客户感知服务质量与客户满意关系

2. 客户满意度模型

(1)"理想产品"模型。这种理论认为，客户满意程度取决于客户对其购买的产品或服务的预期与其使用这种产品或服务后的实际感受的吻合程度。

客户满意度＝实际产品－理想产品

理想产品是用户心目中的概念性产品，即客户通过自己以往的经验，根据自己对企业的了解和企业在公众中的形象，并结合自己的需求和对价格的期望，预期应当购买到的具有特定功能和质量的产品。

实际产品则是指用户在使用产品或享受服务的过程中，实际体会到的产品的功能、质量等特性。

① 实际产品＜理想产品：不满意；

② 实际产品＝理想产品：基本满意；

③ 实际产品＞理想产品：满意、欣喜。

> **小思考** 根据"理想产品"模型，说说影响客户满意度的因素是什么？如何提高客户的满意度？

(2) 卡诺(Kano)模型。卡诺模型如图9.6所示，他把产品和服务的质量分为三类：当然质量、期望质量和迷人质量。

① 当然质量是指产品和服务应当具备的质量。对这类质量特性，顾客通常不作表述，因顾客假定这是产品和服务所必须提供的。如果顾客认为这类质量特性的重要程度很高，企业在这类质量特性上的业绩也很好，但却不会显著增加顾客的满意度；相反，即使重要程度不高，如果企业在这类质量特性上的业绩不好，仍会导致顾客的严重不满。

② 期望质量是指顾客对产品或服务有具体要求的质量特性。这类质量特性上的重要程度与顾客的满意程度同步增长。顾客对产品或服务的这种质量特性和期望，以及企业在这种质量特性上的业绩都容易度量。因此，对这种质量特性的期望和满意程度的测评是竞争性分析的基础。

③ 迷人质量是指产品或服务所具备的超越了顾客期望的质量特性。这类质量特性即使重要程度不高，也能激起顾客的购买欲望，并令顾客十分满意。

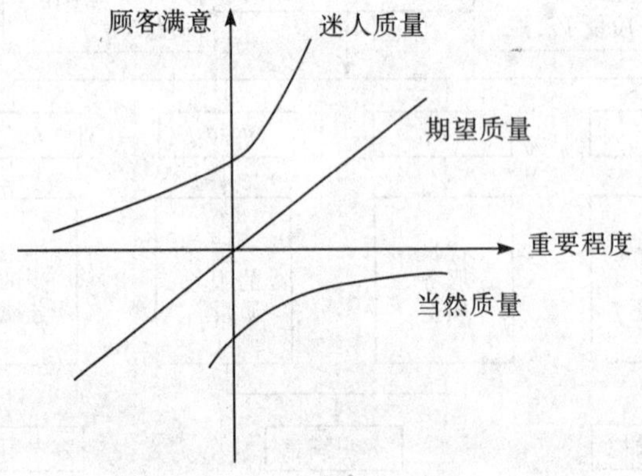

图 9.6　卡诺顾客满意模型

卡诺模型的缺点：不能在顾客满意度和企业的经营业绩之间建立直接的、可以量化的链接，也不能像顾客满意度指数测评模型那样能够建立起顾客满意度、顾客忠诚度以及各个潜在测评指标的指数体系。

但是卡诺模型可以很容易地得到定性的顾客满意度测评结果，而且卡诺模型也是顾客满意度指数测评方法的理论基石。

(3) 客户满意度指数(ASCI)模型。客户满意度指数的模型如图 9.7 所示。

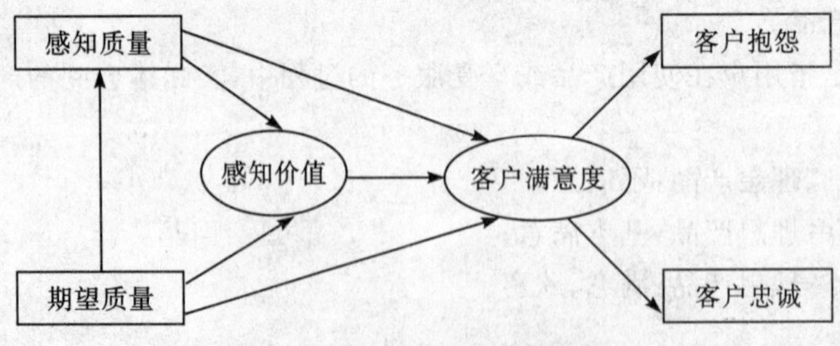

图 9.7　客户满意度指数模型

该模型适于客户满意度与其决定因素——感知质量、期望质量、感知价值及其结果因素(客户满意、客户忠诚、客户抱怨)这六种变量组成的一个整体逻辑结构。

ASCI 模型认为：客户满意的三个前提变量(期望质量、感知质量和感知价值)和三个结果变量(客户满意、客户抱怨和客户忠诚)之间存在着复杂的相关关系。这就要求企业要以整体的观点、系统地看待和处理这个问题，从根本上摒除过去那种只注意单一地提高产品品质量或是服务水平的做法，实施“双管齐下”战略。

小案例 **“100－1＝0”，“1＝326”**

在营销上有一个很著名的“100－1＝0”等式，它代表哪怕企业从前的客户满意度是100%，但是只要现在出现了1%的不满意，那么企业在客户心目中的形象、声誉就会完全损失。

美国的学者经过调查，还提出了一个“1＝326”的等式，即如果有一个客户向企业表达了不满，实际上意味着有26个客户会有同样的感受。其余的人可能并没有向企业说出来，但是他们会把自己的不满告诉他们的亲朋好友，而被告知的人又会将听来的话告诉自己所熟悉的人，这样循环下去最终将意味着至少有326个人受到这种不满情绪的影响。

调查显示：每位非常满意的顾客会将其满意的意向告诉至少12个人，其中约有10人在产生相同需求时会光顾该企业；相反，一位非常不满意的顾客会把不满告诉至少20个人，这些人在产生相同需求时几乎不会光顾被批评的企业。由此可见，客户对企业满意与否极其重要地影响着企业的形象；同时我们还可以看到，满意与不满意对企业的影响程度是不对称的。

问题 根据案例，说说提升客户满意度的重要性。

（三）汽车行业客户满意度指标

1981年，J. D. Power首次以CS为标准，发布了消费者对汽车行业满意度的排行榜，对全美企业界震动很大。汽车对消费者而言，因其产品本身牵涉到后续维护等长期持续性消费，一旦购买，短期内不容易立即换购或抛弃。按照J. D. Power等行业权威调查公司的研究结果，共有四个指标来分析客户满意度，即新车质量（Initial Quality Survey，IQS）、销售满意度（Sales Satisfaction Index，SSI）、售后服务满意度（Customer Satisfaction Index，CSI）及新车魅力度（APPEAL）。

1. 汽车品质评价指标 IQS

汽车品质越好，则其发生故障的概率越低。因此，IQS是根据汽车发生故障的概率来评价的，IQS值越小代表发生的故障数越低，品质越好。其计算公式为

IQS＝（车辆售出后三个月内总故障数÷当月销售总量）×100

2. 汽车销售服务满意度 SSI

SSI指客户对经销商汽车销售过程的满意度的评价。影响客户销售满意度的指标有六项，分别为：交车流程、销售人员、成交条件、交付时间、销售设施和书面文件等，如图9.8所示。SSI分数越高，表明对销售过程的满意度越高。SSI是根据新车用户（购买新车3～8个月内）的满意度调查得出的指数，调查一般采取问卷调查的方式进行。

小案例 **比亚迪的 IQS10**

汽车产业发展至今，品质日益成为考量产品的重要一环，更是自主车企提升品牌实力、追赶合资企业无法回避的关键。近期比亚迪发布品质建设成果——IQS10，标志着比亚迪车型品质达到或超过主流合资品牌水平。

IQS 是比亚迪内部品质评价体系及在此基础上建立的品质管理体系的简称，是一套以 IQS 新车质量调查为主，WDI、PDI 和 VDS 为辅，以降低产品故障和提升产品品质为目标的评价方法。经过两年多的努力，比亚迪 IQS 质量控制体系达到了 IQS10 的标准，即“100 辆新车在三个月内的平均故障小于 10 个，平均 1 辆车是 0.1 个”的品质水平。据悉在国内市场上主流合资车一般能达到 IQS10，而多数自主品牌则在 IQS20 以上的水平。比亚迪方面表示，将继续加强品质建设，“后期的新车会做到 IQS10 以下”。

为达到 IQS10，比亚迪已进行了持续两年多的品质提升和体系建设：通过不断升级工艺装备并与全球知名供应商如博世、PPG、博格华纳等合作，合力打造高品质产品；采用 IQS 标准化品质管理体系，从各个生产环节严格把关，将品质意识渗透至企业管理，带来了品质的切实提升。

（资料来源：百度百科 http://baike.baidu.com）

问题 说说 **IQS10** 的意义。

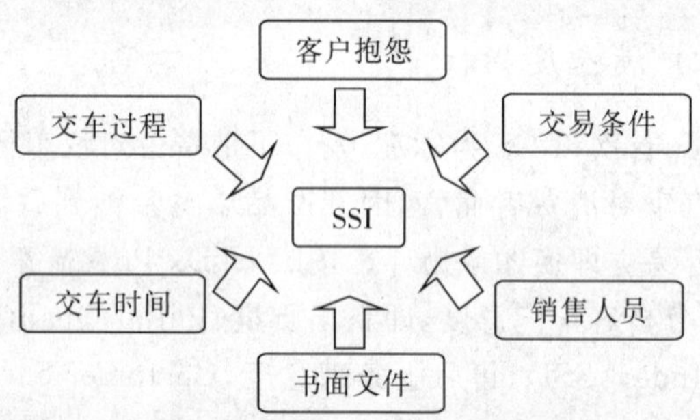

图 9.8 影响 SSI 的主要指标

小思考 上网下载某汽车的 SSI 客户满意度调查问卷，并分析调查问卷的内容。

3. 汽车售后服务满意度 CSI

CSI 是客户对经销商售后服务满意度的评价。它是评测车主在购车之后 12～24 个月内对授权经销商服务部门所提供保养和维修服务的满意度。汽车售后服务满意度主要有五项衡量因子，即服务质量、服务后交车、服务启动、服务顾问和经销商设施，如图 9.9 所示。CSI 指数的总分是 1000 分。CSI 分数越高，表明用户对授权经销商的保养和维修服务越满意。

小案例　　J. D. Power 亚太公司 2012 年中国汽车 CSI 指数研究

J. D. Power 亚太公司对 2012 年中国汽车 CSI 进行了调研，行业总体分数为 832，高于行业总体分值的汽车企业如图 9.10 所示。

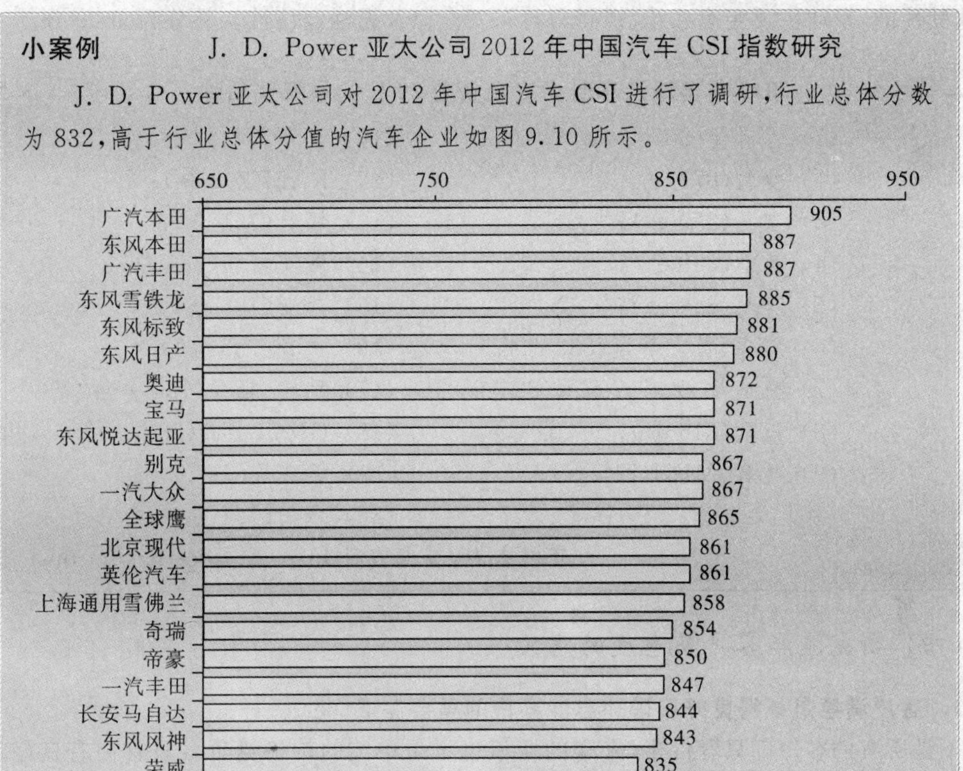

图 9.10　2012 年中国汽车 CSI 指数

（资料来源：百度百科 http://baike.baidu.com）

问题　对于以上 CSI 排行榜，你有何评价？

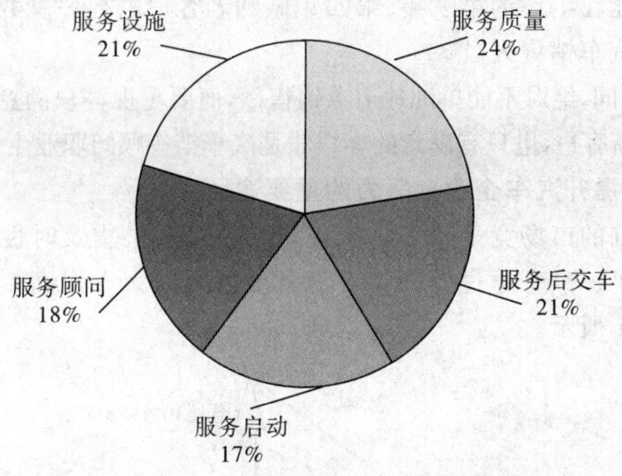

图 9.9　影响 CSI 指数的五大因子

4. 新车魅力度 APPEAL

APPEAL 是根据新车车主在购车 2～6 个月内对车辆性能和设计的满意度调查。此研究涉及的项目包括了车辆的十大项：车辆外观、配置、音响与娱乐、导航系统、座椅、空调系统、驾驶性能、发动机及变速系统、视野与行车安全以及燃油经济性。满分为 1000 分。

2012 年全球汽车魅力度排名前 20 位的是哪些品牌?

(1) 保时捷(887 分);
(2) 捷豹(877 分);
(3) 宝马(859 分);
(4) 奥迪(848 分);
(5) 奔驰(844 分);
(6) 路虎、雷克萨斯(833 分);
(7) 凯迪拉克、英菲尼迪(823 分);
(8) 讴歌(816 分);
(9) 林肯、MINI(815 分);
(10) 大众(812 分);
(11) 沃尔沃(807 分);
(12) RAM(792 分);
(13) 福特(791 分);
(14) 克莱斯勒(789 分);
(15) 起亚(786 分);
(16) 道奇(785 分);
(17) 别克、现代(784 分);
(18) GMC、丰田(780 分)
(19) 雪佛兰(777 分);
(20) 本田(771 分)。

(资料来源:百度百科 http://baike.baidu.com)

(四) 研究汽车客户满意度的意义

1. 客户满意是赢得良好口碑和忠诚客户的重要保证

不是所有的客户都只看价格,未来的竞争也不是单纯的价格竞争。只有拥有良好口碑的企业和拥有大量忠诚客户的企业,才更具有竞争优势。

2. 客户满意度是汽车销售顾问创造销售业绩的重要指标

在美国,衡量汽车销售顾问销售成绩的一个重要指标是回头客户的数量。回头客户包括老客户自己的重复购买和推荐介绍其他的新客户。

好的客户满意度可以带来"3R"——介绍、再购和再访。这正是汽车销售顾问创造绵延不断的商机的最重要指标。所以,销售人员在工作 3 年以后,要开始计算回头客户的数量。如果一个销售人员不能在工作的第三年、第四年做到老客户占客户总数的 50%,那么这个销售人员就不是成功的汽车销售人员。

优秀的汽车销售顾问,绝对不能单纯地追求销售额,而要重视客户满意度。只有客户的满意才能保留老客户、赢得新客户,也只有满意的客户才是汽车销售顾问职业生涯长久发展的基础。

3. 客户满意度是提升汽车企业竞争力的重要途径

现在汽车企业面临的市场竞争越来越大,在产品质量、供货及时性等方面,很多企业已经没有多少潜力可挖了。只有通过提高客户满意度才可以大大提高企业的利润,从而提高企业竞争力,如图 9.11 所示。

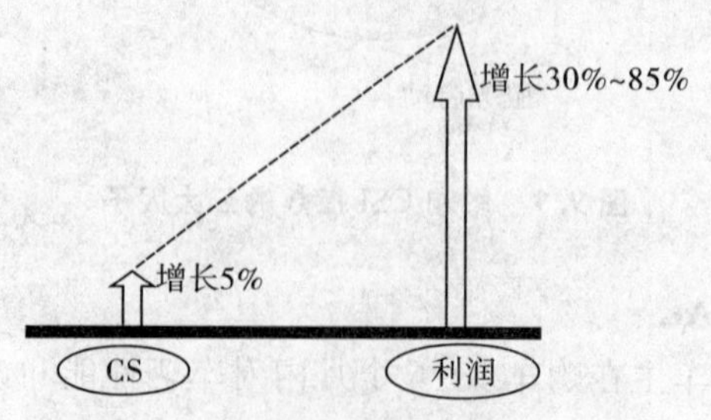

图 9.11 客户满意度对利润的影响

二、客户忠诚

（一）客户忠诚的概念

广义的客户忠诚指客户持续、重复购买某企业产品或服务的行为，包括以下几种类型。

1. 垄断忠诚

这种客户忠诚源于产品或服务的垄断。企业在行业中处于垄断的地位，客户不论满不满意，只能长期使用这个企业的产品或服务。如城市居民使用的自来水。

2. 亲缘忠诚

企业自身的雇员（包括雇员的亲属）会义无反顾地使用该企业的产品与服务。这些用户对该产品或服务并非感到满意，甚至还会产生抱怨。他们选择该产品或服务，仅仅是因为他们属于这个企业。比如，汽车公司的员工会只选择自己公司生产的车，一些电信公司的员工包括他们的亲属都只长期使用他们公司提供的电信网络等。

3. 利益忠诚（价格忠诚、激励忠诚）

这种客户忠诚来源于企业给予他们的额外利益，比如价格刺激、促销政策激励等。

4. 惰性忠诚（方便忠诚）

有一些客户出于方便的考虑或是因为惰性，会长期保持一种忠诚，这种情形在一些服务行业中较为常见。比如，很多人会长期而固定地选择某家超市进行购物，原因仅仅就是这家超市距离用户家很近。

5. 信赖忠诚

当客户对你的产品和服务感到满意，并逐渐建立起一种信赖感时，他们会逐渐形成一种忠诚。这种忠诚不同于前面的几种，它是高可靠度、高持久性的。客户关系管理研究的是这种信赖忠诚。

以上各类忠诚，其客户的依赖性和持久性是不同的，如图 9.12 所示。从图中可以看到，在各类忠诚之中，信赖忠诚的用户依赖性和持久性是最高的。我们通常讲的客户忠诚指的是信赖忠诚。因此，狭义的客户忠诚是指客户对某产品品牌或公司的信赖而重复购买的一种心理倾向。客户忠诚是客户满意的行为体现。

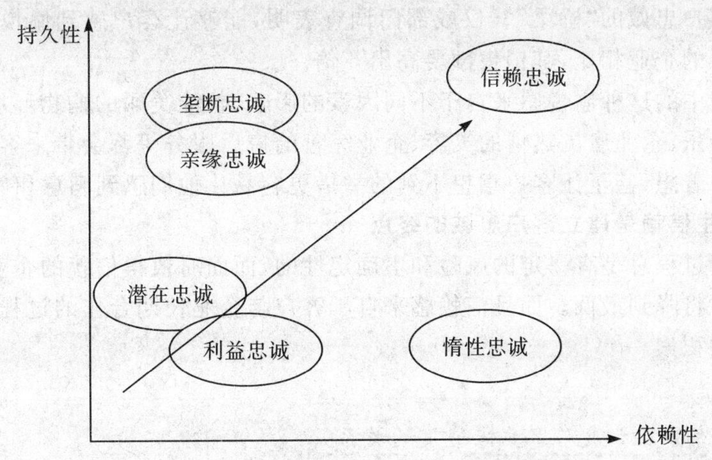

图 9.12　客户忠诚的持久性与依赖性

客户忠诚表现的特征有：

(1) 再次或大量购买企业的产品；

(2) 主动向亲朋好友和周围的人员推荐企业的产品；

(3) 几乎没有选择其他企业或其他品牌产品的念头，能抵制其他产品的促销诱惑；

(4) 发现该产品的某些缺陷，能以谅解的心情主动向企业反馈信息，求得解决，而且不影响再次购买。

高度忠诚的客户是企业最宝贵的财富。培养忠诚客户是企业追求的最终目标，也是实施 CRM 所追求的最高目标。

（二）客户忠诚建立的过程

客户忠诚的建立过程分为三个阶段：客户满意、客户愉悦和客户信赖，如图 9.13 所示。

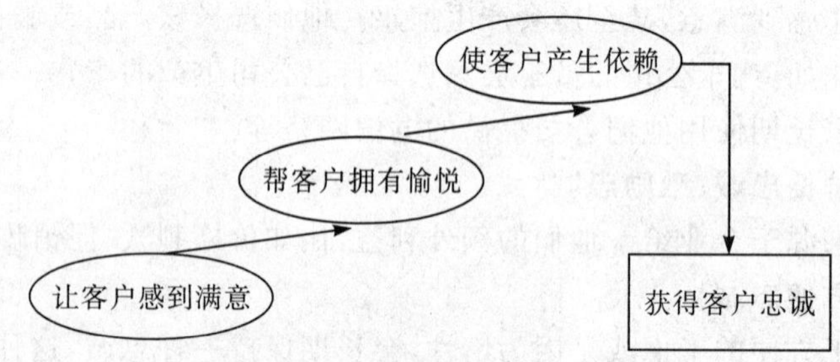

图 9.13 客户忠诚建立模型

1. 客户感到满意是建立客户忠诚的基础

客户是否感到满意对客户忠诚有非常重要的影响。很多情况下，客户的这种态度决定了他们是否还会继续选择该企业产品。

应当强调的是，客户的满意仅仅是形成客户忠诚的第一步。很多企业简单地认为，只要客户对我感到满意，我就可以锁定他们，但事实并非如此。事实上大多数企业都能满足客户的需求，只是在满足的程度上有所不同而已。满足客户的需求，让客户感到满意，已经不再是企业要追求的目标，而是成为企业必备的能力。

2. 客户拥有愉悦是建立客户忠诚的关键

帮助客户从他的消费过程中感到愉悦是建立客户忠诚的关键一步，或者说这是一个从客户满意到达客户忠诚的"桥梁"。权威部门调查表明，能够让客户感到愉悦的企业与仅仅让客户感到满意的企业相比，其销售额要高出 6 倍。

客户在消费中的这种愉悦感来自于不同因素的影响，整洁美丽的购物环境、飘荡在顾客耳畔优美的轻音乐、企业雇员热情的笑容、企业完善的售后服务等都会带来客户的愉悦。而那些切实为客户着想，甚至让客户意想不到的举措更容易让他们感到满意和愉悦。

3. 客户产生信赖是建立客户忠诚的终点

客户的消费过程总是有一定的风险和不确定性的，而面对值得信赖的企业，客户的这种风险和不确定性将降到最低。而且信赖感来自于客户与企业长期合作的过程中不断感到的满意和愉悦感的积累。

小思考 客户满意度与客户忠诚度的关系。

三、提升汽车客户满意度的措施

客户满意度管理越来越受到各大汽车企业和经销商的重视，提高客户满意度是增强汽车生产企业和经销商竞争实力的一种服务管理模式。

（一）提升客户满意度的关键是转换思想观念

在许多企业，我们见到这样的标语："客户第一""客户永远是对的""顾客是上帝""永远做得比客户预想得更好"等。这种服务理念，最早可追溯到20世纪90年代初在中国深圳首开的沃尔玛商场，它们在墙上醒目的地方贴出标语："1. 顾客永远是对的！2. 顾客如果有错误，请参看第一条。"沃尔玛的创始人山姆·沃顿如是说："事实上顾客能够解雇我们公司的每个人，他们只需要到其他的地方去花钱，就可以做到这一点。"这样的理念在当时对刚刚从计划经济走出的中国企业来说，不亚于一颗原子弹的效应。

因此，提升客户满意度的关键是转变思想观念。

1. 树立深得客户满意的八项服务理念

(1) 销售的目的是让客户满意，赚钱只是客户满意后自然发生的副产品；

(2) 提高服务品质绝不需要增加时间成本，正确的服务策略是要把时间的资源做最有效的运用；

(3) 员工愿意改变工作态度，把客户的满意当成工作守则；这既是个人责任，也是企业全体员工的责任；

(4) 客户要奶茶，你给他咖啡。这不但没有满足客户的需求，反而造成客户抱怨；

(5) 客户服务范围的界定，是提供最满意或超越客户期望的基础；

(6) 通常开发一位新客户，比维系一位老客户要花费5倍以上的时间和精力；

(7) 客户的满意指数与客户感受永远成正比，却与客户期望值永远成反比；

(8) 乔·吉拉德的"250定律"：得罪一位客户，你就有可能得罪了250个客户。这告诉我们：永远不要得罪每一位客户。

理解客户满意度服务品质的十大因素是什么？

(1) 可靠：第一次就将服务做好。

(2) 反应：提供服务的意愿与待命程度。

(3) 能力：拥有执行服务所需的技术与知识。

(4) 接近：接触客户的容易性。

(5) 礼貌：尊重、体贴、友善的业务人员。

(6) 沟通：以客户能了解的语言解说，并且倾听客户的说法。

(7) 信任：信赖、相信、诚实。

(8) 安全：没有危险、风险或怀疑。

(9) 了解：努力了解客户的需求。

(10) 有形：客户满意服务看得见。

2. 树立"主动创造客户满意"的观念

(1)"主动创造客户满意"的首要问题是要形成一种"经营客户满意"的意识。当我们提供产品和服务时,同时也经营着一种特殊的商品——客户满意。这种特殊商品的影响程度远远大于提供的产品与服务本身。

(2)“主动创造客户满意”的关键问题是将客户的需求和期望转化为客户看得见、摸得着的考核指标、服务规范和行为准则等。

(3)“主动创造客户满意”不能仅仅停留在思想意识的层面,它必须要依靠管理和流程上的制度来指导、控制、评价和跟进。

(4)“主动创造客户满意”需要通过“全体总动员”实现。汽车企业应将主动创造客户满意的意识转化为具体的方式和手段,并为员工所接受,在实施中,充分发挥全体员工的积极性、创造性和主观能动性。

(二)提升汽车客户满意度的措施

1. 从客户的角度出发

很多企业为了评估和提高客户满意度,确定了很多的评估标准,并从这些标准出发大做文章,但是效果却很不理想,不仅难以真正得到自身的客户满意度,也难以借此提高客户的满意度水平。这其中很重要的一点是,这些企业是从自身的角度出发来确定这些标准的,知名管理专家 David Freemantle 提醒我们:“要从客户的角度,找到真正使其满意的因素来确定评估标准,才能正确地评测出你的客户满意度。”也只有当真正评估出了自己的客户满意度所处的水平后,才能够有的放矢地提高客户的满意度。

从客户的角度出发,就是要求企业真正懂得客户在想什么,客户最需要的是什么。为了提高客户的满意度,重要的不是你能够为客户提供些什么,而是客户能够从你那里得到什么。记住,你需要的是客户的满意,而不是你的自我满足。要达到这一点就需要设身处地地为客户着想,从客户的角度看待问题。

2. 客户的期望值比产品质量更重要

企业要想提高客户的满意度就应当努力达到甚至超过客户的期望值。因此,提高客户满意度的关键是适度地控制降低客户对自己产品或服务的期望值。

企业在了解和控制客户的期望值时,应当注意以下几个问题。

(1)努力与客户达成共识。企业的资源总是有限的,并不需要也不可能去满足客户的每一个要求。这就要求企业能够努力与客户达成一种共识,如果客户期望与企业的实际情况有一定距离,就应当详细与客户讨论,以使这种期望是企业可接受的。在企业和客户相互满足和容忍的基础上才能更好地发展客户关系管理。

(2)只在承诺范围内满足客户的需求。为了控制客户的期望值,应尽可能准确地描述企业的产品或服务,明确自己的职责和工作范围,并不是用户所有的需要都要企业承担。这样做可以有效地避免自己所不必承担的一些责任。

(3)客户的很多期望在购买了产品后并没有实现。因此,在描述完产品或服务内容后,还得描述将会发生什么变化。而且,企业还要了解客户是怎样评估这种变化的,与自己的评估标准是否一致,以便于更好地进行控制。

(4)客户的期望是随着环境的变化而改变的。为了能够准确地把握客户的期望值,就要不断地跟踪客户,经常与客户进行交流。

(5)永远不要愚弄客户,也不要给客户开出“空头支票”。那些为了提高客户的期望值、赢得客户的满意而给客户空头承诺的企业,到头来只会害了自己。

小思考　“提高客户满意度的关键是不断提高产品质量和服务质量”，这句话对吗？

3. 预测客户的需求

客户的需求是变化的，要想赢得客户的满意就应当走在客户的前面，“想客户之所想，急客户之所急”。一成不变的产品和服务，即使质量再好也难以满足客户的需求。这就要求企业能够预测客户的需求，不断创新。当把客户刚刚想到的需求实现在他面前的时候，得到的不仅仅是客户的惊喜，更多的是客户的满意和信赖。

4. 从点滴小事上关心客户

不能忽略运营中的点滴小事。事实上，越是不易察觉的小事情越能够使客户感动，越容易引起客户的共鸣，也最容易提高自身的客户满意度。所以，企业要善于在小事情上做文章。

5. 给客户制造惊喜

真诚微笑，赞美与关心客户，记住客户的姓名及重要日子，经常与客户联系，给客户一点额外的小礼物，邀请客户参加公司活动或研讨会，适度补偿等。

6. 积极处理客户抱怨

对于客户的抱怨，必须积极处理。

7. 关注企业内部服务缺口，推动短板改进

客户的不满总是来源于企业行为，短板改进要把导致客户不满的企业行为找出来，分析原因，从而有针对性改进。补齐短板有利于提高客户满意度。

小思考　你知道“木桶理论”吗？如何理解流程改造的重点是“补齐短板”？

第三节　客户抱怨及投诉的处理

一、客户抱怨的处理

（一）客户抱怨的概念与成因

顾客对企业产品或服务等的不满和责难叫做顾客抱怨。其产生的原因是对产品或服务的不满意。抱怨的目的是为了挽回经济上的损失，或取得内心的平衡。

客户抱怨分为私人行为和公开行为。私人行为包括回避重新购买或再不购买该品牌，不再光顾该商店，说该品牌或该企业的坏话等；公开的行为包括向企业和政府有关机构投诉，要求赔偿。

（二）常见的汽车客户抱怨

常见的汽车客户抱怨来源如图 9.14 所示。

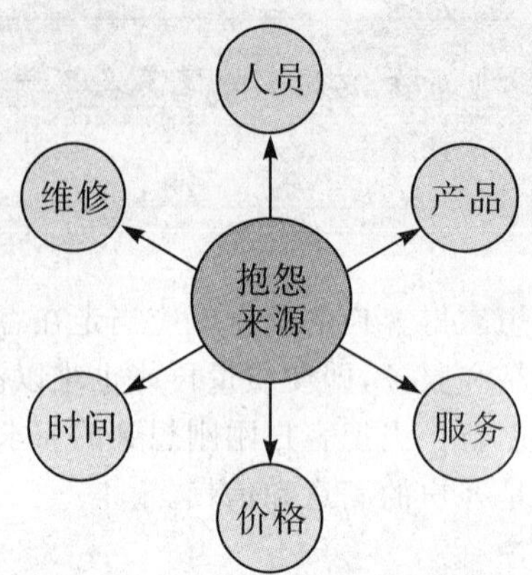

图 9.14　汽车客户抱怨的来源

1. 汽车销售服务人员服务态度导致的客户抱怨

(1) 服务态度:未受尊重;

(2) 服务标准:不公平的待遇;

(3) 服务诚恳:感觉被歧视;

(4) 服务诚实:感觉被欺骗。

2. 汽车产品本身的缺陷等导致的客户抱怨

(1) 零件不合规格;

(2) 拒绝质保期内的零部件供应服务;

(3) 油耗问题:油耗大或超出宣传的数字;

(4) 汽车动力等问题:启动提速慢、发动机噪音大、轮毂生锈等。

3. 服务品质导致的客户抱怨

(1) 汽车销售服务人员产品专业知识不熟;

(2) 汽车销售服务人员业务流程不熟。

4. 价格原因导致的抱怨

(1) 汽车价格调整,导致客户感觉吃亏;

(2) 配置、配件价格高;

(3) 工时费高;

(4) 报价流程不规范。

5. 时间原因导致的抱怨

(1) 延迟交车;

(2) 配件供应时间长;

(3) 缺料或待料等待时间太久。

6. 汽车维修保养原因导致的抱怨

(1) 重复性维修;

(2) 维修质量不合要求;

(3) 维修后的清洁整理不规范。

(三) 处理客户抱怨的技巧

处理客户抱怨分六步,如表 9.2 所示。

表 9.2　处理客户抱怨六步曲

步　骤	内　容	解　释
第一步	保持冷静	控制自己的情绪，不受顾客影响； 了解客户不是针对你的； 让顾客相信你可以代表企业
第二步	专心聆听	不要辩解； 不要推卸责任； 让客户发泄不满； 记录人、时、地、事、物
第三步	表示了解	将心比心理解客户感受，鼓励客户坦诚沟通； 关心对方的感受，令对方感受到自己的重要性
第四步	表示歉意	体谅客户的感受和不便； 代表公司向客户道歉
第五步	解决问题 让客户满意	提出恰当的解决方案； 征询客户的意见，寻求双方满意的解决之道； 安抚客户，请主管出面解决； 安抚客户，请有关部门出面解决
第六步	避免同样问题 再度发生	调查问题发生的原因，修正错误的程序； 将问题反映给主管或相关部门； 总结经验

处理客户抱怨的技巧可以简述为以下的"7531"。

1. 注意 7 个方面的事项

(1) 不要推诿；

(2) 不要回避；

(3) 不要拖延；

(4) 不要打断客户陈述；

(5) 不要找借口；

(6) 不要对客户不冷不热；

(7) 不要感情用事。

2. 做好 5 个方面的工作

(1) 热情接待，认真听取客户的倾诉；

(2) 无论对错，主动向客户表示歉意；

(3) 耐心接受，及时解决；

(4) 勇于承担错误与责任；

(5) 事后回访，增进沟通与了解。

3. 必须坚持的 3 个原则

(1) 掌握政策，正确判断抱怨的性质；

(2) 以理服人、礼貌待客；

(3) 调查分析、实事求是。

4. 掌握好1个尺度

前事不忘后事之师。

二、客户投诉的处理

（一）客户投诉概述

1. 客户投诉的概念

客户投诉是由于客户对产品或服务的不满意而表现出的抱怨和“想讨个说法”的行为。它最基本的特点是客户对企业产品或服务的不满意。这种不满意有可能是产品或服务的确存在不足，也有可能是客户的期望值太高而导致不满意。

严格地说，没有哪个企业希望看到客户投诉。但是如果客户投诉处理不好，企业将流失客户，造成损失；但如果处理得当，则会留住客户甚至会吸引很多新客户。

客户投诉具有什么价值？

客户投诉具有的价值，主要表现在：

（1）客户投诉对企业来说是非常有价值且免费的信息来源；

（2）客户投诉可使企业及时发现并修正产品或服务中的失误，开创新的商机；

（3）客户投诉可使企业获得再次赢得客户的机会；据统计，那些对投诉结果感到完全满意的客户有再次购买相同种类产品意图的占69%～80%，而投诉没有得到很圆满解决的投诉者中只有17%～32%；

（4）客户投诉可以帮助企业建立和巩固良好的企业形象。

2. 客户投诉的类型

（1）按投诉的严重程度，分为一般投诉和严重投诉。

（2）按投诉的原因，分为产品质量投诉、服务投诉、价格投诉和诚信投诉。

（3）按投诉的行为，分为消极抱怨型投诉、负面宣传型投诉、愤怒发泄型投诉和极端激进型投诉。

（4）按投诉的目的，分为建议性投诉、批评性投诉和控告性投诉。

小思考 “50%的客户遇到问题从不投诉”，如何理解这句话？

（二）汽车客户投诉概述

1. 汽车客户投诉的主要类型

（1）销售类投诉。汽车销售类投诉是指因销售人员未履行承诺、夸大产品性能、夸大保修索赔内容、交车日期延误、价格调整、销售服务态度不佳等造成的客户投诉。应对此类投诉的最好办法是严格执行销售流程的工作标准。

（2）配件类投诉。配件类投诉是指因汽车配件的供应、价格、质量等原因造成的客户投诉。

① 配件供应:在维修过程中,未能及时供应车辆所需配件;

② 配件价格:客户认为配件价格过高或收费不合理;

③ 配件质量:由于配件的质量、耐久性等问题。

(3) 售后服务类投诉。售后服务类投诉是指因服务质量、售后索赔、产品质量及维修技术等原因造成的客户投诉。

① 服务质量:售后服务人员在服务客户时,未能达到客户的期望值,如服务态度不好;

② 售后索赔:未明确车辆维修索赔条件等;

③ 产品质量:由于设计、制造或装配不良所产生的质量缺陷;

④ 维修技术:因维修技术欠佳,发生不能一次修好、需要多次重修的现象。常用"一次修复率(FFV)"来表示维修技术。

对于汽车生产企业的经销商来说,一次修复率是指经销商在一段时间内,客户车辆首次进厂即得到满意的维修服务的车辆数 a 与进厂维修总量 b 的百分比。公式为:

$$一次修复率\ FFV=a/b\times 100\%$$

$$返修率\ FNV=1-FFV$$

返修率高或一次修复率低是客户投诉的重要因素。

一次修复率低的原因有哪些?

据统计,目前汽车经销店一次修复率低的原因有:

(1) 没有具体描述或了解客户报修的内容;

(2) 没有将报修内容完整或正确传递给相关部门或人员;

(3) 没有使用维修资料;

(4) 没有使用技术问题解决方案;

(5) 没有进行引导型故障查询;

(6) 没有正确诊断出故障原因;

(7) 没有及时订购原装零部件;

(8) 维修错误;

(9) 维修站装备不足;

(10) 保修内容不同。

2. 汽车客户投诉的主要方式

(1) 现场:客户当面向企业进行语言投诉。

(2) 电话:客户利用电话向企业投诉。

(3) 书面信函:客户以书面方式投诉。

(4) 网络:客户以电子邮件或其他网络方式向企业投诉。

(三) 汽车4S店客户投诉处理策略

1. 处理原则

处理客户抱怨的基本原则是"先处理心情,再处理事情"。具体方法如下:

(1) 对修理厂的过失,要详尽了解,向车主道歉。

(2) 让车主觉得自己是个重要的客户。

(3) 对车主的误会,应有礼貌地指出,让车主心服口服。

(4) 解释的时候不能委曲求全。

(5) 感谢客户让你知道他的意见。

2. 处理流程

(1) 任何人在接到客户意见后,第一时间向客户道歉并记录投诉内容,例如:时间、地点、人员、事情经过、其结果如何等问题,了解投诉事件的基本信息,并初步判断客户的投诉性质,在1小时内上报客户经理或客户服务中心,由客户经理或客户服务中心立即填写《客户信息反馈处理单》。

(2) 客户服务中心立即给该《客户信息反馈处理单》进行编号并简单记录基本信息:车牌号、填单人姓名、内容概要。

(3) 对于明显能确定责任的质量问题、服务态度、文明生产、工期延误的投诉,按以下流程处理:

① 客户经理在24小时内协同被反馈部门完成责任认定,并对责任人完成处理意见后,完成与客户的沟通(如有必要),并将《客户信息反馈处理单》转给管理部。24小时内没有联系上的客户,客户经理应在48小时完成上述工作;

② 管理部在接到《客户信息反馈处理单》后,在4小时内根据公司文件对处理意见进行复核,对认可的处理出具过失处理意见;对有异议的,召集客户经理和相关部门进行协商并签署协商意见。在4小时内,将处理结果上报主管总经理,同时将主管总经理的处理意见反馈给客户经理和相关部门执行;

③ 管理部在8小时内根据最终处理意见实施责任追究、进行过失沟通,完成最终的《客户信息反馈处理单》并于当日转给客户服务中心。

(4) 对于当时无法确定责任的质量问题、配件延时、客户不在场、客户没有时间的投诉,按以下流程处理:

① 客户经理通知客户在客户方便时直接找客户经理解决,报主管总经理认可后,按未了事宜进行处理;

② 如客户属于重大投诉,客户经理应请示主管总经理后上门拜访客户;

③ 未了事宜由客户经理和客户服务中心分别在各自的"未了事宜台账"上进行记录,并在维修接待计算机系统中明确标注;

④ 客户经理每月4日完成上个月未了事宜的客户沟通提醒,并及时掌握未了事宜的变化情况。

3. 具体处理方法

(1) 车主打电话或来店投诉时,用平静的声音告诉客户:"谢谢你给我们提出了宝贵的意见",切忌与车主发生争执。

(2) 仔细倾听客户的抱怨。

(3) 确实属于我们的问题,除向客户诚挚道歉以外,马上根据客户的时间安排返修,并承担相关的费用。

(4) 不属于我方造成的问题应该:

① 耐心向客户作出解释,解释时应该注意不要伤害车主的感情;

② 建议对车辆存在的问题进行免费检查,并在征得客户同意的前提下,进行检修;

③ 收费问题可以适当优惠或对工时费予以减免。

(5) 再次对客户的投诉表示感谢。

处理客户投诉技巧有哪些?

(1) 道谢。把客户投诉视为宝贵的信息。

(2) 道歉。为失误真诚道歉,但不能一开始就道歉,应该先致谢再道歉。

(3) 倾听。让车主倾诉自己的怨言。

(4) 换位思考。把自己置身于车主的处境来考虑问题。

(5) 及时处理。时间不能拖,否则问题会越变越严重。

(6) 额外服务。额外赠送、补偿,超越客户期望。

4. 投诉处理的禁忌

处理客户投诉的常见禁忌及对应正确方法,如表 9.3 所示。

表 9.3 投诉处理的禁忌与对应正确方法

禁　忌	正确处理方法
立即与客户讲道理	先听、后讲
急于得出结论	先解释,不要直接得出结论
一味地道歉	道歉不是办法,解决问题是关键
言行不一,缺乏诚意	说到做到
信息沟通不及时	及时沟通
随意答复客户	确认准确信息后,再回复客户
"这是常有的事"	不要让客户认为这是普遍性问题
"你要知道,一分价钱一分货"	无论什么客户,我们都应该提供统一优质的服务
"绝对不可能"	不要用如此武断的口气
"这个不是我们负责的,你问别的部门吧" "这个我们不清楚,你去问别人吧"	"为了您更好得到更准确的答复,我帮你联系×× ×来处理,好吗?"
"这是公司的规定"	"为了您的车辆的良好使用,公司制定了这样的规定"

小案例　　江淮同悦“生锈门”事件

2013年“3·15”晚会江淮同悦“生锈门”事件曝光。

江淮汽车对“3·15”晚会所报道的同悦锈蚀事件高度重视，并对同悦的用户深表歉意，3月18日晚，江淮汽车发布公告称因为同悦轿车锈蚀问题将对2011年前销售的同悦车进行召回。

同悦是江淮汽车公司2008年年底推出的第一款经济型轿车，截止到2011年12月31日，累计生产同悦轿车119271辆。当时因经验不足，由于车身模具涂装工艺孔设置不合理，致使车身侧围外板(门槛区域)处内腔表面涂装质量未达到工艺标准要求，导致部分车身侧围外板(门槛区域)处出现生锈。

江淮汽车证券部人士告诉记者：“这件事情现在已经是我们的头等大事，15号晚上就召开了紧急会议，一直开到第二天凌晨。我们董秘冯梁森从3月15日晚上一直忙到现在。今天一直都在接电话，下午也在继续开会讨论更详细的解决方案。质检总局国家召回中心已经接受了我们的召回申请，现在同悦轿车的相关维修及更换配件也在积极准备中。”

(资料来源：百度百科 http://baike.baidu.com)

问题　收集相关信息，评价江淮对客户投诉的处理。

第四节　汽车服务

一、汽车服务概述

(一) 汽车服务的重要意义

服务是一种理念，如果服务理念没有跟上，企业最终将难以获得消费者的信赖而失去市场。汽车售后服务的意义主要表现在以下几个方面：

1. 良好的售后服务有利于企业提高销售业绩

有人说，第一辆车是销售人员销售的，后面的车则是通过优质的服务销售的。这种说法不难理解，因为良好的服务是培养客户满意度和忠诚度的重要举措，只有满意、忠诚的客户才会重复购买和转介绍购买。汽车销售未来发展核心是“服务营销与管理”。

2. 服务本身为企业创造更高的价值和利润

图9.15是2011年中国和美国汽车经销商总体收入和利润分配。从图中可以看出：美国发达国家零部件/售后服务利润比例高达73%，而新车销售利润仅为5%。中国汽车经销商的零部件/售后服务利润也高于新车的销售，如果把汽车金融也归入服务，则服务利润为61%。

这不难看出服务为汽车企业创造了丰厚的价值和利润。随着中国汽车市场的成熟，服务创造的价值会更高。

3. 服务能有效创建企业服务品牌，提高企业核心竞争力

未来汽车企业的竞争最终将是服务的竞争！各大汽车公司创立了自己的“服务品牌”。如别克的“别克关怀”；华晨金杯的“随车‘保健医生’式服务”；广汽本田的“亲、速、确、安”服务；奇瑞的“快 · 乐体验”服务；北京现代的“真心伴全程”服务理念；东风日产的“五个安心”服务理念。

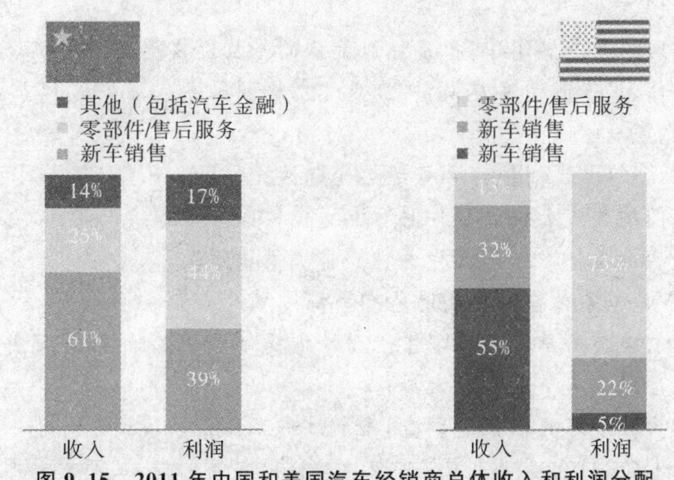

图 9.15　2011 年中国和美国汽车经销商总体收入和利润分配

小案例　　奇瑞“快 · 乐体验”服务理念

奇瑞汽车股份有限公司成立于 1997 年。2006 年 3 月 15 日，奇瑞“快 · 乐体验”服务品牌在京隆重颁布，标志着奇瑞服务正式从幕后走向台前。

奇瑞汽车的服务理念如下：

（1）“快”——奇瑞服务的高效率和高质量；

（2）“ · ”——奇瑞服务是脚踏实地从一点一滴做起，也是奇瑞带给用户满意服务的新起点；

（3）“乐”——奇瑞服务为用户带来的满意和开心；

（4）“体验”——用户的服务体验是检验奇瑞服务的最终标准，让用户在服务过程中真正体会到奇瑞带给用户的方便和快捷。

奇瑞“快 · 乐体验”服务品牌的全面起航，宣告了中国自主汽车品牌服务弱势的终结，而以“更便捷、更便宜、更满意”的三项服务承诺为主导因素的汽车服务竞争由此拉开帷幕。

1. 更便捷

（1）建设 500 家客户服务网络，实现网状覆盖服务需求；

（2）1 个总库、3 个中心库、15 个中转库，构成“1＋3＋15”式的全国备件库分布，将备件配送距离半径缩短至 500 千米范围内，使备件配送更便捷，有效缩短配送时间；

(3) “配件24小时工程”，对服务站短缺的、紧急需求的配件实行到门配送；

(4) 全国配发800台奇瑞服务专用车，为用户24小时待命；

(5) 提供代步车1000台，用于VIP车辆维修期间用户的代步服务；

(6) 400服务热线24小时全天值守，随时聆听来自用户的声音。

2. 更便宜

(1) 在同档次的汽车中，把备件以最低的平均价格提供给用户；

(2) 维修、保养时为用户提供30项免费检测服务。

3. 更满意

(1) CALL CENTER为400部热线电话提供服务保障，实施闭环管理；

(2) 专门的物流公司为备件及时配送提供保障；

(3) 完善的备件中心建设为备件需求提供保障；

(4) DMS服务过程实施实时监控系统；

(5) 设立在公司总部的培训中心为培训提供了有力保障，保证并不断提高全国奇瑞售后服务人员的专业素质；

(6) 大力开展客户满意度调查，不断改进工作；

(7) CSI、CRM体系不断提升，增加神秘用户的调查，从而提升服务水平。

(资料来源：百度百科 http://baike.baidu.com)

问题 收集奇瑞更多资料，分析奇瑞的“快·乐体验”服务理念。

小思考 上网搜搜你感兴趣汽车企业的服务理念。

(二) 汽车服务的概念与内容

1. 汽车服务的概念

著名营销学家菲利普·科特勒对服务这样定义：“服务是一种能够向另一方提供的以无形的和不导致任何所有权转移为基本特征的行为或表现。它的生产既可能与某种有形产品相关联，也可能与之毫无关系。”

汽车服务指由汽车生产及服务性企业(如汽车制造商、汽车销售商或汽车维修企业)向汽车用户提供的与汽车相关的各种活动、利益或满足感。

2. 汽车服务的内容

(1) 汽车技术咨询服务；

(2) 汽车融资与保险；

(3) 汽车零部件供应；

(4) 汽车售后调试、维修、维护、养护、改装、美容等服务；

(5) 汽车抢修、紧急援助和拖车服务；

(6) 二手车交易、回收服务；

(7) 代办税费、证件服务；

(8) 汽车租赁服务；

(9) 汽车广告服务；

(10) 其他如汽车旅游、汽车影院、汽车俱乐部等。

3. 汽车服务的经营模式

(1) 汽车销售与服务相分离的方式，即提供服务的制造商、经销商、维修商、配件商等各级服务商分别在自己的经营范围内提供相应的服务。如专门的汽车美容装饰公司、汽车修理厂、配件供应店、洗车场等。

(2) 汽车销售与服务一体化的方式，即以汽车特约销售服务站为主体，通过汽车专营将各类服务商与顾客的利益紧密连接在一起，形成一个有机的服务链。由于有汽车品牌的强大优势和汽车制造厂强有力的技术培训及配件供应的支持，汽车特约销售服务站在我国汽车售后服务业中处于主导地位，如汽车4S店。

服务工作的七大理念

(1) 诚信经营；

(2) 顾客满意第一；

(3) 以人为本；

(4) 全新的信息管理理念；

(5) 管理创新；

(6) 塑造品牌；

(7) 超越竞争。

二、汽车售后服务的基本流程

汽车服务包括售前、售中和售后服务三部分，其中售后服务最为关键。汽车售后服务有两项主要任务：一是服务好客户；二是服务好客户的车。一般在汽车4S店设有客户休息室(或客户活动中心)，客户在休息室内可以喝茶、聊天、上网、看书、看电视电影、打台球或休息等，休息室内有专门的工作人员为客户提供良好的服务。车辆的维护和修理由汽车维修技术人员专门解决，这是售后服务的重点。

售后服务按照时间阶段分为六个阶段，分别是接待前、接待中、接待后/维修中、维修后/交付前、结算/交车、服务跟踪。如图9.16示。

1. 接待前

接待前主要是准备工作。主要有两项准备：

(1) 工作准备。在开始接待工作之前，工作人员要对当日预约车辆情况、相关部门人员出勤情况、工作工具情况、环境设施情况进行逐一检查，如发现问题及时纠正。

(2) 服务准备。检查自己是否进入服务状态，主要从仪容仪表、微笑、状态三方面进行检查。工作人员应以标准的仪容、饱满的热情开展工作。

2. 接待中

接待按照先后顺序进行以下工作：欢迎客户、了解客户需求、车辆防护、预险问诊、环车检查、确定维修项目、打印维修委托书、五项确认、客户签字、安排客户休息。

3. 接待后/维修中

维修过程中,服务人员应该关注车辆维修进度和维修变化。

4. 维修后/交付前

在维修后,服务人员需要对车辆维修情况进行确认,并准备相关的单据、为交付车辆做好充分准备。

5. 结算/交车

这是服务流程重要的环节,前几个环节都是为交车服务作准备的。包括:通知客户取车、说明所做的工作和收费明细、取回维修委托书客户联、交车确认、陪同结算、取下4件套、送离和感谢。

6. 服务跟踪

交车结束、客户离店后,服务工作仍没有结束,还需要进行以下工作:对未检查出车辆故障的客户继续跟踪、对车辆大修客户进行联系、对维修过程中客户抱怨进行回访等。

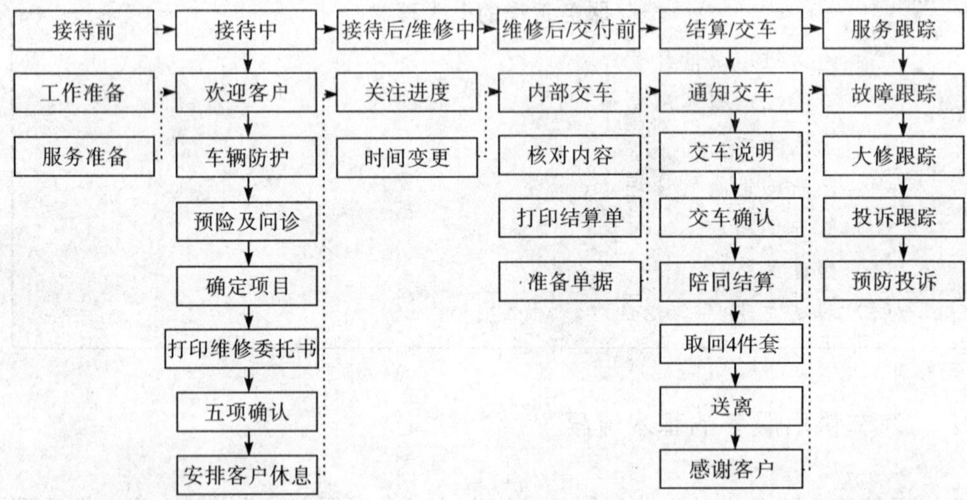

图 9.16 汽车售后服务的流程

小案例　　上海通用汽车售后服务体系

上海通用别具一格的售后服务和配件供应体系给人们留下了深刻印象。虽然说上海通用从诞生之日起就像一个优越的新生儿,得到了上海市政府的大力帮助,但是婴儿也要长大,也要经历外面风雨的考验。“好车,好服务”是公司总经理陈虹近来常挂在嘴边的一句话,这句话体现出了通用“以市场为导向,以用户为中心”的理念。

1. 售后服务——维护品牌的基础

上海通用的售后服务体系中有一点引人注目:每季度都委托第三方咨询公司对全国的售后服务中心进行用户满意度调查,每季公开,同时派专人团队分析用户服务中心的差距在哪里,是服务标准、人员培训、硬件设施,还是其他?这个团队会根据调查报告制定一个反应计划,整改或优化计划,然后辅导售后服务中心,以用户满意度调查为指针进行整改。

同时，上海通用推出“汽车健康服务中心”这一理念，以人性化的服务给车“人”一般的关怀，以反应快速、价格有竞争力、维修透明、关怀顾客得到了用户称赞。中心不仅停留在老概念上的为顾客修车、做保养，更多的是提供一种超值的服务。

在上海通用的每个特约售后服务中心都有着自己的绝活。例如，位于上海周家嘴的万兴服务中心为了更好地服务于用户，在达到上海通用服务标准的同时，自己也推出了多项更贴近于用户的服务。为了节约用户时间建立了快速通道，一般的维护保养要求半个小时搞定，同时不管车况再好也要进行多达10个项目的免费检查；对于工作繁忙的用户进行上门服务；帮助用户处理违章事故，在休息室中还将设立电脑吧、咖啡吧、游戏吧等免费设施，舒适的休息室让用户把企业当成温馨的家。

还有南京宏达服务中心的“保养提醒”“托管服务”和“违章曝光提醒服务”；合肥大昌服务中心的闭路电视让用户在休息区就可以看到自己车辆的保养过程，充分体现了上海通用人性化的优质服务。

2. 老大难的配件问题被简单搞定

说到售后服务就要提到各种配件，在上海通用存在着一个与众不同的配件体系，该体系是上海通用向用户提供售后服务很重要的一个后台支撑，上海通用把配件看成支撑服务系统的组成部分，而不是把它看成销售利润的来源，根据不同的产品设计不同的售后服务概念，配件库24小时运转，售后服务时间延长以方便上班族。该体系从整体上来说是一个封闭式的销售体系，并不为追求利润而向所有的流通领域开放，配件仅供特约售后服务中心进行销售，同时要求售后服务中心只向用户提供相应的配件。这样做的好处在于：① 流通层次减少使得价格最低，由采购部门到特约售后服务中心，再服务于用户，很简单的流通渠道保证了用户拿到最合理的价格；② 假冒伪劣的配件在中国市场实在太多，通过销售渠道的纯正性确保了配件的纯正，也维护了品牌的形象。

3. 上海通用售后为本

上海通用认为，售后服务是品牌形象的重要组成部分，也是产品性价比的有机组成部分，在越来越成熟的中国汽车市场，消费者会意识到售后服务所代表的使用成本、使用便利成本等指标将成为性价比中的重要参数。

将自身打造成一个服务性的企业，将服务置于同产品并重的位置，是汽车品牌和产品在市场中的竞争优势所在。上海通用把它作为对于品牌的长期投资，良好的售后服务将对销售有长期的促进作用，而良好销售所带来的保有量的增长也会有益于售后服务的扩展，这将引导企业进入良性循环。

（资料来源：陈文华，叶志斌. 汽车营销案例教程[M]. 北京：人民交通出版社，2004.）

问题 根据案例，说说汽车售后服务的重要性。

本章小结

基本概念	客户关系　客户价值　客户关系生命周期　客户满意　客户忠诚　客户关系管理　客户抱怨　客户投诉　汽车售后服务
基本内容	1. 客户指已经购买或未来将购买企业产品或服务的个人和组织。根据不同分类标准,客户可以分为现实客户、潜在客户、老客户、新客户、忠诚客户、满意客户、A类客户、B类客户、C类客户等。客户价值从企业角度理解是指客户为企业创造的收益,从客户角度是指企业为客户提供的满意度。 2. 客户关系指企业主动与客户建立的某种联系。企业希望与客户的关系是合作伙伴关系。客户关系存在生命周期,包括考察期、形成期、稳定期和退化期。 3. 客户关系管理是一种以客户为中心的经营策略,它以信息技术为手段,通过对相关业务流程的重新设计及相关工作流程的重新组合,以完善的客户服务和深入的客户分析来满足客户的个性化需求,提高客户满意度和忠诚度,从而保证客户终生价值和企业利润增长"双赢"策略的实现。 4. 客户满意是一种感觉,一种心理体验。这种感觉来源于内心期望与现实体验的比较。客户满意度是客户满意的程度。汽车有四个指标来分析客户满意度,即新车质量、销售满意度、售后服务满意度及新车魅力度。 5. 客户忠诚是指客户对某企业产品和服务的心理偏爱并进行持续性的购买行为,它是客户满意效果的直接体现。培养忠诚客户是企业追求的最终目标,也是实施CRM所追求的最高目标。 6. 提高汽车客户满意度的措施首先是转换思想观念,然后树立"主动创造客户满意"的观念。具体措施有从客户的角度出发;客户的期望值比产品质量更重要;预测客户的需求;从点滴小事上关心客户;给客户制造惊喜;积极处理客户抱怨;关注企业内部服务缺口,推动短板改进等。 7. 顾客对企业产品或服务等的不满和责难叫做顾客抱怨。其产生的原因是对产品或服务的不满意。抱怨的目的是为了挽回经济上的损失,或取得内心的平衡。 8. 客户投诉是由于客户对产品或服务的不满意而表现出的抱怨和"想讨个说法"的行为。汽车客户投诉有销售类投诉、配件类投诉、售后维修服务类投诉等。处理客户抱怨的基本原则是"先处理心情,再处理事情"。 9. 服务是一种理念。未来汽车企业的竞争最终将是服务的竞争!汽车售后服务有两项主要任务:一是服务好客户,二是服务好客户的车。售后服务按照时间阶段分为六个阶段,分别是接待前、接待中、接待后/维修中、维修后/交付前、结算/交车、服务跟踪。

知识巩固

（一）选择题

1. CRM是指（　　）。
   A 客户关系管理　B 企业资源计划　C 供应链管理　D 人力资源管理
2. 客户的忠诚度类型不包括（　　）。
   A 垄断忠诚　B 信赖忠诚　C 潜在忠诚　D 历史忠诚
3. 客户关系管理的核心思想是（　　）。
   A 以客户为中心　B 以需求为中心
   C 以满意为中心　D 以利润为中心
4. 客户投诉处理的基本原则是（　　）。
   A 先处理细节，再处理大事　B 先处理大事，再处理细节
   C 先处理心情，再处理事情　D 先处理事情，再处理心情
5. 客户关系管理的内涵有（　　）。
   A CRM理念　B CRM技术　C CRM管理　D CRM领导
   E CRM实施
6. 影响汽车客户满意度的要素有（　　）。
   A 新车质量　B 新车魅力度　C 新车价格　D 销售满意度
   E 售后服务满意度
7. 处理客户抱怨与投诉的技巧有（　　）。
   A 善于倾听　B 主动道歉　C 换位思考　D 及时处理
   E 额外服务
8. 下列属于汽车售后服务的内容的是（　　）。
   A 融资保险　B 保养维修　C 零部件供应　D 信息咨询
   E 汽车美容

（二）判断题

1. 培养忠诚客户是企业追求的最终目标，也是实施CRM所追求的最高目标。（　　）
2. 提高客户满意度的关键是不断提高产品质量和服务质量。（　　）
3. 没有哪个企业希望看到客户投诉，因为它无任何价值可言。（　　）
4. 汽车4S店的销售利润主要来源于新车的销售，服务利润基本可以忽略不计。（　　）
5. 汽车售后服务与客户交车结束、客户离店后，服务工作仍没有结束。（　　）
6. 客户关系管理简称为客户管理。（　　）
7. 客户价值指客户为企业创造的收益或利润。（　　）
8. 客户关系生命周期又叫客户生命周期。当客户生命终结，则客户生命周期就结束。（　　）

（三）简答题

1. 分析客户满意度和客户忠诚度的关系。

2. 简述汽车售后服务的流程。

3. 简述客户关系管理的核心思想。

案例分析

用CRM架起上海通用汽车与顾客间沟通的桥梁

上海通用汽车有限公司(以下简称"上海通用汽车")是由上海汽车工业(集团)总公司和(美国)通用汽车公司各出资50%建立的中美合资企业。公司成立于1997年6月,总投资15.21亿美元。上海通用汽车位于上海市浦东金桥出口加工区。上海通用汽车采用先进的精益生产体系和质量管理体系,并在生产和管理中大量采用计算机控制技术。拥有具有国际先进水平的国内第一条柔性化生产线,涵盖了冲压、车身拼装、油漆、总装等整车制造环节以及发动机、变速箱等动力总成制造过程。上海通用汽车现已形成轿车、旅行车、紧凑型轿车三大别克系列产品,并即将投产中级轿车以满足市场需求。这些产品技术先进,在安全性、动力性、舒适性和环保方面表现优越并在同行业中处于领先地位。上海通用汽车坚持"以客户为中心、以市场为导向"的经营理念,以高质量、多品种的产品和高效优质的服务,不断满足用户的需求。

一、项目背景

CRM是Customer Relationship Marketing的英文简称,中文全称为客户关系管理。其核心内容是通过与潜在客户和客户保持良好关系,将潜在购买意向转换为成功购买,将普通用户发展成具有品牌忠诚度的老用户,进而激发出老用户的再次购买潜力和口碑宣传潜力,创造出最大程度的客户价值。这是一种在国外已为许多企业所接受的、被证明是行之有效的新型营销方式。它为建立和保持企业与客户之间长期而良好的关系提供了解决方案。

上海通用汽车从1998年公司建立之初起就开始启动CRM项目,这在国内汽车行业也是最早的。上海通用汽车在实施CRM项目时,包括了方法(战略战术)、技术这两个层面的内容。在方法上,有效的CRM市场策略是通过CRM业务流程来实现的;在技术上,建立并推广国内领先的CRM系统,这使得CRM市场策略有了强大的系统和技术支持。由于上海通用汽车的CRM是方法和技术的有机结合体,又由于有专门的CRM小组负责CRM项目的实施工作,使得上海通用汽车的CRM具有相当的完整性,通过这几年的实施,取得了较好的实施效果。下面将对此作具体阐述和总结。

二、CRM项目的实施目标

(1) 上海通用汽车通过充分评估公司在这方面的需求和执行能力,在项目正式启动之前就制定了清晰的CRM项目实施目标;

(2) 通过"一对一"的沟通方式激发潜在客户的购买热情;

(3) 与客户间建立良好的关系,维系并拓展他们的忠诚度;

(4) 创立良好的口碑、优质的产品承诺和前所未有的拥有体验;

(5) 更好地理解客户的购买行为,在制定产品规划和市场推广策略时充分考虑他们的需求和期望；

(6) 用先进的CRM系统平台进行潜在客户和客户管理，支持销售和售后服务网络；

三、CRM项目具体实施内容

上海通用汽车CRM项目的具体实施包括了CRM实施方案的制定与运作、呼叫中心(Call Center)的建立与运作以及CRM系统平台的建设与应用。

1. CRM实施方案

上海通用汽车在制定CRM实施方案时是以顾客生命周期为着眼点的。顾客生命周期包括：产品认知—选择—购买—提货—拥有体验—再次购买，这是一个周而复始的循环过程。

以此为基础，上海通用汽车CRM实施方案按照潜在顾客开发(Lead Generation)、潜在顾客管理(Lead Management)、顾客忠诚度计划(Owner Retention)三个步骤(方面)具体实施。

2. 上海通用汽车的Call Center——CAC顾客支持中心

上海通用汽车是国内汽车行业中最早设立顾客支持中心(Customer Assistance Center，简称CAC)的。顾客支持中心面向车主、潜在车主、所有有兴趣的人士，即广大的消费者。

上海通用汽车的第一辆别克车在1999年4月12日下线，正式销售自1999年6月开始，而顾客支持中心这个机构却是自1998年12月7日就成立并开始运转。此机构设立的目的就是最大限度地获得顾客满意和热忱，成为顾客与上海通用汽车及零售商、维修站之间沟通的桥梁。

顾客支持中心从成立起，就建立了800-820-2020的免费电话。该电话向全国各地的顾客提供12小时的人工咨询服务和24小时的语音服务，手机用户可以使用021-50554580的电话接受相同的服务。此外，传真、信件也是顾客支持中心接受顾客咨询或问题反馈的主要途径。随着电子网络的发展，电子邮件逐渐成为别克用户尤其是赛欧用户联系上海通用汽车的又一方便快捷的方式。通过shanghaigm. com或sail. shanghaigm. com，用户可以提出问题，索要资料，提供建议，甚至订购车辆。

根据上海通用汽车的服务标准，对于顾客向顾客支持中心反映的问题，顾客支持中心必须在2小时内获得行动计划，紧急案例30分钟之内获得行动计划，7天内解决90%销售类投诉、80%售后服务类投诉。这便要求顾客支持中心的服务人员需要充分协调零售商、维修站、现场人员通力合作处理顾客问题，并跟踪整个处理过程的进程，以保证所有的相关部门能够及时提供支持，最高效地解决问题。

同时，顾客支持中心还会向上海通用汽车管理层及相关部门提供定期的用户信息反馈报告，及不定期的热点问题或紧急问题报告。通常，定期报告为每周一次，内容包括：客户咨询总量、分类、质量问题数量、种类、问题解决情况等。

3. CRM系统

完整的CRM方案，除了在方法(战略战术)层面的具体实施外，还应包括建立和推广一套先进的CRM系统。CRM在技术层面的应用是其在方法(战略战术)层面发挥作用的基础和保障，两者是并重的。

上海通用汽车实施CRM系统这一计划是1999年末正式提出的，经过近四个月的项目立项、供应商选择，最终于2000年4月与IBM签订项目协议，由IBM负责整个项目的实施，而软件供应商则是IBM的合作伙伴，北美的SIEBEL SYSTEM。2000年8月，CRM系统顺利通过生产环境测试。2000年9月,公司内部用户参加CRM培训,系统陆续在公司内部相关部门安装启用。2000年10月,公司内部相关部门全部启用CRM系统进行工作。到目前为止,包括CAC(顾客支持中心)、TAC(售后技术支持中心)、Marketing Management(市场管理)在内的相关部门都在使用该系统。

四、CRM项目实施的成果

CRM项目实施的最直接成果就是顾客满意度和顾客忠诚度的提升,而产品销量的提升和市场占有率的提高则是实施CRM的最终目标。从上海通用汽车这几年顾客满意度、顾客忠诚度和产品销量、市场占有率的不断提升来看,上海通用汽车CRM项目的实施效果良好。

1. 顾客满意度指数的不断提高

上海通用汽车从1998年6月别克系列产品上市伊始,就开始了顾客满意跟踪。其目的主要是通过衡量和跟踪顾客对销售和服务的满意程度,从顾客处了解其优势和不足,达到持续改进。

上海通用汽车特约售后服务中心总体满意度2001年为84%,2002年为86%,满意度始终保持在一定的高位上,并呈上扬趋势;

上海通用汽车授权销售服务中心总体满意度2001年为85%,2002年为87%,满意度始终保持在一定的高位上,并呈上扬趋势;

上海通用汽车顾客支持中心(CAC)总体满意度2001年为91%,2002年为94%,满意度始终保持在一定的高位上,并呈上扬趋势。

2. 顾客忠诚度指数居高

从全国主要经销商反馈的信息显示,上海通用汽车顾客忠诚度指数达到60%以上,这就意味着60%以上的顾客会介绍朋友购买别克,或当单位添置与别克同等价位的轿车时,大部分原有的别克轿车使用单位仍然会选择别克。这个比例在汽车行业是相当惊人的。

3. 上海通用汽车产品销量的提升和市场占有率的提高

上海通用汽车从1999年4月起开始别克的制造和销售,至2002年底,销售量已从19790辆上升至110763辆,销售增长了459%。

从市场占有率来看,上海通用汽车别克轿车的市场占有率从1999年的3.2%,提升到2002年的8.9%。

上海通用汽车的CRM项目经过几年的建设和完善,取得了良好的实施效果。这也引起了整个中国营销界的关注。2002年底,由全球著名的CRM资讯组织,包括"大中华客户关系管理研究所""大中华客户关系管理咨询合伙人"以及"大中华客户关系管理组织"共同发起了"2002中国最佳CRM实施"评选活动。根据CRM实施案例报告和17项量度标准,经过6个月层层筛选和评判,最终授予上海通用汽车CRM项目"2002中国最佳CRM实施"十佳的称号。这也从一个侧面说明了CRM项目取得了一定的效果并得到权威机构的肯定。

(资料来源:陈文华,叶志斌.汽车营销案例教程[M].北京:人民交通出版社,2004.)

问题:

1. 什么是CRM?其核心思想是什么?
2. 上海通用汽车为什么要实施CRM?
3. 你对上海通用汽车的CRM作何评价?
4. 收集中国汽车公司CRM运行情况,分析CRM实施的意义。

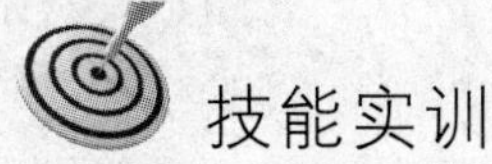

技能实训

汽车客户投诉处理

<table>
<tr><td rowspan="4">课程名称:汽车营销实务
情境:汽车售后服务部门</td><td>姓名:</td><td>总分:</td></tr>
<tr><td>班级:</td><td>实训日期:</td></tr>
<tr><td>学号:</td><td>实训地点:</td></tr>
<tr><td>组别:</td><td>实训课时:</td></tr>
<tr><td colspan="3">实训目的与要求:
通过模拟汽车客户投诉处理的流程,了解和熟悉汽车售后服务每一环节中会面临的基本问题和相应的解决方法,从而提高职业的认同感。</td></tr>
<tr><td colspan="3">实训内容:
借助汽车客户关系管理系统教学软件等学习资料的帮助,让学生分组扮演汽车客户投诉处理的相应角色。</td></tr>
<tr><td colspan="3">实训安排及操作步骤:
(1) 注意倾听客户投诉的具体内容(发生的时间、地点、经过、涉及人员等),要有技巧地将客户请到合适的地方交谈。
(2) 在听取客户投诉时,要保持头脑冷静,在没有查明事件原因及经过的情况下,不可随便代表公司承担责任,待弄清事情原委后,再作出判断。
(3) 将客户的投诉意见及时通知有关部门,并及时填写客户投诉记录表。若客户情绪激动,务必使问题得到及时妥善的解决。</td></tr>
<tr><td colspan="3">实训总结和体会:</td></tr>
</table>

第十章　汽车电子商务与网络营销

经典名言

直接营销最先进的渠道还是电子渠道。

——现代营销学之父　菲利普·科特勒

现代市场营销的竞争在很大程度上将是网络营销的竞争，谁适时地占领这块阵地，谁将赢得市场营销的主动权。

——佚名

学习目标

知识掌握：

1. 了解汽车电子商务的概念、组成、特点和功能；
2. 了解汽车电子商务的作用及优劣势；
3. 掌握汽车电子商务的几种模式；
4. 了解网络营销的概念、特点和研究内容；
5. 了解我国汽车网络营销的现状；
6. 掌握我国汽车行业网络营销形式；
7. 了解汽车网络营销实施机制和策略。

能力目标：

通过本章学习，希望学生了解未来汽车营销模式的创新——汽车电子商务和汽车网络营销。学生能够有意识地关注中国各大汽车网站，了解其最新电子商务和网络营销情况，并能够根据理论知识给予评价。

关键词

电子商务(E-Business)
网络营销(E-Marketing)

开篇案例　　美国网上购车渐成时尚

网上汽车市场正如火如荼地推动业界多项计划的进行，可望成为21世纪最耀眼的电子商务新星。网络购车市场变化之迅速，就连看法最乐观的产业研究机构也始料未及。

“要是消费者没有意愿使用网络的管道购物，这一切的一切都不可能发生。”Forrester研究机构分析师麦克唯表示：“正是因为消费者购物的兴趣浓厚，才会对业界造成这么深远的影响。”

以下为网上汽车市场的最新变化：

第一，Priceline宣布为旗下的汽车网站name-your-price在全国13个州增加新据点。目前这个汽车网站的服务能够扩及26个州，包括加州在内。

第二，Kleiner Perkins昨日最新投资的汽车网站——“绿光”(Greenlight. com)，是Kleiner Perkins和当地汽车经销商合作推出的成果。近来网上购车网站如雨后春笋般出现，“绿光”是其中的最新代表。

第三，通用汽车与福特汽车周一宣布分别和美国在网上与雅虎签署行销协议。

网上购车是电子商务中前景最为璀璨的市场之一。根据美国商务部最新的全年统计资料显示：1998年美国人花在汽车与汽车零件上的金额高达2892亿美元。Forrester研究机构估计：今年大约为4亿美元的网上购物市场，到了2004年将大幅增长至166亿美元左右，占整体汽车市场的4%。

根据J. D. Power&Associates的资料显示，去年大约有四成的新车买主曾上网浏览选车；估计本季这样的比例会跃升到大约五成五。不过消费者上网选购并不表示他们一定会在网络上买。

其实，网上汽车销售市场仍面临许多的重大难题。

“消费者仍然希望能够试车或是踢踢轮胎感觉一下。”通用汽车电子商务单位E-GM的通信业务主管指出：“当然，并不是每个人都是这样，不过仍然有些消费者会希望有实质的感受。”

此外，许多经销商担心网上购车会使他们在汽车贩售的过程中被淘汰掉，连原本就很低的毛利都赚不到。

不过，尽管有这么多的困难有待克服，仍抵挡不了汽车厂商投入这片市场的决心。

福特和通用汽车等厂商之所以投入网络，不但是为了促销自家的产品，也是为了效率的提升。互联网让它们能够直接接触到消费者，进而对应该生产哪款轿车或提供哪些服务都有了更清楚了解。

“以前的汽车厂商大多都将车子生产出来后，才推出给消费者选择。”福特汽车发言人佛克斯表示：“现在，我们能够依据消费者的喜好，来搭配车子里的配备。”

许多网络公司都纷纷投入网上汽车贩售的市场，所采用的策略各有不同。诸如Auto Bytel与Auto Web等第一代的网上购车网站，起初都只提供转介的服务，介绍消费者去找所属当地的经销商买车。不过这些网站的行销策略不断地在求新求变。

最近，像CarsDiect. com与CarOrder. com等网站都已经开始直接向消费者贩售汽车。不过，尽管消费者再也不用去各家经销商看车，但最终的贩售过程还是很复杂。这类网上售车的公司必须和汽车经销商交涉，并负责把汽车交货给买主。

CarOrder. com为了降低这方面的负担，计划买下经销权，建立自己的汽车库存。“绿光”则与经销商达成合作协议，方便消费者直接在网络上向经销商购买汽车。

（资料来源：百度百科 http://baike. baidu. com)

案例思考：

1. 什么是汽车电子商务？什么是汽车网络营销？

2. 分析网络购车渐成时尚的原因。

第一节　汽车电子商务

汽车产业作为支柱产业已开始跨入网络化时代，愈来愈多的汽车企业认识到国际互联网在推动汽车营销上的重要作用。据美国最大的汽车零售商统计，2012 年互联网上直接获得汽车销售订单总额超过了 150 亿元。汽车产品网络营销必将成为 21 世纪营销的主要形式之一，现代市场营销的竞争在很大程度上将是网络营销的竞争，谁适时地占领这块阵地，谁就将赢得市场营销的主动权。

一、电子商务概述

（一）电子商务的概念

通常将电子商务分为狭义和广义两种概念。

1. 狭义的电子商务（E-Commerce，简称"EC"）

狭义的电子商务仅指利用计算机网络技术进行的商业活动。即将传统交易在网络上以电子方式实现，比如消费者的网上购物、商户之间的网上交易等。

2. 广义的电子商务（E-Business）

广义的电子商务是指一种全新的商务模式，利用各种不同形式的互联网络进行的各类商业活动，以及对整个商务活动实现电子化。这些商务活动既包括企业外部的业务流程，如网络营销、电子支付等，也包括企业内部的业务流程，如企业资源计划、管理信息系统、客户关系管理、供应链管理、人力资源管理、网上市场调研及战略管理、财务管理等。

（二）电子商务基本组成要素

电子商务的基本组成要素包括网络、用户、认证中心、配送中心、网上银行、商家等。其系统结构示意图如图 10.1 所示。

1. 网络

网络包括 Internet、Intranet、Extranet 等。Internet 是电子商务的基础，是商务、业务信息传送的载体；Intranet 是企业内部商务活动的场所；Extranet 是企业与企业以及企业与个人进行商务活动的纽带。

2. 用户

电子商务的用户包括个人用户、商业用户和政府。个人用户，使用浏览器、电话等接入 Internet。商业用户（企业），通过建立企业内联网、外部网和企业管理信息系统，对人、财、物、供、销、存进行科学管理。

不同角度的电子商务定义

1. 政府部门的定义

欧洲议会对“电子商务”的定义是：“电子商务是通过电子的方式进行的商务活动，它通过电子方式处理和传递数据、包括文本、声音和图像。它涉及许多方面的活动，包括货物电子贸易和服务、在线数据传递、电子资金划拨、电子证券交易、电子货运单证、商业拍卖、合作设计和工程、在线资料、公共产品获得。它包括产品（如消费品、专门设备）和服务（如信息服务、金融和法律服务）、传统活动（如健身、体育）和新型活动（如虚拟购物、虚拟训练）。”

2. 权威学者的定义

美国学者瑞维卡拉科塔等编著的《电子商务的前沿》中提出：“广义地讲，电子商务是一种现代商业方法。这种方法通过改善产品和服务质量，提高服务传递速度，满足政府组织、厂商和消费者的低成本的需求。”

3. 世界电子商务会议关于电子商务的定义

国际商会在1997年举行了世界电子商务会议，关于电子商务最权威的概念阐述如下：“电子商务是指对整个贸易活动实现电子化。”

从涵盖范围方面定义为：“交易各方以电子交易方式而不是通过当面交换或直接面谈方式进行的任何形式的商业交易。”

从技术方面可以定义为：“电子商务是一种多技术的集合体，包括交换数据（如电子数据交换、电子邮件）、获得数据（共享数据库、电子公告牌）以及自动捕获数据（条形码）等。”

4. IT行业对电子商务的定义

IT行业是电子商务的直接设计者和设备的直接制造者。他们认为“电子商务是利用现有的计算机硬件设备、软件设备和网络基础设施，通过一定的协议连接起来的电子网络环境进行各种各样商务活动的方式。”

5. 上海市电子商务安全证书管理中心的定义

“电子商务是指采用数字化电子方式进行商务数据交换和开展商务业务活动。电子商务主要包括利用电子数据交换(BDI)、E-mail、电子资金转账(EFT)及Internet主要技术在个人之间、企业之间和国家之间进行无纸化的业务信息的交换。”

（资料来源：宋文官. 电子商务概论[M]. 2版. 北京：高等教育出版社，2011.）

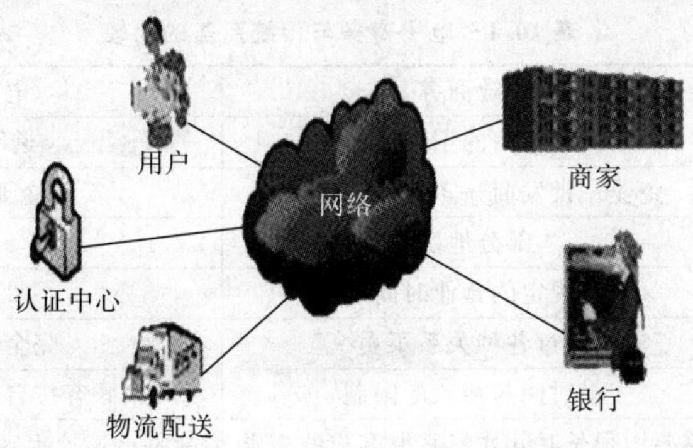

图10.1 电子商务基本组成示意图

电子商务主要的行业模式有哪些？

1. B2C(Business to Customer)

B2C也称商家对个人客户或商业机构对消费者。商业机构对消费者的电子商务基本等同于电子零售商业，Internet遍布各种类型的商业中心，提供各种商品和服务。

2. B2B(Business to Business)

B2B也称为商家对商家或商业机构对商业机构。商业机构对商业机构的电子商务是指商业机构(或企业、公司)使用Internet或各种商务网络向供应商提供货物和付款。这种模式的电子商务发展最快。

3. B2G(Business to Government)

B2G是企业对政府机构的电子商务，可以覆盖公司与政府组织间的许多商务活动，目前我国有些地方政府已经推行网上采购。

3. 认证中心(CA)

认证中心是受法律承认的权威机构，负责发放和管理数字证书，使网上交易的各方能互相确认身份。数字证书是参与网上交易活动的各方(如持卡人、商家、支付网关)身份的代表，每次交易时，都要通过数字证书对各方的身份进行验证。数字证书由权威公正的第三方机构即CA中心签发，它在证书申请被认证中心批准后，通过登记服务机构将证书发放给申请者。

4. 配送中心

配送中心是接受并处理末端用户的订货信息，根据用户订货要求进行拣选、加工、组配等作业，并进行送货的设施和机构。

5. 网上银行

网上银行又称网络银行、在线银行，是指银行利用Internet技术实现传统银行的业务，使客户足不出户就能够安全便捷地管理活期和定期存款、支票、信用卡及个人投资等。可以说，网上银行是在Internet上的虚拟银行柜台。

6. 商家

商家是网络营销的商务主体，是实施网络营销的企业。

(三) 电子商务的特点

电子商务与传统的商务活动方式的比较，如表10.1所示。

表10.1 电子商务与传统商务的比较

项 目	传统商务	电子商务
信息提供	根据销售商的不同而不同	透明、准确
流通渠道	企业—批发商—零售商—客户	企业—客户
交易对象	部分地区	全球
交易时间	规定的营业时间	24小时
销售方法	通过各种关系买卖	完全自由购买
客户方便度	受时间与地点的限制	顾客按自己的方式购物
对应客户	需要用很长时间才能掌握客户的需求	能够迅速捕捉客户的需求，及时应对
销售地点	需要销售空间	虚拟空间

电子商务的特点有以下几个方面：

1. 地域、时空优势

传统商务固定地点、固定时段销售；电子商务为在线销售，突破了时间、空间的局限，随时可下单。没有地域障碍，在更大程度上满足了各类消费者的需求，同时也真正实现了购物无国界。

2. 节约成本

传统商务都是在资金基础之上开展的，需要店面租金、装修费用、人员、硬件设施、仓库等各种资金来供应；而电子商务的开展不需要如此之多的实物及资金。

3. 减少中间环节

传统商务活动需要经过代理商、经销商等多种环节，不能快速直接面对客户；而电子商务则打破了长久以来的局面，使厂商可以直接面对消费者，减少很多中间环节，同时也减少了中间的交易费用，提升了利润空间。

4. 扩大销售渠道

与传统商务相比，电子商务的销售渠道大大增加。可进驻天猫、京东等平台，可通过第三方服务商的商城系统开设独立网店。

5. 管理方便

传统商务管理较为繁琐，财务、库存等信息数据难免会出错，费时费力；但现代电子商务的各类数据都可通过网络清晰呈现，管理、结算、查阅都方便、快速、清晰。

6. 密切沟通

传统商务中，用户对于产品的意见和看法一般只能反馈给最终零售商，而电子商务网络加速了企业与用户的有效沟通。

7. 增强企业竞争力

互联网时代是信息时代，电子商务更加符合现代人的消费需求，进军电子商务可以增强企业的时代竞争力。

小思考 “电子商务”与“传统商务”有什么不同？与同学交流你的看法。

（四）电子商务的功能

电子商务提供网上交易和管理全过程的服务，应用极其广泛。主要功能包括以下几个方面：

1. 广告宣传

电子商务凭借企业的 Web 服务器和客户的浏览，在 Internet 上发布和传播各类商业信息。客户可借助网上的检索工具（Search）迅速找到所需商品信息，而商家可利用网上主页（Home Page）和电子邮件（E-mail）在全球范围内作广告宣传。与传统广告传播相比，网上的广告传播快、信息量更加丰富，且成本低廉。

2. 咨询洽谈

电子商务可借助非实时的电子邮件（E-mail）、新闻组（News Group）和实时的讨论组（Chat）来了解市场和商品信息，洽谈交易事务。如有进一步的需求，还可用网上的白板会议（Whiteboard Conference）来及时交流图形信息。网上的咨询和洽谈能超越人们面对面洽谈的限制，提供多种方便的异地交谈形式。

3. 网上订购

电子商务可借助Web中的邮件交互传送实现网上的订购。网上订购通常都是在产品介绍的页面上提供十分友好的订购提示信息和订购交互格式框。当客户填完订购单后，通常系统会恢复确认信息单来保证订购信息的收悉。订购信息也可采取加密的方式使客户和商家的商业信息不会被泄露。

4. 网上支付

电子商务要成为一个完整的过程，网上支付是最重要的环节。客户和商家之间可采用信用卡账号实施支付。在网上直接采用电子支付手段可省略交易中的很多人员的开销。网上支付需要更为可靠的信息传输安全性控制以防止欺骗、窃听、冒用等非法行为。

5. 电子账户

网上的支付必须要有电子金融来支持，即银行或信用卡公司及保险公司等金融单位要为金融服务提供网上操作的服务。而电子账户的管理是其基本的组成部分。信用卡号或银行账号都是电子账户的一种标志。其可信度需配以必要技术措施来保证。如数字凭证、数字签名、加密等手段的应用提高了电子账户操作的安全性。

6. 服务传递

对于已付款的客户应将其订购的货物尽快传递到他们手中。而有些货物在本地、有些货物在异地，电子商务能在网络中进行物流的调配。最适合在网上直接传递的货物是信息产品，如软件、电子读物、信息服务等，它能直接从电子仓库中将货物发到用户端。

7. 意见征询

电子商务能十分方便地采用网页上的“选择”“填空”等格式文件来收集用户对销售服务的反馈意见。这样使企业的运营形成一个封闭的回路。客户的反馈意见不仅能提高售后服务水平，更使企业获得改进产品、发现市场的商业机会。

8. 交易管理

整个交易的管理将涉及人、财、物多个方面，企业和企业、企业和客户及企业内部等各方面的协调和管理。因此，交易管理是涉及商务活动全过程的管理。电子商务的发展，将会提供一个良好的交易管理的网络环境及多种多样的应用服务系统。这样，才能保障电子商务获得更广泛的应用。

二、汽车电子商务

汽车行业是我国国民经济的一个支柱产业，电子商务的发展将为汽车企业降低成本，减少库存，拓展销售渠道，提高服务质量。电子商务也终将覆盖产业链上的所有环节，包括采购、设计、生产、销售、售后服务、信息反馈等，涉及汽车零部件生产及经销企业、汽车整车生产及经销企业、汽车用品生产及经销商、汽车维修企业、汽车金融机构和众多的消费者。在国内，汽车行业也早已经认识到发展电子商务的重要性，汽车制造商、销售商都在不同程度地研究电子商务的应用，建立了众多汽车专业网站；企业也自建网站提供企业信息，实施网上市场调研，进行零部件的网上采购，开展网络化分销，进行供应链网上集成或网上直接销售，向客户提供订制化的产品和服务。

（一）汽车电子商务的作用

1. 开展汽车电子商务，可以增强企业的竞争实力

网民是汽车消费者中最大潜在客户群体。一方面在网上购物的人数在逐年增加，另一方面现在很多消费者已经习惯通过网上获取感兴趣的车辆信息，而且随着网上支付信用体制的逐渐健全，经销商也可以通过认证来获取货款。诸多消费环境和生产环境的改善，必将会推动汽车电子商务化。电子商务在汽车行业中的充分普及所引起的变革将成为当今汽车工业发展的一大趋势，汽车业将成为互联网的最大客户。汽车电子商务必将成为最大的电子商务之一。

2. 应用电子商务，可以使汽车企业更加贴近市场，缩短企业与客户的距离

客户关系管理(CRM)在提高企业经营管理水平、改善客户服务能力方面可以发挥不可替代的作用。在客户需求个性化、汽车市场竞争白热化的今天，客户关系管理水平已经上升为影响到企业市场地位和竞争实力的重要因素。

汽车行业的特有销售、服务体制使最终客户的信息分散于销售商、制造商、维修服务商各个层面，信息也不尽全面。通常汽车制造企业拥有比较丰富的客户购买的数据，但对所售出汽车的保养维修信息很缺乏。如果没有一个有效的机制进行采集和管理，要对广大的客户群体进行系统一致的服务，确切了解客户的需求信息便只能是一个空想。

电子商务给客户和企业提供了更多的选择消费与开拓市场的机会，使企业与供应商及客户建立起高效、快速的联系，从而提高了企业把握市场和消费者了解市场的能力。

3. 通过开展电子商务可以降低企业的常规营运费用

（1）减少电子商务节省邮寄和打印的费用；

（2）通过顾客自助式销售减少服务费用；

（3）通过协作降低了旅途和交流的费用；

（4）减少店面租金成本；

（5）减少商品库存压力；

（6）降低营销成本；

（7）经营规模不受场地限制；

（8）实现书写电子化，传递数据化。

4. 通过开展电子商务，可以有效提高企业信息化管理水平

实施企业资源计划(ERP)管理，可以大大提高企业内部信息资源共享利用率，从而提高决策效率和研发(R&D)能力，缩短产品开发周期，增强企业的凝聚力。

5. 通过开展电子商务活动，可以提高汽车供应链的管理水平，加快信息流和物流，改善供应关系，降低交易成本

电子商务在汽车供应链管理方面的实施，首先就要实现供应商与分销商、企业内各部门之间的信息沟通与共享，以便将客户的需求信息迅速地传递到制造商手中，使供应链上的各个环节都能对客户的需求变化作出迅速反应，从而最大限度满足客户需求。

传统商务运作模式中，供应链是“拉动式”运作，该方式以最终用户需求为驱动力，迅速交换数据，针对特定订单作出回应。

制造商通过顾客“拉动式”的供应链，即以客户为中心，可以使企业更及时、更全面地掌握顾客的需求，根据客户的订制进行生产，这样不但可以为顾客提供及时的个性化服务，从而大大提高顾客的满意度，还可以减少库存甚至实现零库存，降低库存成本。同时，零部件供应商可以通过网络了解到汽车制造商的零部件需求情况，及时准确地供货。

汽车业应用电子商务，供应链的各方可得到如下好处：

(1) 共享最终客户需求变化的信息；

(2) 快速收到产品设计变化和调整的信息；

(3) 可以有效地收到图纸及规范；

(4) 提升交易处理速度；

(5) 减少交易处理成本；

(6) 减少交易中的数据错误；

(7) 共享缺陷率和缺陷种类的信息。

6. 应用电子商务，开展汽车电子商务的配套服务，可以提高汽车销售服务水平

对于汽车业来说，整车销售只是启动了汽车消费链的第一个环节，围绕汽车售后的汽车维修、配件、汽车养护、汽车用品、汽车服务等需求的市场容量，在发达国家早已超过了整车销售的市场容量。在我国，这一市场还没有引起足够重视，但其蕴藏的市场潜力十分可观。

电子商务是开发这一潜在市场的有效手段，通过网络向汽车客户提供各种备品、备件，并为他们提供各种形式的服务，既可取得可观的经济效益，又可大大提高客户的满意度。

7. 应用电子商务，可以有效地实现全球化采购和经营

全球汽车业发生的巨大变化主要表现在汽车工业市场的全球化与制造的全球化，包括原有设备制造商(Original Equipment Manufacturer，OEM)技术转移、全球化的生产加工和材料采购。

(二) 汽车行业应用电子商务的优劣势分析

1. 优势分析

(1) 向客户提供全方位的产品和服务信息。在网上介绍产品、提供技术支持、查询订单处理信息，不仅可以大大减轻客户服务人员的工作量，让他们有更多的时间与客户进一步地接触，发展更多的新用户。目前已有越来越多的企业开始重视网络在向客户提供全方位产品和服务信息中的作用。

(2) 向客户提供网上订购服务。汽车企业可以利用网站建立起网络销售平台，鼓励客户直接在网上订购汽车配件、养护用品、工具、设备，依托整个连锁体系来开展对客户的直接销售和配送，并通过互联网延伸客户服务。通过网络销售，消费者可对车型、颜色、内饰等进行特别订货，最大限度地满足个性化消费的需要。

(3) 提高内部管理水平。汽车企业的内部管理极为复杂，业务运作牵涉到总部、分销中心、仓储配送中心、连锁店、加盟店、养护中心、维修厂、快修中心等众多机构和部门，企业内部实行的管理信息系统包括汽配的进销存管理系统、汽修业务管理系统、办公自动化系统等。内部电子商务的实施可以起到强化内部管理、规范经营管理模式等作用，促进组织体系各个组成部分实施规范化管理。在财务管理方面，电子商务可以实时动态地掌握企业各个环节的销售、库存等情况，分析优化资金流，减少呆账、坏账，缩短账期，增加整个经营体系的资金周转率。

(4) 为汽车零部件企业提供直接交易平台。由于生产经营汽车零部件的企业以中、小企业为主，对这些企业来说，实施电子商务的需要更为迫切。由于这些企业在规模、资金和管理方面的实力比较弱小，适应市场的能力较为低下，受地域和自身条件的限制，一般只能为很少数量的客户服务。而电子商务则可以帮助这些企业全面提升开拓市场的能力，因为因特网为他们提供了开发新市场、赢得新客户的有效手段，使他们直接参与到与大企业的竞争中去，拥有更为广阔的市场空间。网络使汽车零部件的流通减少了许多中间环节，提高了流通的效率，降低了流通的成本，使汽车零部件产业的发展进入一个全新的阶段。

2. 劣势分析

(1) 消费者的消费观念和能力不利于电子商务的应用。在我国这样的发展中国家中，消费者的消费观念还比较传统，消费能力有限。对于消费者而言，汽车还是高档商品，消费者也许会花上千元去尝试网上购物，但他们不会仅凭感性认识就作出购车决定，他们只是通过网络这个窗口，了解汽车行情、市场变化情况及时尚车型、款式及价格等等，最后还必须亲自到现场看车、验车、试车、讨价还价、办理相应购车手续。

(2) 网络交易的安全问题制约电子商务的发展。在我国目前商业信誉还较低的情况下，网络交易的安全无法得到切实保障。另外，还有网上交易的支付等问题，虽然支付系统在不断完善，银行卡、在线支付等已经在部分银行实现，但从技术和方便易用性上讲，它还存在许多弊端和漏洞，有待进一步完善。

由此，我国汽车电子商务的发展应兴利除弊，先致力发展 B2B 模式，只有在汽车企业自身产品技术逐渐成熟，网络技术与交易手段逐渐完善时，才可能真正实现基于价值链的电子商务模式。

(三) 汽车电子商务的模式

根据国际、国内领先的汽车企业的实践，目前汽车行业的电子商务应用主要表现在以下几个方面。

1. 网上车展

向客户提供汽车展示是实现销售的第一步。而在传统方式下，利用实物进行展示，一方面需要投入较多的人力、物力和场地，另一方面，展示的信息和辐射面都极为有限，而且需要客户到特定的展示地点才能看到展示效果。因此，实物展示已经越来越不适应汽车企业和消费者的需要。而网上车展在很大程度上克服了传统展示的不足，它是在网上模拟车展的形式，为汽车企业包括整车厂、零部件厂、汽车及其零部件经销商、代理商、汽车保险、汽配厂商等，提供了一个展示自己的企业形象、产品特色的信息渠道。网上车展因为其信息量大、展示形式多样、展示费用低廉以及可实现交互等许多优点，已为越来越多的企业和客户所认同。

网上车展既有单个企业组建网站进行，也有专业从事车展服务的网站实现。易车企业网(www.bitauto.com)已经向全国的汽车行业企业提供了专门的网上车展服务，为汽车经销商、汽配、汽保企业提供了信息交流的平台，方便企业发布和收集自己所需信息，大大加快了对市场的反应速度，而且使信息收集和处理的费用也大大降低，较好地解决了汽车企业成本高、市场反应慢的缺陷。

由于“网上车展”突破了时空的限制，既可以把一个企业众多的产品展示给客户，也可以把众多企业的产品集中在一起，形成一个网上车市，大大提高了汽车展示的效果，并为汽车交易带来极大的便利。

2. 网上零部件采购

汽车生产牵涉到数万件零部件，零部件采购一直是许多企业投入大量人力、物力的环节。在传统采购方式下，由于采购的对象数量有限，又受到地域限制，采购的效率和采购的成本都很难达到较为理想的水平。实施零部件的电子商务采购，能够大大缩短采购的周期，提高采购的准确性和效率，降低采购成本，扩大采购范围，减少无效库存，保证库存的合理性。因此，网上零部件采购已成为汽车行业电子商务的重要应用。

小案例 **易车网网络卖车**

易车网创办于2000年，秉承“让汽车生活更简单”的理念，现已成为国内最领先的汽车专业媒体集团。易车网以北京为中心，在全国40多个城市建立了分公司和办事处，为汽车企业和用户提供立足区域市场的本地化服务支持。易车网首页如图10.2所示。

易车网提供的主要服务有：看车、买车、用车。

易车网的价值观是冠军车队文化：专业、合作、创新。

图10.2 易车网首页

网站内容、服务可用性对比如图10.3所示。

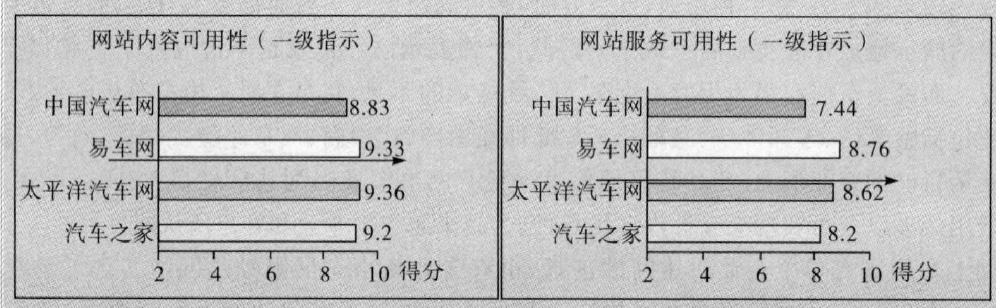

图10.3 汽车网站内容、服务可用性对比

（资料来源：百度文库——易车网互联网推广方案）

问题 易车网之所以受到业界和网民的推崇和喜爱，有哪些原因？

小思考 假如你是某汽车4S店的营销总监，如何策划某一品牌轿车“五一”网购汽车嘉年华活动？

小案例　　covisint 电子商务网站

2000 年 2 月 25 日，通用、福特、戴姆勒 克莱斯勒汽车公司联合宣布，终止各自的零部件网络采购计划，转向共同建立零部件采购的电子商务网站——www.covisint.com，如图 10.4 所示，并邀请丰田、日产、雷诺、三菱公司加盟，组成世界汽车第一网，将进一步奠定最新型的汽车网络基石，成为优秀的购物和供货平台。这一年采购额达 2500 亿美元的网上市场，将直接导致汽车生产成本的下降和零部件产业的快速发展。

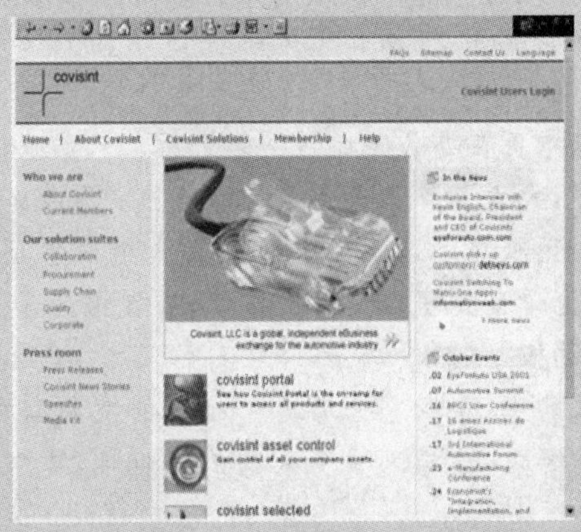

图 10.4　covisint 电子商务网站

目前，除 covisint 网站外，世界其他地区的汽车企业也开始筹建汽车零部件采购的电子商务市场，如日本汽车高速通信网 JNX，宝马、大众也有类似计划。

（资料来源：http://www.covisint.com）

问题　通用、福特等汽车公司为什么要建立零部件采购的电子商务网站?

3. 提供高水平的客户服务

对中国的汽车制造商来说，要真正实现网上售车还有不少障碍，但通过网络实现高水平的客户服务是十分容易做到的。高水平的客户服务可体现在以下几个方面：

(1) 向客户提供全方位的产品和服务信息。在网上介绍产品、提供技术支持、查询订单处理信息，可以大大提高客户的满意度。目前已有越来越多的企业开始重视网络在向客户提供全方位产品和服务信息中的作用。

(2) 向客户提供知识服务。经常访问汽车网站的客户可分成三类：第一类是已经有买车打算，希望通过网站了解最新的产品信息，以帮助自己作出正确的购车决策；第二类是已经买车，想了解有关汽车各方面的知识；第三类则是那些还没有购车，而且短时间内也不准备购车的访问者，但他们对汽车知识有浓厚的兴趣。因此，利用网站向客户提供专业化的知识服务对这三类客户都有重要意义。

对第一类访问者，可向他们提供选车购车相关常识、购车程序及材料手续等相关知识，通过专业、系统的知识服务吸引他们的注意力，尽可能让他们选购本公司的产品；对第二类访问者，可向他们提供汽车保险、出险后索赔理赔、养车修车、安全驾驶、质量纠纷、租车、救援、二手车交易等知识和信息，通过细致入微的服务，增进他们使用本企业产品的感情，提高他们的忠诚度，并通过他们开发更多的潜在客户；对第三类客户，尽管目前尚不具备购车实力，但他们是未来汽车消费的主力军，向他们提供丰富的汽车文化知识、与汽车相关的趣闻轶事以及汽车行业的最新发展动态，培养他们对本公司产品和品牌的认知度，对企业的发展具有重要的意义。

汽车零部件产品网上采购的意义有哪些？

1. 显著降低采购成本

(1) 采购企业可以通过网络进行全方位的选择。改变过去人工采购时供应商数量的局限性，可以在更大范围内进行比较选择，从中选择报价和服务最优的供应商。

(2) 采购过程基本可在办公室通过网络进行。采购商、供应商面对面的接触被信息传输所代替，大大节省了采购人员的差旅费开支。

(3) 采购过程的无纸化。这不但节省了大量纸面单证的运作、印刷、保存的成本，而且可以减少单证处理人员的工作量，节省相应开支。

2. 获得采购主动权

(1) 在电子化采购中，企业充分考虑了自身的实际需求，再通过网络动态地向供应商公布采购要求，这样可减少采购的盲目性，要求供应商按需提供采购物资。

(2) 采购价格是竞价的结果，采购商将自己所需的产品信息在网上公布出来，供应商之间展开价格与质量的竞争，胜者负责将质优价廉的采购物资交付给采购商。

(3) 采购商可以与供应商随时进行沟通，获得及时的售后服务。

3. 优化采购管理

电子化采购便于企业对采购业务进行集中管理，电子化采购中采购商可以在很大范围内选择供应商，尽可能找到质量和价格最为理想的合作伙伴。如对对方的供货信息有疑问，还可进行实地考察，防止质量事故的发生。对原来通过中间商采购的企业来说，可以直接通过网络与生产商联系，防止假货的骚扰。应该说，电子化采购不断普及，对保证产品质量、打击假冒伪劣能起到很好的促进作用。

4. 增加交易的透明度

(1) 电子化采购可提高供应商的透明度；

(2) 提高采购商品的透明度；

(3) 提高采购价格的透明度。

5. 加强供求双方的业务联系

电子化采购将大量买方和卖方聚集在一起，形成公平的市场交易价，供求双方必须在公平价格的基础上加强双方的业务联系，以保证双方共同的利益。

（资料来源：李富仓.汽车电子商务[M].北京：人民交通出版社，2010.）

(3) 向客户提供网上订购服务。通过网络，消费者可对车型、颜色、内饰等进行特别订货，最大限度地满足个性化消费的需要。尽管目前世界范围内能真正做到订单生产的企业还几乎没有，但这是大势所趋，也是汽车企业提高竞争力的必由之路。可以预见，在未来三五年，将会有越来越多的汽车生产企业朝这个方向努力，并会对汽车生产和销售的方式带来革命性的变革。

(4) 加快新产品的开发和生产。汽车行业的激烈竞争使得传统的、依靠降价策略维持生存已经变得越来越困难，新产品的开发的能力和速度直接影响企业的竞争地位。利用互联网丰富的信息渠道寻求技术支持，合作开发项目、解决技术难题，协同开发出适宜市场需求、灵活多变的产品，已成为众多企业提高新产品开发能力的重要思路。不少企业已经开始利用互联网，以公开招标的形式面向全世界选择合适的合作伙伴，并在网上进行远程合作开发，既可节约高额的通信费用和交通费用，又可显著缩短开发时间，从而大大提高对市场的反应能力。

(5) 提高物流配送的效率。物流配送在汽车行业中占有极其重要的地位。传统的物流配送由于缺乏信息流的支持，不但效率低下，而且物流成本极为可观，严重影响了汽车企业的经济效益。实施物流配送的电子商务解决方案，在分销中心与供货商之间、分销中心与连锁店、分销中心与客户之间、连锁店与客户之间、各分销中心之间、各连锁店之间构筑起畅通的物流配送网络化通道，可以全方位统筹配送任务，显著提高配送效率，大幅度降低配送成本，而且还可大大降低库存。因此，物流系统的电子商务化对汽车行业的发展具有十分重要的意义。

小案例 易趣网拍富康

网上拍卖汽车、拍古董、拍年夜饭……拍卖网站的“花样经”层出不穷。目前国内最大的个人电子商务网站易趣(www.eachnet.com)推出“个性化富康”拍卖活动，现代网民的个性追求成为本次拍卖的亮点和热点。

从12月25日上午10:00至12月31日14:00的7天内，一辆被全新包装过的富康个性化轿车将在该网翘首待拍。

富康是国内知名的汽车品牌，也是国内最适合改装的轿车。本次拍卖的轿车由北京神龙京津汽车销售公司重新改装，增添了不少个性化和时尚特点。原车型为富康RLC，采用红色作为主基调，在保证原车性能的基础上进行全车改色、包真皮、防盗器和添置音响等，使其价值从12万元提升到17万元左右。

该辆个性轿车起拍价为9万元，短短三天，就有数十人次出价，价格上升至12.3万元，由于网上拍卖涉及个人用户信用问题，而此项拍品价格较高，为防止出现胡乱抬价、事后反悔、恶意拍卖等违规行为，主办方特别采取提前“竞拍申请”的办法，先后吸引了1500多人报名，经审核350多位网友获得参与权。网站提前对用户进行身份确认，以保证拍卖活动正常、规范地进行。此举说明，网上购物尤其是交易额较高的电子商务的开展需要用户的信誉作保证，这个难题值得探讨和摸索。

本次活动由易趣网、中国汽车网和北京神龙京津汽车销售公司联合举办。改装后的轿车叫“红粉佳人”，同时举办的有奖调查活动，还能让车迷们轻点鼠标，赢得“车模”。

(资料来源：百度百科 http://baike.baidu.com)

问题 请评价“网上拍卖轿车”这一活动的商业价值。

我国汽车行业电子商务发展的主要思路是什么？

(1) 转变观念，勇于创新，赢得电子商务发展主动权；
(2) 制定有利于电子商务发展的行业政策和标准；
(3) 切实加快企业内部信息化建设步伐；
(4) 积极推进汽车零部件电子商务步伐；
(5) 构筑汽车行业电子化供应链。

第二节　汽车网络营销

一、网络营销概述

(一) 网络营销的概念

1. 网络营销的含义

网络营销(E-Marketing)是以现代营销理论为基础，以互联网为基本手段，实现企业总体营销目标的营销活动的总称。

小思考 国外对网络营销有许多定义，如 E-Marketing，Cyber-Marketing，Internet-Marketing，Online-Marketing，Web-Marketing 等。它们有什么不同？

2. 对网络营销概念的理解

(1) 营销网络不能脱离传统的市场营销而孤立存在。网络营销是企业整体营销战略的一个组成部分，它是建立在传统营销理论基础之上的，是传统营销理论在互联网环境中的应用与发展，其实质是利用互联网这一手段，最大限度地满足客户的需求，以实现企业总体营销目标。

(2) 网络营销是手段而不是目的。网络营销的根本目的是实现营销总体目标，它只是凭借网络媒介综合运用各种营销方法，如网络调研、网络公关、网络广告、网络渠道等。

(3) 网络营销不等于网上销售。网上销售只是网络营销的一部分。网络营销的目的不仅仅是网上销售，其目的表现在多个方面，有提升企业品牌价值、加强与客户的沟通、对外信息的发布、改善服务水平等。

(4) 网络营销不等于电子商务。网络营销与电子商务的共同点是借助互联网技术手段，但它们是两个不同的概念。网络营销强调的是“营销”活动，即传统营销的 STP、4P 等，即借助互联网手段开展营销活动，实现营销目标；而电子商务强调的是“商务”活动，如谈判、采购、结算、物流、营销等，它是利用电子化手段从事商务活动。可见，网络营销只是电子商务的一部分。

(5) 网络营销不是"虚拟营销"。网络营销不是独立于现实世界的"虚拟营销",它是传统营销的一种扩展,它与传统营销相辅相成、互相促进。所有的网络营销活动都是实实在在的。

小思考 如何理解网络营销的概念?与同学交流你的看法。

(二) 网络营销的特点

网络营销和传统营销之间不存在相互取代的关系。但是,网络营销顺应了数字化潮流的发展,对营销方式进行了创新,因而有其独特的特点。

1. 跨时空

互联网的特点,决定了网络营销是一个无国界的、开放的、全球性的营销方式。通过互联网,企业突破了营业场所、地域、距离、营业时间和国别的限制,减少了市场壁垒和市场扩展的障碍,可以每天 24 小时向客户提供全球性的营销服务。对于客户而言,也突破了时间和空间的限制,可以随时随地通过网络查询、浏览商品的信息,实现购买。

2. 交互式

市场营销最重要的是企业与客户之间的信息交流。传统营销受各种因素的制约,很难达到适时、快捷、有效的沟通。但网络营销改变了传统沟通模式,企业通过互联网向顾客发布丰富的、生动的、即时的产品信息和相关资料,和客户进行双向交互式的沟通;同时,客户可以通过网站、搜索引擎、E-mail、QQ 等更方便地了解产品,并提出自己的要求。

3. 超前性

网络营销更加符合现代人的消费习惯,具有很强的超前性。生活节奏越来越快的现代社会,人们特别是年轻人,一天也离不开网络,他们习惯在网络上了解资讯、在网络上购买商品。网络营销能更好地满足现代人的消费需求。

4. 高效性

网络营销的高效性主要表现在网络海量的数据存储能力、快速准确的数据处理和传输能力及信息的可测量性和交互能力方面。这使得企业能够及时了解客户的需求,更好地适应市场需求,及时更新产品或调整产品的价格。

5. 经济性

网络营销相对传统营销,在市场调查、信息发布、渠道、促销等方面成本较低;同时网络能大大提高工作效率,减少人员费用,为企业节省开支。所以网络营销产品的价格相对便宜。

(三) 网络营销的内容

1. 网络消费者行为分析

网络消费者是网络社会的一个特殊的群体,他们的购买心理、购买动机、购买方式、购买过程等与普通市场消费者有明显的区别。因此,开展网络营销,必须进行消费者心理与行为分析。

2. 网上市场调查

市场调研是营销的前提。通过网上市场调查，可以更好地把握消费者的需求差异和具体要求，为下一步细分市场、营销策略的制定提供了依据。

3. 确定网络营销战略

营销战略即企业是为谁服务的，企业以什么方式进入市场，以及企业的竞争优势是什么等，在实施网络营销之前，必须先确定网络营销战略。

4. 网络产品策略

网络产品策略也就是向网络客户提供什么产品与服务。在网上进行产品营销，需要结合网络特点，重新考虑产品的设计、开发、包装和品牌。

5. 网络价格策略

网络价格策略包括产品本身的定价和价格促销策略。一般网络价格策略采取低价策略、折扣价格策略及免费策略。

6. 网络渠道选择

互联网对企业营销活动影响最大的是营销渠道，特别是营销渠道的选择。网络渠道策略有直接渠道和短渠道策略。

7. 网络促销策略

网络促销同样包括人员推销、广告、营业推广和公共关系。网络促销相对传统促销，冲击力更强、效果更好。

小案例　　**福特网络广告**

福特汽车公司生产的F-150敞篷小型载货卡车20多年来一直是全美机动车销售冠军。在2003年末，福特公司采取了新的广告策略，整个策略中，巨额的网络广告投入在福特历史上是第一次。

此次广告用英语和西班牙语通过电视、广播、平面、户外广告及电子邮件进行了广泛宣传。标准单元网络广告（平面、长方形、摩天楼）在与汽车相关的主要网站上出现。网络广告活动侧重于主要门户网站的高到达率及访问率的页面，包括主页和邮件部分。

最终调查显示，6%的车辆销售可以直接归功于网络广告（不包括点选广告），网络广告的投资收益率是其他非网络媒体的两倍以上。汽车有关网页上的网络广告在提升购买欲方面是最有效的。与电视广告相比，网络广告在印象成本上有很大优势，对销售量的提升意义重大。

问题　请评价“网络广告”的效果。

8. 网络营销管理

网络管理包括网络信息的管理、产品质量的管理、消费者个人隐私的保护以及信息的安全问题等。

小思考　比较网络营销与市场营销内容，你会得出什么结论？

二、汽车网络营销

（一）我国汽车网络营销的现状

1. 网络营销的发展策略缺乏系统研究

目前国内汽车企业对网络营销模式还处于实践摸索和向国外同行企业学习的阶段，还没有形成一整套适合我国国情的汽车网络营销指导策略。一些汽车企业只习惯于沿用过去传统实体市场的营销策略，不熟悉与网络营销相适应的营销策略，不注意在经营过程中提高企业经营水平、培育企业顾客资源、革新企业技术、扩大企业竞争优势等，同国外汽车公司相比较还有较大的差距，因而网络营销的诸多优势在国内汽车营销中尚未体现出来。

2. 营销赖以生存的品牌基础有待继续夯实

品牌经营是市场营销的高级阶段，是网络营销的基础与灵魂。网络营销只有建立在知名度高、商业信誉好、服务体系完备的汽车品牌的基础上，才能产生巨大的号召力与吸引力，广大用户才能接受网上购车等新的交易方式，摈弃传统的实物现场购车等习惯。而我国的部分汽车品牌缺乏科学化、现代化、规范化的动作系统，品牌实力还有待提升。

3. 网络营销的具体业务还处在初级阶段

目前国内大部分汽车企业只是建立了一个网站，借助网络技术做网络广告、促销宣传、车型介绍、信息发布、价格查询以及收发电子邮件等简单业务，有的企业甚至只是将企业的厂名、简介、车型、研发成果、通信地址、电话等简单信息挂在网上而已。事实上，以上所述的几种网络业务根本不能等同于网络营销。企业只有通过大力探索各种具体的营销业务，如电子商务、网上调研、网上新产品开发、网上分销、网上服务等，才能充分利用网络资源，并不断向网络营销靠拢。

4. 网络营销人才缺乏

网络高科技是网络营销发展的推动力。与其他营销模式相比较，网络营销对 IT 技术的要求较高，如营销信息的采集、处理与分析，市场调研与管理决策等活动，都需要强有力的技术支持。而目前国内汽车企业网络营销的整体发展还处在初级阶段，缺乏大量的既懂网络技术又懂汽车营销的复合型人才，这需要有一个培养过程。

5. 物流网络不完善

由于网络营销具有信息流与物流相分离的特点，所以物流配送便成为保证网络营销的又一关键环节。目前物流配送的主要问题是缺乏社会化的物流配送支持，物流业的整体发展水平较低，物流企业规模小，技术及设备设施落后，管理经验不足等。因此许多企业要么不得不自建配送中心，形成配送中心无法实现物流的规模化经营，物流作业能力和利用率较低的局面；要么由于受到投资能力的限制，而不能建立地区配送中心，形成不能及时将商品车交付给客户的局面。

6. 消费群体尚未形成

网络营销的发展依赖于一个具有一定规模的网上消费群体，即必要的客户基础，而这个群体的壮大主要受到网络速度与上网费用两个因素的影响。据有关调查，有 86.1%的中国用户抱怨互联网速度太慢，服务质量较差，许多网站无法登录。另外，上网费用也较高，据权威部门计算，我国人均收入不到美国人均收入的 1/20，但获取相同的信息量国人要比美国人多付出12.88倍的上网费用。低水平的网络服务与高额的收费已经成为制约网络营销发展的瓶颈。

7. 政府的指导作用需要加强

网络营销具有全局性、综合性、整体性与复杂性等特点。而在我国，网络营销又表现为跨地区、跨部门、跨所有制经营，各方的利益及运作需要协调和规范，需要在政府的宏观管理和指导下，建立规范和科学的协调机制。

（二）我国汽车行业网络营销形式

1. 自身网络站点建设

这种网络营销形式是指汽车制造商通过建设自己的官方网站，以视频、声音、图片和文字的形式向网站的访问者介绍企业和企业的产品。如设立360度全景观车页面，包括车内全景、车体外观、中控台和排挡等，访问者可以通过点击相应页面上下左右的按钮和放大、缩小图标来观看汽车的各个部位。另外访问者还可以通过站点了解到车型的配置价格、产品亮点、品牌故事、新闻活动、特约经销商等，并可以在线预约试车，下载图片和视频，提出问题等。如上海通用旗下的别克品牌网站“别克城市”即具备以上所有的功能，网站页面绚丽大气而不失沉稳。与别克的“心静、思远、志在千里”的品牌形象极其吻合。

官方网站能否吸引大量用户流量是企业开展网络营销成功的关键。因此，企业在建设网站时要注意以下几点。

(1) 页面打开速度要快。速度决定一切，国外研究表明网民对主页打开的等待时间一般不超过8秒，时间太长访问者就会失去耐心而离开。

(2) 网站的动态性要强。网站里的信息量要大且要经常更新。

(3) 网站的交互性要好。只有注重与顾客的沟通才能留住顾客，一般来说网站应建立自己的意见反馈专区，包括论坛、邮件列表和及时通信软件工具等。

小案例 通用企业网站

通用在网站的设计上，充分利用了网站的分帧分层、既连续又间断的特点，将营销主题以渗透性的表现手法化解在各层各页上，具备十足的商业感召力。在首页设计上充分体现了“关系唯上，客户至尊”的营销主题，阐明了通用始终以顾客为中心的营销思想。

网站按公司和产品两大部分来组织内容，配以经销商的评价，或是公司管理层对企业方针的阐述。网站访问者不但可以查询到遍布世界的汽车经销商、零售商和各种型号汽车制造分厂的目录，还可以向访问者提供多渠道多选择的产品查询与购买方案规则，网上汽车导购成为站点不变的主题。同时，通用汽车公司希望自己新建立的B2B网站(GMBuyPower.com)，能在今年年底之前达到500亿美元的销售额。另外，通用汽车公司还计划通过和主要的互联网企业结成联盟，使网站的访问流量比去年增加10～15倍。

问题 为什么各大汽车企业要建设自己的企业网站?

2. 搜索引擎推广

搜索引擎自诞生以来就开始了迅猛的发展，现已大大改变了网民的学习、生活和工作的方式。在中国,“有问题,百度一下”已经成为众多网民的一种时尚生活方式。作为在未来最被看好的互联网媒体,搜索引擎同样在企业的网络营销中发挥着重要的作用。目前中国汽车企业多在新产品推出前后和某一产品进行大型促销活动时在百度、谷歌等搜索引擎上购买“汽车”“轿车”“购车”等热门关键词,以增加官方网站或促销信息网页的点击量,从而达到广告效果。

企业在进行搜索引擎推广时不要局限于购买关键词,在网站开通时进行免费搜索引擎注册,对官方网站的网页内容进行搜索引擎优化也是有效的方式。

3. 综合门户推广

综合门户网站是目前中国互联网上最大的广告媒体,综合门户网站的首页可以发布汽车产品的视频或图片广告,其汽车频道则为消费者提供最详尽的购车资讯和最便捷的购车通道。汽车频道一般包括新闻、车型、导购、用车、答疑和社区等栏目,消费者可以在其中查询某车型所有经销商的信息、车市最新的活动等,并可在网上提交购车意向,计算购车所花金额等。门户网站汽车频道网络社区的建设至关重要,网络社区不仅可以增加网站人气,积聚目标受众,使营销活动更加精准,还可以催生原创力量,丰富网络营销内容。

目前汽车企业还可和综合门户网站进行阶段合作,开展旨在宣传推广汽车产品的网络公关活动,将产品、公关、线下选秀、网上投票等结合在一起,制造新闻点,扩大传播影响。

小案例　　炫悦我心——东风雪铁龙 C2 完美驾车人

2006 年年底,由东风雪铁龙和新浪、猫扑、腾讯合作举办的“炫悦我心——东风雪铁龙 C2 完美驾车人”网络征选活动吸引了 400 万人参与网上投票,最大限度地扩大了活动的影响力和 C2 产品的认知度,最终取得了 C2 火爆的人气和良好的销售业绩,创造了汽车行业网络营销的高标准。

问题　你认为东风雪铁龙进行网络征选活动的目的是什么?

4. 专业汽车站点推广

垂直类专业汽车网站是提供购车资讯和购车服务的一种汽车网络营销平台,专注于网上汽车业务。它与汽车频道不同的是它的专业性,它专注于网上汽车业务。如定位为第一汽车购买顾问的网上车市网,即专注于网上汽车业务,开通网上订车功能不到一年,就实现了单月最高 6000 个订单的佳绩。

专业汽车站点的品牌专区往往对汽车企业具有品牌塑造和形象建设的职能,在专区内有时甚至可以找到汽车企业自身的官方网站上没有的信息资料。另外,一些省市级的专业汽车网站也成为当地汽车经销商发布促销信息和网友进行交流的平台。

5. 博客营销和播客营销

我国学者冯英健认为,博客营销是一种基于个人知识资源(包括思想、体验等表现形式)的网络信息传递形式。开展博客营销的基础问题是对某个领域知识的掌握、学习和有效利用,并通过对知识的传播达到营销信息传递的目的。

目前博客网络营销价值主要体现在八个方面:① 直接带来潜在用户;② 降低网站推广费用;③ 为用户通过搜索引擎获取信息提供了机会;④ 可以方便地增加企业网站的链接数量;⑤ 以更低的成本对读者行为进行研究;⑥ 博客是建立权威网站品牌效应的理想途径之一;⑦ 减小了被竞争者超越的潜在损失;⑧ 让营销人员从被动的媒体依赖转向自主发布信息。

虽然博客潜藏着巨大的商业价值,并且随着博客的迅速发展,也出现了各种盈利模式,如博客门户模式、博客服务托管收费模式和增值服务模式等,但毋庸讳言,博客至今没有形成商业化的情势。

播客营销就是把博客营销中用来传递信息的文字图片变成了视频和声音。全球最大的播客网站 Youtube 流量相继超过了《纽约时报》和 BBC。2006 年 10 月 10 日,Google 以 16.5 亿美元的天价收购 Youtube,正是看中了“播客”的无限发展前景。播客的魅力不仅体现在“草根”的飞跃,还体现在品牌体验的商业价值,通过顾客在与品牌的深度沟通中亲身体验品牌本身的核心价值。

6. 手机移动营销

手机上的无线互联网,将是下一个甚至比互联网还要大的网络,其中蕴含的商业价值无可限量。由于手机的贴身性、直接性和关注度都远较其他媒体要高,因此基于 WAP(移动手机网)的营销平台,拥有更为鲜明的用户族群、更高的活跃度的用户和提供更为精准的效果评测。目前业内已有大量通过 WAP 进行营销的成功案例,如联想笔记本电脑导购和 BENQ 数码产品推广等。2006 年雪铁龙在 C4 型汽车的平面广告中全面使用中国移动二维码,顾客通过手机拍照轻松上网,随时随地可以查询新上市的 C4 车型相关情况、查询最近的雪铁龙经销商,并可以参与抽奖活动。虽然活动没有达到预期效果,但不失为雪铁龙对 WAP 营销的一次有价值的尝试。

(三) 汽车网络营销机制

中国汽车营销在改革开放后历经 20 多年的发展,进入了以厂商为主导的 4S 店营销模式。然而 4S 店营销模式的经营成本高,难以建立反馈机制,售后服务满意度低等问题逐渐暴露。

而汽车与网络却有着天然的联系。这里有三个原因:第一是汽车商品本身的复杂性和高价值,让消费者在购买中非常谨慎,需要做大量的查阅工作;第二是网络媒体的特点,比如说主动阅读、表现方式多样、互动性和超大的信息存载量;第三是中国目前网络媒体受众的收入水平普遍较高,与汽车消费人群高度重叠。这种媒体和产品之间的高度联系,构成了汽车媒体的巨大优势。

汽车企业要引入网络营销模式,首先要清楚网络营销是通过何种机制达到何种目的的,然后企业再根据自己的特点及目标顾客的需求特性选择合理的网络营销模式。目前,我国汽车企业有效实施网络营销的作用机制有以下两种:

(1) 通过网络营销向顾客提供有用的信息,包括产品信息和促销信息等,同时利用互联网的交互性为顾客服务,解决顾客的疑问,增强与顾客的联系,建立顾客忠诚,永远留住顾客。满意而忠诚的顾客总是乐意购买公司的产品的,这样自然而然地提高了产品的销量。

(2) 将品牌形象的建设和管理作为网络营销的重点,增加品牌的知名度,建立良好的形象,以此来获得顾客的认同和忠诚,从而达到促进顾客购买的目的。

(四) 汽车网络营销的实施策略

网络营销以客户为出发点和企业与客户不断交互的特点,其营销决策过程如图 10.5 所示。

(1) 找准市场机会和营销目标;

(2) 设计客户体验功能,通过取得第一批客户,建设以他们为主导的信息和商业服务网络;

(3) 利用技术和数据库手段，分析第一批客户反馈的信息，确定主要营销战术，满足更多更重要客户需求；

(4) 设计论坛和社区，建立用户与用户的交流平台，设计商家与用户的交互功能，以培养用户的忠诚度；

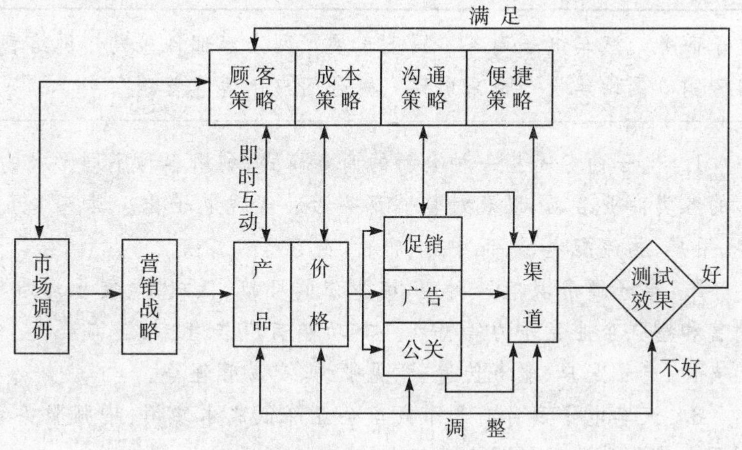

图 10.5 汽车网络营销决策过程

(5) 确定对外传播信息，根据已有用户的信息，研究各用户的需求，进行对外口碑宣传；

(6) 分析各传播工具的特点及信息需求，引导潜在用户产生兴趣和需求；

(7) 实施各种免费服务策略，发现客户潜在需求，诱导传播和消费。

小案例　　大众——新车网络推广销售

2006 年，大众汽车在网上发布最新两款甲壳虫系列——亮黄和水蓝，2000 辆新车均在网上销售。推广活动的广告语为“只有 2000，只有在线”。这是大众汽车第一次在自己的网站上销售产品，推广活动从 5 月 4 日延续到 6 月 30 日。

大众汽车 E-Business 经理 Tesa Aragones 介绍，网站采用 Flash 技术来推广两款车型，建立虚拟的网上试用驾车。网上试用驾车使得网站流量迅速上升，每月平均流量为 100 万人。

网上试用驾车同时完成了主要目标——得到更多的注册用户。用户能够在网上建立名为“我的大众”的个人网页，超过 9500 人建立了自己的网页。他们能够更多地了解自己需要的汽车性能，通过大众的销售系统检查汽车的库存情况，选择一个经销商，建立自己的买车计划，安排产品配送时间。推广活动产生了 2500 份在线订单，这次市场活动对于美国国内大众汽车经销商来说也是成功的。超过 90% 的经销商参与了活动。

对于像大众汽车这种跨国企业来说，选择网上途径进行新车销售不仅强化了网站的作用，使得用户更加习惯使用他们的电子商务平台，为以后的电子化销售做铺垫；而且大大节省了产品销售的中间成本。

(资料来源：百度百科 http://baike.baidu.com)

问题　你认为在中国完全实现网上购车需要什么条件？

本章小结

基本概念	电子商务　汽车电子商务　网上车展　网上零部件采购　网络营销　汽车网络营销　网站建设　搜索引擎　综合门户　博客营销
基本内容	1. 电子商务是指一种全新的商务模式,利用各种不同形式的互联网络进行的各类商业活动,以及对整个商务活动实现电子化。其基本组成要素有网络、用户、物流配送、认证中心、银行、商家等。 2. 电子商务具有跨时空、减少中间环节、低成本、便于沟通与管理、扩大销售和增强企业竞争力等特点。其功能有广告宣传、咨询洽谈、网上订购、网上支付、电子账户、服务传递、意见征询、交易管理等。 3. 汽车电子商务有利于汽车企业降低成本费用、增强服务管理水平,有利于全球化采购及增强企业竞争力。 4. 目前汽车行业应用电子商务主要在三方面:网上车展、网络零部件采购和提高客户服务水平。 5. 网络营销是以现代营销理论为基础,以互联网为基本手段,实现企业总体营销目标的营销活动的总称。网络营销不同于电子商务,也不同于网上销售,其具有跨时空、交互性、经济性、高效性、超前性等特点。 6. 目前我国网络营销还处在初级阶段,存在缺乏系统研究、网络营销人才缺乏、物流网络不完善、消费群体尚未形成等劣势。 7. 我国汽车行业网络营销形式有自设企业网站、搜索引擎推广、综合门户推广、专业汽车站点推广、博客营销和播客营销、手机移动营销等。 8. 网络营销以客户为出发点和企业与客户不断交互的特点,其营销决策内容与传统营销基本相似,决策过程强调客户需求和信息反馈。

知识巩固

(一) 选择题

1. “网络营销”最贴切的英文是(　　)。

A E-Marketing　　B Cyber-Marketing

C Internet-Marketing　　D Online-Marketing

2. 下面不属于汽车电子商务的特点的是(　　)。

A 增加成本费用　B 突破时空局限　C 减少中间环节　D 方便管理

3. 下面不属于汽车网络营销内容的是(　　)。

A 网络调研　　B 网络消费者行为分析

C 网络广告 D 网络财务管理

4. 汽车电子商务的模式有(　　)。

A 网上车展 B 网上零部件采购

C 网上交易 D 网上试乘试驾

E 提高高水平客户服务

5. 电子商务的基本组成要素有(　　)。

A 网络 B 商家和用户 C 物流配送 D 商家

E 认证中心

(二) 判断题

1. 网络营销就是网上销售、电子商务,它们只是叫法不同而已。(　　)

2. 网络广告与电视广告相比,其成本更高,印象成本有很大优势,对销售量的提升意义重大。(　　)

3. 与传统营销相比,网络营销对IT技术的要求较高。可喜的是我国现在网络营销人才比较充足。(　　)

4. 汽车网络营销的形式有多种,如自建企业网站、搜索引擎、专业汽车网站、博客营销、手机营销等。(　　)

5. 网络营销的一个重要特点是商家与客户的交互性,因此企业在进行网络营销策划时必须重视客户的参与与回馈。(　　)

(三) 简答题

1. 简述电子商务的含义及功能。

2. 简述网络营销的概念和特点。

3. 说说我国汽车电子商务和网络营销发展趋势。

案例分析

吉利汽车入驻淘宝商城

吉利上淘宝商城卖汽车,并且一分钟就卖出了300辆,应该算继2010年3月吉利汽车18亿美元收购沃尔沃后,第二次爆出大新闻。2010年12月6日,吉利汽车正式进驻淘宝商城开启旗舰店(全球鹰官方旗舰店 http://gleagle.tmall.com/),成为淘宝商城上首家汽车销售企业。此次开设旗舰店的品牌为新吉利旗下三大品牌之一的全球鹰,初期吉利将采取网络4S店销售与线下4S店体验及售后服务相结合的方式进行网上销售。网购成为主流生活方式,作为大宗消费品的汽车行业也开始进入网购时代。吉利淘宝商城首页如图10.6所示。

图 10.6　吉利淘宝商城首页

观望多年，随着吉利汽车迈出第一步，汽车行业终于进入电子商务时代。相信会有越来越多的汽车企业加入网上销售行列，2011 年很有可能成为汽车集体触网的爆发年。长远来看，跟其他行业正在发生的颠覆一样，传统的汽车销售模式将因为电子商务而发生颠覆性的变化。

根据中国互联网络信息中心发布的《中国互联网络发展状况统计报告》显示，截至 2010 年 6 月中国网民规模达到 4.2 亿，而淘宝网注册用户数已经达到 3 亿。所以，网购已成为人们的主流生活方式。随着网络支付手段的畅通以及信用机制的完善，网络购买大宗产品的的门槛逐渐降低，汽车网上销售并非空谈。对于汽车企业来说，将 4S 店开到网上不仅可以减少构建成本和营销成本，同时提高汽车企业对于市场的把握；对汽车经销商而言也可以减少店铺成本，拓宽营销平台和消费群体，提升品牌与车型的知名度和关注度，给消费者提供更便利和更优质的增值服务。未来网销市场将和传统市场一样，两者将是一个大同的市场，相辅相成。

网购汽车一方面体现出互联网平台对于品牌商的价值已经从营到销的延伸。虽然互联网媒体长期以来已经成为汽车厂商拼杀的前沿阵地，但是互联网的价值始终只是停留在营销推广方面。吉利汽车入驻淘宝商城并在短时间中取得这样的销售业绩，可作为互联网价值延伸强有力的信号。

（资料来源：百度百科 http://baike.baidu.com）

问题：

1. 结合案例，说说汽车电子商务的发展前景。
2. 结合案例，分析汽车网络购买的主要客户群是谁？他们有何特点？
3. 你认为中国自主汽车品牌吉利轿车进驻淘宝商城开启旗舰店有何重大意义？
4. 你认为中国汽车网络营销应该如何实施？

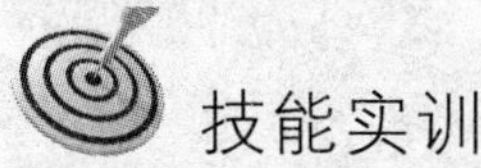

技能实训

中国汽车电子商务和汽车网络营销情况调研

[实训目的]

1. 了解汽车电子商务的功能与运行；
2. 了解汽车网络营销的实施运营；
3. 灵活运用多种网络工具搜集相关资料的能力；
4. 培养团队合作精神，锻炼灵活运用知识的能力。

[实训步骤]

1. 对教学班级进行分组：6人一组，男女生均衡分配，50人的标准班分成8组；
2. 每个组选择一个汽车品牌，收集该品牌汽车网站建设情况、汽车电子商务操作情况以及网络营销运营情况；
3. 各小组认真研究收集资料，根据所学知识分析实施效果；
4. 各小组将研究结果以调研报告的方式呈现，小组成员共同制作PPT；
5. 课堂交流：每个小组用PPT作8分钟汇报，其他小组同学根据陈述报告提1～2个问题，小组回答问题（控制在5分钟），教师用2分钟点评。

[实训考核]（百分制）

1. 各小组组织、分配、管理等环节（10分）；
2. 各小组团队合作精神（10分）；
3. 各小组实训项目完成质量（30分）；
4. PPT制作效果，课堂汇报表现（如礼仪、语言表达、创造性等）（40分）；
5. 回答同学提问的应变能力（10分）。

第十一章　二手车贸易

经典名言

Sell the right product at right price and right place in right way to right person.

——现代营销学之父　菲利普·科特勒

中国汽车市场开始整体进入买方市场的发展阶段，新车二手车价格联动的表现会更加明显，未来十年二手车总交易规模将达60万亿元。

——中国汽车流通协会副秘书长　沈荣

学习目标

知识掌握：

1. 掌握二手车、二手车市场、二手车贸易等概念；
2. 了解我国二手车市场的发展现状与发展趋势；
3. 掌握二手车技术鉴定方法；
4. 了解二手车鉴定评估内容；
5. 掌握二手车四种基本评估方法；
6. 掌握二手车交易步骤及过户方法；
7. 理解二手车置换的价值与意义；
8. 掌握二手车置换的基本流程。

能力目标：

通过本章学习，要求学生能够熟知二手车交易与二手车置换的一般程序与方法，能够初步进行二手车的技术鉴定和估价，从而指导客户进行二手车交易或二手车置换业务。

关　键　词

二手车贸易(Second-hand Automobile Trading)

开篇案例　　中国二手车市场交易现状

随着我国汽车市场的快速发展，二手车市场受到越来越多消费者的关注。二手车市场的快速增长以及消费环境的日益改善，表明我国二手车消费开始进入新的阶段。

1. 市场潜力巨大

据中国汽车流通协会统计，从2000年到2009年10年间，我国二手车交易量由25.17万辆上升到333.86万辆，增长了13倍。2011年，堪称我国二手车市场元年，这年累计交易量达433万辆，同比增长12.47%；累计交易额达到2108.8亿元，同比增长18.56%。中国汽车流通协会预计2013年全国二手车市场交易规模将增长20%～25%，二手车交易规模接近600万辆至650万辆。

中国汽车流通协会副秘书长罗磊通过统计表明：目前我国二手车交易量与新车销量之比已从1∶6上升至1∶4，预计到2020年，当中国实现新车4000万辆交易规模时，二手车、新车销量比将达到1∶1。

过去十多年的数据显示：美国每年二手车的销量是新车销量的3～4倍。2009年，美国二手车交易量为3550万辆，同年新车交易量为1040万辆；2010年二手车交易量达到4200万辆，新车则为1100万辆。目前美国汽车经销商30%的利润来自于二手车，已超过新车带来的利润。与欧美成熟市场相比，我国的二手车交易市场尚处在起步阶段。

在“2013中国汽车市场发展趋势高峰论坛”上，业内专家认为：中国汽车市场开始进入买方市场的发展阶段，而二手车交易有望进入黄金发展期。中国汽车流通协会副秘书长沈荣表示：中国汽车市场开始整体进入买方市场的发展阶段，新车二手车价格联动的表现会更加明显，未来十年二手车总交易规模将达60万亿元。

2. 交易模式不断创新

自2005年10月1日《二手车流通管理办法》正式实施后，我国二手车交易模式正发生着巨大变革，由单一的集贸式交易市场向多种经营的品牌交易模式转变。

作为交易模式创新的产物，品牌二手车从一出现就得到了社会各界的广泛关注。近几年越来越多的汽车制造企业纷纷推出自己的二手车品牌，如上海通用“诚新二手车”、奥迪“AAA二手车”、广州本田“喜悦二手车”等，一些大型的二手车经销公司也在为打造品牌二手车而努力。以诚信为标志的4S店二手车经营模式将会在近两三年内迅速崛起，并在二手车经营市场份额中抢占越来越大的比例，同时国外二手车连锁拍卖经营企业也很快会在全国铺建自己的网络。“传统的二手车市场份额将面临强势挤压的局面，为了生存，要么改头换面、规范经营，要么被挤压、淘汰出局。”

3. 交易诚信有望改善

一个快速增长的汽车市场，必须建立在顺畅的二手车流通渠道之上。然而当前我国二手车交易正面临“诚信”难题，在交易过程中信息不对称、缺乏相关行业标准、购车合同暗藏陷阱、二手车评估随意性大等，正严重束缚着二手车领域的发展。

为了规范二手车交易行为，根据《二手车流通管理办法》规定，国家工商行政管理总局已经研究制定了《二手车买卖合同示范文本》。这将有利于维护二手车消费者的合法权益，促进二手车交易良好秩序的形成。

（资料来源：百度百科 http://baike.baidu.com）

案例思考：

1. 什么是二手车市场？
2. 中国二手车市场有何特点？
3. 什么是二手车交易？

第一节　二手车贸易概述

一、二手车贸易相关概念

（一）二手车

根据《二手车流通管理办法》的规定："二手车是指已在公安局车管部门办理注册登记手续取得牌照进行交易并转移所有权的机动车。"新车与二手车的区别标准是：是否办理注册登记手续，即平常讲的是否"挂牌"。二手车与车辆本身的新旧没有关系。

小思考　二手车一定是旧车，对吗？

市场中二手车的主要来源有：

（1）车主正常更新换车。调查显示，有71.2%的车主选择在车辆使用3～5年时更换新车，其中以使用5年最为集中，平均换车年限为5～6年。绝大多数的车主会在车辆报废前将车以二手车的方式处理；

（2）车主因特殊原因出售车辆。如急需资金、出国发展等；

（3）车主因车况不好，难以维修而出手；

（4）其他非法来源的车辆，如盗抢车、拼装车、走私车等，购车者需要注意提防。

即问即答　**哪些车辆不允许进行交易？**

二手车交易要根据商务部发布的《二手车流通管理办法》的规定进行交易。不允许进行交易的车辆有以下几类：

（1）已报废或者达到国家强制报废标准的车辆；

（2）在抵押期间或者未经海关批准交易的海关监管车辆；

（3）在人民法院、人民检察院、行政执法部门依法查封、扣押期间的车辆；

（4）通过盗窃、抢劫、诈骗等违法犯罪手段获得的车辆；

（5）发动机号码、车辆识别代号或者车架号码与登记号码不相符，或者有凿改迹象的车辆；

（6）走私、非法拼（组）装的车辆；

（7）在本行政辖区以外的公安机关交通管理部门注册登记的车辆；

（8）国家法律、行政法规禁止经营的车辆。

（二）二手车市场

二手车交易市场是指买主和卖主进行二手车商品交易和产权交易的场所。二手车市场，又称汽车二级市场，其交易过程为“用户—二手车经销商—用户”。中国目前的二手车市场主要为集贸式交易市场，如图 11.1 所示。

二手车交易市场是机动车商品二次流通的场所，它具有中介服务商和商品经营者的双重属性。它的功能有：二手车鉴定评估、收购、销售、寄售、代购代销、租赁、置换、拍卖、检测维修、配件供应、美容装饰、售后服务，以及为客户提供过户、转籍、上牌、保险等服务。

此外，二手车交易市场应严格按照国家有关法律、法规，审查二手车交易的合法性，坚决杜绝盗抢车、走私车、非法拼装车和证照与税费凭证不全的车辆上市交易。

图 11.1　中国集贸式二手车交易市场

（三）二手车贸易

二手车贸易是与二手车有关的服务业务的总称，包括收购、销售、经纪、租赁、鉴定、估价、置换、拍卖、整修翻新、金融服务、美容装饰等。本章重点介绍二手车鉴定评估、二手车交易和二手车置换等内容。

1. 收购功能

为了避免二手车的浪费，对社会上的二手车进行统一的收购和管理。要开展二手车的收购，需要建立一个二手车的质量认证和价格评估体系，通过该体系对每一辆欲收购的二手车进行统一的质量认证和价格评估。

2. 整修翻新功能

整修翻新的目的是为了大大提升二手车的价值和二手车贸易公司在客户中的影响。通常，开展二手车的整修翻新工作有以下两个途径：

（1）建立二手车整修翻新工厂，进行规范化的统一整修翻新；

（2）建立二手车整修翻新站，提供整修翻新服务，加强二手车的美容与装饰。

3. 租赁功能

租赁功能可分为用户个人租车、公司租车和长期租赁等三种方式。另外，目前国外兴起一种二手车租赁贸易新方式，即在客户购买二手车之前可以先租赁二手车一段时间并按期支付租金，租赁期满后用户可根据租赁期中对使用该车的满意程度，依据租赁合同中的相应条款决定是否购买该车。

4. 配送功能

根据各地区二手车的保有量和消费量的不同，在各地区之间开展的二手车配送业务，以平衡各地区的二手车供需关系，分为国内配送和国际配送。

5. 售后服务功能

二手车售后服务功能的关键在于建立二手车售后服务网络和售后服务体系。要成功开展二手车贸易，就要充分发挥其售后服务的功能。

小思考 二手车贸易就是二手车交易，对吗？

二、我国二手车市场发展现状与发展趋势

（一）我国二手车市场发展现状

1. 我国二手车市场发展历程

回顾我国二手车市场发展历程，大体上可分为以下四个阶段。

（1）第一阶段：1985 年以前。二手车交易极少，市场化交易方式尚未形成。当时我国处于计划经济时期，国家对汽车生产、分配和消费实行计划经济管理，产量和保有量很低，党、政、军机关，国有企业，事业单位为消费主体。

（2）第二阶段：1985～1992 年。二手车流通需求开始出现，二手车交易量呈缓慢上升的趋势。当时国家经济体制由计划经济向有计划的商品经济过渡，一部分先富裕起来的人们将目光转向了汽车消费。

（3）第三阶段：1993～1998 年。二手车流通行业有了较快的发展，初步实现了由分散无序交易向集中有序交易的转变。党的十四届三中全会通过了《中共中央关于建立社会主义市场经济体制若干问题的决定》，以市场为导向的经济体制改革的步伐加快了，人民生活水平得到较大幅度提高，社会购买力大大增强，汽车消费已成为高收入阶层的消费时尚。同时，二手车的高额经营利润，吸引了大批企业进入二手车流通行业，极大地激发了二手车市场的活力。1998 年原国内贸易部制定颁布了《旧机动车交易管理办法》，这是我国关于二手车市场的第一个法律性文件，它标志着我国二手车市场开始走向规范化。

（4）第四阶段：1998 年以后。我国二手车市场发展迅速，区域特性明显。2005 年 8 月 10 日，商务部发布《汽车贸易政策》。2005 年 10 月 1 日《二手车流通管理办法》正式实施，这有助于加强二手车流通管理，规范二手车经营行为，保障二手车交易双方的合法权益，促进二手车流通健康发展。

2. 我国二手车市场特点

我国二手车市场具有以下鲜明特点。

（1）发展速度快，潜力大。统计数据表明，2002 年发达国家汽车拥有量为每千人 600 辆，我国仅为 15.98 辆，是发达国家的 2.66%。2003 年我国汽车销售量同比增长 34.21%，达到 493.08 万辆；其中，轿车销售量达到 197 万辆，同比增长 75.28%。2002 年，二手车交易量为 93 万辆；2004 年，二手车交易量为 134.1 万辆，同比增长 20.2%，首次超过新车销售的增长率。经济学家预言：中国的汽车市场将有较长的增长发展期，国内外众多企业一直看好这一最有潜力、最有活力的市场。随着政府、企业、事业单位公务车辆改革，车辆更新换代频率加快，二手车市场的销量必将随着汽车市场需求的增长和社会汽车保有量的提高而大幅增长，发展空间非常广阔。

在发达国家，初次购买汽车的人80%以上选择买二手汽车，在消费习惯上与我国有很大区别。随着汽车作为普通商品逐渐进入家庭，消费者的消费理念逐渐成熟，将会有更多的购买者首选二手车，二手车的购买群体会越来越大。

据统计，2004年二手车交易量约为134万辆，新车交易量约为507万辆；2005年二手车交易量约为145万辆，新车交易量约为575万辆。从上述数据可以看出，我国现阶段二手车与新车交易比不足1/3；而在发达国家，二手车交易量通常为新车交易量的2～3倍。因此，我国的二手车市场还处在刚刚起步阶段，发展潜力巨大。

(2) 交易区域相对集中，流向趋势明显。二手车交易主要区域集中在华东、中南、华北和西南。其中，北京、上海和广东等重点区域的二手车交易更为活跃。二手车流向呈现四大趋势：一是从城市流向乡镇，二是从东部流向西部，三是从经济发达地区流向经济相对落后地区，四是从高收入者流向中低收入者。

(3) 二手车交易市场功能日趋完善。二手车交易市场是我国现阶段二手车流通的主要渠道，经过几年的培育和发展，已初具规模，主要有以下几个特点：

① 为供需双方提供集中交易场所，使消费者在一个交易市场内就能够对本地二手车市场行情一目了然；

② 政府相关部门统一现场办公，实行"一站式"服务，为消费者提供方便；

③ 市场制定相关的管理办法和交易程序，保证了入场车辆的合法性；

④ 市场通过加强对经纪公司的管理，规范经纪公司的交易行为，在一定程度上有效地保护了消费者的权益；

(4) 经纪公司的桥梁作用。一批具有较高文化层次的二手车执业者通过培训获得了经纪人资质，组成了具有法人地位的经纪公司，变过去无组织的"拼缝"为有组织、有章程和有法则的经济行为。二手车经纪人由于长期从事二手车交易活动，掌握着大量的信息资源，买卖双方通过经纪公司的中介服务，实现二手车所有权的转移。经纪公司充当了买卖双方的桥梁，活跃了市场。

(5) 二手车拍卖越来越受到青睐。二手车竞价拍卖，以其交易成本低、交易周期短、兑现快的优势赢得了大批二手车企业和消费者的青睐。由于通过定期和不定期地组织二手车现场拍卖和网络竞价，提高了二手车交易速度，降低了交易成本，限制了人为因素导致的不正常交易行为，使售车单位和个人快捷地实现了由商品向货币的转化。

(6) 二手车市场固有格局正在被打破，汽车厂商相继进入。截至2004年年底，全国已成立的二手车交易市场近500家。从布局上看，省会及计划单列市二手车交易市场150多家，地级市市场总数为190多家，县级市市场总数为140多家。从规模上看，传统的二手车交易市场仍然是二手车交易的绝对主体。

但《汽车贸易政策》出台以后，二手车拍卖公司、二手车连锁机构和汽车厂商等诸多经营主体纷纷加快扩张步伐，并开始陆续进入二手车领域。2005年4月，全球著名的二手车批发拍卖公司——美国Manheim公司正式在上海成立了办事处。2005年6月25日，由上海协通公司与日本五大二手车销售公司之一的QUINLAND公司共同投资组建的全国首家二手车经营公司成立。2005年6月29日，首家获许经营的全国性二手车经营网络——"艾普二手车"正式投入运营。与此同时，国内主要汽车厂商相继在国内推出品牌二手车。2002年9月，上海通用公司开始着手打造国内第一个二手车品牌——"诚新二手车"。2004年8月，上海大众公司在全国30个城市50个经销商进行"特选二手车"业务。2004年9月，一汽大众公司在北京、上海和广州正式启动奥迪"AAA二手车"业务。到目前为止,国内主要汽车厂商基本都已将二手车经营作为未来重点发展的业务方向之一。

3. 我国二手车市场存在的主要问题

随着二手车市场的高速发展,一些问题逐渐暴露出来,有些已经成为二手车市场进一步发展的严重阻碍。

(1) 交易市场功能单一,缺乏现代营销手段,主要依赖收取交易费生存。

(2) 受新车降价影响,二手车经销商经营风险加大。二手车定价在一定程度上依赖于新车的市场价格,近年来,新车持续降价,必然会增大二手车经营商的经营风险。

(3) 二手车的相关法规滞后,时效性不强。从1998年起国家有关部门相继出台了《旧机动车交易管理办法》《关于加强旧机动车市场管理工作的通知》《关于规范旧机动车鉴定评估工作的通知》和《二手车流通管理办法》等相关文件和规定,对推动二手车市场发展、规范二手车交易行为起到了积极作用。但总的看来,现行管理办法仍不能满足二手车流通发展的需要。

(4) 行业诚信缺乏有效的监督。目前二手车交易市场专业评估鉴定人才缺乏,对二手车的评估鉴定操作不规范,主观色彩浓厚,这就使一些"车虫"有机可乘,搞"拼缝"活动,导致二手车交易过程缺乏公平、信用。

(5) 尚无完善的全国性二手车交易市场网络系统。

(二) 我国二手车市场的发展趋势

1. 发展前景广阔

从二手车市场宏观环境来看,四大趋势刺激了用户的换车需求,二手车市场呈现良好的增长势头。

(1) 人均收入增长,富裕人群增加。

(2) 新车竞争激烈,刺激消费者换车。汽车企业的激烈竞争给市场带来了更多更好的车型,更便宜的价格和更完善的服务,使消费者觉得现在买车比过去"划算",于是部分车主开始经常换车。

(3) 不稳定车主换车频繁。国内大城市外来人员比重增大,这些人在赚钱的时候购买汽车作为商业用途,需要现金投资的时候则出售车辆进行周转。他们成为现阶段较大的换车消费群。

2. 多种主体并存的局面初具规模

从二手车市场经营主体来看,二手车市场多种主体并存的局面即将形成。尤其是那些具有外资背景的汽车拍卖公司,已经纷纷在国内寻找合作伙伴,并终将对国内二手车市场的现有格局产生明显冲击。

3. 品牌二手车置换将逐步得到认可

汽车厂商基于新车销售店建立品牌二手车置换将更加有效地满足消费者需求。同时,二手车业务将促进汽车厂商的汽车销售,提高品牌忠诚度,并在一定程度上增加利润。得天独厚的4S网络优势、多年品牌保证、专业价值评估技术、低成本、快捷的交易手续以及售后服务质量保证和增值服务,这些优势将使得品牌二手车置换业务的发展如日中天。

4. 汽车销售流通体系向纵深发展

在我国目前的汽车销售产业链中,只有新车销售、配件销售和售后服务三个环节。随着二手车市场的不断发展，在现有新车销售和配件以及服务的基础上，汽车销售流通体系将进一步整合二手车和汽车金融等相关业务，实现产业链的不断完善和发展。

小思考 从我国二手车的发展现状与发展趋势，你看到了什么商机？

第二节 二手车鉴定评估

二手车鉴定评估是指二手车鉴定评估机构本着买卖双方自愿的原则对二手车技术状况及其价值进行鉴定评估的经营活动。二手车鉴定评估机构应当遵循客观、真实、公正和公开的原则，依据国家法律法规开展二手车鉴定评估业务，出具车辆鉴定评估报告，并对鉴定评估报告中车辆技术状况，包括是否属事故车辆等评估内容负法律责任。二手车评估定价人员必须经过专业培训，通过国家有关部门组织的资格考试，取得“二手车鉴定估价师”职业资格证书，方可上岗从事有关鉴定评估业务。

即问即答 二手车鉴定评估的目的是什么？

二手车鉴定评估的一个主要目的，就是在二手车的交易过程中准确地确定二手车的价格，并以此作为买卖成交的参考底价。具体来说有：

(1) 提供车辆交易的参考价格；

(2) 提供车辆置换评估值；

(3) 对企业资产变更相关车辆进行价值评估；

(4) 评估车辆拍卖的底价；

(5) 抵押贷款时确认车辆现时价值；

(6) 出险时保险车辆的价值；

(7) 司法鉴定涉案车辆的性质；

(8) 修复价格评估。

一、二手车技术鉴定

二手车技术鉴定是二手车鉴定评估工作的基础与关键，其直接影响二手车的价格评估。

(一) 二手车技术鉴定步骤

二手车技术鉴定步骤如图 11.2 所示。

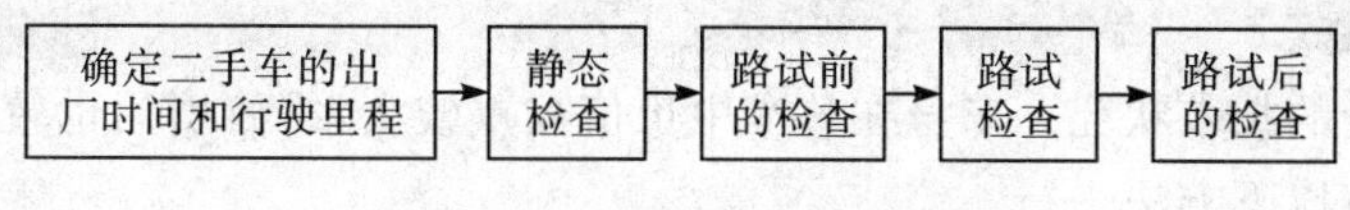

图 11.2 二手车技术鉴定步骤

1. 确定二手车的出厂时间和行驶里程

确定二手车的出厂时间和行驶里程是二手车鉴定的基础和主要参考因素，对于二手车的价格评估和技术鉴定都有着重要的参考价值。

2. 运用专业工具和设备进行静态检查

汽车是由成千上万个零部件组成的产品，每一个零部件的好坏都会影响汽车性能的使用与发挥。运用汽车专业检测设备和工具，针对汽车零部件进行针对性的检测和鉴定，可以对汽车的使用性能更加了解，有助于进行汽车的折旧和评估。

3. 路试前的检查

路试前的检查既是对汽车零部件本身的检查，也是对汽车路试试驾安全的检查。通过对汽车的异响、排烟、气味和排气管的检查，能够更加准确了解该车的运行状况。

4. 路试检查

路试检查是对运行车辆的一个整体性能的检查，通过各种测试方法判断和检查汽车零部件的工作状况，为汽车行驶性能作出最佳的判断。

5. 路试后的检查

路试后将汽车停靠在干净的地方，可以检查汽车运行后汽车的技术状况，对于一些静态检查项目将是一个非常必要的补充和完善。最终形成对于鉴定车辆的一个整体和全面的认识，为汽车的价格评估奠定最坚实的基础。

（二）二手车技术鉴定方法与内容

二手车技术鉴定方法主要有静态检查、动态检查和仪器检查三种。静态检查和动态检查是依据评估人员的技能和经验对被评估车辆进行直观、定性判断，即初步判断评估车辆的运行情况是否正常、车辆各部分有无故障及导致故障的可能的原因、车辆各总成及部件的新旧程度等。仪器检查是对评估车辆的各项技术性能及各总成部件技术状况进行定量、客观的评价，是进行二手车技术等级划分的依据，在实际工作中往往视评估目的和实际情况而定。

1. 静态检查

(1) 确定二手汽车的出厂时间和行驶里程。

① 确定出厂时间：

a. 查17位编码(VIN)中的第10位代码；

b. 看购车发票和原始凭证，可知道汽车的购置日期和车价。

② 判断行驶里程：

a. 查看里程表及里程表是否被拆卸过；

b. 检查轮胎花纹的磨损和更换情况；

c. 查询汽车的修理档案及更换零部件的情况；

d. 检查汽车的外观；

e. 查看橡胶件的老化程度。

(2) 外观检查。

① 检查车身的技术状况。车身在整车中价值权重较大，维修费用也较高。检查顺序从车的前部开始，按以下方法进行：

a. 检查车身是否发生碰撞受损，站在车的前部一角望尾部观察车身各接缝，如出现不直、缝隙大小不一、线条弯曲、装饰条有脱落或新旧不一等，说明该车可能出现过事故或修理过；

b. 检查车门是否平衡，周边是否有间隙，胶边是否硬化，否则车门处会进水；

c. 检查车身金属锈蚀程度，主要检查防护板、窗户、水槽、底板、各接缝等，如锈蚀严重，说明该车较旧；

d. 检查油漆脱落情况，查看排气管、镶条窗户四周、轮胎等处是否有多余油漆。如果有，说明该车已做过油漆或翻新。用一块磁铁沿车身周围移动，如遇到突然减少磁力的地方，就是局部补了灰，做了油漆的地方。当用手敲击声发脆，说明车身没有补灰做漆；如敲击声沉闷，则说明车身进行了补灰做漆。

② 检查车厢内部：

a. 查看座位的新旧程度，座椅是否下凹，车顶的内篷是否开裂，地毡或胶印板是否残旧，车厢内部是否污秽发霉；

b. 揭开地毡或胶板，查看车厢底板是否潮湿或生锈的痕迹，如果有的话，说明该车下雨时可能漏水；

c. 打开行李厢，看盖边防水胶边是否损坏脱落，行李厢是否漏水，是否锈蚀，是否有烧焊的痕迹；

d. 查看四周玻璃升降是否灵活；

e. 查看仪表盘是否原装，仪表盘底部有没有更改过电线的痕迹；

f. 查看离合器踏板和制动踏板的踏脚胶是否磨损过度，通常一块踏脚胶寿命是 3 万千米左右，如果换了新的，则此车已行驶 3 万千米以上；

g. 坐在车上试试所有踏板是否有弹性，离合器踏板应该有少许空间，同时留心听听踏下踏板有没有异声发出。

(3) 发动机的检查。

① 观察发动机的外部状况：是否堆满了机油和灰尘，如果是的话则此车车主一定不打理车；有没有火电爆裂的痕迹；

② 看电池购买日期：一般寿命为 2 年多，电池两接线柱应没有白粉(硫酸盐)附贴在上面，电池身应干爽，绝对没有裂痕；

③ 看气缸盖外有没有油迹：少量则不成大问题，但如有大量油迹，则表示可能机油上盆或气缸垫坏了；

④ 检查发动机油量：拿出机油量度尺看看机油是否浑浊不堪或起水泡，并且要注意油的高度；用手试试机油的黏性，看看有没有沙砾，颜色应以深黄为佳；

⑤ 揭开水箱盖看：如水箱内的水全是黄色锈水，或水箱外有锈水漏出的痕迹，则要特别注意；

⑥ 检查附属装置：如雨刮器、收音机、仪表、反光镜、加热器、灯具、转向信号、喷水装置、空调设备等是否破损、残缺；并对附属装置进行动态检验，如雨刮器动作、喷水装置喷水、空调器制冷、各灯光和仪表是否正常工作。

(4) 车底检查。将车辆开进地沟或上举升器的工位进行检查。

① 检查车底漏水、漏油、漏气、锈蚀程度与车体上部检查的情况是否相符，是否有焊接痕迹；

② 检查车辆转向节臂、转向横直拉杆及球销有无裂纹和损伤，球销是否松旷，连接是否

牢固可靠；

③ 检查车辆车架是否有弯、扭、裂、断、锈蚀等损伤；螺丝、铆钉是否齐全、紧固；

④ 检查车辆前后桥是否变形、是否有裂纹；

⑤ 检查车辆钢棉纺弹簧是否有裂纹、断片和缺片现象，其中心螺栓和U型螺栓是否紧固；减震器是否漏油，减震弹簧是否有裂纹等；

⑥ 检查车辆传动轴中间轴承、万向节是否有裂纹和松旷现象。

小思考 与周围同学讨论：作为顾客，一辆二手车哪些部位损坏需要我们特别警惕？

2. 动态分析

机动车的动态检查是指车辆路试检查。路试的主要目的在于：在一定的条件下，通过机动车各种工况，如发动机启动、怠速、起步、加速、滑行、强制减速、紧急制动，从低速挡到高速挡、从高速挡到低速的行驶，检查汽车的操纵性能、制动性能、滑行性能、加速性能、噪声和废气排放情况，检查车辆的气、电泄漏情况，检查漏水情况，检查漏油情况等，以鉴定旧机动车的技术状况。

(1) 启动时，发动机是否容易启动，如启动的声音沉重，说明马达、电瓶或相关机械有问题。

(2) 启动后，首先检查方向盘(带助力)左右打轮时的力度是否一致，转向角度是否合理，转向或掉头时，方向盘打死后，前轮是否有磨轮胎的现象出现，如果有，此车有可能出过交通事故。

(3) 对于手动变速箱，首先通过行驶千米数和离合器的高低程度来判断离合器片是否需要更换，再看行驶时换挡是否平顺，如果换不上挡，就说明同步器磨损严重。

(4) 在行驶时要注意车的噪音的发生处和声音的大小，来判断此车的密封程度和隔音效果，如出现噪音，说明车辆修复品质不好，有空气回旋的地方。

(5) 通过观察发动机的怠速平稳状况、加速时是否有力，来判断发动机的好坏。如果有条件，还可以通过车辆爬坡时的挡位来判断发动机的动力性能。

(6) 制动系统主要看车辆的刹车距离和刹车是否跑偏，停车制动要选择在坡道上进行，并且车头向上和车头向下分别测试。

(7) 悬挂系统的好坏直接影响到车辆的行车安全。前轮前侧的附着力不同，会在车辆转弯时出现侧滑现象；后轮后侧的附着力不同，使车辆在转弯刹车时容易出现侧滑，将严重影响行车安全。

3. 仪器检测

对二手车技术状况检测如下：

(1) 整车性能中要检测动力性、燃料经济性、制动性、转向操作性、前照灯、排放污染物、喇叭声级、车辆防雨密封性和车辆表示值误差；

(2) 发动机部分要检测发动机功率、气缸密封性、启动系统、点火系统、燃油系统、润滑系统和异响；

(3) 底盘部分要检测离合器打滑和传动系统游动角度；

(4) 行驶系统要检测车轮定位和车轮不平衡；
(5) 空调系统检测系统压力和空调密封性；
(6) 电子设备的故障。

小案例　　POLO 轿车鉴定评估

品牌型号:POLO 1.4 L 两厢手动舒适型

发动机:直列 4 缸 16 气门双顶置凸轮轴多点电喷发动机

车身颜色:蓝色

初登日期:2011 年 10 月

已行驶里程:32000 千米

该车是典型的私家车,车主是一位女士,购买此车的目的仅为上下班代步,因此行驶里程较少。

配置说明:五挡手动变速器、前后盘式制动器带 ABS 系统、转向助力装置、前排电动车窗、双安全气囊、空调、VCD 液晶电视(加装)。

静态检查:该车车身保养很好,在两年多的使用中,车身没有明显的碰撞痕迹。保险杠处有划伤,但未影响整体外观。车内饰给人以八成新的感觉,前排皮座椅有轻微磨损,顶板、地胶很干净,车内外照明灯光、仪表显示、功能控制件等正常有效。挂挡顺畅,电控部分良好有效。打开空调感觉制冷效果良好。

动态检查:启动发动机后,发现该车怠速状态平稳均衡。挂挡起步,离合器接合平稳。踩油门做提速测试,感觉该车爆发力很好。另外,该车有较先进的 ECU 系统,驾驶者如果在一挡提速时转速不够就换挡,ECU 会有报警提示,比较适合于新手驾驶。继续驾驶该车,发现该车转向灵活轻便,ABS 工作有效,传动系统和悬挂系统均正常良好。

总评:POLO 轿车作为德国大众旗下享有盛誉的品牌,至今已有 30 年的历史,其间经过四次升级换代,2011 年的这款 POLO 为其第五代车型,安全配置与高配车型一致,具有经济型轿车中少有的安全性能。相对三厢车而言,两厢车虽然体积小了点,却已经逐渐成为市场的新宠,而两厢版 POLO 由于品牌、质量优势,在市场上更是表现不俗。

综上所述,该车在新车市场价格为 9.8 万元,估计其成新率为 67%,因此其基准日评估价格为 71500 元。

(资料来源:张彤. 汽车市场营销[M]. 北京:化学工业出版社,2010.)

问题　案例中使用了哪些技术鉴定评估方法？说说具体鉴定步骤。

二、二手车评估流程

二手车评估收购流程如图 11.3、图 11.4 所示。

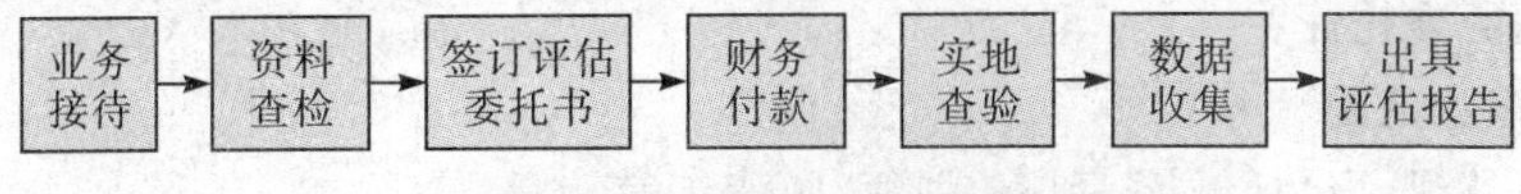

图 11.3　二手车评估流程

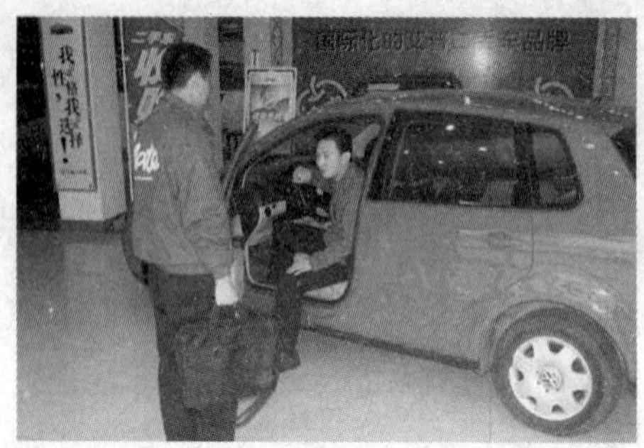

1. 客户来店,评估师热情欢迎

2. 评估师出示名片,与客户进行简单交流

3. 评估师对车辆进行包括发动机舱在内的多项检查

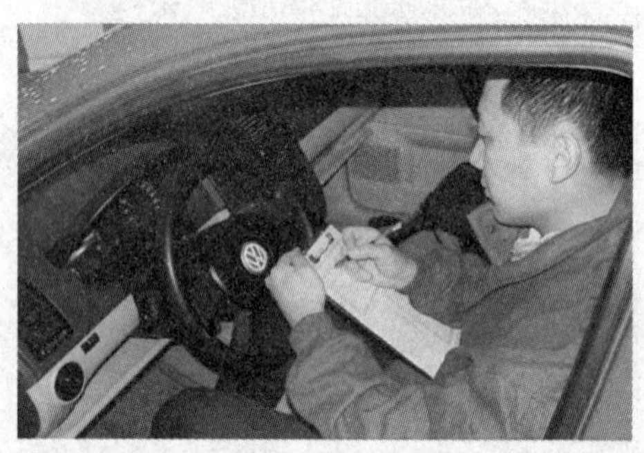

4. 评估师对车辆内饰、仪表等进行检查并填写评估单

5. 评估单递交到公司定价中心,公司对车辆进行信息核对并给出价格

6. 评估师为客户车辆进行报价,并再次进行沟通

图 11.4　二手车收购评估流程

1. 业务接待

二手车鉴定评估的第一项工作是接待客户,接待既是日常性工作,也是树立良好企业形象的关键,进行评估的相关工作人员应热情、认真、文明和专业。

2. 车主需提供的资料

(1) 车辆行驶证、登记证明、保险卡、养路费缴纳金、保修卡等;

(2) 车辆来历证明;

(3) 车辆所有人身份证明;

(4) 车辆的委托证明。

3. 实地查验范围

(1) 车辆外观。包括碰撞、刮擦、划痕、脱漆等;

(2) 车辆核对。发动机号、车架号、车身颜色、内饰、灯光等；

(3) 车辆保养状况。发动机、底盘、变速器、空调、车灯、制动系统等。

4. 评估数据的收集

(1) 同类型车辆价格、销量等；

(2) 车辆百里耗油；

(3) 车辆行驶里程；

(4) 车辆使用年限；

(5) 车辆配件价格。

5. 评估报告应附的资料

(1) 旧机动车鉴定评估委托书；

(2) 车辆行驶证复印件；

(3) 二手车技术鉴定表；

(4) 评估师鉴定资格证书复印件；

(5) 鉴定评估机构营业证复印件。

三、二手车评估方法

(一) 二手车的计价形式

1. 二手车的原值

二手车的原值即二手车的原始价值，又叫二手车原价，是指车主在购置以及通过其他方式取得该全新车辆当时所发生的全部货币支出，包括买价、运杂费、车辆购置附加费、消费税、新车登记注册等所发生的费用。

2. 二手车的净值

二手车随着使用的过程逐渐磨损，其原始价值也随之减少并转入企业成本。企业提取的机械折旧额为折旧基金，用于车辆磨损的补偿。提取折旧后，剩余的机械净值成为二手车的净值，它在一定程度上反映了车辆的现有价值。

3. 二手车的残值

二手车报废清理时回收的材料、废料的价值称为残值，它体现二手车丧失生产能力以后的残体价值。

4. 二手车的完全重置价值

二手车的完全重置价值是指估算在某段时间内重新生产或购置同样的机动车所需要的全部支出，包括购置价和其他费用。当企业取得无法确定原价的车辆(如捐赠车辆)以及经济发生重大变化时，要求企业对车辆按完全重置价值计价。

5. 二手车评估价值

它是遵循一定的计价标准和评估方法，重新确定的二手车现值。

(二) 二手车基本评估方法

国家规定：二手车交易需要经过国家资格认证的旧机动车评估师提交的估价报告。我国二手车估价方法主要参照资产评估的方法，主要方法有：重置成本法、现行市价法、收益现值法和清算价格法。

1. 重置成本法

重置成本法是指在现时条件下重新购置一辆全新状态的被评估车辆所需的全部成本(完全重置成本,简称“重置价格”),减去被评估车辆的各种陈旧贬值后的差额,作为被评估车辆现时价格的一种方法。其理论依据是:任何一个精明的投资者在购买某项资产时,他所愿意支付的价钱绝对不会超过具有同等效用的全新资产的最低成本。

(1) 重置成本法计算公式。

被评估车辆的现时价格=重置价格-实体性贬值-功能性贬值-经济性贬值

从公式可以看出,被评估车辆的各种陈旧贬值包括实体性贬值、功能性贬值和经济性贬值。实体性贬值也叫有形损耗,是指机动车在存放和使用过程中,由于物理和化学原因而导致的车辆实体发生的价值损耗,可以通过对车辆的新旧程度和耗损程度来评估。功能性贬值是由于科学技术的发展导致的车辆贬值,即无形损耗。经济性贬值是指由于外部经济环境变化所造成的车辆贬值。功能性贬值和经济性贬值要求估价人员对科技的发展和经济环境变化准确把握,但这很难操作。

其实,重置成本法只是为二手车评估提供了一个思路,实际工作中,常用的计算公式为

被评估车辆的现时价格=重置价格×成新率×调整系数

(2) 二手车成新率的确定方法。

① 使用年限法:

$$成新率=(1-\frac{已使用年限}{规定使用年限})\times 100\%$$

我国1997年修订的《汽车报废标准》明确制定了各类汽车行驶里程和使用年限的报废标准以及调整后的机动车使用、报废年限如表11.1所示。

表11.1 机动车使用、报废年限

车辆种类	使用年限	延长使用年限	依 据
9座(含9座)以下非营运载客汽车(包括轿车、越野型)	15年	达到报废年限后需继续使用,必须依据国家机动车安全、污染物排放有关规定进行严格检验,检验合格后可延长使用年限	《关于调整汽车报废标准若干规定的通知》(国经贸资源[2000]1202号)
旅游载客汽车和9座以上非营运载客汽车	10年	10年	
轻型载客汽车	10年	5年	《关于调整轻型载客汽车报废标准的通知》(国经贸经[1998]407号)
微型载客汽车和19座以下出租、租赁车	8年	0	
吊车、消防车、钻探车等从事专门作业的车辆	10年	根据实际使用和检验情况,延长使用年限	《关于发布〈汽车报废标准〉的通知》(国经贸经[1997]456号)
20座以上出租车	8年	4年	
其他车	10年	5年	

② 技术鉴定法:技术鉴定法判断二手车成新率评估参考值如表 11.2 所示。

表 11.2 二手车成新率评估参考值

车况等级	新旧情况	有形损耗率(%)	技术状况描述	成新率(%)
1	使用不久	0~10	刚使用不久,行驶里程一般在 3 万~5 万千米,使用状态良好	100~90
2	较新车	11~35	使用一年以上,行驶 15 万千米左右,没有经过大修,在用状态良好,故障率低	89~65
3	旧车	36~60	使用 4~5 年,发动机或整车经过大修一次,外观中度受损,恢复情况良好	64~40
4	老旧车	61~85	使用5~8 年,发动机或整车经过两次大修,动力性能、经济性能下降,外观油漆脱落受损、金属件锈蚀程度明显。故障率上升,维修费用、使用费用明显上升。但车辆符合《机动车安全技术条件》,在用状态一般	39~15
5	待报废处理车	86~100	基本达到使用年限,能使用,但动力性、经济性、可靠性下降,燃料费、维修费增长快,排放污染与噪声污染到达极限	15 以下

③ 综合分析法:它是以使用年限为基础,再综合考虑车辆实际技术状况,车辆使用条件、使用强度,车辆保养维护情况,车辆的大修、重大事故经历,车辆原始制造质量,车辆外观质量等给出的一个系数。二手车综合调整系数如表 11.3 所示。

表 11.3 二手车成新率综合调整系数

影响因素	因素分级	调整系数	权重(%)
技术状况	好	1.2	30
	较好	1.1	
	一般	1.0	
	较差	0.9	
	差	0.8	
使用和维修	好	1.1	25
	一般	1.0	
	较差	0.9	

续表

影响因素	因素分级	调整系数	权重(%)
制造质量	进口	1.1	20
	国产名牌	1.0	
	国产非名牌	0.9	
工作性质	私用	1.2	15
	公务、商务	1.0	
	营运	0.7	
工作条件	较好	1.0	10
	一般	0.9	
	较差	0.8	

小案例 重置成本法评估方法应用

伊兰特 1.6GL,已使用两年。目前新车指导价为 10.48 万元,优惠价约 9 万元左右,以 9 万元为重置价格,经济使用寿命为 15 年。调整系数为 75%。

按照公式:

成新率=(1-2/15)×100%=86.7%

现时价格=90000×86.7%×75%=58500(元)

那么,这辆车的最终评估价为 58500 元。

问题 试着使用重置成本法评估其他二手车的现时价值。

2. 现行市价法

现行市价法又称市场法、市场价格比较法,是指通过比较被评估车辆与最近售出类似车辆的异同,并将类似车辆的市场价格进行调整,从而确定被评估车辆价值的一种评估方法。现行市价法是一种最直接、最简单的评估方法。

这种方法的基本思路是通过市场调查选择一个或几个与评估车辆相同或类似的车辆作为参照物,分析参照物的构造、功能、性能、新旧程度、地区差别、交易条件及成交价格等,并与评估车辆一一对照比较,找出两者的差别及差别所反映在价格上的差额,经过调整,计算出旧机动车辆的价格。其公式为

被评估车辆的价值=参照物现行市价×$\sum$差异量

现行市价法的前提是需要一个充分发育、活跃的旧机动车交易市场,有充分的参照物可取;同时对比参数明确、可以量化。而我国二手车市场发育不完全,寻找参照物有一定的困难,可比的参数多而复杂。因此,实际操作有一定难度。

小思考　说说现行市价法的优缺点。

3. 收益现值法

收益现值法是将被评估的车辆在剩余寿命期内的预期收益,用适当的折现率折现为评估基准日的现值,并以此确定评估价格的一种方法。

收益现值法的原理是人们拥有该车辆,基于这辆车能为自己带来一定的收益。在机动车的交易中,人们购买的目的是车辆获利的能力,而不是车辆本身。因此,该方法适用于投资营运的车辆。

小案例　收益现值法评估方法应用

某企业拟将一辆10座旅行客车转让,某个体工商户准备将该车用作载客营运。按国家规定,该车辆剩余年限为3年,经预测得出三年内各年预期收益,如表11.4所示。

表11.4　3年内各年预期收益的数据

	收益额(元)	折现率	折现系数	收益折现值(元)
第一年	10000	8%	0.9259	9259
第二年	8000	8%	0.8573	6854
第三年	7000	8%	0.7938	5557

由此可以确定评估值为

$$评估值=9259+6854+5557=21670(元)$$

问题　试着使用收益现值法评估其他二手车的现时价值。

运用收益现值法评估机动车价值涉及"折现率"。折现是一个时间优先的概念,认为将来的收益或利益低于现在的同样收益或利益,而且随着收益时间向将来推迟的程度而有系统地降低价值。折现率是一种特定条件下的收益率,说明车辆取得该项收益的收益率水平。折现率的确定是运用收益现值法评估车辆比较棘手的问题。折现率必须谨慎确定,折现率的微小差异,会导致评估值很大的差别。确定折现率不仅要定性分析,还应寻求定量方法。由于专业关系,这里对如何确定折现率不作介绍,感兴趣的同学可以自己查阅资料了解。

4. 清算价格法

清算价格法是以清算价格为标准,对二手车进行的价格评估。清算价格指企业由于破产或其他原因,要求在一定的期限内将车辆变现,在企业清算之日预期出卖车辆可收回的快速变现价格。

清算价格法的原理与现行市价法相同,所不同的是迫于停业或破产,清算价格往往大大低于现行市场价格。

清算价格法适用于企业破产、抵押、停业清理时需要售出的车辆。

清算价格法主要方法有:现行市价折扣法、模拟拍卖法(意向询价法)、竞价法。

小案例 **清算价格法评估方法应用**

本中心接受委托后，对评估车辆进行了现场勘估和广泛地调查，并根据本次评估的特殊目的，即属债务清偿，决定本次的评估方法为清算价格法。

评估计算公式：

评估值＝重置成本全价×成新率×折扣率

重置成本全价＝现行市场购置价＋购置附加费＋消费税

1. 现行市场购置价的确定

根据市场调查了解到该车的生产厂家现以停止该型号汽车的生产，与该车类似产品为万里 6440 型，经销商卖价为 25 万元，该车型较被评估车动力性能好，内饰装饰也豪华一些。故本次评估参照此价格确定市场购置价为 225000 元。

2. 重置成本全价

该车辆购置附加费费率为 10%，根据当地政府规定，购买外地这类小客车要交纳教育费附加消费税，其税率为 10%，故重置全价为

重置成本全价＝225000×(1＋10%＋10%)＝270000(元)

3. 成新率的确定

根据部件鉴定法及车辆使用及保养情况综合确定成新率为 75%，详见表 11.5。

4. 折扣率的确定

根据市场调查，取 80% 的折扣率即可在清算之日出售车辆。

5. 评估值的计算

评估值＝重置成本全价×成新率×折扣率＝270000×75%×80%＝162000(元)

表 11.5 成新率估算明细表

总成部件	权分(%)	成新率(%)	加权成新率(%)
发动机总成	30	80	24
变速器及转向器总成	10	80	8
前桥及转向器、前悬架总成	10	60	6
后桥及后悬架总成	10	85	8.5
制动系统	5	80	4
车架总成	5	80	4
车身总成	22	70	15.4
电器设备及仪表	6	60	3.6
轮胎	2	80	1.6
合计	100		75.1

(资料来源：徐向阳. 汽车市场营销学[M]. 北京：机械工业出版社，2007.)

问题 试着使用清算价格法评估其他二手车的价值。

即问即答 二手车评估的实际操作方法

1. "54321"法

按照车辆经济使用寿命30万千米为条件，将其分为5段，每段为6万千米，每段价值依序为原车价的5/15、4/15、3/15、2/15、1/15。

例如：伊兰特1.6GL，已使用两年，行驶里程为6万千米。以9万元为重置价格，那么该车的现时价值＝90000×(4＋3＋2＋1)/15＝60000(元)。

美、日、德产的车有效寿命一般都在30万千米左右，超过30万千米后，维修保养费可能比车本身价值还高。对于档次低的车，可调整有效寿命。这种方法比较适合家用轿车。

2. "4321"法

即第一、二、三、四年分别耗用车辆总价值的4/10、3/10、2/10、1/10、

比如，还是上述伊兰特，使用两年，行驶里程为6万千米。以9万元为重置价格，其残值为原价值的(2＋1)/10，即90000×(2＋1)/10＝27000元。

这种估价方法一般不管实际里程数是多少，仅考虑使用年限，不太适合私家车，而较适合出租车等类似的承运车。

3. 公式法

将新车使用10年报废视为100分，提15％作为不折扣的固定部分残值。85％为浮动折旧值。车的使用佳期一般为中早期，表现为两头小、中间大，分三段，即3年、4年、3年来折旧。折旧率分别为11％、10％、9％。即前三年，每年折旧率为11％，总折33％；中间四年，每年折旧率为10％，总折40％；最后三年，每年折旧率为9％，总折27％。计算公式为

评估价＝市场现行新车售价×[15％＋85％×(分阶段折旧费)]＋评估值

（资料来源：戚叔林．汽车市场营销[M]．北京：机械工业出版社，2010.）

第三节　二手车交易

二手车交易是指二手车所有人通过经销企业、拍卖企业、经纪机构和鉴定评估机构等将二手车卖给买方的二手车经营行为。

二手车交易是一种产权交易，实现二手车所有权从卖方到买方的转移过程。二手车必须完成所有权转移登记才算是合法的、完整的交易。

一、二手车交易类型

1. 车主直接交易

二手车直接交易是指二手车所有人不通过经销企业、拍卖企业和经纪机构将车辆直接出售给买方的交易行为。交易可以在二手车交易市场内进行，也可以在场外进行。

2. 二手车经纪

二手车经纪人由于长期从事二手车交易活动，掌握大量的信息，买卖双方通过经纪公司的中介服务，实现二手车所有权的转移。他们的利润是成交后的中介费。

3. 二手车拍卖

二手车拍卖是指二手车拍卖企业以公开竞价的形式将二手车转让给最高应价者的经营活动。从事二手车拍卖及相关中介服务活动的机构应按照《拍卖法》及《拍卖管理办法》的有关规定进行。

4. 经营公司收购销售

它是指二手车经营企业收购、销售二手车的经营活动。作为二手车经营公司，它有独立的二手车收购、整备、销售及售后服务等功能，可直接开具二手车过户发票，并可在二手车交易市场以外独立经营。

二手车经营进入品牌二手车时代，目前经营品牌二手车的主体有两种：

一种是以汽车的生产厂家为依托，由其旗下的4S店进行二手车收购或置换。二手车置换是消费者用二手车的评估价值加上另行支付的车款从品牌经销商处购买新车的业务。

另一种是以注重品牌推广和服务的二手车经营公司。他们具有较高素质的专业技术人员和经营管理人员，具有固定的交易场所，具有车辆检测维修设备，能够为客户提供良好的售后服务。其经营方式为买进和卖出二手车，从中赚取差价。

我国二手车交易风险有哪些？

(1) 车辆手续不全。

(2) 里程表上动手脚。

(3) 新漆掩盖“外伤”。

(4) “调理心脏”抬价钱。

(5) “营转非”蒙混过关。所谓“营转非”车辆，是指曾用于出租营运的汽车，经各种渠道流入二手车市场，冒充非营运车辆。

(6) 违法记录未处理。市场上有许多待售二手车有交通违法记录未处理，一旦购买此类车，消费者就要为前任车主的交通违法行为“负责”。

二、二手车交易步骤

二手车交易不像一般商品交易那么简单，我国实行过户制度，交易者需要遵守相关的政策规定，按照一定的交易程序进行，这样有利于保障买卖双方的利益。不论是哪一种交易类型，都必须办理过户相关手续，实现车辆所有权变更。

目前，全国范围内还没有完全统一的二手车交易程序标准，各地二手车交易市场完成二手车交易的步骤可能有差异，但主要程序是大同小异的。二手车交易步骤如图11.5所示。

图11.5 二手车交易一般流程

1. 组织车源、寻找客户

通过代理或者收购的方式组织车源，为客户提供多样的选择，尽可能满足不同客户的需求，并通过有效的方法寻找合适的买主。

2. 接待客户，展示车辆状况

了解客户的要求，全方位向客户展示车辆的状况，介绍车辆的性能和优越性，满足客户的需求，为客户购车奠定基础。

3. 商定成交价格

根据二手车价格评估体系和二手车专业价格评估机构，买卖双方商定成交价格。

4. 签订交易合同

买卖双方按照法定规范的合同范本签订交易合同。

《旧机动车买卖合同》内容主要包括：厂牌、车型、底盘号、发动机号、17位编码、牌照号码等基本情况，以及交易价格、付款方式和时间、过户责任、违约责任等。

5. 办理过户手续

帮助客户完成过户、机动车登记证、机动车行驶证变更、保险的车主变更等相关手续。

三、二手车交易过户

1. 二手车交易过户需要的资料

(1) 车辆行驶证；

(2) 机动车登记证书；

(3) 机动车登记副表；

(4) 车辆购置附加税证；

(5) 买卖双方身份证、户口簿，如果是外地户口，需要携带暂住证，买方的暂住证需要满一年。

2. 二手车交易过户的简要流程

(1) 二手车市场在车辆过户时实行经营公司代理制，过户窗口不直接对消费者办理。将车开到市场，有二手车经营公司为其代理完成过户程序：评估、验车、打票。

(2) 买卖双方需签订由工商部门监制的《二手车买卖合同》，合同一式三份，买卖双方各持一份，工商部门保留一份。经工商部门备案后才能办理车辆的过户或转籍手续。

(3) 等评估报告出来后，开始办理过户手续。办理好的过户凭证由买方保留，卖方最好也保留一份复印件，以备日后不时之需。

3. 二手车交易过户的大致费用

(1) 代办费用：委托经营公司代办费用一般在200元左右。（由于实行经营公司代理制，这笔费用省不掉。）

(2) 过户费用：交易过户费按车辆评估价的5‰收取，这笔费用的承担由买卖双方自行协商。（“过户手续费”与该车实际成交价格无关。如果车实际成交价为5.6万元，还是以评估价6万元为基准计算。）

(3) 其他费用：评估车辆费180元、验车费80元、打票150元。车辆过户之后还要进行养路费、车船使用税、年检及保险的车主变更。

小案例 **改装车无法过户**

刘先生去年5月份花了6.5万元从某旧车市场贩子手中买了一辆富康，事前已得知经过改装。据介绍，加装音响花了1万多元，四个轮毂和轮胎5000多元，天窗3000元，包围2000元，还有尾翼、仪表板、赛车座椅、动力系统等，追加投入四五万元。最后被告知因自行改装车辆造成与车辆出厂技术参数不符，无法过户。

问题 **二手车过户需要注意哪些方面？**

四、二手车转籍

机动车原所有人（过出方）与现所有人（过入方）不在同一车辆管理所管辖区域且车辆当前管辖区域为本市的，因车辆买卖行为而发生的机动车所有权转移，称转籍。

1. 需提供的材料

（1）“机动车登记证证书”“机动车行驶证”“机动车登记表副表”机动车号牌（1副）；

（2）临时号牌申领表、机动车转籍更新证明；

（3）机动车转移登记申请表（水笔或钢笔填写，不得涂改）；

（4）来历凭证：二手车销售统一发票；

（5）机动车所有人身份证明（个人：身份证、户口簿；单位：组织机构代码证（代码证必须盖有公章））；

（6）“机动车登记业务流程业务记录单”（封袋）；

（7）“二手车买卖合同”或“二手车销售合同”；

（8）车船税纳税凭证；

（9）机动车评估书；

（10）经办公司组织机构代码证和经办人身份证复印件（必须在有效期内）；

（11）改装车提供承诺书、进口车提供查询单、特种车提供审批文件。

2. 市场收费标准

（1）交易费：汽车200元、摩托车50元；

（2）办证服务费：200元；

（3）查验费：30元；

（4）临牌工本费：5元。

五、退牌

本市已注册登记的机动车进行车牌分离，办理车辆暂时停搁的业务，称退牌。

1. 需提供的材料

（1）“机动车登记证证书”“机动车行驶证”“机动车登记表副表”；

（2）车辆标准照片1张；

（3）机动车退牌更新单、车辆停搁证明；

（4）机动车所有人身份证明（个人：身份证、户口簿；单位：组织机构代码证、IC 卡）；

（5）“机动车登记业务流程业务记录单”（封袋）；

（6）经办公司组织机构代码证和经办人身份证复印件（必须在有效期内）。

2. 市场收费标准

（1）查验费：30 元；

（2）退牌服务费：20 元。

六、保险过户

由于保险公司在赔偿的时候是根据保险车辆的折旧价、购车发票票面价格以及投保金额这三者中的最低价来确定赔偿金额的，所以新车盗抢险的保额和旧车是不同的。

新车的保额要按照新车的购置价投保，而旧车的保额要按照车辆的折旧价和购车发票金额的最低金额确定。如果买的是二手车，而盗抢险按新车价投保，那么不但多交了保险费，一旦车被偷、被抢，也只能得到折旧价或发票价中最低的赔偿。

如果购买了已上保险的二手车，且保险随车转让给买方，请注意要求卖车方将保险单正本、保险证转交给买方，同时要求卖方到保险公司变更保险人（简称过户）或过户后退保。

但是一般情况下，过户对买方更实惠一些。因为过户后买方可以接着享有此车的保险保障，直到保险期满。如果不出险，在下一年度投保时，买方还可以用本年度保单申请 10% 的无赔款优待。

哪些车辆不能办理过户？

（1）申请车主印章与原登记车主印章不相符的；

（2）未经批准擅自改装、改型及变更载货重量、乘员人数的；

（3）违章、肇事未处理结案的或公安机关对车辆有质疑的；

（4）达到报废年限的；

（5）未参加定期检验或检验不合格的；

（6）新车入户不足三个月的（进口汽车初次登记后不满两年，但法院判决的除外）；

（7）人民法院通知冻结或抵押期未满的；

（8）属控购车辆无申报牌照证明章的；

（9）进口汽车属海关监管期内，未解除监管的；

（10）分期付款的车辆，尚未缴完全款的。

第四节　二手车置换

二手车置换是消费者用二手车的评估价值加上另行支付的车款从品牌经销商处购买新车的业务。由于参加置换的厂商拥有良好的信誉和优质的服务，其品牌经销商也能够给参与置换业务的消费者带来信任感和更加透明、安全、便利的服务，所以现在越来越多想换新车的消费者希望尝试这一新兴的业务。

一、二手车置换业务发展简介

在许多发达国家和地区，新车销售趋于稳定，买新车的人多数原来就有车，为促进新车销售、提高服务，新车制造商和经销商推出了“以旧换新”业务，也就是二手车置换业务。二手车置换业务实质上是将二手车业务和新车销售业务紧密结合的一种产物。

二手车置换业务既可以帮助经销商促进新车销售，同时经销商也可以从二手车的收购和销售过程中获得相当丰厚的利润，消费者也可以通过置换获得便捷可靠的换车服务，甚至有可能获得更加优惠的价格。车辆更新对于车主来说，是一个繁琐的过程。首先要到二手车市场把车卖掉，这其中要经历了解市场行情、咨询二手车价格、与二手车经纪公司讨价还价直至成交。办理各种手续和等待回款，至少要好几天，等拿到钱后再到新车市场买新车，又是一番周折。对于车主来说更新一部车比买一部车麻烦得多。在生活节奏日益加快的今天，人们期盼能有一种便捷的以旧换新业务，使他们在自由选择新车的同时，很方便地处理要更新的车。因此，二手车置换业务应运而生。

汽车置换业务在中国市场诞生的那一刻起，就是作为新车整车销售市场的一个辅助市场和竞争手段。在我国，最先开展二手车置换业务的是上海通用，上海通用 2002 年推出了二手车品牌——“诚新二手车”。随后，各大汽车生产商也纷纷推出自己的二手车置换业务品牌。这种由各大汽车生产厂商主导的二手车置换业务是为了提高各自品牌的市场占有率而展开的，各大汽车生产厂商对经销商的置换业务给予扶持。

从国内的交易情况来看，虽然各经销商在开展二手车置换业务时往往并不预先知道置换的旧车是否是本品牌汽车，但如果是本品牌的旧车置换，将会提供更加优惠的政策。例如，上海通用推出的“诚新二手车”在开展置换业务时，如果用上海大众的 POLO 汽车来置换别克君悦，仅能享受新车保修期延长一年或 1 万千米的优惠，而如果用上海通用的凯越来置换别克君悦，那将享受新车保修期延长一年或 2 万千米的优惠。由此可见，各大汽车生产厂商为积极推进二手车置换业务提供了政策支持，尤其是对本品牌的汽车置换支持力度更大。

二、二手车置换的价值和意义

二手车置换业务无论是对新车经销商还是对消费者而言，都是有利的。

（一）对消费者而言

对消费者而言，参与二手车置换比卖掉旧车再买新车带来了更多价值。主要体现在以下四个方面：

1. 交易便捷

二手车置换服务将消费者淘汰旧车和购买新车的过程结合在一起，一次完成甚至一站完成，为用户解决了先要卖掉旧车再去购买新车的麻烦。

2. 新车经销商的让利置换使旧车增值

与顾客将旧车出售给二手车经纪公司不同，经销商通常是以二手车交易市场二手车收购的最高价格确定二手车价格，经双方认可后，置换二手车的钱款直接冲抵新车的价格。不仅如此，各大汽车生产厂商为积极推进二手车置换业务提供了各项优惠政策的支持，如前面提到的上海通用"诚新二手车"提供的新车延长质保的优惠。

3. 享受"全程一对一"的置换服务

经销商提供的车辆置换服务，往往会是"全程一对一"的服务模式。从旧车定价、过户手续到新车的贷款、购买保险、上牌照等过程都由二手车置换经销商内部的专业部门完成，保证效率和服务水准。

4. 完善而有保障的销售服务

通过置换购买的新车，汽车置换授权经销商提供包括保险、救援、替换车、异地租车等服务在内的完善的售后服务。对于符合条件的顾客，有的经销商还会提供更加个性化的车辆保值回购计划，使顾客可以无需考虑再次更新时的车辆残值，安心使用车辆。

（二）对新车生产厂商及其经销商而言

对新车生产厂商及其经销商而言，开展二手车置换比单纯卖新车带来了更多的价值。其主要体现在以下几方面：

1. 促进新车销售

截至2007年，上海通用"诚新二手车"的许多经销商二手车置换率（所谓二手车置换率，就是指二手车置换新车占整个新车销售总量的比例）已经超过10%，许多其他品牌的经销商置换率也基本达到5%左右。这说明二手车置换对新车销售的促进作用日渐凸显。在国外发达市场，这个比例高达70%，即每销售出去100台新车中，有70台是通过置换实现的。

2. 获得更大利润

表面上，新车经销商为了开展二手车置换业务往往会推出新车置换、旧车增值的促销活动，其收购价格偏高，降低了利润。其实不然，新车经销商们通过经营回收的二手车，同样能获得利润，甚至比销售新车还高。

3. 提升品牌价值

汽车整车制造商积极开展置换业务的另一主要目的是提高品牌的价值。新车生产厂商积极开展置换业务，鼓励经销商们提高价格收购本品牌的二手车，其目的是通过提高本品牌车辆的残值，提升品牌价值，增加消费者对其品牌的信任，从而获得更多更长远的利益。

三、二手车置换服务程序

汽车厂家在各地挑选实力较强的4S专卖店开展"二手车置换新车"业务，主要是为了提升品牌形象、提高服务水平、扩大新车销售。可以开展二手车置换的4S店一般都经过了汽车厂家的批准，有1～2名国家注册的评估师，并建立了一套较严格的二手车置换流程。其评估指标包括使用年限、使用性质、行驶千米数、车况、新车价格等，同时必须参考当地二手车市场的价格。

二手车置换服务一般程序如图11.6所示。

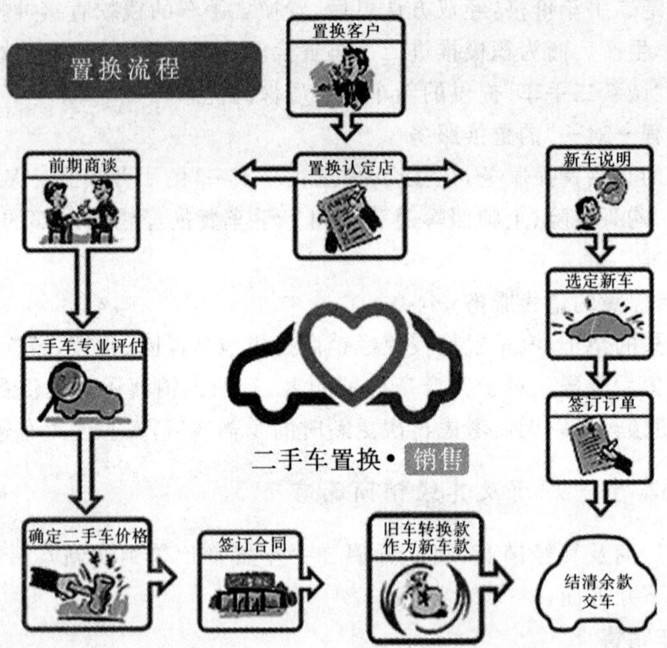

图 11.6　二手车置换服务一般程序

品牌二手车置换业务基本流程如图 11.7 所示。

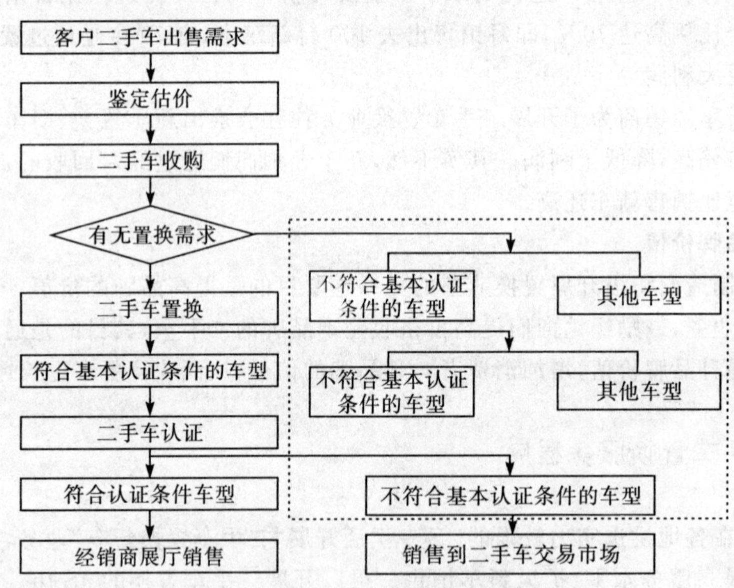

图 11.7　品牌二手车置换服务基本流程

在具体的业务中,4S 店要建立两本用户信息表:一是卖车的用户,二是买车的用户。不同的二手车置换授权经销商对汽车置换流程的规定不完全一样。国内一般汽车置换程序有以下两种。

1. 以二手车交易为主导

(1) 顾客通过电话或者直接到二手车置换授权经销商处(一般是 4S 店或二级经销网点)进行咨询,也可以在二手车置换授权经销商的网站进行置换登记;

(2) 估价师根据对该车各个部位的观察、判断,先给出一个价格;

(3) 二手车置换授权经销商的新车销售顾问陪同选定新车;

(4) 顾客携带行驶证、产权登记证、身份证、购置税凭证、养路费单据、年检合格证、保险单等,估价师进行二次系统检测和估价,综合给出一个价格,目前一般要比二手车市场的价格高一些;签订二手车购销协议以及置换协议;

(5) 置换二手车的钱款直接充抵新车的车款,顾客补足新车差价后,办理提车手续,或由二手车置换授权经营商的销售顾问协助在指定的经营商处提取所订车辆,二手车置换授权经营商提供一条龙服务;

(6) 顾客如需贷款购新车,则置换二手车的钱款作为新车的首付款,二手车置换授权经营商为顾客办理购车贷款手续,建立提供因汽车消费信贷所产生的资信管理服务,并建立个人资信数据库;

(7) 4S店承诺提走的新车享有正常的所有优惠条件和服务,并要求客户在一个月内协助办理过户手续。

2. 以汽车销售为主导

(1) 顾客通过电话或者直接到新车销售店中,由新车销售顾问接待,在介绍新车之后,由新车顾问提示客户是否有旧车需要置换,如果有,将邀请本公司的二手车评估师进行二手车鉴定评估定价;

(2) 新车销售顾问、二手车评估师与客户共同议定价格,确定差价,陪同选定新车;

(3) 签订二手车购销协议以及置换协议;

(4) 置换二手车的钱款直接冲抵新车的车款,顾客补足新车差价后,办理提车手续,或由二手车置换授权经营商的销售顾问协助在指定的经营商处提取所订车辆,二手车置换授权经销商提供一条龙服务;

(5) 4S店承诺提走的新车享有正常的所有优惠条件和服务,并要求客户在一个月内协助办理过户手续。

3. 二手车置换业务注意事项

无论是哪一种操作模式,在开展二手车置换业务时应注意:

(1) 车辆牌照。新车仍使用原二手车牌照的,经销商代办退牌手续和新车上牌手续;新车上新牌照的经销商可代办手续;

(2) 新车需交钱款=新车价格-旧车评估价格;

(3) 贷款置换。如果旧车贷款尚未还清,可由经销商继续还清贷款,款项计人新车需交钱款,或由贷款人自行还清贷款后交易;

(4) 为降低收购风险,定价签约与交车之间间隔不可太久,一旦车辆在此期间发生事故或故障,新车价格、二手车市场价格发生变动,都将影响最终的置换业务完成;

(5) 对二手车的检测养护、必要的修理是必须做的,这是对二手车买主负责的表现。

即问即答

国内主要二手车置换品牌有哪些?

① 上海通用"诚新"二手车业务;② 上海大众"特选"二手车业务;③ 宝马"尊选"二手车业务;④ 一汽奥迪"AAA"二手车业务;⑤ 东风悦达起亚"至诚"二手车业务;⑥ 东风标致"诚狮"二手车业务;⑦ 一汽丰田"安心"二手车业务;⑧ 广州本田"喜悦"二手车业务。

本章小结

基本概念	二手车　二手车市场　二手车交易　二手车贸易　二手车鉴定评估　二手车交易　二手车置换
基本内容	1. 二手车是指已在公安局车管部门办理注册登记手续取得牌照进行交易并转移所有权的机动车;二手车交易市场是指买主和卖主进行二手车商品交易和产权交易的场所;二手车贸易是二手车有关的服务业务的总称,包括收购、销售、经纪、鉴定、估价、置换、拍卖、整修翻新、金融服务、美容装饰等。 2. 我国二手车经历了四个阶段发展历程,具有发展速度快、潜力大、发展前景广阔等特点和趋势。 3. 二手车鉴定评估是指二手车鉴定评估机构本着买卖双方自愿的原则对二手车技术状况及其价值进行鉴定评估的经营活动。二手车技术鉴定方法主要有静态检查、动态检查和仪器检查三种。 4. 我国二手车估价方法主要参照资产评估的方法,主要方法有:重置成本法、现行市价法、收益现值法和清算价格法。 5. 重置成本法是指在现时条件下重新购置一辆全新状态的被评估车辆所需的全部成本,减去被评估车辆的各种陈旧贬值后的差额,作为被评估车辆现时价格的一种方法。 6. 现行市价法是指通过比较被评估车辆与最近售出类似车辆的异同,并将类似车辆的市场价格进行调整,从而确定被评估车辆价值的一种评估方法。 7. 收益现值法是将被评估的车辆在剩余寿命期内的预期收益,用适当的折现率折现为评估基准日的现值,并以此确定评估价格的一种方法。 8. 清算价格法是以清算价格为标准,对二手车进行的价格评估。清算价格指企业由于破产或其他原因,要求在一定的期限内将车辆变现,在企业清算之日预期出卖车辆可收回的快速变现价格。 9. 二手车交易是指二手车所有人通过经销企业、拍卖企业、经纪机构和鉴定评估机构等将二手车卖给买方的二手车经营行为。它是一种产权交易。 10. 二手车置换是消费者用二手车的评估价值加上另行支付的车款从品牌经销商处购买新车的业务。二手车置换业务无论是对新车经销商还是对消费者而言,都是有利的。

知识巩固

（一）选择题

1. 依照相关法规，二手车评估中为确认卖方的身份及车辆的合法性，应根据合法有效的（　　）。

   A 卖方身份证、车辆号牌、机动车登记证书、机动车行驶证

   B 卖方身份证、机动车安全技术检验合格标志、机动车行驶证、机动车登记证书

   C 卖方身份证、车辆号牌、机动车安全技术检验合格标志、机动车行驶证

   D 卖方身份证、车辆号牌、机动车登记证书、机动车安全技术检验合格标志

2. 依照相关法规，二手车评估中为核实二手车卖方的所有权或处置权，应确认（　　）。

   A 机动车行驶证与卖方身份证明一致

   B 机动车行驶证、驾驶证与卖方身份证明一致

   C 机动车登记证书、行驶证与卖方身份证明一致

   D 机动车登记证书与卖方身份证明一致

3. 依照相关法规，二手车评估中发现非法车辆、伪造证明或车牌的，擅自更改发动机号、车架号的、调整里程表的，应当（　　）。

   A 照常评估技术状态

   B 不加过问

   C 及时向执法部门举报，配合调查

   D 不予评估，也不举报

4. 张某受托替同学李某代卖一辆捷达，二手车评估中为确认卖方的身份及车辆的处置权，应根据（　　）。

   A 李某身份证、车辆号牌、机动车登记证

   B 李某身份证、机动车行驶证、车辆号牌

   C 张某身份证、李某身份证、授权委托书

   D 张某身份证、机动车登记证书、机动车行驶证

5. 下面不允许交易的车辆是（　　）。

   A 私家车　　B 走私车

   C 驾驶才半年的新车　　D 全进口车

6. 二手车评估方法包括（　　）。

   A 重置成本法　　B 现行市价法　　C 成本加成法　　D 清算价格法

   E 收益现值法

7. 二手车技术鉴定方法包括（　　）。

   A 静态检查　　B 动态检查　　C 仪器检查　　D 局部检查

   E 全面检查

8. 评估报告应附的资料有（　　）。

   A 旧机动车鉴定评估委托书　　B 车辆行驶证复印件

   C 二手车技术鉴定表　　D 评估师鉴定资格证书复印件

E 鉴定评估机构营业证复印件

9. 二手车交易过户需要的资料包括(　　)。

A 车辆行驶证　　B 机动车登记证书

C 机动车登记副表　　D 车辆购置附加税证

E 买卖双方身份证

10. 下列不能办理过户车辆的是(　　)。

A 违章肇事未处理的车辆

B 达到报废年限的车辆

C 进口车辆

D 擅自改装的车辆

E 分期付款,尚未缴完全款的车辆

(二) 判断题

1. 二手车又叫旧机动车,也就是旧车。(　　)
2. 二手车市场,又称汽车二级市场,其交易过程为“用户—经销商—用户”。(　　)
3. 任何二手车交易评估都完全采取自愿原则。(　　)
4. 二手车贸易就是二手车交易。(　　)
5. 我国二手车市场具有发展潜力大、发展速度快和发展前景广阔等特点。(　　)
6. 清算价格往往高于于现行市场价格。(　　)
7. “4321”估价方法一般不太适合私家车,比较适合出租车等类似的承运车。(　　)

(三) 简答题

1. 购买二手车时如何进行静态检查?
2. 简述二手车置换的价值与意义。
3. 二手车交易应办理的手续有哪些?

二手车的综合评定

1. 车辆基本信息

品牌	桑塔纳 2000	型号	1.8MT
车辆类型	轿车	国产/进口	国产
产地	上海	发动机型号	AJRL4 发动机
变速器类型	手动 5 档	排量	1.8
车身颜色	黑色	行驶里程	110000 千米
燃油种类	汽油	上牌日期	2010 年 6 月

2. 手续、费用情况

相关证件齐备,税费齐备,无保险理赔记录。

3. 车辆配置

电动门窗、电动后视镜、助力转向系统、空调、CD、ABS。

4. 静态检查

此车整体外观状况一般，车身漆面折光度暗、粗糙，左前门有小碰撞现象，可见车主平时对车爱护不周。检查车内，内饰保养不错，车厢没有异味。座椅活动自如，各操控开关完好有效。玻璃升降器、防水胶条等容易老化部分经检查没有问题。发动机舱内线路布置显得较乱，车子线路有改动的迹象。发动机各油管接口无漏油现象，也无渗漏现象，车底无漏油漏水现象。发动机皮带老化较为严重，必须更换。车架连接处牢固可靠，底盘剐蹭程度正常，工具齐全完好，轮胎磨损程度正常。

5. 动态检查

桑塔纳搭载的是 AJR1.8 升发动机，点火怠速下噪声较大，车子隔音效果一般，轻点油门，车子向前滑出，提速没力，油门、离合器略有些沉，车身较长，开起来较费劲，舒适性不高。高速行驶时方向稳定性好，并线超车干净利落，随着油门踏板被深深踩下，发动机转速迅猛飙升，动力输出较为平稳，时速 100 千米时，噪声较大，车身稳定性很高。轮胎抓地力一般，侧倾性控制得不错。发动机的动力输出也比较满意，变速箱在试车的过程中，换挡速度适中。车辆悬挂偏硬，通过马路减速带时会发出较大“砰、砰”的声音。刹车性能一般，刹车片磨损正常。

6. 评估方法

现行市价法、重置成本法。

7. 综合评定

桑塔纳 2000 型是上海大众较早引进的车型，作为一款典型的公务和商务用车，2000 型桑塔纳自从上市以来一直热销，在国内车坛里存在时间长，保有量大，维修成本低廉。桑塔纳 2000 具有低速扭矩大、起步快、高速超车性能出色等优点。此车新车包牌价 9.37 万元。根据市场行情分析此车的综合评定二手价格为 5.3 万元。

（资料来源：张彤. 汽车市场营销[M]. 北京：化学工业出版社，2010.）

问题：

1. 结合案例，说说二手车技术鉴定方法有哪些？
2. 二手车评估方法有哪些？具体说说现行市价法和重置成本法。
3. 本案例是如何评定该二手车的价格的？

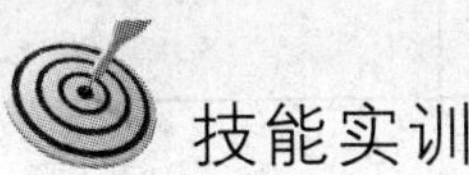

技能实训

二手车价格评估方法训练

［实训目标］

1. 培养分析和选择合适的评估方法满足顾客需求的能力。
2. 培养根据不同车况进行估价的能力。

［内容和要求］

1. 利用课余时间，以小组为单位收集汽车交易市场和汽车 4S 店的估价案例，注意不同车况和需求对汽车估价产生的差别。

2. 结合下面提供的二手车案例，运用重置成本法、现行市价法、收益现值法、清算价格法进行价格评估。

二手车案例

某人拟购置一台较新的桑塔纳2000轿车用作个体出租车经营使用。经调查得到以下各数据和情况：车辆登记之日是2011年4月，已行驶1.3万千米，目前车况良好，能正常运行。如用于出租使用，全年可出勤300天，每天平均毛收入450元。评估基准日是2013年2月。

[实训步骤]

1. 对教学班级进行分组：6人一组，男女生均衡分配，50人的标准班分成8组；
2. 每个组独立完成实训主题；
3. 各小组分析不同评估方法的结果，写出二手车价格分析报告；
4. 各小组将研究结果以PPT的方式呈现，小组成员共同制作PPT；
5. 课堂交流：每个小组用PPT作8分钟汇报，其他小组同学根据陈述报告提1～2个问题，小组回答问题(控制在5分钟)，教师用2分钟点评。

[实训考核](百分制)

1. 各小组实训项目完成质量(30分)。
2. PPT制作效果，课堂汇报表现(如礼仪、语言表达、创造性等)(30分)。
3. 各小组知识运用(20分)。
4. 各小组团队合作精神、学习态度(20分)。

评估指标：

	评估等分	评　语
案例报告质量(30分)		
交流中的表现(20分)		
PPT制作效果(10分)		
运用知识(20分)		
学习态度(20分)		
合　计		

评估标准：

	好(80～100分)	一般(60～79分)	差(少于60分)
项目完成质量(30分)	资料翔实，分析有理有据，结构完整	基本能够概括评估的内容，基本上无分析	案例报告不完整，缺乏个人观点
PPT制作效果(10分)	内容丰富，重点突出，详略得当，表现力强	包括基本的评估内容，步骤表现有一定层次	评估内容不完整，过于简单
交流中的表现(20分)	能够完整地表达意思，语言流畅，神情自如、大方	基本能够表达意思，语言不流畅，表现不自然	不能表达自己的意思，状态不佳
运用知识(20分)	能够熟练地运用所学的知识分析问题，卓有成效	基本能够运用所学知识分析问题，不深刻	不能运用所学的知识分析实际问题
学习态度(20分)	热情高，干劲足，态度认真，能够出色地完成任务	有一定的热情，基本能够完成任务	敷衍了事，不能完成任务

附　　录

附录一　汽车销售中的基本车辆参数

(1) 发动机:包括 2 大机构、5 大系——曲柄连杆机构、配气机构,燃料供给系、冷却系、润滑系、点火系、启动系。

(2) 底盘:底盘作用是支承、安装汽车发动机及其各部件、总成,形成汽车的整体造型,并接受发动机的动力,使汽车产生运动,保证正常行驶。底盘由传动系、行驶系、转向系和制动系四部分组成。

(3) 车身:车身安装在底盘的车架上,用以驾驶员、旅客乘坐或装载货物。轿车、客车的车身一般是整体结构,货车车身一般是由驾驶室和货箱两部分组成。

(4) 电气设备:电气设备由电源和用电设备两大部分组成。电源包括蓄电池和发电机;用电设备包括发动机的启动系、汽油机的点火系和其他用电装置。

(5) 整车装备质量(单位:kg):汽车完全装备好的质量,包括润滑油、燃料、随车工具、备胎等所有装置的质量。

(6) 最大总质量(单位:kg):汽车满载时的总质量。

(7) 最大装载质量(单位:kg):汽车在道路上行驶时的最大装载质量。

(8) 最大轴载质量(单位:kg):汽车单轴所承载的最大总质量,与道路通过性有关。

(9) 车长(单位:mm):汽车长度方向两极端点间的距离。

(10) 车宽(单位:mm):汽车宽度方向两极端点间的距离。

(11) 车高(单位:mm):汽车最高点至地面间的距离。

(12) 轴距(单位:mm):汽车前轴中心至后轴中心的距离。

(13) 轮距(单位:mm):同一车桥左右轮胎胎面中心线间的距离。

(14) 前悬(单位:mm):汽车最前端至前轴中心的距离。

(15) 后悬(单位:mm):汽车最后端至后轴中心的距离。

(16) 最小离地间隙(单位:mm):汽车满载时,最低点至地面的距离。

(17) 接近角(单位:°):汽车前端突出点向前轮引的切线与地面的夹角。

(18) 离去角(单位:°):汽车后端突出点向后轮引的切线与地面的夹角。

(19) 转弯半径(单位:mm):汽车转向时,汽车外侧转向轮的中心平面在车辆支承平面上的轨迹圆半径。转向盘转到极限位置时的转弯半径为最小转弯半径。

(20) 最高车速(单位:km/h):汽车在平直道路上行驶时能达到的最大速度。

(21) 最大爬坡度(单位:%):汽车满载时的最大爬坡能力。

(22) 平均燃料消耗量(单位:L/100km):汽车在道路上行驶时每百千米平均燃料消耗量。

(23) 车轮数和驱动轮数($n\times m$):车轮数以轮毂数为计量依据,n 代表汽车的车轮总数,m 代表驱动轮数。

附录二　汽车日常使用基本知识

(1) 发动机：清洗时注意对电气部分的防水处理。如果电气部分对防水要求较高的话，应避免用高压、高温的水枪来冲洗发动机，可以用毛刷蘸清洗剂清洗发动机外表。

(2) 分电器：用干净的抹布擦净分电器盖内的污物，清除分电器触点处的污物，消除触点烧蚀的斑痕，检查高速触点间隙或电子点火系统的磁极间隙，润滑分电器各润滑点。

(3) 三滤机油：用压缩空气吹去空气滤清器的灰尘；适时更换燃油滤清器并清洗管路接头的滤网；更换机油及机油滤清器。对于国产车还应清洗机油粗滤器、燃油预滤器和离心式细滤清器。

(4) 电瓶：检查蓄电池接线柱部分有没有腐蚀的现象，用热水冲洗蓄电池外表，清除蓄电池接线柱上腐蚀物。测量调整蓄电池的电解液比重。

(5) 冷却液：检查补充冷却液、清洁水箱外表。

(6) 轮胎轮毂：检查轮胎的磨损情况，对轮胎实施换位。检查轮毂、轴承预紧情况，如有间隙应调整预紧度。

(7) 制动系统：检查调整手制动拉杆工作行程；检查调整鼓式手制动器的蹄片间隙；检查调整脚制动踏板的自由行程；检查车轮制动器蹄片磨损情况，如果达到磨耗记号应更换制动蹄片；检查调整车轮制动器蹄片间隙；检查补充制动液等。

(8) 紧固：检查底盘重要螺栓或螺线的紧定情况，特别是转向系统的重要螺栓和螺线，发现有松动或缺损情况，应补齐拧紧。

(9) 底盘：检查底盘各部分管路情况，查看有没有泄漏，检查紧固所有金属连接杆件，并检查橡胶轴套有没有损坏的情况，对底盘所有润滑点进行补脂润滑。

(10) 灯光：检查修理汽车灯具，检查维护制冷、取暖装置，清洁音响系统等。

附录三　汽车配件产品种类

汽车配件种类繁多，按照功能的不同，可分为如下几类：

(1) 发动机配件：发动机、发动机总成、节气门体、气缸体、涨紧轮等。

(2) 传动系配件：离合器、变速器、变速换挡操纵杆总成、减速器、磁性材料等。

(3) 制动系配件：制动总泵、制动分泵、制动器总成、制动踏板总成、压缩机、刹车盘、刹车鼓等。

(4) 转向系配件：主销、转向机、转向节、球头销等。

(5) 行走系配件：后桥、空气悬架系统、平衡块、钢板等。

(6) 电器仪表系配件：传感器、汽车灯具、火花塞、蓄电池等。

(7) 汽车灯具：装饰灯、防雾灯、吸顶灯、前照灯、探照灯等。

(8) 汽车改装：轮胎打气泵、汽车顶箱、汽车顶架、电动绞盘等。

(9) 安全防盗：方向盘锁、车轮锁、安全带、摄像头等。

(10) 汽车内饰：汽车地毯(脚垫)、方向盘套、方向盘助力球、窗帘、太阳挡板等。

(11) 汽车外饰：轮毂盖、车身彩条贴纸、牌照架、晴雨挡板等。

(12) 综合配件：黏结剂、密封胶、随车工具、汽车弹簧、塑料件等。

(13) 影音电器:胎压监视系统、解码器、显示器、车载对讲机等。

(14) 化工护理:冷却液、制动液、防冻液、润滑油等。

(15) 车身及附件:雨刮器、汽车玻璃、安全带、安全气囊、仪表台板等。

(16) 维修设备:钣金设备、净化系统、拆胎机、校正仪等。

(17) 电动工具:电冲剪、热风枪、电动千斤顶、电动扳手等。

附录四 汽车营销策划书的撰写

汽车营销策划书是为了实施某一营销计划的书面文件。它的作用是向接收方推销针对营销问题的意见或创意,最终达到使接收方采纳自己的意见或创意的目的。

一、汽车营销策划书的形式

1. 文字式

这种方式主要借助文字把营销的创意、计划等表示出来。它可以使营销的实施者理解营销策划者的细节和意图,但是阅读量较大,在执行时容易发生遗漏。

2. 图表式

该种方法主要通过程序图、数字表格等形象手段表示策划意图和营销实施程序。这种方法尽管生动,但是策划意图往往不易被理解,所以很有可能发生理解偏差。

3. 文字与图表式结合

比较理想的方式是把文字与图表相结合,这种形式较好地运用了文字式报告和图表报告的优点,同时弥补了两种报告的不足之处,是目前最受欢迎的方式。

二、汽车营销策划书编制的原则

为了提高策划书的准确性和科学性,在撰写时应遵循以下原则:

1. 逻辑思维原则

策划的目的在于解决企业汽车营销中的问题,须按照逻辑性思维的构思来编制策划书。首先是设定情况,交代策划背景,分析产品市场现状,再把策划中心目的全盘托出;其次对具体策划内容详细阐述;再次是明确提出解决问题的对策,要注意突出重点,抓住企业汽车营销中所要解决的核心问题,深入分析,提出可行性、针对性强,具有实际操作指导意义的相应对策。

2. 可操作性原则

策划书要用于指导汽车营销活动,其指导性涉及汽车营销活动中每个人的工作及各环节关系的处理,因此其可操作性非常重要,如果不易操作,方案创意再好也无任何价值,甚至会造成大量人、财、物的耗费,管理也变得更加复杂,成效低。

3. 创意新颖原则

新颖的创意是策划书的核心内容。这就要求策划的创意新、内容新、表现手法新,给人以全新的感受。

三、汽车营销策划书的基本内容与编写格式

策划书没有一成不变的格式,它依据产品或汽车营销活动,其策划的内容与编写格式上

也有变化。但是,从汽车营销活动一般规律来看,其中有些要素是共同的。下面介绍一下汽车营销策划书的基本内容及编写格式。

1. 封面

策划书的封面可以提供以下信息:

(1) 策划书的名称;

(2) 被策划的用户;

(3) 策划机构或策划人的名称;

(4) 策划完成日期及本策划适用时间段。

2. 正文

(1) 策划目的及其内容。该部分是要说明汽车营销策划所要达到的目的,以及策划的基本内容。

由于在不同的时间段上,汽车企业自身发展的阶段不同,所处的市场环境不同,因此汽车营销策划的目的和内容也有所差异,概括起来主要有以下几种情况:

① 企业开张伊始,尚无一套系统汽车营销方略,因此需要根据市场特点,进行准确的市场定位,选择目标市场,设计出一套全新的营销方案。

② 企业发展壮大阶段,原有的汽车营销方案已不适应新的形势,因而需要重新设计新的汽车营销方案,提出更高的目标。

③ 当市场环境发生变化,企业经营方向进行调整时,原有的营销方案策划已不适应已经发生的变化,因此需要相应地调整营销方案。

总之,企业需要在不同时段,根据企业自身发展的需要和市场状况,设计新的阶段性方案。

(2) 当前的营销环境状况分析。对同类产品市场状况、竞争状况及宏观环境要有一个清醒的认识。它是为制定相应的营销策略,采用正确的营销手段提供依据的。"知己知彼方能百战不殆",因此,这部分需要策划者对市场比较了解,主要分析以下几个方面:

① 当前市场状况及市场前景分析,包括产品的市场性、现实市场及潜在市场;市场成长状况,产品目前处于市场生命周期的哪一阶段,对于不同市场阶段上的产品企业营销侧重点如何,相应营销策略效果怎样,需求变化对产品市场的影响;消费者的接受性,这一内容需要策划者凭借已掌握的资料分析产品市场发展前景。

② 对产品市场影响因素进行分析,主要是对影响产品的不可控制因素进行分析,如宏观环境、政治环境、居住经济条件(如消费者收入水平、消费结构的变化、消费心理等),对一些受科技发展影响较大的产品如计算机、家用电器等产品的营销策划还需要考虑技术发展趋势、方向的影响。

(3) 市场机会与问题分析。营销方案,是对市场机会的把握与策略的运用,因此分析市场机会就成了营销策划的关键。只要找准了市场机会,策划就成功了一半。

① 针对产品目前营销状况进行问题分析。一般营销中存在的具体问题,表现为多方面:

ⅰ 企业知名度不高、形象不佳,影响产品销售;

ⅱ 产品质量不过关、功能不全,被消费者冷落;

ⅲ 产品包装太差,无法激发消费者的购买兴趣;

ⅳ 产品价格定位不当;

ⅴ销售渠道不畅，或渠道选择有误，使销售受阻；

ⅵ促销方式不当，消费者不了解企业产品；

ⅶ服务质量太差，令消费者不满；

ⅷ售后保障缺乏，消费者购后顾虑多等都可以是营销中存在的问题。

② 针对产品特点分析优势和劣势。从问题中找出劣势予以克服，从优势中找出机会，发掘其市场潜力。分析各目标市场或消费群体的特点进行市场细分，对不同的消费者需求尽量予以满足，抓住主要消费群作为营销重点，找出与竞争对手的差距，把握利用好市场机会。

(4) 营销目标设计。营销目标是在前面的任务的基础上企业所要实现的具体目标，即营销策划方案执行期间，经济效益目标达到"总销售量为××万件，预计毛利××万元，市场占有率实现××"。

(5) 营销策划方案。这是营销策划的核心部分，主要包括：

① 营销观念：包含市场理念、产品理念、品牌理念、促销理念、广告理念、渠道理念等。任何产品都要形成一定的美誉度、知名度，最后成为知名品牌。宝马以重视品牌价值而著称，在任何一个地方，凡是宝马汽车展示中心或服务中心，都会挂有宝马的统一标志，阐述自己"品质、效率和专业化"的品牌价值。

② 营销定位：包含市场定位、产品定位、品牌定位、广告定位等。产品市场定位的关键是要在顾客心目中寻找一个位置，以迅速启动市场。

宝马的广告定位和主题是"驾驶极品车"(The Ultimate Driving Machine)，这个广告取得了巨大成功。

③ 营销观念："概念营销"是营销的大趋势，企业要设计新潮、时尚、符合潮流的营销概念，比如"绿色营销""体验营销"等全新概念。对于汽车而言，快速加上安全是其功能的先决条件，但是消费者还不满足，汽车企业不仅卖产品，而且要卖概念。

④ 产品设计：开发新产品，以满足不同顾客群的需要。如奔驰的S-CLASS是为45岁左右的男性公司总裁和高级管理人员设计的，SLK是为成功女性设计的，A-CLASS是为有2～3个孩子的家庭设计的。

⑤ 服务设计：即设计服务项目、服务形象。奇瑞要打造"汽车界的海尔"，一汽大众即将启动一整套对售后服务质量提升起重要作用的CRM系统。

⑥ 渠道设计：包含网络营销、特许经营。

⑦ 质量设计：质量是产品的生命市场，企业应具备完善的质量保证体系。

⑧ 广告设计：如户外路牌、霓虹灯广告等，实现形式与产品的完美结合。

(6) 具体行动方案。根据策划期内各时间段特点，推出各项具体行动方案，行动方案要精致、周密、操作性强又不乏灵活性，还要考虑费用支出，一切量力而行，尽量以较低的费用取得良好效果为原则。尤其应该注意季节性产品淡旺季营销侧重点，抓住旺季营销的优势。

(7) 策划方案各项费用预算。这一部分记载的是整个营销方案推出过程中的费用投入，包括营销过程的总费用、阶段费用、项目费用等，其原则是以较少的投入获得最优效果，费用预算方法在此不再详谈，企业可凭借经验，具体分析制定。

(8) 策划步骤说明以及策划书。这一部分主要是提供给企业的营销管理程序表，即时间、人员、费用、操作等的计划表。

(9) 策划的预期效果。预测说明营销策划可能产生的经济效益和社会效益。

(10) 策划方案调整。这一部分是策划方案的补充部分。在方案执行中有可能出现与现实状况不相适应的地方,因此方案贯彻必须随时根据市场的反馈及时对方案进行调整。

营销策划书的撰写一般由以上几项内容构成。企业产品不同、营销目标不同则所侧重的各项内容在编写上也可以作详略取舍。

四、编写营销策划书时应注意的问题

1. 策划书要容易理解

策划书的最终目的是让接收方的关键人物充分了解策划的内容,要做到这一点,必须把自己的意思或想要表现的内容完整有效地传达给对方,所以可以利用目录、流程图、摘要等方式描述策划书。现在比较流行的"5W1H1E"方法,即执行什么策划方案(What)、谁执行策划方案(How)、为什么执行策划方案(Why)、在何处执行策划方案(Where)、何时执行策划方案(When)、如何执行策划方案(Who),以及要有看得见的结论和效果(Effect)。

2. 策划书的写作技巧

营销策划书有利于提高说服力和接受度,但它又不同于一般的研究报告或研究论文,因此在撰写策划书时要注意一定的技巧。

(1) 在正式的策划书中必须附摘要和前言。

(2) 要适当举证。可以选择国内外企业营销的成功范例来支持自己的方案。

(3) 要注意策划书版面设计的感染力。

营销策划书的版面要具有可欣赏性,应运用多种图表,如图片、曲线图及统计图表等,并辅以文字说明,增加可读性。一份排版合理、形式优美的策划书,会使阅读者产生阅读的兴趣,进而认真阅读,同时也将帮助读者更好地领会其中的含意。

参考文献

[1] 朱华锋. 市场营销原理[M]. 合肥:中国科学技术大学出版社,2010.
[2] 刘志迎. 现代市场营销学[M]. 合肥:安徽人民出版社,2008.
[3] 杜淑琳. 市场营销模块化教程[M]. 合肥:中国科学技术大学出版社,2010.
[4] 王彦峰. 汽车营销[M]. 北京:人民交通出版社,2010.
[5] 谢忠辉. 消费心理学及实务[M]. 北京:机械工业出版社,2010.
[6] 丁兴良,王平辉. 汽车就该这样卖[M]. 北京:机械工业出版社,2010.
[7] 王毅毅. 像乔吉拉德一样卖汽车[M]. 北京:人民邮电出版社,2010.
[8] 高凤荣. 市场营销基础与实务[M]. 北京:机械工业出版社,2007.
[9] 戚叔林. 汽车市场营销[M]. 北京:机械工业出版社,2010.
[10] 徐向阳. 汽车市场营销学[M]. 北京:机械工业出版社,2007.
[11] 陈永革. 汽车市场营销[M]. 北京:高等教育出版社,2008.
[12] 张彤. 汽车市场营销[M]. 北京:化学工业出版社,2010.
[13] 赵学峰. 汽车市场营销实务[M]. 北京:机械工业出版社,2012.
[14] 陈聪. 汽车市场营销学[M]. 北京:电子工业出版社,2009.
[15] 陈永革,裘文才. 汽车市场营销一本通[M]. 北京:机械工业出版社,2010.
[16] 苏耀能,谭克诚. 汽车及配件营销实务[M]. 北京:北京理工大学出版社,2009.
[17] 何宝文. 汽车营销学[M]. 北京:机械工业出版社,2011.
[18] 王泽生. 汽车销售实务[M]. 北京:北京理工大学出版社,2011.
[19] 宣春霞. 市场营销实务[M]. 大连:大连理工大学出版社,2010.
[20] 杨宁. 一汽大众汽车营销策略的应用研究[EB/OL]. http://wenku.baidu.com.
[21] 葛慧敏,余伟. 汽车营销学[M]. 北京:国防工业出版社,2011.
[22] 散晓燕. 汽车营销[M]. 北京:人民邮电出版社,2009.
[23] 陈文华,叶志斌. 汽车营销案例教程[M]. 北京:人民交通出版社,2008.
[24] 夏志华,张子波. 汽车营销实务[M]. 北京:北京大学出版社,2012.
[25] 姜正根. 二手车鉴定评估与交易[M]. 北京:中国劳动社会保障出版社,2011.
[26] 李亚莉,郝萍. 二手车鉴定评估[M]. 上海:复旦大学出版社,2011.
[27] 张慧锋. 客户关系管理[M]. 北京:人民邮电出版社,2011.
[28] 史锋. 商务礼仪[M]. 北京:高等教育出版社,2010.
[29] 李富仓. 汽车电子商务[M]. 北京:人民交通出版社,2010.
[30] 汪治. 电子商务应用[M]. 大连:东北财经大学出版社,2009.
[31] 瞿彭志. 网络营销[M]. 2 版. 北京:高等教育出版社,2010.
[32] 冯英健. 网络营销基础与实践[M]. 3 版. 北京:清华大学出版社,2009.
[33] 廖卫红. 基于网络直复营销的我国汽车促销形式探讨[J]. 商场现代化,2006(6):174-175.
[34] http://baike.baidu.com.
[35] http://dict.youdao.com/search.